U0946999

中国特色哲学社会科学
“三大体系”研究丛书

主编　权　衡　王德忠

区域国别学
研究导论

王　健　等◎著

上海人民出版社

丛书编委会

本书由上海社会科学院智库建设基金会资助研究出版

总　序

发挥国家高端智库优势　推动“三大体系”建设

2016年5月17日，习近平总书记在哲学社会科学工作座谈会上发表重要讲话，从坚持和发展中国特色社会主义必须高度重视哲学社会科学，坚持马克思主义在我国哲学社会科学领域的指导地位，加快构建中国特色哲学社会科学以及加强和改善党对哲学社会科学工作的领导四个方面，全面系统阐释和深刻回答了进入新时代，坚持和发展中国特色社会主义为什么要构建当代中国哲学社会科学体系，怎样构建具有中国特色、中国风格、中国气派的哲学社会科学等一系列重大理论和实践问题。这是一篇体现马克思主义立场观点和方法、闪耀着真理之光的讲话，是新时代繁荣和发展中国特色哲学社会科学的纲领性文件。为响应习近平总书记关于构建中国特色哲学社会科学、推动“三大体系”建设讲话精神，上海社会科学院组织专家学者深入学习习近平总书记讲话精神，开展我国哲学社会科学学科体系、学术体系、话语体系“三大体系”研究阐释工作。

科学把握中国特色哲学社会科学“三大体系”建设的重大意义

习近平总书记在讲话中明确指出，哲学社会科学是人们认识世界、改造世界的重要工具，是推动历史发展和社会进步的重要力量，其发展水平反映了一个民族的思维能力、精神品格、文明素质，体现了一个国家的综合国力和国际竞争力。习近平总书记还强调，一个没有发达的自然科学的国家不可能走在世界前列，一个没有繁荣的哲学社会科学的国家也不可能走在世界前列。新形势下，我国哲学社会科学地位更加重要、任务更加繁重，要按照立足中国、借鉴国外，挖掘历史、把握当代，关怀人类、面向未来的思路，着力构建中国特色哲学社会科学，不断推进学科体系、学术体系、话语体系建设和创新。我们认为，为实现以上目标，必须科学理解和把握中国特色哲学社会科学与“三大体系”建设的重要内涵。

构建彰显中国自主知识体系的哲学社会科学。当前，世界正处于百年未有之大变局，我国正处于实现中华民族伟大复兴的关键时期。习近平总书记强调：“面对快速变化的世界和中国，如果墨守成规、思想僵化，没有理论创新的勇气，不能科学回答中国之问、世界之问、人民之问、时代之问，不仅党和国家事业无法继续前进，马克思主义也会失去生命力、说服力。”进入新时代，我们要坚持以习近平新时代中国特色社会主义思想为指导，坚持把马克思主义基本原理同中国具体实际相结合、同中华优秀传统文化相结合，正本清源、守正创新，立足中国实践，形成中国理论，在回答中国之问、世界之问、人民之问、时代之问中，构建彰显中国自主知识体系的哲学社会科学。

聚焦“三大体系”是构建中国特色哲学社会科学的重要内容和方向。坚持和发展中国特色社会主义，需要加快构建中国特色哲学社会科学。构建中国特色哲学社会科学，要坚持马克思主义理论的指导地位，立足于中国发展实践，学习借鉴国外哲学社会科学积极成果，更好形成学科建设、学术研究与社会实践发展紧密结合、融为一体的新局面，为加快构建具有中国特色哲学社会科学学科体系、学术体系、话语体系注入新动力和活力。

形成“三大体系”有机统一、相互支撑、共同发展的学科发展新路径。在推动学科体系、学术体系、话语体系建设中，要坚持学科体系是基础、学术体系是核心，话语体系是表述，三者是一个有机统一、不可分割、相互支撑、共同发展的整体。要进一步夯实和健全我国哲学社会科学发展的学科体系和学术体系，把马克思主义理论学科做大做强，把基础学科做扎实，把优势学科巩固好，把新兴学科、冷门学科、特色学科、交叉学科等发展好。要推动习近平新时代中国特色社会主义思想系统化、学理化研究，把党的创新理论成果与“三大体系”建设融会贯通，深入挖掘新思想蕴含其中的哲理、道理和学理。要聚焦新时代中国改革开放和创新发展实践，突出问题导向，加快理论提炼和总结概括，构建中国自主知识体系的学科体系、学术体系和话语体系。

要加快提升中国国际传播能力建设，深化国际传播理论体系建设和实践创新发展，讲好中国故事，传播好中国声音，向世界展示真实、立体、全面的中国。

在国家高端智库工作中推动“三大体系”建设

为深入贯彻落实习近平总书记关于加快构建中国特色哲学社会科学的重要讲话精神和上海市委关于推动上海哲学社会科学大发展大繁荣的战略工作部署，近年来，上海社会科学院立足作为综合性人文社会科学研究机构的学科特色优势和国家高端智库优势，持续推动党的创新理论系统化、学理化研究，持续深化我国和上海发展的重大理论和现实问题研究。

我们注重发挥学科综合优势和国家高端智库优势，不断推动学科发展和智库建设，加快推动中国特色哲学社会科学建设。特别是 2023 年以来，结合主题教育和大调研活动，进一步发挥国家高端智库优势，加快推动中国特色哲学社会科学学科体系、学术体系、话语体系研究和建设。

一是面对复杂的国际国内环境，必须加快构建中国特色哲学社会科学体系。当前，我国正处于复杂的国际国内发展环境下，解决意识形态巩固的问题、各种思想交锋的问题、经济社会发展的问题、深层次矛盾和风险挑战的问题及全面从严治党的问题，都迫切需要哲学社会科学更好发挥作用。当今中国正日益走向世界舞台中央，中国的思想学术和文化也必须跟上来，不能落后，也不能缺席。这就必须依赖于中国特色哲学社会科学提供有力支撑。

二是建设中国特色哲学社会科学要正确理解学科体系、学术体系、话语体系三者之间关系。哲学社会科学体系是学科体系、学术体系和话语体系的有机统一，其中学科体系是基础、学术体系是核心，话语体系则是表达呈现。近年来，上海社会科学院坚持学科发展与智库建设“双轮驱动”战略，努力推进建设一流的“智库型学府、学府型智库”，坚持和发展马克思主义，立足中国国情与中国优秀传统文化，积极吸收国外哲学社会科学的有益资源，服务中国实践、构建中国理论，努力将党的创新理论成果和重要思想、重要主张等转化为知识话语、研究范式、学术理论，建构中国自主知识体系，融通国内外的新概念、新范畴、新表述，形成更大国际传播力和影响力。

三是发挥国家高端智库优势和实施大调研，把“三大体系”建设与中国实践、中国经验、中国理论的提炼总结相结合。当前中国哲学社会科学体系的构建，必须持续从我国经济社会发展的实践中挖掘新材料、发现新问题、总结新经验，要加强对改革开放和现代化建设的观点总结和理论提炼，这是中国特色哲学社会科学发展的着力点。上海社会科学院在近些年的理论研究和学科建设中，努力发挥国家高端智库的优势，广泛推动社会调研活动，注重从我国改革发展实践中挖掘新材料、发现新问题、提出新观点、构建新理论，注重对习近平新时代中国特色社会主义思想的系统化研究和学理化阐释，形成我国哲学社会科学的特色和优势，在学界推动建设具有领先水平和较强影响力的学科体系、学术体系和话语体系。

四是努力构建系统性和专业性相统一的学科体系、学术体系和话语体系。在“三大体系”建设中，必须重视系统性和专业性相统一。其中，系统性从理论逻辑、历史逻辑及实践逻辑三大逻辑把握。理论逻辑是在顶层设计中坚持和发展马克思主义基本原理，深化拓展马克思主义理论研究和党的创新理论成果的研究阐释；历史逻辑体现在必须更好地传承中华优秀传统文化和思想体系，提出并展现体现中国立场、中国智慧、中国价值的理念、主张和方案；实践逻辑是要求立足于实际发展并解决实际问题。从三大逻辑出发，我院坚持以马克思主义为指导，聚焦十八大以来党的创新理论成果和经济社会发展现实问题，注重学科前沿和学科交叉等研究方法，努力构建中国特色的学科、学术和话语体系。在专业性方面，上海社会科学院设有 17 个研究所，学科门类齐全，传统学科基础好，新兴学科布局早，特色学科发展快，拥有一批学科建设的领军人才，在谋划和推进构建中国特色哲学社会科学方面，也具备较为扎实的基础。

五是在“三大体系”建设中培育更多高水平哲学社会科学人才。推动哲学社会科学大发展大繁荣，关键要素还是人才。中国特色哲学社会科学事业是党和人民的重要事业，构建中国特色哲学社会科学是一项极为繁重的系统科学工程，需要广大哲学社会科学工作者在坚持党的领导、坚持和发展马克思主义的基础上，不断开拓学术研究、倡导先进思想、引领社会风尚。作为“智库型学府、学府型智库”，上海社会科学院在大调研基础上，积极稳妥推进科研管理体制机制改革和优化，加快建立和完善符合新时代哲学社会科学发展规律、体现上海社会科学院优势特色、有利于出高质量成果和高水平人才的科研管理体制机制。

以学科发展与智库建设"双轮驱动"推动"三大体系"建设

上海社会科学院创建于1958年，是新中国最早建立的社会科学院，也是上海唯一的综合性人文和社会科学研究机构。成立65年来，上海社会科学院为我国哲学社会科学的繁荣发展作出了积极贡献。

党的十八大以来，在上海市委和市委宣传部的领导下，上海社会科学院守正创新、勇毅前行，加强哲学社会科学大发展，在理论创新研究、服务决策咨询、人才队伍建设、引导主流舆论等方面取得了丰硕成果。

2023年，上海社会科学院认真开展主题教育工作，组织专家学者深入学习党的二十大报告提出的一系列新思想、新观点、新论断，深入研究阐释习近平总书记关于加快构建中国特色哲学社会科学的重要讲话精神，进一步聚焦党的创新理论，注重基础研究与应用研究融合发展、相互促进，注重系统化研究、学理化阐释和学术化表达，全院以构建中国特色哲学社会科学自主知识体系为聚焦点，以中国实践为出发点，以理论创新为着力点，在全国率先开展哲学社会科学"三大体系"建设。院党委举全院之力、聚全院之智，17个研究所齐上阵，全面、完整、系统开展有组织研究；我们也邀请部分全国和上海知名专家一起参与研究，撰写完成了中国特色哲学社会科学"三大体系"研究丛书。这是当前对推动我国哲学社会科学"三大体系"建设和研究做的一次有益探索，以期为促进我国哲学社会科学繁荣发展作出自己的贡献。

衷心希望我院科研工作者在建设社会主义现代化国家新征程中，牢记嘱托、砥砺前行，为不断开创我国哲学社会科学大发展大繁荣的崭新局面作出更大贡献。

上海社会科学院党委书记、研究员 权 衡

上海社会科学院院长、研究员 王德忠

2023年8月

目 录

导　言

随着全球化进程的深入发展，国家和地区之间的相互关系日益紧密，特别是中国特色大国外交的推进以及构建人类命运共同体和“一带一路”倡议、全球发展倡议、全球安全倡议和全球文明倡议的提出，迫切需要中国学术界更多地了解全球视野中的不同文明、区域和国家，更好地服务于中国与世界的沟通、理解和交流，更好地推动中国式现代化和人类文明新形态，更好地促进人类进步和世界大同。

为此，2022 年 9 月，国务院学位委员会与教育部联合印发新版研究生教育学科专业目录，其中在新设的交叉学科门类下设“区域国别学”一级学科，可授予经济学、法学、文学和历史学学位。区域国别学的设立，对推动构建中国特色、中国风格、中国气派的学科体系、学术体系、话语体系建设，对服务以构建人类命运共同体为目标的中国特色大国外交，具有重要的理论和实践意义。

随着大航海的出现，特别是西方殖民主义的扩张，对某些区域和国别的研究逐渐产生。欧洲对他者的研究，最早可以追溯到伏尔泰于 1756 年出版的《风俗论》。1779 年，欧洲又出现了“东方学”。但区域国别真正成为一门学科，还是在第二次世界大战以后，主要在美国。当时，美国为了争夺全球影响力和在发展中国家推行西方现代化模式，逐步形成了较为系统和综合的区域国别研究体系，为美国培养了一批服务美国外交需要的应用型人才。1958 年《国防教育法》出台后，美国官方资助“语言和区域中心”，旨在“加强基础教育”，规定不仅要进行语言教学，而且为美国培养区域专家，并推动大学课程设置中不常见的学科的发展。虽然美国的区域国别研究开始关注非西方知识，但总体而言，其研究方法和理论基础还是西方中心主义的。

中国的区域国别学不仅包含历史学、文学、语言学、哲学等多个主体学科，还与地理、政治、经济等相关学科有密切联系。通过建立区域国别学，不仅可以丰富学科体系，推进知识体系的融合创新，更为重要的是，中国区域国别学的发展，也将有助于构建中国特色哲学社会科学学科、学术和话语三大体系。

首先，学科体系是指区域国别学所包含的知识结构、学科门类、研究内容等方面的体系，是区域国别学建设的基础。一方面，学科体系的建设对于区域国别学的发展和壮大具有基础性和支撑性作用，它为区域国别学的研究提供了理论和方法上的指导，使得区域国别学的研究更具科学性、系统性和规范性。有了学科支撑，可以对研究、教学进行科学的布局，我国的区域国别研究将会得到更好的发展，特别是在人才培养方面更具成效。同时，要注重区域国别学的交叉学科特征，在交融会通上下功夫，这是区域国别学知识创新生成的着力点。另一方面，区域国别学的建立对于其他学科的体系也具有重要支撑作用。这个支撑作用体现于区域国别学的在地知识体系为其他具有涉外性或以国际比较为基本研究路径的学科开展高质量研究提供必要的基本事实。区域国别学以自身完整的全球知识体系、创新的融合式研究路径反哺其他学科。

其次，学术体系建设为区域国别学的研究提供了规范和标准，是区域国别学建设的内核。学术体系的建设涉及研究方法、学术规范、研究成果评价等方面的问题，这些都对区域国别学的研究具有重要的引导作用。一方面，学术体系的建设有助于推动这门新兴学科的规范化和科学化。在学术体系建设中，应该注重学术规范和研究方法的规范化，加强对区域国别学研究的评价体系和质量标准的制定，建立和完善区域国别学的学术机构和研究团队，加强区域国别学研究成果的传播和推广，提高学术研究水平和学术声誉。另一方面，区域国别学的学术体系建设也意味着要厘清其在整体学科中的定位，搭建其共有的知识体系，确认区域国别学的外延和内涵。

最后，话语体系建设是指区域国别学的知识传播、学术交流和社会影响等方面的体系，是区域国别学建设的关键。话语体系是区域国别学学术影响力的主要衡量指标，对于区域国别学的传播和影响具有重要意义。区域国别学的研究成果需要通过各种渠道进行传播和推广，这需要一个完善的话语体系来支撑。话语体系不仅能够促进区域国别学的学术交流和合作，也能够帮助区域国别学更好地服务社会，为政策制定和决策提供参考依据。在话语体系建设中，应该注重打造区域国别学的学术品牌和学术口碑，加强与国际学术界的交流与合作，加强与政府、媒体等社会机构的沟通与合作，提升区域国别学在社会上的影响力和知名度。

区域国别学成为一级学科后，对学科本身的相关研究也蓬勃兴起，一些相关论著和教材相继出版，做了非常有价值的探索。上海社会科学院国际问题研究所是由原来的东欧中西亚研究所和亚洲太平洋研究所逐渐发展起来，有着较为长期的区域国别研究积累。两年前，上海社会科学院在上海市委宣传部的支持下，启动了中国特色哲学社会科学“三大体系”建设重大专项研究，我们根据研究所的特长，组织《区域国别学研究导论》一书的撰写，其宗旨就是结合上海社会科学院作为综合性哲学社会科学研究机构和国家高端智库的定位，立足区域国别学应用性导向，坚持理论、历史和实践的逻辑统一，推出具有一定理论基础和智库特色的区域国别学研究成果。

全书分为三大板块，第一部分就区域国别学的理论基础、学科发展、与其他学科的关系和自身学科特点开展研究。第二、第三部分分别聚焦重要区域和国家开展对策研究，主要分析该区域国别的地位、影响和发展趋势，关注区域内部合作，国内发展问题以及外部联系。本书的写作主要由上海社会科学院国际问题研究所研究人员承担，也邀请了在区域国别学研究领域的一些知名学者参与。

总之，本书旨在通过对这些重要问题的研究和讨论，为推动中国区域国别学的发展和服务中国特色大国外交作出绵薄的知识贡献。

第一章　中国区域国别学建设：路径设计与目标定位

区域国别学在中国的兴起与发展，是国内哲学社会科学研究中令人振奋的崭新现象，更是21世纪的中国与世界的互动关联日益深化和重要这一时代特征的生动体现。区域国别学建设不仅要求中国的学术研究与飞速发展的世界形势保持同步，更需要与中国不断走向世界、融入世界和改造世界的利益需求密切相关。尤其是在中国教育部提出高等教育应该创造自主知识体系和服务国家重大需求的战略任务指引下，区域国别学的学科建设、学科体系设立以及人才培养机制等方面的发展目标和路径建设，必须紧紧围绕和实现第二个百年奋斗新征程中需要不断强化的中国目标、中国声音和中国方案来推进和落实。随着中国各高校有序地推进区域国别学扎根落地，如何构建具有中国特色的区域国别学学科体系、知识体系和话语体系成为当下学界热议的话题。

第一节　中国区域国别学科建设的时代性和国家特色

区域国别学是一门旨在为特定地区和国家提供深入了解的学科。它的研究目的是支持大国的外交战略，通过系统研究特定地区和国家的政治、经济、文化等方面，为大国提供智力支持，以更好地应对全球事务，具有高度的应用性。[①] 随着世界百年未有之大变局的加速演进，中国正日益走近世界舞台的中央，构建和深化区域国别学已成为中国崛起进程中所不可或缺的学科任务。继改革开放和加入世界贸易组织以来，中国与世界的关系进入互动和联系越发紧密的新时代，即“中国走向世界3.0”。新时代，中国在世界的身份定位不可避免地也在嬗变，这是基于三个因素的变化决定的。

一是发展的基础条件发生了巨大改变。随着我国“一带一路”倡议的顺利推进，我国和世界各国在基础设施建设、能源运输、贸易畅通、金融互惠等众多领域协同合作，建立了紧密的联系。中国凭借丰富的建设经验和技术优势，为参与国家提供了高

① 谢韬等：《构建中国特色的区域国别学：学科定位、基本内涵与发展路径》，《国际论坛》2022年第3期，第4—10页。

质量的基础设施建设和装备，帮助其实现经济发展和现代化目标。同时合作建设产业园区、推动跨国投资和合资企业的发展，促进了中国和其他国家产业链和价值链的深度融合，强化了中国与世界各国的互信与友谊，中国在全球构造了广泛的伙伴网络。

二是国家间关系的内涵和性质发生了根本性转变。中国崛起面临的国际战略局势的严峻与复杂是空前的，世界政治的历史性转型和变革性调整成为国际战略格局演变的新态势，大国关系正在出现走进“后—后冷战时代”的新变化。① 特朗普政府伊始，美国已将中国设定为“唯一竞争对手”，不断强化对华的科技封锁和经济制裁，竭力拼凑地缘政治与地缘经济的团团伙伙，企图抑制中国大国崛起的战略竞争力，重新拉开中美力量对比的差距。② 美国在强化双边同盟的基础上，构建美英澳三方安全伙伴关系（即“奥库斯”，AUKUS），升级美日印澳“四方安全对话”机制（以下简称“美日印澳四边机制”，QUAD），推动“五眼联盟”职能转型和北约力量的亚太化，塑造了多圈层、网络化的安全合作架构。除此之外，美国以“印太经济框架”（IPEF）为平台，在供应链重塑、数字经济和数字贸易以及地区基础设施等方面强化对华地缘经济竞争。③ 在美国的强势拉拢下，其部分传统盟友也表现出相当程度的配合，在一些问题上越来越倾向美国。

三是发展的目标与世界人民的呼声变得更加贴合。习近平总书记在党的二十大报告中明确指出：“从现在起，中国共产党的中心任务就是团结带领各族人民全面建成社会主义现代化强国、实现第二个百年奋斗目标，以中国式现代化全面推进中华民族伟大复兴。”④ 中国式现代化不仅是实现第二个百年奋斗目标的必由之路，而且引入了人类命运共同体理念，并将构建人类命运共同体作为总目标。为此，习近平主席开创性地提出了全球发展倡议和全球安全倡议。习近平主席在第七十六届联合国大会上首次提出全球发展倡议，提出“把发展置于全球宏观政策框架的突出位置”，“加快落实联合国2030年可持续发展议程，构建全球发展命运共同体”，以及“坚持普惠包容。关注发展中国家特殊需求，通过缓债、发展援助等方式支持发展中国家尤其是困难特别大的脆弱国家，

---

① 朱锋：《动荡变革期的时代特征分析》，《世界经济与政治》2023年第1期，第15页。

② 樊吉社：《美国对华决策：机制调整与团队转换》，《当代美国评论》2021年第4期，第8—14页。

③ 赵明昊：《盟伴体系、复合阵营与美国“印太战略”》，《世界经济与政治》2022年第6期，第26—55页。

④ 习近平：《高举中国特色社会主义伟大旗帜　为全面建设社会主义现代化国家而团结奋斗——在中国共产党第二十次全国代表大会上的报告》，新华网，2022年10月25日，http://www.news.cn/politics/leaders/2022-10/25/c_1129079429.htm。

着力解决国家间和各国内部发展不平衡、不充分问题”。[①]2022 年 11 月 15 日，国家主席习近平在二十国集团领导人第十七次峰会上发表重要讲话，强调全球安全倡议“目的是同大家一道，弘扬联合国宪章精神，本着安全不可分割原则，坚持共同、综合、合作、可持续的安全观，倡导通过谈判消弭冲突，通过协商化解争端，支持一切有利于和平解决危机的努力”[②]。2023 年 4 月，巴西总统卢拉访华期间，习近平总书记再次强调：“面对世界百年未有之大变局，中巴要站在历史正确一边，践行真正的多边主义，弘扬全人类共同价值，推动全球治理体系朝着更加公正合理的方向发展，切实维护好广大发展中国家共同利益和国际公平正义，携手构建人类命运共同体。”[③]

今天，中国特色大国崛起的国际战略环境日益严峻复杂，百年未有之大变局效应进一步深化。第一，世界政治和国际关系的性质没有变。尽管全球化席卷世界，但世界政治的本质永远是国家间永无休止的权力、利益与财富的竞争。后冷战时代，合作成为主导国家间关系的基本要素。在全球化推动下，各国相互开放、国家间的联系日益密切，经贸关系和市场联系不断深化，主要国家之间安全领域的竞争和冲突相对弱化，传统意义上大国关系中挥之不去的地缘战略竞争和对抗走向缓和。但是，乌克兰危机的爆发和美国对华实行的“竞争、冲突与合作”战略，充分显现出世界政治权力争斗的老面孔。面对中国崛起，美国的战略焦虑和已经全面启动的对华战略打压，宣告了新自由主义国际关系理论的失败，也宣告了后冷战时代的结束和现实主义的历史性回归。正如格雷厄姆·艾利森（Graham Allison）所言，美中两国作为“守成大国”和“崛起大国”之间的关系，逃不脱“修昔底德陷阱”。世界政治的“现实主义回归”已经成为中短期内难以改变的结构性特点。[④]因此，未来 10 年、甚至 20 年的时间段内，如何面对美国对华战略打压与遏制，延续中国特色大国崛起的历史进程，深化中国与世界经济、社会和政治融合，在加速改革开放的同时保持中国的高质量发展，已经成为我们无法回避的、关键性的战略任务和战略使命。

第二，单极霸权的体系结构没有变。随着苏联的解体和冷战的结束，美国成为国

---

① 习近平：《坚定信心　共克时艰　共建更加美好的世界》，《人民日报》2021 年 9 月 22 日，第 2 版。

② 习近平：《共迎时代挑战　共建美好未来——在二十国集团领导人第十七次峰会第一阶段会议上的讲话》，新华网，2022 年 11 月 16 日，http://www.news.cn/mrdx/2022-11/16/c_1310677026.htm。

③《习近平同巴西总统卢拉举行会谈》，新华网，2023 年 4 月 14 日，http://www.xinhuanet.com/politics/leaders/2023-04/14/c_1129524596.htm。

④ 朱锋：《现实主义回归与中美战略博弈》，《亚太安全与海洋研究》2023 年第 1 期，第 6—7 页。

际体系中唯一的超级大国，世界的权力再分配结构进入单极时代。美国构造了覆盖全球的霸权体系，几乎在每个重要的权力领域都建立了明确的领导地位。① 时至今日，美国霸权尽管出现一些衰微的迹象，因此有学者提出国际体系正在从单极体系向多级体系转换，② 但毫无疑问，美国强大的综合实力依然在各个领域保持着绝对优势的地位。经济层面，美国经济总量仍占据接近全球国内生产总值（GDP）的四分之一，在人工智能、生物医药、新一代通信技术、新材料和新能源等高科技领域一直处于世界领先地位。军事层面，美国在军事预算、先进武器、作战规模、全球部署、核能力以及新兴领域军事技术等方面都拥有压倒性优势，同时具有强大的全球投送能力。③ 而且美国维持了北大西洋公约组织和在亚太地区庞大的双边同盟体系，复杂庞大的盟伴网络是美国霸权难以撼动的关键因素。文化层面，美国依托强大的美元霸权和军事霸权宣扬民主、自由和人权等“普世价值”，对外输出意识形态，构成了美国强大的文化软实力。

第三，西方中心主义的舆情环境没有变。过去几百年以来，西方在现代国际体系中扮演了重要角色，主导着国际关系的基本形态。在发达工业文明的掩护下，“西方中心主义”俨然已经成为一种国际话语和意识形态倾向，通过文明冲突论、普世主义价值论以及殖民主义式的文化输出和霸权主义强权政治三种表现形式对世界多元文明发展和世界历史的繁荣进步造成深层影响。④ 世界多元化、多样化发展趋势不可违背，西方中心主义占据思想主流地位终会成为历史。习近平总书记在中国共产党与世界政党高层对话会上提出全球文明倡议，深刻指出：“我们要共同倡导尊重世界文明多样性，坚持文明平等、互鉴、对话、包容，以文明交流超越文明隔阂、文明互鉴超越文明冲突、文明包容超越文明优越”，“我们要共同倡导弘扬全人类共同价值，和平、发展、公平、正义、民主、自由是各国人民的共同追求”。⑤

---

① John J. Mearsheimer, *Tragedy of Great Power Politics*, New York: W. W. Norton, 2001, p.71.

② 黄凤志、孙雪松：《动荡变革期中国延续相对战略机遇的路径选择》，《国际观察》2022 年第 4 期，第 1—29 页；杨洁勉：《当代国际体系的渐变和嬗变——基于两个三十年的比较与思考》，《国际展望》2022 年第 2 期，第 1—18 页。

③ Stephen G. Brooks and William C. Wohlforth, “American Primacy in Perspective”, *Foreign Affairs*, Vol.81, No.4, July, 2002, pp.21—22.

④ 王立胜：《西方中心主义的历史逻辑、现实表达及其内在问题》，《人民论坛 · 学术前沿》2022 年第 2 期，第 14—20 页。

⑤ 习近平：《携手同行现代化之路——在中国共产党与世界政党高层对话会上的主旨讲话》，新华网，2023 年 3 月 16 日，http://www.news.cn/mrdx/2023-03/16/c_1310703020.htm。

中国的区域国别研究要适应国际环境和战略利益变化的时代诉求，为中国式现代化提供智力、人才、信息和影响力等领域的有效保障。张蕴岭教授指出，构建中国特色区域国别学理论体系，是一个大工程，需要动员和组织国内研究机构、高校的力量一起做。同时，作为一项系统工程，需要做好顶层设计，进行统筹与合理规划，把理论构建与服务国家战略、与新时代人才培养、与提升中国在国际上的话语权紧密结合起来，这样会使得区域国别学科建设在实践中得到更好的发展。① 区域国别学科发展要与服务国家使命相结合，致力于将扩大中国的区域影响、提升中国的国际话语、讲好中国故事以及拓展“中国声音”有机结合起来。这也是习近平总书记在党的二十大报告中对中国教育界提出的殷切希望。

第二节　多学科交叉融合下的区域国别学建设

区域国别学是一门跨学科、交叉学科基础上的创新学科，其学科建设的动力不是简单地依靠某一个学科领域内的已有知识积累，而是通过跨学科、交叉学科的融合和相互促进，建立和建设一个强大的、有中国自主知识体系的创新学科领域。② 这就决定了区域国别学的“个性研究”若是脱离了国际关系学、管理学、历史学、经济学、外语等学科的支撑，其学科体系无法真正全面、深入、具有紧密服务国家利益需求的战略高度。有必要厘清区域国别学和相关学科之间交叉相融的界限，明晰不同学科理论体系和方法论的借鉴价值，从而构建出中国独立完整的区域国别学学科体系。

一、国际关系学与区域国别学

国际关系学与区域国别学有着极为密切的联系。区域国别研究是国际关系学中同国际关系史、外交研究、国际关系理论、问题研究并列的五大学科板块之一。没有深入、系统的区域国别研究，国际关系理论建构只能停留在世界政治概论性的学科介绍，而无法真正抓住在不同的历史时期、不同的国际权力分配结构和不同的国际秩序规则之下，国际政治中冲突与合作、制衡与再制衡、战争与和平等诸多重大因素的演进模式和基本规律。结构主义者肯尼思·华尔兹（Kenneth Waltz）在《国际政治理论》中也曾指出，不同国家的权力追求传统和政策偏好，以及不同区域的地缘政治特征，同样

① 张蕴岭：《构建中国特色区域国别学是时代所需》，《中国社会科学报》2022 年 6 月 16 日，第 5 版。
② 朱锋：《中国区域国别学学科：比较、鉴别与创新》，《亚太安全与海洋研究》2022 年第 6 期，第 3 页。

也是影响国家行为的重要变量。[①] 冷战结束后，新古典现实主义在国际关系研究理论中的迅速崛起，更是受到 20 世纪 80 年代末大多数国际关系学者未能预见苏联解体这一研究缺陷的刺激，开始全面、深入地将国内政治和一个国家或地区的内部变量，作为研究国际外交、安全和战略问题的突出主题。杰克·斯奈德（Jack Snyder）在《帝国的迷思》一书中，深入分析了大国的国内政治与战略偏好影响和推动对抗升级的原因。[②] 可以看出，区域国别研究可以助力中国国际关系学科的历史性成长，而国际关系学科的繁荣更会带动和促进区域国别学的壮大。

更重要的是，同其他的交叉学科相比，国际关系研究作为社会科学的重要分支之一，研究国际问题不仅是其学科的主体，更是在复杂的国际社会生活中通过规律总结、理论升级、问题意识深化、互动关系导向等为总体知识特征的社会科学。在区域与国别的研究中，超越历史、政治、语言和文化等因素，强化区域和世界性权力、财富和利益结构中行为体的互动关系，始终是国际关系学科的学科焦点。除此之外，高水平、高质量的区域国别研究，必须是学理研究与动态研究的结合、基础研究与政策研究的结合，更是知识建构中的文明主义研究与利益导向性的国家主义研究的结合。国际关系学科的这个学科特点，注定了区域国别学虽然是跨学科、多学科、交叉学科的学术领域，但国际关系学科应该成为区域国别学建设和发展的主体学科的根本原因所在。英国学者李斯-卡彭（Thomas Risse-Kappen）在《让跨国关系回归》一书中明确写道："世界政治从古至今都有跨国间的互动和交往，政治、宗教和商业因素常常超越国家基础延续；跨国关系需要得到探索和重视，但当代世界政治研究如果缺乏国家间关系的结构性认识，是无法做到准确和深入的。"[③]

二、历史学与区域国别学

历史学作为人文社会科学的基础学科，在区域国别学的学科建设中发挥着举足轻重的作用。历史学和区域国别学在研究方法和内容上存在诸多相通之处，两者都以特定地区和国家作为研究对象，关注特定地区和国家的政治、经济、文化、社会等方面

① Kenneth Waltz, *Theory of International Politics*, Menlo Park, California: Addison-Wesley Publishing Company, 1979, p.184.

② ［美］杰克·斯奈德：《帝国的迷思：国内政治与对外扩张》，于铁军等译，北京大学出版社 2007 年版。

③ Thomas Risse-Kappen, ed., *Bringing Transnational Relations Back In: Non-State Actors, Domestic Structures and International Institutions*, Cambridge University Press, 1999, p.5.

的发展和演变。同时，历史学和区域国别学都依赖于档案和文献研究，历史学家和区域国别学者都需要深入研究历史档案、古代文献、政府文件、报纸等，以获得有关特定地区和国家的历史记录和资料。基于此，历史学可以为区域国别学提供特定地区和国家的历史背景和演变的历程，通过对历史事件的研究，可以了解特定地区和国家在过去面临的挑战、冲突和合作，从而更好地理解当前的局势和可能的发展趋势。而且，历史学研究不仅关注政治和经济层面，还涉及文化和社会方面，了解特定地区和国家的历史可以揭示其文化、价值观和社会结构的演变过程，这对于理解地区国别的行为模式、社会动态和文化背景至关重要。历史学的跨地区和跨时期研究能为区域国别学提供比较和对照的视角，通过比较不同地区和国家的历史经验，可以发现相似性和差异性，并从中获得启示。这有助于理解特定地区和国家的特点以及它们与其他地区的联系和互动。因此，加强两个学科之间的交流对话实则是一个相互促进、相得益彰的过程。

三、管理学与区域国别学

管理学和区域国别学是两个不同的学科领域，但它们之间在诸多方面存在相通之处。

第一，管理学和区域国别学都是实践应用导向的学科，其发展都与现实需求和实践活动密切相关。区域国别学在不同历史时期的发展都与时代的战略需求密切相关。例如，在西方殖民时代，国家对于探索、占领和统治殖民地具有战略需求，区域国别学的发展与此紧密相连。该学科的研究帮助国家了解不同地区的特征、资源和潜力，为制定殖民政策和实施殖民统治提供指导。在二战后的美国主导时期，区域国别学的发展又与国家的战略需求相关。冷战时期，美国需要了解和研究不同地区的政治、经济和军事情报，以便制定对应的对外政策和战略。区域国别学成为指导国家安全、外交和经济发展的重要工具，为国家战略的实施提供理论指引。管理学的发展也是为了适应时代发展的需求。随着现代生产过程的复杂化和规模化，人们对提高生产力、提升组织效能的需求不断增加。管理学通过研究组织行为、管理原则和方法，提供了理论支撑和实践指导，帮助组织和管理者应对挑战，提高效率和绩效。

第二，区域国别学和管理学在研究层次上都采用多层次的视角。宏观层次上，区域国别学和管理学都需要全面把握焦点国家或地区的经济和社会状况。区域国别学关注的是国家和地区的政治、经济、文化等方面的特征和差异，以及其对组织和社会行为的影响。管理学则关注整个组织环境的宏观情况，如宏观经济环境、产业结构和市场竞争状况等。中观层次上，区域国别学和管理学都关注特定区域和行业的发展特征情况。区域国别学研究特定区域的经济特点、产业结构和投资环境等，以及其在全球经济中的地位和角色。管理学关注特定行业的运行特点、竞争格局和管理实践，以及行业内组织之间的合作与竞争关系。微观层次上，区域国别学和管理学都需要深入洞察特定国别或区域的企业和个人的心理状态。区域国别学研究特定国家或地区的文化价值观、社会心态和消费行为等，以及对外国投资和合作的态度和行为。管理学研究特定组织内部的个体行为、决策过程和领导风格等，以及对外部环境的适应和应对策略。通过对这三个层次研究结果的整合，区域国别学和管理学可以构建出更完整的知识图谱，深入揭示国家、地区、组织和个体之间的相互关系和影响。

第三，区域国别学和管理学的研究都需要注重本土化发展。尽管这两门学科起源于西方，但中国的研究情境与西方国家存在明显差异。因此，为了更好地适应中国的需求，这两门学科都需要立足于本土化发展。一方面，区域国别学和管理学应立足于中国的实践，发展出适应中国情境的特色理论。中国在政治、经济、文化等方面都具有独特的特点和发展路径，因此研究者需要关注中国的国情和特殊背景，并在理论建构和研究方法上进行创新和调整。另一方面，区域国别学和管理学应聚焦于本土特色的研究问题，形成经验指导。中国作为一个拥有广大国土和多元文化的国家，不同地区和行业之间存在着差异和特殊性。研究者需要关注本土的问题和挑战，并通过深入研究解决实际的管理和发展难题。这样可以形成针对中国情境的实践经验和指导，推动中国在不同领域的发展。①

基于两门学科间存在的共性基础，管理学可以从多个方面支撑区域国别学的发展。一是管理学理论的应用。管理学提供了丰富的管理理论和框架，可以用于解释和理解区域国别学中的组织行为和管理实践。这些理论可以帮助区域国别学的研究者分析和解决各种管理问题，从而为区域国别研究提供更深入的洞察力。在区域国别研究中，研究者可能会关注不同国家或地区的企业管理差异。管理学中的跨文化管理理论可以帮助解释不同文化背景下的管理差异，并提供跨文化管理的方法和策略，以促进不同

① 杨丹等：《区域国别学与管理学的协同发展》，《国际论坛》2022年第6期，第14—19页。

国家或地区之间的合作和交流。

二是管理学方法论的借鉴。管理学提供了丰富的管理方法和工具，可以应用于区域国别研究中的数据收集、分析和决策制定过程。这些方法和工具可以提高研究的科学性和实用性，增强研究的可操作性。在区域国别研究中，研究者可能需要进行大量的数据收集和分析工作。管理学中的调查研究方法、统计分析工具和数据可视化技术可以帮助研究者有效地收集和分析数据，揭示国家或地区之间的差异和趋势。

三是跨学科合作与交流。管理学与区域国别学的跨学科合作和交流可以促进双方学科的发展。管理学中的战略管理、创新管理、人力资源管理等领域的研究成果可以与区域国别学的经济学、社会学、地理学等学科进行交叉融合，形成更加全面和深入的研究成果。在区域国别研究中，研究者可能对不同国家或地区的创新能力和科技发展感兴趣，对管理学中的创新管理理论和科技创新战略与区域国别学中的科技政策和产业发展进行交叉研究，从而为政府和企业制定创新策略和政策提供有益建议。

四、外国语言文学与区域国别学

区域国别研究不同于传统的外国语言文学研究，但是又和外国语言文学研究紧密关联。区域国别研究的前提是需要掌握对象国的语言，而外语学习的自然延伸就是国别和区域研究，因为外语学习不仅是掌握语言技能的过程，也是了解对象国政治、外交、历史、文化、经济等诸多方面的过程。① 然而，囿于专业的限制，两边的学者在探索到对方研究领域内的知识不可避免存在诸多局限性。外国语言文学研究者只精通语言，缺乏整体观、历史观、大局观，即便掌握了第一手资料，也难以挖掘出其中蕴含的历史逻辑和发展态势，无法提出政策建议或建议与现实脱节，难以胜任区域国别研究工作。区域国别学者因为语言不通，对进一步的深化研究无法展开。因此，区域国别学人才培养和学科建设确实需要具备优秀的语言能力，语言能力对于获取知识和重新构建知识都起着关键的作用。这种语言能力可以分为直接语言能力和间接语言能力两种类型。直接语言能力指的是直接掌握对象国的语言，通过使用该语言来深入了解对象国的认知。直接运用对象国语言与对象国人员进行交流、阅读对象国文献、撰写发表关于对象国的文章，能够更直接、真实地获得关于对象国的信息。具备直接语言

① 谢韬等：《构建中国特色的区域国别学：学科定位、基本内涵与发展路径》，《国际论坛》2022 年第 3 期，第 8—9 页。

能力可以快速拉近与对象国民众的关系，尽快融入对象国社群，准确理解对象国话语信息的本意，并能够准确表达自己的观点，构建起关于对象国的知识。间接语言能力则是通过非对象国语言的第三方语言来获取和传递信息。这种能力也非常重要，因为在一些情况下，可能无法直接运用对象国语言进行交流或获取信息。通过掌握其他语言，可以依靠第三方语言来传递信息和了解对象国情况。这种能力可以通过翻译、跨文化交流等手段实现，帮助区域国别学人才获取相关知识，并在学科建设中发挥重要作用。① 而且，优秀的语言能力可以帮助展开田野调查。通过直接掌握对象国的语言，研究者可以更好地与当地人民进行交流和互动，消除语言障碍，建立信任关系，获取更深入的信息。同时，研究者能够更好地理解当地语言中的文化内涵和语境，准确把握对方话语信息的本意。这有助于研究者站在当地人的角度思考问题，获得更全面、准确的观察和理解。而只进行书斋式的研究，就难以在这方面有所创新，从而难以摆脱西方的牵制和影响。② 区域国别学科建设需要充分发挥外语学科的优势，从而在需求易变和研究稳定之间寻求平衡，应对语言多元和信息单一的矛盾，处理决策思维和科研思维的差异，以及在区域视角和全球视角之间找到适当的结合点。③

除以上学科外，还有其他学科也与区域国别学存在着广阔的交叉空间，比如比较政治学和经济学。比较政治研究与区域国别研究具有相同的研究对象，即本国以外的国家或政治体、政治行为者。两者之间密切的相关性，保证了比较政治学可以为区域国别研究在理论与方法上提供强有力的支持。理论上，比较政治学在区域国别研究中提供了重要的理论视角和成果，帮助研究人员对具体国家、地区或一组国家进行系统的理解，避免被纷繁的现象所困惑。通过比较政治学的理论框架，研究者可以发现不同国家或地区之间的共性和差异，并从中提取出普遍性的原则和模式，为区域国别研究提供理论指导和解释工具。方法上，比较政治学已经相对成熟地运用了小样本案例研究和过程追踪等研究方法或设计。这些方法适用于区域国别研究，因为研究者通常需要深入研究特定国家或地区的具体案例，并跟踪其政治过程和发展。通过运用这些

---

① 姜峰：《浅谈区域国别人才培养和学科建设中的两个能力与三个基础》，《当代外语研究》2022 年第 6 期，第 12—16 页。

② 于海阔：《新文科背景下区域国别学的学科发展若干问题》，《中国大学教学》2022 年第 11 期，第 60—61 页。

③ 杨波：《中国区域国别学自主知识体系建设的形势、路径与国际视野》，《国际观察》2023 年第 1 期，第 128—130 页。

方法，研究人员可以获取深入的案例细节和时序数据，从而更好地理解区域国别的特点和趋势。① 经济学是一门基于资源稀缺性探究人类生产、交换、分配和消费活动规律的社会科学，对于解剖某个国家或区域的经济模式和社会运转是不可或缺的分析工具。微观层面，行为经济学可以帮助理解一个国家国民个体消费、储蓄、投资、风险管理等经济行为的成因以及不同行为对这个国家产生的影响。中观层面，一个国家的产业组织形态、产业结构、产业布局、产业政策以及内部区域的城镇等级体系在经济学都有相应专业进行了深入研究。宏观层面，国民经济学可以从国家的经济增长结构、通货膨胀率、失业率、财政赤字率、国际债务、人口结构、资源禀赋、贸易条件、社会福利等指标综合诊断一个国家的健康状况，并且在此基础上可以为这个国家的财政政策、货币政策、外汇政策和贸易政策提供咨询服务。

跨学科研究并不存在一个统一的模式或范式，由于每个学科的侧重点不同，在跨学科研究中强调哪一学科更重要或者应该以哪一学科为基础纵向深入，更多取决于研究的问题或设定的议题以及研究视角和研究维度。但无论如何，跨学科研究需要一个主干学科，选择与之交叉的其他学科则好比是从主干上“叉”出来的分支。② 作为交叉学科，区域国别学同样是多种学科融合的综合体，包含政治学、经济学、社会学、历史学等学科。但应该突出哪个学科？这个问题一直存在着模糊性。无论是从学科方法论和基本的理论构架来看，区域国别学都需要以国际关系学为主体性的支撑学科，在动荡复杂、社会交往扩大、利益竞争越发多元化的时代背景中，及时、深入、准确地定位、获取和掌握中国以外的区域、国别的政治、经济、社会、外交和战略变化与选择的知识与政策结构，在国际社会生活的复杂性、政治文化相对性和利益判断与选择的多样性中，及时、深入和准确地把握和建立中国认识、判断和影响这些区域和不同国别关系建设的学科架构。

第三节　区域国别研究的西方路径与中国借鉴

学科建设、人才培养与服务国家三者必须高度的有机结合，才能真正满足区域国别学设置的初衷和目标。在明确区域国别学是国际问题研究的学科性质的基础上，学科设置的内在规划才能落到实处，学、用结合的人才培养方式才能不断扩大和深化。

---

① 王正绪：《区域国别研究与比较政治的融合与借鉴》，《中国社会科学报》2023 年 2 月 9 日，第 5 版。

② 朱翠萍：《区域国别研究的难点与学术启示》，《印度洋经济体研究》2023 年第 1 期，第 11 页。

在这方面，英美的区域国别研究经过半个多世纪的发展、沉淀和演进已然形成且走在世界前列，中国区域国别学科建设和人才培养可以参考英美等国的历史经验。

美国的官私结合机制为人才培养提供了合理的遴选机制、充足的资金和配套的就业机构，而美国一流的研究型学府则为学术交流和跨学科的学术谱系助力。从教学层面分析，首先，美国的区域国别相关课程体系建设比较完善，这些课程涵盖了不同地区的政治、经济、文化、历史等方面的内容，并通过案例研究、讨论和研究项目等教学方法，帮助学生深入了解各个地区的特点和问题。其次，美国的区域国别研究领域拥有众多优秀的教师和学术导师。美国拥有一批重要的区域研究机构和学术组织，如哈佛大学的肯尼迪政府学院（Kennedy School of Government）、普林斯顿大学的威尔逊公共与国际事务学院（Woodrow Wilson School Public & International Affairs）和约翰斯·霍普金斯大学的高级国际问题研究学院（Paul H. Nitze School of Advanced International Studies）等。这些机构致力于开展高水平的区域研究，吸引了众多优秀的学者和研究人员参与，他们普遍具有丰富的研究经验和专业知识，能够指导学生进行研究项目和论文撰写，提供学术指导和支持。最后，美国区域国别注重学术交流和合作。学生可以通过参加学术会议、研讨会和学术组织等活动，与其他学者和研究者进行交流和合作，拓展学术视野，深化研究领域的理解。从科研层面分析，美国在区域国别研究方面投入了大量的研究项目和资金支持。政府机构、私人基金会和学术机构等提供了丰富的研究经费和资源，支持学者开展深入的区域国别研究。这种资助机制促进了研究的广度和深度，推动了学术界对地区问题的深入探索。再者，美国的区域国别研究倾向于采用多方法论和跨学科的研究方法。学者运用定性和定量的研究方法，结合历史文献、田野调查、统计数据等多种数据源，以多视角、多层次地分析地区问题。跨学科研究使得研究者能够深入探索地区的政治、经济、社会、文化等多个方面。目前，美国的区域国别研究已经在学科体系、人才培养、知识创新、资政献策等方面均取得了显著成效。但是人才培养机制对于区域国别研究学者的培养和观念塑造起着重要的作用，而美国的教育体系缺乏对研究价值取向的反思，可能导致学生在真正接触实地研究之前就形成了对研究对象国家或地区的刻板印象，这无疑会对研究对象的客观性、真实性和复杂性的思考产生偏颇。①

① 朱兰、王秀红：《我国区域国别研究型人才培养机制创新——基于当代英美发展的比较视角》，《东北师大学报》（哲学社会科学版）2023年第2期，第152—153页。

英国作为19世纪至20世纪初的所谓“日不落帝国”，其区域国别研究的兴起、发展与式微皆与其全球殖民扩张行为紧密相关。随着殖民体系在20世纪中叶逐渐瓦解，英国区域国别研究开始转向学术研究，继续服务于英国的经济社会发展。以牛津大学全球与区域研究学院（Oxford School of Global and Area Studies）为例，通过简述该院的教研项目、制度建设、人才培养、组织构成等情况，可为读者把握当前英国区域国别研究梗概提供新的思路。作为全球顶尖的区域国别研究机构，牛津全球与区域研究学院是目前“世界上最大的区域国别研究学者社群之一”。学院开设针对非洲、中国、拉丁美洲、中东、日本、俄罗斯和东欧、南亚，以及比较区域研究的研究和教学项目，为来自世界各地的学生提供7个理学硕士学位、6个哲学硕士学位、1个区域研究哲学博士学位，以及与牛津大学赛德商学院（Saïd Business School）共同开设“牛津1+1工商管理硕士学位”。学院现有各类教职人员157名，其中拥有博士生指导资格者26人。教职人员从事多学科与跨学科研究（从该院前身“跨学科区域研究学院”名称足见其多学科与跨学科特征），涉及法律、哲学、性别、地理、经济、政治、考古、社会、宗教、国际关系、公共卫生等学科领域。得益于学院对多学科与跨学科的强调，教职人员和研究生可以对世界各国和区域的政治、经济、社会、人文、宗教、军事、外交等内外事务进行多角度的理论研究与政策分析。基于已有的和不断开发的研究课题，学院为学生开设对象国语言课程，并为学生赴对象国展开田野调查提供一定数量的奖学金资助。

以牛津全球与区域研究学院为个案，可窥见英国区域国别研究的几个主要特点：一是开设面向几乎全球所有国家和区域的研究项目，实现了对研究对象在地理范围的全覆盖；二是打破学科壁垒，注重人文传统与社科方法相结合的研究路径，致力于多学科融合与跨学科协作的研究范式；三是要求学生熟练运用对象国的主要语言，使研究能够反映研究对象的真实面貌。学院也鼓励学生到对象国进行一定时长的田野调查，并在人脉与资金方面提供支持。总之，发端于殖民研究的英国区域国别研究，其发展模式在组织结构、项目设置、制度建设、人才培养等方面，呈现较高程度的学科化、规范化与制度化。

尽管英美国的许多做法短期内我们难以“照搬照抄”，但英美国区域国别研究的发展进程，对于我国推进中国特色的区域国别学一级学科建设具有建设性的启示意义。借鉴西方区域国别研究的经验，中国区域国别学的课程体系应该也采用多学科、跨学科协同和创新的发展路径，除了国际关系的基础课程，应该有区域国别史、区域国别经济、区域国别语言、区域国别法律等相关课程设置。但学生培养和队伍建设，需要具有主体性的学科范式、学科体系、学科话语。在此基础上，结合我国高校在区域国别研究领域已有的积累，集中规划、分头落实，全面推进区域国别学在全国高校体系内的系统建设和提质创新。

不过需要注意的是，西方区域国别研究在应用于中国的国际关系和对外战略时，可能存在一些限制和局限性。

第一，西方区域国别研究被认定为大国之学，注重对特定国家或地区的全面深入研究，包括政治、经济、军事、人文等方面，旨在为国家对外战略的制定提供咨询和智力支持。这种研究倾向反映了西方在全球权力谱系中的主导地位，并且与殖民主义和霸权有关。传统的区域国别研究知识体系在很大程度上是源自西方的殖民活动和对外扩张，并且服务于西方的殖民和霸权目标。由于这种传统的区域国别研究主要关注19世纪的殖民帝国和20世纪的美国，而忽视了其他国家的相关实践，因此存在西方中心主义的色彩。这就导致了对于其他地区或国家的研究和理解相对较少，而西方国家的经验和观点则占据主导地位。在中国的区域国别研究中，有意识地强调了反对西方中心主义的倾向，追求多元、全球视野下的区域研究。中国的区域国别研究注重从研究对象自身出发，探索不同国家和地区的独特历史、文化、社会和经济等方面的特点，力图消除西方中心主义的偏见，并促进跨文化的对话和理解。

第二，西方的区域国别研究强调实用性，这导致该领域的研究常常与殖民主义、战争、世界霸权和秩序建构等问题相关。举例来说，美国长期以来在区域国别研究中对斯拉夫研究的重视可以追溯到二战后美苏竞争的影响。这种竞争的背景使得斯拉夫研究在西方国家的政治和安全议程中变得至关重要。因此，区域国别研究在分析和解释斯拉夫地区的政治、经济和社会现象时，更加关注与美苏竞争和冷战相关的因素，以提供具有实际应用价值的见解和建议。但传统的区域国别研究在某种程度上过于强调实用性，这导致了对相关研究方法和理论建设的忽视，削弱了该学科的学术生命力。

当代世界再度走到了“何去何从”的十字路口，不确定因素和风险挑战明显增多。从技术角度来说，世界站在了人工智能为核心的第四代工业革命的门槛上，智能技术究竟将如何改变人类生活，目前的争议更是前所未有。与此同时，大国竞争加剧，俄乌冲突的长期化更可能导致欧亚大陆的大国对抗持续化。中国区域国别建设正在面临世界政治又一次进入的“动荡变革期”。无论是建构基础理论体系还是服务国家大政方针，区域国别学首先应属于国际问题研究的学科系列，其学科范式必须由国际关系学为代表的社会科学学科来提供和搭建。上海国际问题研究院学术委员会主任杨洁勉教授清晰地指出，区域国别学尽管可以从历史、语言文字、文化等多学科去进行研究，但研究的根本目的还是为了对区域国别基础上的国家政策、战略走向和外交关系进行客观和准确的判断、认识和解读。区域国别学为此不仅是社会科学、更应该是国际关系学科范围内才能证实其学科成果和服务对象的学问。① 中国区域国别学的学科性质是国际问题研究，需要在国际关系理论范式、学科基础和学术标准的基础上融合多学科、跨学科的知识体系和学术规范，以多学科知识促进区域国别研究融合发展和创新发展。这个学科性质的界定不仅应该清晰化，更需要结构化、科学化。②

首先，中国特色的区域国别研究需要整合和借鉴西方学术成果，更要考虑中国独特的历史和文化传统，中国学者需要审慎评估西方理论和国际经验的适用性，并结合中国的实际情况进行适度的调整和创新。中国区域国别研究必须坚定地融入与准确地结合中国理念、中国利益和中国目标，打造具有 21 世纪中国特色的区域国别学学科体系，为中国式现代化宏伟目标提供强有力的智力支持和人才保障。首先，中国的区域国别研究承担着破除西方中心论的使命，但同时也要博采众家所长、吸收西方大国在区域国别研究中的成功做法，做大做强区域国别学的“中国学派”。中国仍然是世界最大的发展中国家，同时，党的二十大报告已经明确提出：“到本世纪中叶，把我国建设成为综合国力和国际影响力领先的社会主义现代化强国。”这一中国式现代化目标决定了中国的区域国别学要站在党的二十大报告的战略高度来认识我们自身与世界的关系，在文明交流与合作互鉴的基础上推动人类命运共同体建设。为此，中国的区域国别学必须配合国家深化改革开放和保持高质量发展的政策需要，通过区域国别学的学科建设、人才培养和政策支持更好地让中国深入走进世界；让中国深入走进世界的同时进一步带动区域国别学的学科升级与人才培养的壮大。在百年未有之大变局和推进国际关系多极化、民主化的今天，中国的区域国别学需要在走出“去西方中心”道路的同

① 杨洁勉：《新时代中国区域国别学科建设的理论意义与学术治理》，《亚太安全与海洋研究》2022 年第 4 期，第 6—7 页。

② 朱锋：《中国区域国别学学科：比较、鉴别与创新》，《亚太安全与海洋研究》2022 年第 6 期，第 3 页。

时，吸收西方大国在区域国别研究中的成功经验和做法，充分学习人类发展的宝贵经验，不能一味沉溺于中国文化优越论。

其次，中国的区域国别研究蕴含了对于学理性的强烈追求，呼唤新的学术理论、方法和话语体系。在新的时代背景下，发展中国特质的区域国别研究需要建立一种全新的学科框架，以构建新的学科定位、学科理路和研究方法，其中最为核心的问题在于处理好实用性与学理性之间的关系。[①] 中国区域国别研究需要积极进行理论创新和发展，以构建适应中国国情和地域特点的理论框架。学者可以从历史唯物主义、马克思主义国际关系理论和中国特色社会主义理论等角度出发，探索和提出适合中国区域国别研究的新理论观点。

最后，中国的区域国别研究需要建立自身的话语体系。在国际学术界，西方的理论和观点占据主导地位，中国的区域国别研究需要发展自己的学术话语，提出独立的理论框架和观点，推动中国洞悉世界、促使世界读懂中国，这是区域国别学建设的真正目标所在。

---

① 李秉忠：《区域国别学的西方传统和中国路径》，《史学集刊》2022 年第 4 期，第 19—20 页。

第二章 战争、和平与区域国别研究的成长史

从区域国别研究的发展史来看，可以认为，20 世纪前半叶的英国、第二次世界大战后的美国和 21 世纪的中国分别代表了三个不同的时期。在前两个时期中，重大战争对于区域国别研究的发展产生了极大的推动作用；在第三个时期，区域国别研究是在和平条件下风生水起的。20 世纪前半叶的区域国别研究，自然是上接 19 世纪的，很明显跟欧洲殖民大国与外部世界的关系史有关。荷、英、法、德等欧洲国家为了对殖民地进行管理，需要相应的关于这些地区的知识以及了解这些地区的人才。从这种需要出发，这些欧洲大国向其他国家或地区——无论是不是它们的殖民地——派出人员。这些人员了解和掌握了当地的语言、历史以及其他方面的情况后，其中的有些人写下了他们的见闻、观察、感悟等。尤其是传教士，“为了传教需要，传教士们长期生活在这些地区，学习当地的民族语言，收集民情风俗，有的编纂字典，有的还替无文字的民族创造拼音文字等”①。这是区域国别研究早期的“史前史”。

这些欧洲人的记述和分析，有不少留下了深厚的印记，成为欧美“东方学”的重要组成部分。譬如，过去欧洲人向东看，根据距离远近，将世界其他地方分成了所谓“近东”“中东”和“远东”。“近东”是离欧洲较近的东方，大致指的是地中海东部沿岸地区、非洲东北部以及土耳其等国；“中东”再远一些，包括伊拉克、伊朗和沙特阿拉伯等国家和地区；“远东”则多指我们今天所讲的东亚、东南亚等地区，其中当然包括中国、日本和朝鲜半岛。美国受欧洲人的影响，也曾以基本相同的方式称呼这些地区。不过随着时间的推移，情况发生了某些变化，基本方向是“欧洲中心”的色彩减弱，而采用更为中性的名称。比如“远东”一名早已逐渐被“东亚太平洋地区”所取代，美国国务院主管有关地区的“远东局”改名为“东亚和太平洋事务局”，就是如此。在俄国，苏联 / 俄罗斯科学院多年来一直有“远东研究所”——使用这个名称反映

① 周大鸣：《欧洲人类学对中国的研究》，《南国学术》2020 年第 1 期，第 103 页。

了它以欧洲为重心的特性，2022 年已决定将其更名为“中国与现代亚洲研究所”。在美国，“近东”和“中东”这两个称呼尽管仍然保留着，但二者之间的界限已变得日益模糊。[①]“近东”一名现在还在用，但出现的频次已较低，人们大都已经熟悉和习惯“中东”一词，因而更为广泛地使用之。

从记述到研究，从早期通常较具个人性的分析，到现当代更具有组织性的研究，是一个发展的过程。现代作为学术性探究的区域国别研究的开展，通常都是借助于一定的组织机构进行的，“老牌”欧洲大国中的法兰西学院、英国学术院、俄罗斯科学院等，无不是首先专长于语文学、历史学、考古学等人文的方面，大体到 20 世纪续又发展到社会科学各领域，它们都在多年间建立起了卓著的声望。这当然可以写一部长长的学术史。本章的目标十分有限，只讨论 20 世纪以来到 21 世纪的目前为止英、美、中三国所代表的相关发展，而且只讨论战争抑或和平在区域国别研究的发展中所起的作用。

总体而言，从对欧洲以外地区以人文学为主的探究，发展为更多地以社会科学为主的探究，大体上是进入 20 世纪后出现的，而这又是同两场重大战争密不可分的，即先后发生的第一次世界大战和第二次世界大战。当其发生之时，这两场战争的规模、广度和深度都远超过此前的历次战争，因而都是划时代的。其影响所及，也十分自然地延及区域国别研究，就第一次世界大战与英国，以及第二次世界大战与美国的情形看，都是如此。这绝不是说没有战争就没有区域国别研究，而是旨在揭示战争在催生区域国别研究中所产生的推动力，以此为视角来进行本章的考察。接下来，本章将以英、美、中三国的发展和区域国别研究的成长历程为主线，以前两个时期为主，兼及中国和第三个时期，从而勾勒出一个概貌，提出本章的论点。

第一节　第一次世界大战与英国区域国别研究的兴起

众所周知，诸多欧洲大国都曾经建立起殖民帝国，比如西班牙、葡萄牙、荷兰、英国、法国、德国等，它们建立的这些殖民帝国当中，占据地域最辽阔的是大英帝国，

① 在可称为战后比较政治学的首部重头著作的《发展中地区的政治》中，撰述者使用了“近东：西南亚和北非”的说法，并称“近东”“中东”以及“近东和中东”等术语的混杂使用其实无关紧要，参见 Dankwart A. Rustow, “The Politics of the Near East: Southwest Asia and Northern Africa,” in Gabriel A. Almond and James S. Coleman, eds., *The Politics of the Developing Areas*, Princeton: Princeton University Press, 1960。

曾经被人们称为“日不落帝国”。从 19 世纪一直到 20 世纪中叶的整个时期，是英帝国的强盛期，也是英国的区域国别研究相对于别国最发达的时期，较早反映在英国的伦敦大学学院和伦敦国王学院。伦敦大学学院成立于 1826 年，伦敦国王学院成立于 1829 年，此二校是伦敦成立最早的大学。1836 年，在这两所大学的基础上成立了伦敦大学，由这两所主要的大学再加上其他一些单位组成，后来又陆陆续续成立了其他的一些大学或学院。时至今日，人们很少听到有关“伦敦大学”的消息，原因就在于伦敦大学是一个“独联体”，是由若干所基本独立的大学组成的较为松散的大学系统，总体称为伦敦大学。作为其组成部分的伦敦大学学院和伦敦国王学院等都是相对独立的（独立招生、独立培养、独立财政等）。伦敦大学系统中还有第三个知名度很高的大学——伦敦政治经济学院。除此之外，还有其他若干所大学或学院。

之所以要交代这个，当然是因为它跟本章的论旨有关系。在伦敦大学这个体系中，斯拉夫与东欧研究学院，是英国成立最早的地区国别研究学院之一。由于英国长期作为殖民大国的历史地位，也很可能是世界上成立最早的专门从事特定地区研究和人才培养的学术机构之一。

正是在第一次世界大战期间，斯拉夫研究学院于 1915 年诞生于英国。它的缘起颇有一些来由。英国的斯拉夫研究，最初的中心在利物浦。在早先利物浦大学处于光荣繁盛年间的 1907 年，伯纳德·帕里斯（Bernard Pares）在该校成立了一个从事有关俄国和波兰问题教学和研究的学院，在那里，语言和文学的训练被用于探究更大范围更广义的文化，包括历史、经济和法律。因此，他是当代人所说的英国“地区研究”的先驱。英国斯拉夫研究的中心从利物浦迁移到伦敦，与历史学家罗伯特·西顿–沃森（Robert Seton-Watson）和伯纳德·帕里斯二人大有关系，他们在国王学院院长罗纳德·伯罗斯（Ronald Burrows）的支持下，共同促成了把斯拉夫研究加入英国学术生活的思想和机构版图之中。

1914 年第一次世界大战爆发后不久，西顿 - 沃森等有识之士都开始参与组织帮助塞尔维亚国民的救济工作。伯罗斯也是最早加入塞尔维亚救济基金执行机构的人士之一，除了纯人道主义的方面以外，他同样积极地参与了政治性工作。1915 年上半年，伯罗斯在国王学院组织了一门系列讲座课程“同盟国的精神”。这年的 3 月 15 日，西顿–沃森致信伯罗斯，称“对斯拉夫研究和东欧历史的忽视在英国是完完全全的，尽管利物浦大学在俄语方面做了一点工作，但其他斯拉夫语言的教学几乎看不到踪影。在我看来，伦敦是这种先驱性工作显而易见的中心，而国王学院和伦敦政经学院又是伦敦最自然的中心”①。基于这一认识，西顿-沃森提出了成立一所“斯拉夫学院”的设想，并认为这一设想可从建立一个斯拉夫研究的专业图书馆开始，逐步扩展到课程教学和人才培养。西顿-沃森相信，在战时，这样一个计划获得各种实际支持是可能的。一旦和平得到再造，与中欧国家的联系得以恢复，他愿意努力为图书馆充实捷克、斯洛伐克、塞尔维亚、克罗地亚和保加利亚文学的主要经典，以及与这些语言有关的必不可少的语文著作和辞典，并每年为这座图书馆捐款。这个核心一旦形成之后，便可逐步扩大，很快还可以物色人员负责俄语和波兰语这两门主要语言的工作。南部斯拉夫的流亡者，将会把英国当作他们的总部，一直到战争结束。

对于西顿-沃森的构想，伯罗斯颇感兴趣，认为提出这一问题恰逢其时。他还联系到不过两三周之前，下院议员 J.D. 里斯爵士（Sir John David Rees）在议会提到了需在英国扩大讲授俄语的问题，他得到的回答是政府正在考虑之中。尽管眼前正在谈论的首先是商业俄语，但进一步讨论在英国的大学里讲授俄语肯定将提上议事日程。

由于英俄之间的战时同盟关系，以及对语言及其他方面接触的紧迫需要，其需求显而易见，最紧迫的是必须成立一个俄语系，而且语言教学还远远不敷需要。当务之急是要找到一个学科带头人。他们很自然地想到了利物浦大学的俄语教授伯纳德·帕里斯。因为早在 1907 年，帕里斯就已在那儿成立了俄国研究学院，而且在 1912 年创办了一本刊物《俄国评论》。1915 年 7 月，西顿-沃森、伯罗斯、帕里斯“三巨头”终于一拍即合。

出于上述构想，西顿-沃森向伯罗斯推荐了后来成为“捷克斯洛伐克国父”的托马斯·马萨里克（Tomas Garrigue Masaryk）。当时在英国，人们对这个捷克人所知甚少。这位原查理大学哲学教授、奥匈帝国议会议员，于第一次世界大战爆发后的 1914 年 12 月流亡国外，领导侨居外国的捷克人和斯洛伐克人进行反对奥匈帝国的斗争，期望在协约国支持下争取民族权利。当时，马萨里克正为在海外成立一个全国性的捷克斯洛伐克委员会而进行必要的准备，并努力与其时作为奥匈帝国一部分的波希米亚的所谓“黑手党”建立秘密联系渠道。1915 年 4 至 5 月，马萨里克首访伦敦，获得了一个印象，即英国公众舆论，甚至官方人士，对中欧地区尤其是捷克和南部斯拉夫问题都所知甚

① R.W. Seton-Watson, “The Origin of the School of Slavonic Studies,” *The Slavonic and East European Review*, Vol.17, No.50, 1939, pp.360—371.

少。随后，他决定以伦敦为总部积极进行宣传奔走。也在这个阶段，伯罗斯和西顿–沃森讨论了争取马萨里克合作从而在国王学院有所举措的想法。1915 年 7 月，西顿–沃森受聘为国王学院东欧历史荣誉讲师。同时，伯罗斯建议自 10 月起聘任马萨里克为斯拉夫历史和文学讲师。10 月 19 日，马萨里克受邀在国王学院进行一场公开演讲，讲题为“欧洲危机中的小国问题”。时任英国首相阿斯奎斯（Herbert Henry Asquith）原已接受邀请，计划担任会议主席，后因患流感改由副外交大臣罗伯特·塞西尔勋爵（Robert Cecil）代其出席。马萨里克的就职演讲被认为启动了斯拉夫研究学院，整场活动标志着斯拉夫研究学院的正式成立。

在一战爆发后的初期，阿斯奎斯首相强调，英国在战时除了别的事务外，尤其支持“诸小国”的权利。这里的“小国”首先是指比利时和塞尔维亚，它们作为独立国家，却遭到了德奥的侵略。各“沉沦民族”的代表们把阿斯奎斯的声明解释为对它们独立的支持。马萨里克在他的国王学院讲演中，也声称英国的政策目标是“诸小国和民族的解放和自由”。实际上，这在那时还没成为英国的目标。然而，人们所未知的是，战争迁延日久，经过同盟政治中的讨价还价，最终马萨里克所代表的思想占据了上风。到一战结束的 1918 年，不惟“诸小国的权利”得到了认可，而且已经上升为“民族自决”。这一变化对于斯拉夫人意义重大。与此有关的教学和研究的中心原先在利物浦大学。而现在，有关的研究集中到了首都伦敦，成为了政府的工作事项之一，它初期给学院的赠予款项为每年 2 000 英镑。

在一战余下的时间里，国王学院成为了全部斯拉夫活动的中心，伯罗斯的能量体现在马萨里克就任后，马上又启动了波兰研究。由于两位俄籍波兰人的慷慨解囊，有四位杰出的波兰人受邀到国王学院授课。经过数次演变后，当时流亡于伦敦和日内瓦的一位伦敦政经学院毕业生奥古斯特·泽列斯基（August Zaleski），也是一战后新生的波兰国家领导者毕苏斯基元帅的秘密代表，担任了波兰语荣誉讲师，战争结束后又作出了进一步的安排。这样，战时斯拉夫学院的两位教师，一个成为了捷克斯洛伐克共和国的首任总统，另一个则成为了波兰外交部长。[①] 尤其是马萨里克，于一战后期的 1918 年 10 月主导并发表独立宣言，11 月 14 日正式当选为新生的捷克斯洛伐克共和国总统，后又三次连任。鉴于他和斯拉夫与东欧研究学院的密切联系以及英捷两国之间

① R.W. Seton-Watson, “The Origin of the School of Slavonic Studies,” *The Slavonic and East European Review*, Vol.17, No.50, 1939, pp.360—371.

密切的政治关系，捷克政府于1930年出资为该学院设立了一个捐赠基金，从而使之具有了一个较为牢固的资金基础。

置身于伦敦国王学院的斯拉夫研究学院，并不是某种高大上理念的明确体现。它是在一场大战中建立起来的，服务于一个战时联盟，并毫不犹豫地主张战争目标须实现。实际上，它的三位主要创立者帮助定义了战争目标并敦促政府采纳。西顿-沃森为中东欧国家“开太平”，因而得到了新生的捷克斯洛伐克、罗马尼亚和南斯拉夫领导人的充分体认（甚至也包括奥匈帝国解体后的奥地利和匈牙利领导人，当然其心境更为复杂）。而帕里斯为之努力的俄国后来经历了“十月革命”、内战、协约国武装干涉等。不管各自的结果如何，斯拉夫学院通过其创立者公开认同某些政治观念和政策。它是支持《凡尔赛和约》的，尤其是那些有关中东欧国家的解决方案。它当然不能同样地支持战后俄国的布尔什维克新政权，但不管如何，学院有自己的“成见”，而这种情况并不鲜见。历史生发于政治之中已是一个牢固确立的传统。对学院而言，它的头二十年一直致力于为和约提供智识的支持。尽管并非所有的教师都支持这一公开的、毫不隐晦的认同，但学院的创立者所开展的活动表明了他们的承诺和担当。[①]1928年，它的名称中加上了“东欧”字样，演变为斯拉夫和东欧研究学院。1932年，斯拉夫研究学院从国王学院中独立出来，成为伦敦大学系统内自成一体的成员。1999年，斯拉夫和东欧研究学院再演变为伦敦大学学院的组成部分，开始了它的另一个新时期。

与斯拉夫研究学院类似，伦敦大学系统内还成立了另一所专注于特定区域国别研究和人才培养的高等教育机构，名为“东方与非洲研究学院”（通称为“亚非学院”）。它是一所专门从人文和社会科学视角研究亚洲和非洲以及从事这方面人才培养的大学，前身是“东方研究学院”。东方研究学院只比斯拉夫研究学院晚一年成立。在1916年成立前，它经历了长达七年的酝酿和筹备工作，也即它在思想上形成于20世纪初到1916年之间。成立之初，该学院有两个名称供选择，即“东方语言学院”和“东方研究学院”，最终确定以后者为其名称。它成立的背景与斯拉夫研究学院相似。1916年英国正处于第一次世界大战之中，大战的爆发压倒了其他各种问题，赢得战争成为当时国家的首要任务。在这种大背景下，东方研究学院的创立也受到过一定影响。1938年，学院更名为“东方与非洲研究学院”，加上了非洲研究的部分。实际上，东方研究学院

① Maurice Pearton, “Review Article—The History of SSEES: The Political Dimension,” *The Slavonic and East European Review*, Vol.71, No.2, 1993, pp.287—294.

成立之初，其研究对象就包括非洲，因为除了在亚洲的印度、孟加拉国、中国香港、斯里兰卡等地外，当时英国在非洲也建立了多个殖民地。只不过非洲研究于 1938 年才在校名上得到体现，之后又得到加强。我们可以看到，1916 年东方研究学院的成立和 1938 年成为东方与非洲研究学院，很大程度上是出于国家培养对殖民地进行统治和管理的人才的需要，当然也包括要对亚洲和非洲进行学术研究的需要。正如人们所知的，20 世纪上半叶，国际关系的重心就在欧洲。这与同一时期区域国别研究重心的所在，大体是一致的。

第二节　第二次世界大战中兴起的美国区域国别研究

区域国别研究的第二个标志性时期同样开启于重大战争，这就是第二次世界大战，重心则转移到了大西洋彼岸的美国。

还在 19 世纪末（1895 年前后），美国就已经成为了世界上经济总量最大的国家。尽管如此，由于长期奉行“孤立主义”的对外政策，在英国成立了上述两家区域国别研究学术机构的 1915—1916 年，美国还是一个孤立主义思潮盛行的国家。1917 年，美国加入第一次世界大战。次年，一战以协约国的胜利而告终。1919 年，美国作为战胜国参加了巴黎和会，和会决定在瑞士的日内瓦成立国际联盟（简称“国联”），管理各国间的关系。由于伍德罗·威尔逊总统关于加入国联的倡议被国会参议院否决，一战后美国再次回到“孤立主义”状态。直到 20 世纪 40 年代初，这种状态才发生了重大变化，这个变化源于第二次世界大战。

然而，这并不是说两次大战之间的美国就绝无区域国别研究，这里只举一个例子即可说明这个问题。20 世纪上半叶，美国有一个专门从事亚洲太平洋地区国家研究交流的组织，名为“太平洋关系学会”。该组织是在 1925 年由美国学术界、工商界的众多人士依托基督教青年会在夏威夷成立的，后来基督教青年会的色彩逐渐淡化。1934 年，其总部从夏威夷迁至纽约。那一时期，太平洋关系学会在增进美国对亚洲太平洋地区国家的了解和研究当中，发挥了颇为重要的作用。今天人们所熟知的现属于加拿大不列颠哥伦比亚大学主办的刊物《太平洋事务》，原即是由太平洋关系学会创办的。1947 年以后，太平洋关系学会不断受到麦卡锡主义“亲共”的指控和长期调查，学会因此失去了以洛克菲勒基金会为代表的合作伙伴和相关资金支持，被迫最终于 1960 年宣布解散。根据这些事实，我们可以说，战前的美国就已有一定的、我们所称的区域国别研究。不过，只是到战时和战后，地区研究才在美国取得长足发展，写下了浓墨重彩的篇章，这也是清楚的事实。

一、战争调动了社会科学家的专门知识和才干

第二次世界大战开始于 1939 年 9 月 1 日德国进攻波兰这一说法，在过去若干年里受到了很多人的质疑，因为这一说法带有过于强烈的“欧洲中心论”色彩。有人提出，1937 年 7 月 7 日日本发动全面侵华战争，这场战争是整个第二次世界大战的重要组成部分，应该将其视为二战爆发的标志。还有人认为，1931 年 9 月 18 日，日本在中国东北制造九一八事变，应被看作二战的开始。如果我们要克服“欧洲中心论”，自然要把亚洲和欧洲联系起来看待。二战是全球性的，在这一过程中，美国当然不可能置身事外。二战期间，日本法西斯气焰嚣张，完全无视英美利益，意图侵吞整个中国、东南亚以及太平洋各岛屿，此举使得日本与英美的矛盾日渐加深。而后日美谈判陷入僵局，日本法西斯决定先发制人，于 1941 年 12 月 7 日偷袭美国太平洋舰队母港珍珠港，美国随即对日、德、意等法西斯轴心国宣战。

第二次世界大战在很大程度上改变了美国和世界的关系。随着大战的到来，各政府机关对国际关系领域合格人员的需求突然间大幅增长。这一需求是如此之大，致使受过训练的人员缺口颇为巨大。要赢得战争的胜利，美国就需要更多地了解战争发生区域的情况，包括战争地区的人民、语言、历史等。从地域范围来看，第二次世界大战的战场范围远比第一次世界大战广阔。作为其结果，战争期间美国的国际视野也大大扩展。这里要提到费孝通这个人。费孝通是在英国留学并获得博士学位的。1943 年，也即二战进行期间，他首次赴美。回国后，费孝通撰写了一本篇幅不大的书《初访美国》，于 1945 年出版。书中写道：“美国政府明白，这次战争是全球性的。美国将在世界各地进行战争，而且现代的战争不能缺少当地人民的合作。为军事上的需要，作战的部队必须对于战区的人民有较深的了解。而且他们也知道，军事胜利之后，对于解放区的种种设施，都得根据当地的民情来擘画、来推行。所以召集了各种专门人才设立区域训练班。在区域训练班里，地理、历史、文化各方面全得顾到。于是，专家之间互相配合、贡献他们个人的专门知识来完成对某一区域的介绍。”[①] 这是费孝通访美

① 费孝通:《美国与美国人》，生活·读书·新知三联书店 1985 年版，第 151 页。

期间所观察到的现象。这个现象说明，正是在战争期间，美国的区域国别研究成长了起来。

大战当前，美国社会科学家被前所未有地动员起来为打赢战争服务。于是，学术界人士从未有过地受到国家动员的征召，从事国际研究的学者自然更是义无反顾地响应号召，参加到有关工作中来。那些跟日本研究有关的学者，无论是研究德川时期的日本历史，还是研究日本诗学的专家，几乎无一例外地突然戏剧性地变成了研究“敌人”的专家。与此类似地，那些从事俄国和中国研究的人也成为了有关美国重要同盟国的专家。①

1941 年 3 月，罗斯福总统提出了《租借法案》，这个法案很快扩大到把中国也包括在内。同年夏天，美国政府又建立了战略情报局，决定由威廉·多诺万（William Joseph Donovan）主持这个新机构，承担起对从世界各地源源发至华盛顿的大量情报进行协调分析的任务。为配备分析和操作人员，战略情报局转向学术界，寻求那些有过国外生活经历或具有专门知识学问的人。多诺万选择了哈佛大学的詹姆斯·巴克斯特（James Phinney Baxter Ⅲ）为研究分析分局的局长，由他监督一大批派赴国外特定区域的专家们的工作。巴克斯特转而要求其哈佛同事威廉·兰格尔（William Langer）担任研究主任。这种召唤很快传遍了哈佛。到 8 月，唐纳德·C. 麦凯（Donald C. Mckay）和费正清（John King Fairbank）也加入了这支队伍。②

威廉·兰格尔加入战略情报局后，作为研究与分析方面的主管，随即开始录用其他国际研究学者充任战略情报局的重要岗位，其中包括他的数位哈佛同事，如人类学家卡尔顿·库恩（Carleton Stevens Coon）和国际经济学家爱德华·梅森（Edward S. Mason）。此外，威廉·兰格尔从哥伦比亚大学找来了俄国史学家吉拉德·罗宾逊（Geroid Tanquary Robinson）；从芝加哥大学找来了中东考古学家约翰·威尔逊（John T. Wilson）；从密歇根大学找来了东亚政治学家约瑟夫·海登（Joseph Ralston Hayden）；从宾夕法尼亚大学聘任了梵语学家诺曼·布朗（W. Norman Brown）。

这些获得任命的资深学者旋又物色录用了其更年轻的同事或者新获得硕士博士学位的年轻一代学者担任其各自部门的工作人员，这个“雪球”于是越滚越大。其他的

① Robert A. McCaughey, *International Studies and Academic Enterprise: A Chapter in the Enclosure of American Learning*, New York: Columbia University Press, 1984, p.114.

② ［加］保罗·埃文斯：《费正清看中国》，陈同等译，上海人民出版社 1995 年版，第 81 页。

战时政府部门也求贤若渴，纷纷寻求学者上位服务，如战时新闻署请到了哈佛人类学家克莱德·克鲁克洪（Clyde Kluckhohn）和哥伦比亚大学人类学家鲁思·本尼迪克特（Ruth Benedict），以及哈佛东亚史学家费正清及其西雅图华盛顿大学的同行乔治·泰勒（George W. Taylor）等。为了能对打败日本法西斯赢得战争做到胸有成竹，鲁思·本尼迪克特接受政府委托对日本的特性进行了深入研究，并向美国政府提交了关于日本国民性的研究报告，这就是后于1946年正式出版的《菊与刀》，成为文化人类学和日本研究领域的一部名著。

此外，一个名为民族地理志委员会的组织则汇集了一张有五千人之众的“世界各地区和语言专家名单”。作为一个技术情报交流所，这个委员会的工作地点在华盛顿，由耶鲁大学的拉美人类学家温德尔·贝尼特（Wendell Bennett）主持，帮助战时的各政府机构获得关于特定外国地区的资讯。

二、战时对军政人员的特别训练

很显然，打败法西斯，赢得战争胜利是战时第一位的目标，为此，必须训练、培养熟悉相关国家或地区语言、历史乃至政治、经济等方面事务的军政人员。不光是文职机关需要，而且武装部队在军事行动和对已占领领土的管理中，也需要熟悉外国有关地区的人员。

（一）特别培训学校

特别培训学校就是另一种产生重要促进作用的培养形式，即把各个大学动员起来，同其签订合同，以一种“军民融合”的方式，为美军训练和培养具有区域知识和语言能力的人员，以管理战争期间夺取或得到解放的各地区。到大战快结束时，美国陆军的各特别训练学校已建立于55所大学校园，它们的学员都从事语言和地区学习。此外的民事培训学校则有自己的语言和外国地区课程要求，建立于另外10所大学校园。①

战时的芝加哥大学曾接纳了成千上万的水手和士兵，并安排他们学习特别的培训课程。这在当时是一件稀松平常的事情。而在武器装备制造方面，芝大超出了所有的预期，一度还成为了核能受控释放研究与试验的主要中心。在芝大校园里，三个最重大的军事项目是气象学与天气预报、民政事务培训以及地区与语言培训，对象是被征

① Robert A. McCaughey, *International Studies and Academic Enterprise: A Chapter in the Enclosure of American Learning*, New York: Columbia University Press, 1984, pp.114—121.

服和被解放地区未来的管理人员。截至 1942 年底，芝大已经与联邦政府签订了 103 份各种合同。到 1944 年，年度预算已猛增到 3 100 万美元，达到了战前水平的三倍，其中有 2 200 万美元来自政府合同。①

美国海军则把它的军政府与行政学校设在了哥伦比亚大学，该学校的使命是培训海军军官，当美军从日本手中夺取了太平洋上的各领地并置于美国控制之下后，使他们能够对这些地方进行行政管理。作为开端，1942 年 8 月 17 日，29 名美国海军预备役军官抵达哥伦比亚大学报到，参加国际行政管理培训项目。这一项目无关规划或政策，而只是培训有关人员从而帮助管理政府方面所制定的计划。该项目由哥大政治学部联手帕克国际事务研究所（后成为帕克外国法和比较法学院）负责。

国际行政的培训作为一个大学项目在很多方面都是独一无二的。它不但利用了哥大现有的师资力量，而且邀请了民间和官方的专家，他们在该项目所设计开发的国际行政方面具有实践经验。项目开设了不少一般性课程，旨在为这批学员提供一个总体的背景，同时每一个学员都被要求专长某一个地理区域，其大部分注意力须放在那个地区上。学员被期待掌握该地区的地理知识，包括自然地理和政治地理，如历史、政治、社会和经济制度及语言。

经过商谈，哥伦比亚大学与海军订立了一份提供军事政府行政指导的合同，从 1942 年 8 月开始，共 48 周。开班的课业主要关注点是大洋洲以及太平洋亚洲海域的小岛屿地区。根据海军的要求，哥大还应作好准备，关注海军可能指定的其他地区。学术课程包括四个培训类别：语言，当地风俗习惯，理解政府制度（东南太平洋和远东地区的人民总体上已经习惯了的本土制度和殖民制度），军政府本身的某些技术方面。②

在该海军学校存在期间，课程的变化反映了由战争的进展带来的总体规划的变化。比如，早先的部分集中于荷属东印度以及南部和西南太平洋各岛屿的语言、当地风俗、法律和制度。随着时间推移，后来的各部分纳入了关于战争爆发前由日本控制的一些领地的地区研究。关于马来语、荷兰语和混杂英语的学习被代之以所有学生都要学习的汉语和日语。除了上面提到的这些课程外，为了应对远东这些特定地区的情势，后

① ［美］威廉·麦克尼尔：《哈钦斯的大学：芝加哥大学回忆录 1929—1950》，肖明波、杨光松译，浙江大学出版社 2013 年版，第 185—187 页。

② L. Gray Cowan, *A History of the School of International Affairs and Associated Area Institutes*, New York: Columbia University Press, 1954, pp.12—13.

来还在哥伦比亚—长老会医疗中心为医疗方面的军官开设了公共卫生、日常卫生和热带医药方面的特别课程。[①]

（二）特别研究部

还在早些时候，自 1937 年起，三位哥大教授就已在耶鲁大学人类关系研究所开始进行一项名为“跨文化调查”的研究。这项调查的主题在范围上是涵盖全世界的。珍珠港事件发生后，该小组的研究就集中在了太平洋上日本委任统治的各岛屿。他们的工作引起了海军部及其海军情报局和被占领地区局的兴趣。这些学者因而受邀给海军预备役授课，在太平洋战争开始后又来到华盛顿继续工作。1943 年 5 月 24 日，他们受命向设在哥伦比亚大学的军政学校报告了研究结果，形成了后来被称作“第一研究部”的核心。这个单位雇用了大约八名军官以及士兵和文职人员，写出了好几本手册。1944 年 3 月，又建立了第二个研究单位。一方面，在其研究过程中，这个单位雇用了 25 名以上的军官以及几乎相同数量的文职翻译、研究助理和秘书。安排给第二研究部的工作主要是准备《日本行政组织》等。这些单位负责的各种手册旨在体现一个特定地区的总体信息，关于自然地理、自然资源、工业、气候条件、农业、历史、法律和社会习俗、本地制度和卫生状况。它们的设计是为学员提供背景知识。若无背景知识，一个军政府的官员是难以获得最大工作成效的。

另一方面，民事指南体现了广泛的总体指令，针对性地适用于指南所写的特定地区。这些手册和指南的编写涉及大量的研究、翻译、起草和文本编辑。在这两个研究单位存在期间，它们发掘了大量信息，有些尽管没有最终汇入一本手册或指南，仍然被证明可用于其他目的。

这些研究单位的主要功能不是直接跟培训相联系的，而更多地具有操作规划的性质。这些单位建立于海军学校，工作也在那儿进行。这一决定的基础是海军军事政府局的特定兴趣、资料来源的可获得性，以及服务和设施随时采购的便利性。此外，被派到这些单位的一些军官就其专长也为学生们授课或作讲座。

尽管这两个研究单位于 1944 年 9 月正式撤销，但翻译组的工作一直继续到了年底，其名称是军事政府翻译中心。海军学校最初的目标是培养 500 名军官。然而，最终完成学习的人员数未达到这个目标，原因有多种，主要原因之一是没招到足够的人。

---

① L. Gray Cowan, *A History of the School of International Affairs and Associated Area Institutes*, New York: Columbia University Press, 1954, pp.14—15.

太平洋战争的进程和未曾料到的事态带来了一个更为紧迫的需求，即比最初设想的数量更大的军政府官员。于是，海军部决定在普林斯顿大学另建一所学校，这样除哥大的海军学校之外能在较短的时间内培训更多的军官。他们将掌握远东、西南太平洋和东南亚地区的风俗、语言和民情的知识。学校对候选人有一定的资格条件要求。候选人年龄应在25—45岁之间，具有在商务、政府、航运、运输或工程等一个或一个以上方面的经历。还有，这些领域中重要的行政经验，无论国内的还是国外的，被认为尤其有价值。在地理学、经济学或国际关系领域的教育经历（无论是州或联邦政府）、大学行政或大学教学经历也是极好的资格条件。如果申请人在公用事业建设、水电、运输、铁路、航运或工厂维护和运营方面具有任何工程经验，那就上上大吉了。

美国海军与哥大合作的经验，得到了其他单位所获经验的证实。第一个结论是，比以往常规地教授语言远为有效地进行语言培训是可能的。就马来语、日语、混杂英语、某些主要欧洲语言等来说，用三个月时间教会学员进行沟通是可能的。这些课程的成功原因有二：其一是这些学生军官学习语言的特殊激励，其二是课程侧重口语而非书写语言。

从海军学校的经历中可以得出的第二个结论是，政府和行政艺术陈旧的教学与培训观念，必须根据各地区特点作出重大改变。这样的训练不再被认为是任何一个大学系或学部的专属特权，而必须是一个跨越系和学部界线的领域。因此，在哥大，尽管公法和政府系在组织和管理国际行政以及后来在海军学校中的训练方面掌握了领导权，受邀请的还有行政学、人类学、商务、经济学、地理学、历史学、语言、法律、海军管理和社会学等学科的专家，来协助开展工作。海军学校的教员来自社会科学的所有学科以及社会科学之外的许多领域。①

与哥伦比亚大学的情形类似的是，第二次世界大战期间，康奈尔、哈佛、密歇根以及其他若干所大学都开发了结构相似而细节不同的各种项目，为战后地区研究的飞跃创造了一定的条件。其中不少学员战后进入大学深造，后来成长为地区研究的专门家。

三、战后的飞跃

战争结束后，美国一跃成为世界超强，其一国的经济总量占到了世界经济总量的

① L. Gray Cowan, *A History of the School of International Affairs and Associated Area Institutes*, New York: Columbia University Press, 1954, pp.16—20.

一半左右，一时鹤立鸡群。与此相关，美国的社会科学在战后出现了巨大的发展，其中就包括区域国别研究。

第二次世界大战结束后不久，美苏冷战继之而起。在此背景下，美国区域国别研究出现了繁荣景象。有两个比较早的例子。一个是 1947 年，哥伦比亚大学在洛克菲勒基金会的资助下成立了“俄国研究所”。另一个是哈佛大学，同样在私立基金会的支持下于 1948 年建立了“俄国研究中心”。战后初期，有两个私立基金会在美国的地区研究的发展中发挥了重大作用，一个是洛克菲勒基金会，另一个是卡内基基金会，这是一个类似于洛克菲勒基金会的私立公益基金会。1957 年，苏联成功发射了世界上第一颗人造地球卫星“斯普特尼克”。对手的这一巨大成功在美国引起了震动。在这一背景下，美国国会于 1958 年通过了《国防教育法案》。《国防教育法案》的第六款制定了一系列加强美国的外国语言教育和区域国别研究的具体措施，涉及资金拨付、人才培养、研究组织等各个方面。也就是说，美国政府决定大大加强对外国区域国别研究事业的投入，再加上此前提到的以洛克菲勒基金会和卡内基基金会等为代表的私立基金会的支持，美国区域国别研究的发展获得了强大助力。后来，资金力量雄厚的福特基金会则为美国地区研究的进一步发展作出了特别巨大的贡献。①

由此我们可以看到，在二战后美国社会科学出现的大繁荣中，地区研究也得到了长足发展。这一发展表现在很多方面，其中之一即是美国各研究型大学都相继建立起了一批从事地区研究的中心或研究所。也正是从战后到 20 世纪 50 年代，美国区域国别研究的基本格局得到了建立，一直延续至今。

第三节　和平条件下区域国别研究在中国的勃兴

为讨论区域国别研究的第三个标志性时期，我们必须论及中国。前面论述了战争尤其是两次世界大战，对于英帝国和超级大国美国这两个先后在世界上执牛耳的国家的区域国别研究所起的催生和促进作用。然而，这绝不是说只有战争才是促进区域国别研究的推动力量，或者说区域国别研究只能依靠战争来推动才能得到发展。中国这一例恰恰说明了，在和平时期，区域国别研究同样能够得到强劲的推力和发展。

在改革开放前，当代中国的社会科学经历了一段曲折的历程。自改革开放始，中

① 任晓：《再论区域国别研究》，《世界经济与政治》2019 年第 1 期，第 69—72 页。

国社会科学得到恢复重建，逐步稳定发展。进入21世纪，中国崛起大有不可阻挡之势。由此而来，社会科学在中国的发展也进入一个繁荣时期。笔者把区域国别研究在中国的发展分为三个波次，其中的第三波出现在进入21世纪前后。其中一个代表性事件是教育部在全国范围内建立起了九个涉国际问题的重点研究基地，投入资源，加强研究，分别是华东师范大学俄罗斯研究中心、上海外国语大学中东研究所、复旦大学美国研究中心、厦门大学东南亚研究中心、吉林大学东北亚研究中心、中国人民大学欧洲问题研究中心 / 欧盟研究中心、四川大学南亚研究所、南开大学亚太经济合作组织研究中心，以及暨南大学华侨华人研究院。作为这项措施的某种延伸，国家哲学社会科学创新工程得到实施。之后，教育部围绕“如何在中国发展区域国别研究”先后出台了数份文件，措施之一是在北京语言大学设立了高校国别和区域研究工作秘书处，分批确立了数百个区域国别研究基地和培育基地。对于原先并不受到关注的一些国家，现在也已建立起了专门的研究机构，诸如秘鲁研究中心、东帝汶研究中心等，其中有不少是新近刚起步不久的，不免带有初创时期的种种痕迹，研究的深入性还有待时日。

2021年12月10日，国务院学位委员会办公室发布《博士、硕士学位授予和人才培养学科专业目录（征求意见稿）》及其管理办法，将区域国别学纳入第14类即交叉学科门类下的一级学科目录。中国的众多大学都闻风而动，欲借此“东风”，顺势而为，纷纷采取措施开展各自的区域国别研究工作。2022年9月14日，国务院学位委员会正式宣布“区域国别学”为新设的交叉学科门类下的一级学科，这一标志性的举措，进一步开启了区域国别研究在中国发展的新阶段。

简言之，在21世纪头20年左右的时间里，随着中国综合国力的显著提升，此时的中国比以往任何时候都需要更好地了解和研究外部世界，以更为有效地处理与世界的关系。中国区域国别研究的发展是与这一点直接相关的。二者之间的这种相关性，我们在19世纪到20世纪上半叶的英国和二战后美国区域国别研究发展的过程中也能观察到。从英、美、中三国的区域国别研究在不同历史时期所呈现出的发展态势和发展水平看，我们可以获知，一国区域国别研究的发展水平与该国的国力水平直接相关，也跟这个国家在某个时期的发展需要存在着直接的关联。历史的时与势对国家各自的区域国别学术研究都产生了积极的正向作用。

通过考察区域国别研究的成长史，本章认为，20世纪前半叶的英国、第二次世界大战后的美国，以及21世纪头二三十年的中国，分别代表了世界上区域国别研究发展史的三个时期。在前两个时期，第一次世界大战和第二次世界大战这两次重大战争都对英、美区域国别研究的发展产生了不可忽视的催生或推动作用。第三个时期则可以中国为代表，区域国别研究的蓬勃是在和平条件下发生的。三者之间的共同点在于时与势都产生了巨大推动。这种推动在三个代表性国家都成为区域国别研究得以成长的重要条件。

如果我们故意把问题简单化，将第一个时期视为探索殖民背景的知识体系，将第二个时期视为探索冷战背景的知识体系的话，那么第三个时期也许可以称为探求共生知识体系了。探求这个知识体系的出发点，既非像基督教的传教那样要把他人都转化为信仰那种宗教的基督徒，也不是为了打败“敌人”因而研究敌人并战而胜之，而主要是为了了解外部，知晓外部；不仅是为了谋求共存，而且是谋求相生相长，致力于经由良性互动而产生某种“涓滴效应”，使人们生活于其中的世界变得更美好一点。这是今天的区域国别研究应有的旨趣。

这个共生知识体系的建立，既有可能也有潜力贡献于整个世界，以求得世界的和平与发展。它一定不似战前日本的“满铁”调查部那样服务于对外扩张和侵略，不是出于殖民的需要，也不是出于冷战的需要，而是致力于把握世界，与世界上其他地区的人们一道谋求世界和平和共同发展。这一图景可能正在展现之中，正在向人们展示其生机，但它一定是渐进的、长期的。我们有理由相信，它必将在未来的进一步发展中展现其建设性。

第三章 区域国别学中的研究方法

区域国别学自 2022 年 9 月被国务院学位委员会确定纳入交叉学科一级学科目录之后，区域国别开始成为大学和研究机构的重要方向，此后国内已经成立了数十家区域国别研究机构，这也表明了当前学术和政策的需要。与此同时，国内已经有许多学者开始讨论其区域国别的学科体系建设设想，① 梳理其在中国的发展历程，② 指出学科发展面临的问题和创新方向。③ 然而，较少有文章系统性地讨论和介绍这门交叉学科的研究方法，这是本章试图完成的任务。

需要指出的是，由于社会科学方法论发展源于美国，所以关于早期区域国别研究方法脉络的讨论不可避免地会涉及区域国别学在美国而非其他国家的发展历程。国内的区域国别研究的发展虽早，但关于现代区域国别研究的研究方法的讨论则要到 2010 年前后才逐渐出现。但在具体方法的叙述部分，本章会尽可能多地用国内学者的研究作为案例进行说明。

本章分为五个部分。第一部分分析了区域国别学的基本特征，以此作为区域国别学方法讨论的基础。第二部分梳理了区域国别学方法的发展脉络，展现其从人文学科到逐渐走向人文社科相融合的过程。第三部分具体介绍区域国别学研究中常用的研究方法，将其分为了调查研究方法和因果解释方法两类。第四部分进一步介绍了数字时代区域国别学中的前沿方法。最后是简短的结论。

---

① 任晓：《再论区域国别研究》，《世界经济与政治》2019 年第 1 期，第 59—77 页；姜锋：《浅谈区域国别人才培养和学科建设中的两个能力与三个基础》，《当代外语研究》2022 年第 6 期，第 12—16 页；陈奉林：《中国区域国别学学科的基本内涵、理论与体系构建》，《太平洋学报》2023 年第 1 期，第 52—64 页。

② 朱锋：《中国区域国别学：比较、鉴别与创新》，《亚太安全与海洋研究》2022 年第 6 期，第 1—21 页；刘鸿武：《中国区域国别之学的历史溯源与现实趋向》，《国际观察》2020 年第 5 期，第 53—73 页。

③ 钱乘旦：《关于区域国别研究的几个问题》，《学海》2023 年第 1 期，第 114—116 页；田庆立：《区域国别研究思维认知的创新路径》，《亚太安全与海洋研究》2022 年第 6 期，第 22—35 页；陈杰、骆雪娟：《外语学刊》2022 年第 4 期，第 118—127 页。

第一节 方法论视角下的区域国别研究的学科特征

区域国别学存在什么样的研究方法？这是一个重要但并不准确的问题。一方面，区域国别作为一门交叉和综合学科，包含经济学、政治学、历史学、人类学等诸多学科。区域国别学专家除了需要了解一个地区或国家的政治之外，还寻求掌握其历史、文学和语言，同时吸收人文和社科的成果。[①] 然而，学科的综合并不意味着方法论层面的特殊性。由于方法论的内核是一种数学逻辑，主要包含布尔代数和概率统计，而数学逻辑不会因为学科偏理论还是偏政策、偏政治经济还是偏历史人文而有所差异，因此，脱胎于区域国别学的研究方法是不存在的。另一方面，随着现代社会科学的发展，研究方法的数量已经数不胜数，任何人都不可能掌握全部的方法技巧，只能选择与适合自身研究议题和领域的研究方法。因此，将上述问题转化为讨论适合区域国别研究的方法更为合适。要理解什么样的研究方法更加适合区域国别研究，就需要先从区域国别研究的学科特征着手进行分析。从方法论视角来看，区域国别研究的学科特征包括如下三个方面。

首先，区域国别学具有明显的地域属性，需要对当地情况进行深入分析。对区域研究有贡献的几个学科都存在地域限制，历史学家、语言学家、人类学家、地理学家、文学和文化专家都只能在以地域为基础的学科范围内工作。[②] 区域国别研究对于了解当地语言、制度和文化的要求通常要高于比较政治研究，比较政治学者可以为了检验不同理论较为容易地改变研究样本（尤其是国家），像塞缪尔·亨廷顿（Samuel Huntington）这样的知名政治学者时常会研究不同国家的发展历程，但诸如日本问题的区域国别研究专家即便转向研究韩国，其成本也是相当高昂的。

其次，区域国别学带有一定的国家与政策研究色彩。区域研究之所以无法被视为客观的社会科学，因其时常受到不断变化的政治和知识条件的影响，最典型的特征是研究者所在区域 / 国家通常并不被包含在内。冷战期间美国的区域研究受到意识形态的影响，以此来决定要研究的问题以及哪些地区被制定为一个“区域”，早期的区域研究

---

① Robert H. Bates, “Area Studies and the Discipline: A Useful Controversy?” *PS: Political Science & Politics*, Vol.30, No.2, 1997, pp.166—169.

② Zoran Milutinovic, ed., *The Rebirth of Area Studies: Challenges for History, Politics and International Relations in the 21st Century*, London: I. B. Tauris, 2019, p.5.

地图包括苏联、中国（或东亚）、拉美、中东、非洲、南亚、东南亚、东欧和中欧，以及后来的西欧，但不包括美国本身。① 这一特性使得区域国别研究带有一定的政策研究或文化地理色彩，不可能完全科学化，因为科学化要求研究对象不能随着研究者国籍而发生改变。尽管区域国别学研究会涉及国家的历史和文化，但并非单纯出于历史或人类学的兴趣，最终会涉及对现实问题的关怀，许多明确倾向于一般理论的社会科学家也时常参与外交政策的制定。与此同时，民族国家和政策研究的特征也使得学科研究的时间范围更加侧重于当下国家的内外矛盾，尤其是二战后的历史。

第三，区域国别学的主要研究对象是在特定地理空间内具有诸多相似特征的民族国家，部分区域或次国家级别单元也可以作为研究对象，是“具有一定文化、历史和语言一致性的相对较大的地理区域”②。国际政治中的其他行为体，诸如跨国公司、非政府间组织等通常都不属于区域国别的研究对象。从地理上看，区域国别意味着将特定空间组合中的国家视作一个整体进行研究。区域国别研究倾向于将具有共同历史渊源的行为体归类在一起，它们的政治和社会在地理上相近，在语言和文化上具有共同点，并能够通过制度扩散深刻地相互影响，可以对新思想产生独特的共同回应。③ 因此区域国别中地域的区分并不是单纯的地理划分，而是隐含了案例研究中的“可比性”，如撒哈拉以南非洲、拉丁美洲等。

区域国别研究的对象、目标和范围使其同时跨越人文与社科两个领域，由于受到时空情境的限制，尤其早期研究的样本数量以中小样本为主，因而部分材料收集和偏向质性的因果解释是区域国别研究中最为常用的方法。直到越来越多材料的数字化以及各类前沿的现代方法被引入区域国别学之后，才开始有更多大样本研究。下节将通过梳理区域国别研究方法的发展脉络来查看方法演进的过程。

第二节　区域国别研究方法的发展脉络

区域国别学最初可以追溯到19世纪初期出现在法国、俄罗斯、德国和哈布斯堡帝

① Ali Mirsepassi, Amrita Basu, and Frederick Weaver, eds, *Localizing Knowledge in A Globalizing World: Recasting the Area Studies Debate*, New York: Syracuse University Press, 2003, pp.2—3.

② Ibid.

③ Stephen E. Hanson, “The Contribution of Area Studies,” in Todd Landman and Neil Robinson, eds., *The SAGE Handbook of Comparative Politics*, Thousand Oaks: SAGE Publications, 2009, pp.169—170.

国的“东方学”的分支。早期游历东方的商人或传教士将许多见闻、传说、想象等因素用自身的理解糅合在一起，以西方人的视角查看东方世界的文化习俗、法律、风土人情等，将各类真假信息带回西方。具体区域国别研究学院的设立则始于一战后的英美，分别是伦敦国王学院的斯拉夫学院（1915 年）、芝加哥大学东方研究所（1919 年）和普林斯顿大学近东研究部（1927 年）等，主要以人文学科为主，教授语言、历史、习俗、法律和文学等。[①] 不同于以语言文化为主的东方学，早期西方的区域国别研究带有一定的殖民主义色彩，意在了解那些可以渗透和占有的地区，其研究方法总体是前现代的，以描述、考察和访谈等方法记录与当地相关的各类情报。

现代意义上的区域研究的起源可以追溯到二战及战后初期，出于美国政府情报和军事方面的需要，最初的区域研究中心出现在战略情报局的办公室，而早期大学开设的区域研究课程也与政府情报机构存在密切关联。[②] 美国政府支持区域研究项目，是将其作为了解潜在对手和盟友的重要渠道。其中最为广为人知的研究之一是鲁思·本尼迪克特在 1946 年出版的日本研究著作，她受美国政府的委托来研究日本文化和社会，从而帮助美国制定此后的对日占领的政策，并掀起了日本研究的潮流。[③] 同时，洛克菲勒、福特和卡内基基金会在战后推动地区研究培训的最初努力方向集中于东欧和东亚，这些都是美国面临竞争的主要区域，1958 年的《国防教育法》启动了教育部国家资源中心计划，为美国多数大学的区域研究和培训提供了基础设施。[④]

地区性知识的不断增长带来的影响开始不仅仅停留于政策研究层面，许多地区问题专家也开始了对一般性知识的思考。诸如知名的政治学家巴林顿·摩尔（Barrington Moore）最初是一名苏联问题专家，而著名的发展经济学家阿尔伯特·赫希曼（Albert Hirschman）早期以拉美研究问题而闻名。20 世纪 60 年代前后，区域国别学同比较政治学共同发展，开始出现一些区域比较研究。加布里埃尔·阿尔蒙德（Gabriel Almond）等人在 1960 年主编的《发展中地区的政治》是早期区域研究中的百科全书，

---

① Zoran Milutinovic, ed., *The Rebirth of Area Studies: Challenges for History, Politics and International Relations in the 21st Century*, London: I. B. Tauris, 2019, p.3.

② Hossein Khosrowjah, “A Brief History of Area Studies and International Studies,” *Arab Studies Quarterly*, Vol.33, No.3/4, 2011, pp.131—142.

③ ［美］鲁斯·本尼迪克特：《菊与刀（增订版）》，吕万河、熊达云、王智新译，商务印书馆 2012 年版。

④ Stephen E. Hanson, “The Contribution of Area Studies,” in Todd Landman and Neil Robinson, eds., *The SAGE Handbook of Comparative Politics*, Thousand Oaks: SAGE Publications, 2009, p.162.

分析了各个区域的历史、进程、结构和功能。① 摩尔在1966年出版的《民主与专制的社会起源》则细化到具体的社会结构问题，分析了六个国家不同的制度发展历程。② 在这一时期的比较区域研究中，区域国别和比较政治在方法论上仍然存在部分共识，因为双方都还没有那么"科学化"，也没有形成20世纪90年代之后那样精细的操作工艺，并且在学科建设初期仍然注重概念化以及"划分范畴"。③

到20世纪70至90年代，区域研究方法开始出现人文与社科之间互补。这一时期的重要特征是比较政治学开始科学化，大量的比较区域研究引入了类型学区分和密尔方法，开始探讨原因和结果之间的因果联系。阿伦·利普哈特（Arend Lijphart）和亚当·普沃斯基（Adam Przeworski）等学者以"密尔方法"为基础，提出了一系列基于最大相似性的比较案例研究方法规则。④ 西达·斯考切波（Theda Skocpol）在1979年出版的《国家与社会革命》是这一时期代表性著作，她用更为精细的案例比较方法，从政府崩溃和农民反抗这两个视角出发，对导致社会革命的因素组合进行分析。⑤ 与此同时，在美国官方资助之下，大量学者为了解当地实际情况，开始田野调查而非仅仅依靠档案与文献，通过长期观察与互动来发现因果机制。其中最著名的案例之一是詹姆斯·斯科特（James Scott）的东南亚研究，他通过对东南亚农民行为的观察，观察到了当地农民反抗的原因，以及如何使用"弱者的武器"进行反抗。⑥ 但坚持人文科学和社会科学之间的互补性也导致了区域国别学自身的裂缝，"传统"区域研究的支持者和"现代"社会科学方法的支持者之间产生了深刻的分歧。

20世纪90年代后，随着理性选择理论不断盛行，区域国别研究进一步科学化。早期的区域研究被视作对某一特定国家或地区所发生事件的详细描述，到90年代，"区

① ［美］加布里埃尔·阿尔蒙德、詹姆斯·科尔曼：《发展中地区的政治》，任晓晋等译，上海人民出版社2017年版。

② ［美］巴林顿·摩尔：《民主与专制的社会起源——现代世界形成过程中的地主和农民》，王茁等译，上海译文出版社2013年版。

③ 参见汪卫华：《"解耦"还是"脱钩"?——比较政治与区域研究的关联》，《国际政治研究》2021年第6期，第17页。

④ Arend Lijphart, "Comparative Politics and the Comparative Method," *American Political Science Review*, Vol.65, No.3, 1971, pp.682—693; Adam Przeworski and Henry Teune, *The Logic of Comparative Social Inquiry*, New York: Wiley-Interscience, 1970.

⑤ Theda Skocpol, *States and Social Revolutions: A Comparative Analysis of France, Russia and China*, Cambridge: Cambridge University Press, 1979.

⑥ ［美］詹姆斯·斯科特：《农民的道义经济学：东南亚的反叛与生存》，程立显等译，译林出版社2013年版；［美］詹姆斯·斯科特：《弱者的武器》，郑广怀等译，译林出版社2011年版。

域研究”的含义开始出现较大变化，其支持者并不否认描述的有用性，但它们的目标通常是概括，研究者在相对深厚的背景知识和历史知识的基础上，依赖于熟练使用比较方法以试图超越特定的国家或地区。①这种转变源于如下三方面因素。第一，全球化在这一时期进一步重新构建了区域研究，提出了构建差异、多样性和联系的新方法。从 1997 年起，由福特基金会发起并得到社会科学研究理事会支持的一个新项目寻求在此新背景下再度振兴区域研究。②第二，冷战的结束也使得批评者从全球化的视角出发，认为应当更加着重讨论地区融合，分析全球范围的同质性而非差异性，以及从文化和地理的向度对以国家为单位的研究表示了诸多质疑。③第三，过去与区域研究相关的现代化理论在 19 世纪 70 至 90 年代式微，学界转而研究民主化、工业化以及国家建设等更为细致的问题。在此背景下，一些研究者提出需要区分“传统的区域国别研究”和“基于区域的知识”：前者将区域整体作为分析的主要单位，试图了解区域内所有可以了解的内容，包括语言、历史、文化、政治和宗教等；而后者则是通过先了解一个区域，然后利用这些知识来处理超越给定区域的现象。④这也意味着区域研究从地区性知识到一般性理论的需求转变，区域国别研究方法也随之进一步科学化，当然在那个时期也无可避免地卷入当时的方法论之争。

1994 年，加里·金（Gary King）等人的方法论著作《社会科学中的研究设计》问世后引发了定性研究和定量研究之间的方法辩论。金等人在著作中试图以定量分析（主要是回归分析）的范式来统一定性和定量研究。⑤然而他的观点也被质性研究支持者所质疑，由此而引发了定性与定量“两种文化传承”的论战。⑥经历“两种文化”之

---

① Peter Katzenstein, “Area and Regional Studies in the United States,” *PS: Political Science and Politics*, Vol.34, No.4, 2001, pp.789—791.

② James D. Sidaway, “Geography, Globalization, and the Problematic of Area Studies,” *Annals of the Association of American Geographers*, Vol.103, No.4, 2012, pp.986—988.

③ 参见 Matthias Basedau & Patrick Köllner, “Area Studies, Comparative Area Studies, and the Study of Politics: Context, Substance, and Methodological Challenges,” *Zeitschrift für vergleichende Politikwissenschaft*, No.1, 2007, pp.105—108。

④ Kenneth Prewitt, “Area Studies Responding to Globalization: Redefining International Scholarship,” *Berliner Osteuropa Info*, No.18, 2003, pp.8—11.

⑤ Gary King, Robert O. Keohane and Sidney Verba, *Designing Social Inquiry: Scientific Inference in Qualitative Research*, Princeton: Princeton University Press, 1994.

⑥ 这部分争论内容参见 Henry E. Brady and David Collier, eds., *Rethinking Social Inquiry: Diverse Tools, Shared Standards*, Lanham: Rowman & Littlefield Publishers, 2010; Gary Goertz and James Mahoney, *A Tale of Two Cultures: Qualitative and Quantitative Research in the Social Sciences*, Princeton: Princeton University Press, 2012。

争后，区域国别研究也进一步科学化，开始兼顾内外部效度，即借助对时空情境的控制来强化密尔方法的前提条件，并强调因果机制以突显质性同量化研究中的因果推断（casual inference）的不同。[①] 值得一提的是，2000 年前后许多优秀的区域国别著作的作者同样是科学方法论学者。例如图利亚·法莱蒂（Tulia Falleti）和詹姆斯·马奥尼（James Mahoney）既是拉美的区域比较研究的学者，[②] 也为当时的质性研究方法改进作出了诸多贡献。[③] 类似的诸如东南亚研究专家丹·斯雷特（Dan Slater）和托马斯·比宾斯基（Thomas Pepinsky），欧洲问题研究专家乔瓦尼·卡波奇（Giovanni Capoccia）和丹尼尔·齐勃拉特（Daniel Ziblatt）同样身兼方法论和区域比较研究学者两个角色。[④] 这也表明了具体区域研究和方法在这一时期的紧密结合，避免了脱离实证分析而空谈方法的问题。

第三节　区域国别研究方法的选择

从区域国别方法发展的历程来看，其主要经历了过去的人文学科方法到逐渐人文与社科方法的相结合过程，从而实现了调查研究方法和因果解释方法的融合。区域国别学作为一个交叉学科，其学科发展的过程中不断地借鉴和吸收其他学科的研究方法。尽管区域研究和非区域研究工作在研究目标和方法方面存在一些差异，但区域研究并不能构成一种独特的方法，而将区域研究笼统地描述为理论性或“仅仅是描述性的”的说法则存在误导。[⑤] 区域研究需要根据时空情境、研究对象特征以及掌握的资料来选择具体的研究方法。由于区域国别研究中的方法较多，较短的篇幅内无法详细展现更

---

① 这部分讨论参见叶成城、唐世平：《基于因果机制的案例选择》，《世界经济与政治》2019 年第 10 期，第 22—47 页。

② Tulia G. Falleti, “A Sequential Theory of Decentralization: Latin American Cases in Comparative Perspective,” *The American Political Science Review*, Vol.99, No.3, 2005, pp.327—346; James Mahoney, *The Legacies of Liberalism: Path Dependence and Political Regimes in Central America*, Baltimore: Johns Hopkins University Press, 2002.

③ James Mahoney, “Path Dependence in Historical Sociology,” *Theory and Society*, Vol.29, No.4, 2000, pp.507—548; James Mahoney and Gary Goertz, “The Possibility Principle: Choosing Negative Cases in Comparative Research,” *The American Political Science Review*, Vol.98, No.4, 2004, pp.653—669; Tulia G. Falleti and Julia F. Lynch, “Context and Causal Mechanisms in Political Analysis,” *Comparative Political Studies*, Vol.42, No.9, 2009, pp.1143—1166.

④ 这部分涉及大量的区域研究和方法争论的文献，本章不再一一赘述，更细致的讨论详见叶成城：《比较历史分析方法的特征、演进和设计规则》，《国外社会科学前沿》2022 年第 12 期，第 71—86 页。

⑤ Gerardo Munck and Richard Snyder, “Debating the Direction of Comparative Politics: An Analysis of Leading Journals,” *Comparative Political Studies*, Vol.40, No.1, 2007, pp.5—31.

为具体的步骤和原理，本节更加侧重于展示区域“国别研究方法工具箱”的框架或地图（见图 3.1），讨论各类方法的应用场景。

本节通过对区域国别的研究目的进行分类，从而根据不同的目的在“工具箱”中选择不同的方法。研究目的可以分为两种，一种是调查研究和收集材料的方法，另一种则是寻找因果关系的方法。尽管两者不存在人文和社科的严格区分，但是显然人文学科更侧重于前者，而许多社科则更重视因果解释，这是由学科分工不同所决定的。用一个烹饪的案例来类比：前者是收集食材的方法，考虑的是如何获得更新鲜的鱼或蔬果；而后者是烹饪的方法，依靠更多的技术，包括掌握适当火候和运用先进的工具等。显然，两者都是最终烹饪出美食的重要条件。在区域国别研究中，材料收集和因果解释最终的目的都是为了“解决问题”，即增进对地区的了解、获得更为一般性的知识以及为政策研究带来启示。

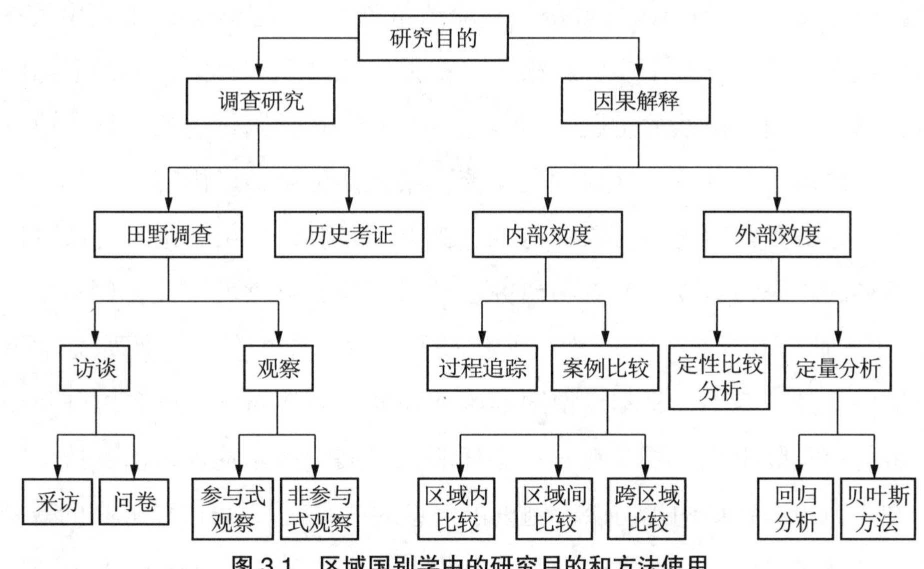

图 3.1　区域国别学中的研究目的和方法使用

一、调查研究与证据收集方法

进行调查研究和收集证据是解决问题和进行因果关系研究的前提。毛泽东在《反对本本主义》一文中给出了“没有调查的就没有发言权”的经典论断，并形象地指出调查研究的目的和其复杂艰巨性：“调查就像‘十月怀胎’，解决问题就像‘一朝分娩’。调查就是解决问题。”[①] 周恩来曾指出：“进行调查研究，必须实事求是。我们下去

① 《毛泽东选集》第一卷，人民出版社 1991 年版，第 109—110 页。

调查，必须对事物进行分析、综合和比较……各人所处的环境总有局限性，要从多方面观察问题；一个人的认识总是有限的，要多听不同的意见，这样才利于综合。”① 在区域国别学中，同样需要对历史或现实的事件进行精确的考证或辨别，从而还原事件真相和解决问题，其中最为常见的方法是田野调查和历史考证。

（一）田野调查

知识的产生源于对特定时空背景下的信息进行收集、整理、分析和组织等一系列环节，田野调查是获得特定区域专门知识的重要方法之一，具体包括观察、问卷、调查、深度访谈和田野实验等研究方式。② 田野调查的主要目的是获得对研究对象的深入理解和洞察，包括其文化、社会、经济、政治、生态等方面，既需要科学家的严谨也需要艺术家的想象力和创造力。具体来看，可以根据调查方式的差异分为两类方法。

第一类方法是访谈。美国人类学家哈里·沃尔科特（Harry Wolcott）认为好的访谈是一种“创造性倾听”，需要倾听者扮演互动的角色，从而让说话的人说出最有用的话来。③ 访谈通常包括以下几个步骤：第一，根据研究问题和目的，选择适当的访谈对象和场所；第二，确定访谈的主题、内容、方式和形式，制订访谈计划；第三，根据访谈计划，与访谈对象进行有针对性的交流；第四，记录访谈内容，整理和分析访谈数据；第五，分析和归纳访谈对象的特征、观点和经验，得出结论。访谈可以分为采访和问卷等形式。采访需要研究者与研究对象进行有针对性的交流，侧重信息的“深度”，通过了解研究对象的看法、态度和经验，收集详细的信息。例如有学者使用了访谈等方法，研究了美国、日本、德国等国如何通过直接对外援助和国际货币基金组织和世界银行等国际组织，要求在安理会任职的发展中国家提供政治支持。④ 而问卷（survey）则类似于一种结构化访谈，侧重于信息的“广度”，可以以较高的效率获得大量的受访者信息，被访谈者可能只需进行少量回答甚至仅在几个选项中进行选择即可。因而这两类方法的选择主要受到使用目的的影响，如果侧重于民族志或人类学的调查，希望了解细致的过程，则前者更合适；反之如果调查者试图了解大量群体对于特定问

① 《周恩来选集》下卷，人民出版社 1980 年版，第 313 页。

② 刘青尧：《特定区域信息的收集：一项基于田野调查经验的分析》，《国际关系研究》，2022 年第 4 期，第 35 页。

③ ［美］哈里·沃尔科特：《田野工作的艺术》，马近远译，重庆大学出版社 2011 年版，第 94—95 页。

④ James Raymond Vreeland and Axel Dreher, *The Political Economy of the United Nations Security Council: Money and Influence*, Cambridge: Cambridge University Press, 2014.

题的看法，建立大样本的相关性联系，则后者更适用。

第二类方法是观察，即研究者通过观察研究对象的行为、动态和环境，记录和描述所观察到的事实，以获取研究对象的信息。观察法需要通过选择研究对象、确定观察方式、观察和记录事实并最后进行归纳和分析。根据方式的差异，观察法可以分为参与式和非参与式观察。[①] 非参与式观察法则是指研究者不直接参与研究对象的活动，而是从旁观察和记录研究对象的行为和活动。这种方法可以减少研究者自身的主观影响，提高研究结果的客观性，但同样可能导致研究对象对研究者的存在产生疑虑，影响研究结果的准确性。例如研究者可以选择以个体身份在某国进行选举观察，了解该国选举过程的各个环节，此举可以被视作非参与性的；但是如果研究者以选举观察团的形式存在，则会以各种方式影响到当地的选举，如可能会减少选举欺诈行为或提高当地选举的可信度等。[②] 参与式观察通常包含如下要素：长时间生活在这样的环境中，学习和使用当地语言和方言，积极广泛地参与当地的日常、例行和特殊活动，将日常对话作为访谈技巧，在外出时非正式地观察，在田野笔记中（通常按时间顺序）记录观察结果。[③] 这种方法可以让研究者对于情境有真实细腻的体会，从而更深入地理解研究对象的文化、观念和价值观。参与式观察往往历时较长，容错空间也更大，因为不像对于精英访谈或问卷那样，一旦忽略特定问题想要再追问的机会就比较小。斯科特认为这种实地调查就像滚动采访，“如果意识到有更多的问题要问某个人，第二天就可以在乡村小路上遇到他，从而有更多时间来进行观察和思考”[④]。

（二）历史考证

同比较政治研究一样，许多区域国别学研究仍以二手文献作为基础，但是如果一些基本的历史事实判断影响到了核心观点，或者推翻对特定事件的传统认知是研究创新的主要来源时，历史考证就必不可少。约翰·德罗伊森（Johann Droysen）认为，历

① 参见卢凌宇：《政治学田野调查方法》，《世界经济与政治》2014 年第 1 期，第 26—47 页。

② Sarah Sunn Bush and Lauren Prather, “Who’s There? Election Observer Identity and the Local Credibility of Elections,” *International Organization*, Vol.72, No.3, 2018, pp.659—692; Stefan Leeffers and Pedro Vicente, “Does Electoral Observation Influence Electoral Results? Experimental Evidence for Domestic and International Observers in Mozambique,” *World Development*, Vol.114, 2019, pp.42—58.

③ George J. McCall, “The Fieldwork Tradition,” in Dick Hobbs and Richard Wright, eds., *The Sage Handbook of Fieldwork*, London: SAGE Publications, 2006, pp.4—5.

④ 这部分访谈参见［美］赫拉尔多·芒克、理查德·斯奈德编著：《激情、技艺与方法：比较政治访谈录》，汪卫华译，当代世界出版社 2022 年版，第 398 页。

史学方法中，下列三种因素是重要的：第一是可作为历史经验的材料，第二是在这些历史材料中为获得结论而采取的研究程序，第三是通过上述方式所得到的结论与我们试图理解的事实之间的关系。① 当区域国别学研究涉及具体国家的历史时，至少上述三个层次的研究是重要的。首先是通过交叉印证考察文献源的真实性，最为常用的方法之一是史料比较。史料里面有虚伪、有谬误，史学家必须对史料施以严格的考证，比较方法是其中最基本的方法之一，这些比较包括“以纸上史料与地下史料相比较，以本国史料与外国史料相比较，以原手史料与转手史料相比较，以同一种史料不同的版本相比较”，最终通过比较而“知其异同，窥其详略，由其异同详略，而求其症结所在”。② 其次是对不同类型历史文献的运用。研究者需要灵活运用直接和间接史料，应当以间接史料为轮廓，将可信的直接史料用于校正间接史料的错误和弥补其不足，一个著名的案例是王国维用甲骨文和古籍进行对比，从而用卜辞补正了《史记·殷本记》中的错误。③ 再次是在具体情境下来理解和考证一手史料。历史考证方法可以分为外部考证（external criticism）和内部考证（internal criticism）两个部分。外部考证指的是根据外部的状况来评估其价值，至少存在四个要素，即史料产生于何时、产生于何处、出自于何人以及分析该史料为独立所得还是引用他人所得。④ 内部考证则用来检验其内容，包括作者是否见证其所记录的内容、所提及的事件、资料来源、人物是否可以被证实，同时需要注意史料产生的相对条件，包括史料产生的环境是否对作者产生影响、史料陈述的语境等。⑤

二、因果解释方法

与证据收集方法相对的是因果解释方法，它的用途在于通过借助一套可重复的、标准化的流程来尽可能有效地使用已有信息进行因果解释。区域国别中的因果解释目的是为了表明，在特定的时空情境下，自变量 X 是因变量 Y 的原因。因果解释可以根据样本的类型和特征的差异来选择不同的方法：个案研究适用过程追踪，小样本分析

---

① 德罗伊森：《历史方法论》，载刘北成、陈新编：《史学理论读本》，北京大学出版社 2006 年版，第 94 页。
② 杜维运：《史学方法论》，三民书局 1986 年版，第 87—88 页。
③ 傅斯年：《史学方法导论》，上海古籍出版社 2019 年版，第 4—18 页。
④ ［德］伯伦汉：《史学方法论》，陈韬译，上海古籍出版社 2018 年版，第 160—184 页。
⑤ ［美］劳伦斯·纽曼：《社会研究入门》，刘佳昕译，九州出版社 2021 年版，第 389—390 页。

通常用案例比较，中等样本时则采取定性比较分析（Qualitative Comparative Analysis，QCA），大样本则使用定量分析。[①]

（一）过程追踪

在区域国别研究中，对于历史和材料的熟悉时常受到当地语言的影响，像欧洲、东南亚以及非洲等区域语言繁多，因而许多研究是个案研究。过程追踪是个案研究中最主要的方法，因为这是检验内部效度必不可少的步骤。早期的过程追踪方法论往往强调充分性和必要性的检验，但从具体的操作过程中来看，这两种区分并不是最重要的步骤。[②] 事实上根据现有证据对机制作出充分必要性判定是一种与生俱来的“贝叶斯直觉”。以侦探小说为例，证明一个人是凶手的必要条件是没有不在场证明，而诸如指纹这类的决定性证据则可以被视作充分条件。方法的难点并非在于理解为何“决定性证据 = 充分条件”，而是如何通过过程追踪来确认这些证据和发现因果机制。最为重要的步骤是察看特定案例中，因变量 $Y_{(t)}$ 是否按照因果机制所设想的那样随着时间而变化。具体的实证研究案例可以参考马修·兰格（Matthew Lange）等人在其南美区域的研究，他们分析了讨论资源较为丰富的西班牙殖民地为何在长时段的经济发展反而不如资料较少的英国殖民地时，最后所给出的机制是“充裕的自然资源→攫取型初始制度→制度的路径依赖→经济绩效低效”[③]。在这个案例中，如果用过程追踪进行因果检验，就需要围绕上述机制展开，分析资源充裕如何导致殖民者采取攫取型制度，包括收集当时殖民者的回忆录和决策过程的相关证据；与此同时，还需要讨论攫取型制度通过何种方式阻碍长期发展，例如寻找证据证明攫取型制度导致了对人力资源的轻视、治理绩效的低下或腐败等。在区域国别研究中使用过程追踪至少有两方面的用途。其一，当研究者试图将一般性理论用于特定区域时，需要通过过程追踪来检验上述理论在该区域的有效性。其二，如果研究者试图将该区域的经验进行理论化和一般化，则需要先用过程追踪来确认内部效度，然后通过跨案例研究方法来拓展其外部

---

① 这部分原理的讨论参见叶成城：《社会科学中的因果解释：逻辑、样本与方法的权衡》，《国外社会科学前沿》2021 年第 6 期，第 18—30 页。

② 早期这类文献很多，参见 David Collier, “Understanding Process Tracing,” *PS: Political Science & Politics*, Vol.44, No.4, 2011, pp.823—830; James Mahoney, “The Logic of Process Tracing Tests in the Social Sciences,” *Sociological Methods & Research*, Vol.41, No.4, 2012, pp.574—583。

③ Matthew Lange, James Mahoney and Matthias vom Hau, “Colonialism and Development: A Comparative Analysis of Spanish and British Colonies,” *American Journal of Sociology*, Vol.111, No.5, 2006, pp.1412—1462.

效度。

（二）案例比较研究

案例比较研究是区域国别中最常见的方法，由于区域国别研究一定程度上服务于政策，研究更加聚焦于区域内的大国，而区域内大国数量有限，因而其通常是小样本研究。小样本分析的底层逻辑是密尔方法中的求异法，即认为在最小化差异的情况下，两个样本所存在的差异即是导致其结果不同的原因。① 由于区域研究本身更加强调地区知识的特殊性和情境的重要性，因而它与少案例研究中的求异法有着天然的逻辑一致性。有学者提出了比较区域研究（Comparative Area Studies，CAS）的概念，试图在保持区域知识重要性的同时，通过归纳比较来促进一般性理论的构建，具体而言，CAS又可以细分为区域内比较、区域间比较和跨区域比较。②

第一，CAS 中最常见的方法是区域内比较。它比较了特定区域内不同地理实体的某一个方面或特定的现象，例如斯雷特通过比较东南亚各国的国家建设历程发现，认为那些出现激烈抗争政治的国家会有更加团结的精英集团，由此而塑造了强国家的发展道路。③ 区域内比较最大的优势是控制了大多数时空情境的差异，包括语言、文化、宗教、地理环境等，因为情境差异可能会导致相同机制产生不同结果。④ 因此对案例的时空规制看似通过减少案例的外部效度而增加了其内部效度，但这种精确度背后的抽象的概念化的因果机制反而可能会增加其推广性，因为它实现了关键变量具有代表性的类型变化。⑤

第二，区域间比较指将两个或多个区域作为整体进行比较。这种研究的重点通常是影响世界不同区域的广泛进程或变革进程，这类研究主要的想法是确定一个区域的模式并互相比较，讨论世界不同地区的区域为什么以及以何种具体方式对类似的刺激

① John Mill, *System of Logic: Ratiocinative and Inductive, Being a Connected View of the Principles of Evidence and the Methods of Scientific Investigation*, New York: Harper & Brothers Publishers, 1898, pp.478—537.

② Ariel Ahram, “The Theory and Method of Comparative Area Studies,” *Qualitative Research*, Vol.11, No.1, 2011, pp.69—90.

③ Dan Slater, *Ordering Power: Contentious Politics and Authoritarian Leviathansin Southeast Asia*, New York: Cambridge University Press, 2010.

④ Tulia G. Falleti and Julia F. Lynch, “Context and Causal Mechanisms in Political Analysis,” *Comparative Political Studies*, Vol.42, No.9, 2009, pp.1143—1166.

⑤ 叶成城、黄振乾、唐世平：《社会科学中的时空和案例选择》，《经济社会体制比较》2018 年第 3 期，第 145—155 页。

作出不同的反应。① 最著名的案例是现代化研究中的"大分流之谜"，其中一个问题是美洲金银推动了西欧的现代化，而为何具有相似条件的东亚（主要是中国）却并没有出现欧洲那样快的飞速发展。② 同样具有极高知名度和传播力的区域间比较研究著作是《文明的冲突与世界秩序的重建》，亨廷顿根据地理和文化将世界分为了西方文明、东正教文明、中华文明、伊斯兰文明等诸多区域，并认为这些文明之间的冲突成为当代世界最重要的冲突形态。③

第三，跨区域研究指的对不同地区的分析单位进行比较。对于不同地区的单位进行比较时，显然会受到方法论上的质疑，因为当案例选择侧重于最大相似性时，地区间巨大的差异可能会阻碍准确的案例比较。同时对于区域国别研究学者而言，准确的观察依赖于对所处国家的深厚背景知识，即使掌握必要的语言技能也可能是一项艰巨的任务，但即便存在这些困难，进行跨区域比较是值得的，因为它们可以检验在学科和区域研究范围内发展的理论和概念的普遍性。④ 包刚升用魏玛共和国、印度、尼日利亚和智利这四个跨区域案例来研究民主政体的成败，试图说明选民的政治分裂和国家的政治制度安排是决定民主成败的关键因素。⑤ 对国家进行跨区域比较的目的在于获得超越地区的一般性知识，这显然不可避免地会受到案例同质性的质疑，因而本节的建议是跨区域的比较不能跳过内部效度环节，需要侧重于对机制的求同而非简单地对因素使用密尔方法进行类型分析和因果推断。

总体而言，跨区域比较和区域间比较的争议会更大，因为相对较小的题目更不容易产生争议，但仅限于区域内比较也时常会失去了对一般性理论的追求，因而 CAS 需要根据具体情况来权衡内外部效度。

（三）定性比较分析（QCA）

QCA 在区域国别研究中的应用也十分广泛。查尔斯·拉金（Charles Ragin）等人

---

① Matthias Basedau & Patrick Köllner, "Area Studies, Comparative Area Studies, and the Study of Politics: Context, Substance, and Methodological Challenges," *Zeitschrift für vergleichende Politikwissenschaft*, No.1, 2007, pp.110—112.

② ［美］彭慕兰：《大分流：欧洲、中国及现代化世界经济的发展》，史建云译，江苏人民出版社 2010 年版；张宇燕、高程：《美洲金银和西方世界的兴起》，《社会科学战线》2004 年第 1 期，第 42—69 页。

③ ［美］塞缪尔·亨廷顿：《文明的冲突与世界秩序的重建》，周琪等译，新华出版社 2005 年版。

④ Matthias Basedau & Patrick Köllner, "Area Studies, Comparative Area Studies, and the Study of Politics: Context, Substance, and Methodological Challenges," *Zeitschrift für vergleichende Politikwissenschaft*, No.1, 2007, p.112.

⑤ 包刚升：《民主崩溃的政治学》，商务印书馆 2014 年版。

发展了 QCA，意在通过布尔代数来分析获得解释结果变量的因素组合。[①] 尽管一些 QCA 软件也可以处理较大的样本，但 QCA 最适用的样本数量仍然是介于小样本和大样本之间（大约 10—40 个样本），即数量多到无法逐个进行案例研究，但又不足以进行定量分析。在部分区域研究中，如果研究对象包含中小国家，在欧洲、非洲等区域的样本数量时常会达到中等规模。

QCA 分为清晰集、模糊集以及多值分析等方式，采取何种方法则需要根据变量（尤其是被解释变量）的特征来加以分析。其一，当变量具有明显的二分属性时，例如在查看欧洲国家在 1848—1851 年间是否出现明显的制度变革，就适合用清晰集来进行分析。[②] 其二，当存在较多连续变量时，则适合用模糊集。有研究在讨论欧盟 28 个成员国 2012 年到 2016 年的数据时，用失业率、反移民率、欧盟不信任率、政治腐败等连续变量来衡量民众的民粹主义倾向，这些变量全部都是连续变量，因而用模糊集可以最大程度地减少信息损失。[③] 其三，多值分析介于清晰集和模糊集之间，适合于无法使用连续变量但用二分变量进行描述又不够准确时。例如在讨论冷战后东欧国家转型时，两个关键的解释变量为资源扭曲程度和经济发展水平，这两个变量需要用低、中、高三档来进行细分。[④]

此外，在对于区域国别研究中使用 QCA 还需要注意两方面的问题。其一，由于 QCA 无法处理时间维度的变化，因此更加适用于短期内的剧烈变化，因而被解释变量不能是区域内国家数十年的增长率或者长期的制度状态等等。其二，由于样本较少，其稳健性要弱于定量分析，QCA 所使用的样本应当包含了区域内的全样本，因为一些关键样本的增减可能会导致一些解（solution）的一致性（consistency）出现剧烈变化。

（四）定量分析

尽管区域内部的国家数量仍然是中小样本，但随着统计技术的发展和数据化程度

① Charles Ragin, *The Comparative Method: Moving Beyond Qualitative and Quantitative Methods*, University of California, 1987; Charles Ragin, *Fuzzy-Set Social Science*, University of Chicago Press, 2000; Charles Ragin, *Redesigning Social Inquiry: Fuzzy Sets and Beyond*, University of Chicago Press, 2008.

② 叶成城：《第二波现代化之“帝国的共鸣”——1848 年欧洲变革的案例研究和定性比较分析》，《欧洲研究》2021 年第 4 期，第 62—88 页。

③ 郎友兴、吕鸿强：《欧洲民粹主义政党兴起的因果路径——对欧盟 28 国的模糊集定性比较分析》，《社会主义研究》2020 年第 2 期，第 123—134 页。

④ 唐睿、唐世平：《历史遗产与原苏东国家的民主转型——基于 26 个国家的模糊集与多值 QCA 的双重检测》，《世界经济与政治》2013 年第 2 期，第 39—57 页。

的增加，定量分析也越来越成为区域国别研究中最为重要的方法之一。至少几类方法或理念的发展使得在区域国别研究中的大样本分析成为可能。一是，随着横截面单位的观测资料越来越多，新的数据源使计量经济学家能够构建和检验比单个横截面或时间序列更为复杂的模型。① 面板数据技术出现之后，当时间维度被同时记入之后，区域国别研究的样本数量相比起截面数据就会成倍增加。另一个是次国家比较分析的出现，这在一定程度上使得研究者在选择案例时可以突破“空间”的限制，从而扩大了可供分析的案例数量。② 丹尼尔·齐勃拉特（Daniel Ziblatt）在分析比较基础性能力在德国和意大利国家建设中的作用时，就用了各邦的次国家数据，从而避免了区域国别研究中只有两个样本而无法使用定量方法的困境。③

区域国别中的定量分析分为两种路径。一种是传统的频率学派，频率学派将概率解释为事件在大量重复试验中出现的频率，适用于样本容量较大、数据较为稳定的情况。金等人在保罗·霍兰德（Paul Holland）的基础上给出了定量研究设计的基本步骤，通过建立统计模型进行参数估计和因果推断，从而考察自变量和因变量之间的相关性。④ 频率学派的应用场景广泛，可以用于探究两组样本之间的差异，例如通过对多个国家 / 次国家 GDP 数据进行比较，分析各个国家之间出现经济水平差异的原因，进而制定政策建议。另一种则是贝叶斯学派，强调主观概率的合理性，认为主观经验和知识可以影响对事件概率的判断，通过证据来不断调整人们对特定事物的信念。⑤ 在区域国别研究中，贝叶斯学派主要应用于制定政策建议、评估风险、预测未来趋势等方面，通过对某一国家的社会、经济和环境数据进行贝叶斯分析，预测该国未来的发展趋势和可能面临的风险，从而为政策制定提供依据。国内的具体研究可以参见陈冲等人对缅甸国内冲突案例（2010—2020 年）的预测，这项研究通过分离总体持续期模型与集

---

① Cheng Hsiao, “Benefits and limitations of Panel Data,” *Econometric Reviews*, Vol.4, No.1, 1985, pp.121—174.

② 游宇：《“大事必作于细”：比较政治学中的次国家比较案例研究》，《经济社会体制比较》2022 年第 5 期，第 114—124 页。

③ Daniel Ziblatt, *Structuring the State: The Formation of Italy and Germany and the Puzzle of Federalism*, Princeton: Princeton University Press, 2006.

④ Paul Holland, “Statistics and Causal Inference,” *Journal of the American Statistical Association*, Vol.81, No.396, 1986, pp.945—960; Gary King, Robert O. Keohane and Sidney Verba, *Designing Social Inquiry: Scientific Inference in Qualitative Research*.

⑤ Colin Howson and Peter Urbach, *Scientific Reasoning: The Bayesian Approach*, Chicago and La Salle: Open Court, 2006, pp.91—99.

成贝叶斯模型平均方法，展示了在大数据时代通过空间依赖性可以在更加精细的时空维度提升冲突预测的准确率。①

第四节　区域国别研究中的前沿方法

随着20世纪90年代尤其是2010年之后数字化程度的提升，大数据越发成为一个独立的研究范式，被视作比肩于实验范式、理论范式和仿真范式之后的“第四范式”。②大数据方法更加关注数据之间的相关性而非因果性，借助于大数据分析可以发现过去依靠因果路径的方式所无法发现的许多关联性。大数据可以使用机器学习和自然语言处理技术自动分析文本数据，或使用数据挖掘技术发现数据中的模式和趋势。在区域国别研究中，大数据技术可以被用于对自然文本的分析，以此来观察特定群体对特定问题的态度或看法。例如有学者通过对美国外交官的演讲文本的分析，考察了美方对中国“一带一路”倡议的态度变化。③随着计算机性能的提升和数据的增多，基于机器学习的“智能算法”开始逐渐出现。借助于海量高维度的数据训练，智能算法可以不依赖于指导它们如何解决问题，而是通过学习算法迅速实现迭代，从而能够解决过去一些不可能解决的问题。在大数据和机器学习的基础上，还有一些在区域国别中应用越来越广泛的前沿方法也需要进一步介绍。

首先是基于行动者的模型（Agent-based Modeling，ABM）。ABM是一种计算机模拟方法，它可以用于研究个体行为规则如何产生宏观的规律和组织，从而建立微观行为体和宏观结果之间的联系。④研究者可以通过微观而非宏观层面的建模，模拟这些自适应的行为体，从而研究这些行为体彼此之间以及对外部影响的反应所产生的涌现性（emergent properties）。⑤ABM的另一个优点是，可以在虚拟计算机系统进行诸多人类社会系统实验，通过使用一系列参数或让一些因素随机变化来进行重复试验，这些

① 陈冲、胡竞天：《空间依赖与武装冲突预测》，《国际政治科学》2022年第2期，第86—123页。

② Stewart Tansley and Kristin Tolle, *The Fourth Paradigm: Data-Intensive Scientific Discovery*, Washington: Microsoft Research, 2009.

③ Muhammad Afzaal, Chenxia Zhang, and Muhammad Ilyas Chishti, “Comrades or Contenders: A Corpus-Based Study of China’s Belt and Road in US Diplomatic Discourse,” *Asian Journal of Comparative Politics*, Vol.7, No.3, 2022, pp.684—702.

④ Joshua M. Epstein, *Generative Social Science: Studies in Agent-Based Computational Modeling*. Princeton: Princeton University Press; 2007, pp.4—7.

⑤ Michael Macy and Robert Willer, “From Factors to Actors: Computational Sociology and Agent-Based Modeling,” *Annual Review of Sociology*, Vol.28, No.1, 2002, pp.143—166.

实验在现实中难以实现或者会面临道德困境。[①]例如在区域国别研究中，用实验方法研究战争、选举或族群冲突较为困难，会面临诸如可行性和伦理道德等障碍，而且在现实情况下，上述事件是无法重复发生的，而ABM可以解决上述问题。ABM运用计算机模拟可以不断地通过机器学习训练模型和对参数进行校准，测试具体机制在特定区域的有效性，同时研究者还可以借助于历史数据对未来进行预测。在国内的区域研究中，唐世平的团队使用ABM成功对2020年美国大选中六个摇摆州的得票率进行了预测。具体流程如下：第一，对数据进行收集和清洗，输入选民社会人口学指标、环境结构性指标、候选人特征等因素，输出指标则是选举结果；第二，通过计算预测变量的“投票偏好区间”，定义ABM模拟的初始投票规则；第三，模拟选民的投票行为；第四，将宏观层面的影响纳入模拟，并将变化汇总到第三步选择的拟合模型的预测过程中，产生调整后的预测结果；最后是利用选定的选举年微观和宏观预测变量的实时和预测数据，对即将到来的选举进行模拟和预测。[②]

其次是地理信息系统（Geographic Information System，GIS）。由于多数的区域国别研究都会涉及具体的地域，包括ABM也涉及在特定区域行动行为体，因而在区域国别研究中自然而然出现了地理信息系统的需求。GIS是一个管理、存储和现实空间数据的软件系统，它使用软件包（如ArcGIS）来创建和分析空间数据。[③]GIS能够收集和分析大量与空间位置相关的政治、经济、社会等数据，并提供了一套建立在空间区域、距离和关系的几何度量之上的复杂分析工具。[④]一方面，GIS可以帮助研究人员通过可视化和分析地理数据将卫星图像、统计数据、传感器数据等不同来源的地理信息数据整合在一起，更具直观地将数据呈现给政府、企业和公众。在国内的区域国别研究中，黄振乾将QGIS作为辅助工具，展示了中国或国际组织援助项目空间分布的经济效果差异。[⑤]另一方面，GIS可以执行各种空间分析和统计分析，如ArcGIS可以使

---

① 参见［英］奈杰尔·吉尔伯特：《基于行动者的模型》，盛志明译，格致出版社2012年版，第6页。

② Ming Gao, Zhongyuan Wang, Kai Wang, Chenhui Liu and Shiping Tang, “Forecasting Elections with Agent-Based Modeling: Two Live Experiments,” *PLOS ONE*, Vol.17, No.6, 2022, doi.org/10.1371/journal.pone.0270194.

③ Heywood Ian, *An Introduction to Geographical Information Systems, Third Edition*, London: Pearson Education, 2006, pp.18—22.

④ Jordan Branch, “Geographic Information Systems (GIS) in International Relations,” *International Organization*, Vol.70, No.4, 2016, pp.845—869.

⑤ 黄振乾：《中国援助项目对当地经济发展的影响——以坦桑尼亚为个案的观察》，《世界经济与政治》2019年第8期，第127—153页。

用3D分析、网络分析、空间分析、地理统计分析等诸多扩展模块，实现空间插值、空间回归和地理加权回归（geographically weighted regression）等功能。① 这些工具使得GIS在数据分析和预测方面变得更加强大和有用，在当前的区域国别研究中，尽管使用GIS的研究仍然相对较少，但是这一理论模型的作用开始得到重视，其应用也从过去的描述性统计逐渐深入到推断性统计之中。例如陈冲和庞珣用GIS方法分析非洲1994—2013年间的恐怖袭击风险，运用GIS技术将非洲分为上万个时空网格，并使用了分离总体持续期模型，通过地理定位在时空网格上的叠加，对恐怖袭击在网格层面上的时空特征进行解释和预测。②

最后是混合方法的使用。混合分析是针对特定的研究问题，为了激发不同研究方法的互补优势而将多种方法聚合起来的分析，以此避免单一方法的缺陷。③ 图3.1已经区分了不同目的和不同案例特征所需要不同的方法，结合本节所提及的前沿方法，混合方法可以被视作多种方式的应用。在具体的信息搜集过程中至少可以选择如下几类方法，分别是访谈、观察、历史考证、大数据抓取和自然语言处理等方式；在因果解释的阶段，则可以在过程追踪、案例比较分析、QCA、（包括大数据和GIS在内的）定量分析，以及ABM等方法中选择2种或2种以上方法。因此可以看到，混合方法的类型非常多，在因果解释阶段就有十余种排列数，再乘以调查研究阶段的方法种类选择则高达数十种混合策略。诸多因果解释方法组合中，在区域国别研究中最为常用混合方法的仍然是“嵌套分析”，即“案例研究＋定量分析”。④ 这种分析方法旨在通过混合方法同时获得较大样本和个案深度研究的内部和外部效度，从而提升了理论的可信度。而“QCA+案例研究”的方法组合也是基于同样的原理，在区域国别研究中也逐渐被使用。⑤

---

① 参见 Kang-tsung Chang, *Introduction to Geographic Information Systems, Ninth Edition*, New York: Mcgraw-hill, 2019。

② 陈冲、庞珣：《非洲恐怖袭击时空规律的大数据分析——基于GIS技术和分离总体持续期模型》，《外交评论》2020年第2期，第121—154页。

③ 张春满：《比较政治学中的混合分析方法》，《学术月刊》2017年第9期，第70—80页。

④ Evan S. Lieberman, “Nested Analysis as a Mixed-Method Strategy for Comparative Research,” *American Political Science Review*, 2005, Vol.99, No.3, pp.435—452；在区域国别研究中的应用参见Evan Lieberman, *Race and Regionalism in the Politics of Taxation in Brazil and South Africa*, Cambridge: Cambridge University Press, 2003。

⑤ Carsten Q. Schneider and Ingo Rohlfing, “Case Studies Nested in Fuzzy-Set QCA on Sufficiency: Formalizing Case Selection and Causal Inference,” *Sociological Methods & Research*, Vol.45, No.3, 2016, pp.526—568；在区域国别研究中的应用参见叶成城：《第二波现代化之“帝国的共鸣”——1848年欧洲变革的案例研究和定性比较分析》，《欧洲研究》2021年第4期。

区域国别学作为一个新兴的交叉学科仍然处于学科建设的初始阶段，因而对研究方法的讨论有助于增进和丰富人们对区域国别学这一学科本身的认识和理解。从其交叉学科的特色和发展的历程来看，区域国别学始终需要保持人文与社科的互补、理论研究与政策研究的结合、区域特色与一般性知识的平衡，因而对研究方法的选择也需要根据具体情况来使用各类方法的组合。一方面，区域国别研究需要使用诸如田野调查和历史考证等调查研究方法来收集证据；另一方面，它需要过程追踪、案例比较、QCA 和定量分析方法来处理证据，并从中获取对应的因果联系；同时，区域国别研究还要与时俱进，借助于当前大数据和人工智能的发展，应用机器学习、数据挖掘、GIS 和 ABM 等前沿方法来解决更多的问题。

除此之外，区域国别中还可能涉及其他诸多方法，包括自然实验、概念分析、文本分析以及数理推导和博弈论等形式逻辑方法，由于在区域国别研究中的使用频率相对较低，因而本节不再一一赘述。总体而言，方法仍然是工具而非目的，区域国别学的核心目标仍然是通过调查研究和因果解释来“解决问题”，并且各类方法也都有着各自的局限性。混合方法有助于减少但也不能完全消除各类方法自身的局限，因而更为务实的做法是根据研究目的和样本特征，结合现有的前沿技术，因地因时制宜地选择研究方法。随着当前 OpenAI 等公司推出新版本的 ChatGPT 之后，机器学习等智能领域的决策和分析能力进一步得到提升，可以预见未来的区域国别学将会有更多的应用场景和新的研究范式出现。

第四章　如何开展区域国别政策研究

很多人都注意到，区域国别学或区域国别研究与实践层面的政策需要密切相关，但不是所有的区域国别研究都是政策研究。如国外学者就曾指出：“区域研究项目有两重功能，即生产特定区域的学术‘知识’（通过意识形态透镜）和推荐、设计政策。”① 国内也有学者强调：“地区研究有四个目的：扩大国民视野、借鉴他国经验、推进学科交流和国家战略的咨政辅助作用。”② 可见，即使是在政策性强的区域国别研究，仍有必要区分两类研究，即学理研究与政策研究。这是因为，区域国别研究被很多人认为是有关一个区域或国别研究的知识总集合，③ 真正的政策研究只是其中的一小部分，大部分还是知识性的学理研究。④ 许多学理研究的知识可能会在政策研究中被使用到，例如学者在期刊上发表的关于一个区域文化特性及其演变规律的研究，或是关于某个国家人口增长趋势的研究，可能会被政策制定者参考，但这些研究本身既非政府的委托研究，也不直接服务于政府决策。

并不令人奇怪，学理性研究与政策性研究的研究范式截然不同。如学理研究讲究主题集中、要有理论范式与规范论证、严格限定而不是扩大研究边界与观点适应范围等，但政策研究是决策需求导向型的，思维可以是跳跃型的，关键是分析清楚、研判准确，其建议具体、有针对性。在区域国别学被纳入一级学科的背景下，多数人都在

---

① Hossein Khosrowjah, “A Brief History of Area Studies and International Studies”, *Arab Studies Quarterly*, Summer/Fall, 2011, Vol.33, No.3, p.133.

② 李安山：《中国的区域国别研究：历史、目的与方法》，《云大地区研究》2020 年第 2 期，第 173 页。

③ 段九州：《区域国别研究作为一个国家对于其域外知识的学术集合》，《区域国别学》第一期特稿《突破“学科”困境：以议题为驱动的区域国别研究》。

④ 有人把“针对特定国家或区域的特殊国情或域情开展的应用性研究”称为狭义的国别区域研究，而把“针对国情和域情展开的全方位、多角度、跨学科的综合性研究，其内容涵盖政治、经济、民族、宗教、社会、文化等领域，核心是针对域外国家和地区知识体系的获取与建构”，称为广义的国别区域研究。参见梁占军：《世界史视域下的国别区域研究》，转引自罗林、邵玉琢：《“一带一路”视域下国别和区域研究的大国学科体系建构》，罗林主编：《区域国别学：学科建构与理论创新》，社会科学文献出版社 2023 年 1 月版，第 202 页。

关注区域国别研究的学科化问题，但如何开展区域国别政策研究这一关键问题很少被人涉及。本章认为，区域国别政策研究并非易事，而且与学理研究联系紧密。这是因为，真正出色的区域国别政策研究必然是道与术的结合，即既有对相关理论的把握，或至少是具备一定的理论思维与学术素养，又熟悉相关领域的政策实务，能够结合决策过程及其实施提炼有针对性的政策建议。从道与术两个层面提升政策研究能力，对于培养合格的区域国别政策研究人才、推出更多高质量的决策咨询研究成果，具有重要的现实意义。

第一节　什么是区域国别政策研究

政策研究与学理研究的重要区别不在于内容，而在于应用的对象与目的。学理研究旨在知识创新，往往以同行为探讨对象。而区域国别政策研究主要是指研究人员基于某种政策需要（常常是服务于本国政府、某政党或是政治社会团体制定政策的需要），对其他国家或世界上某个区域进行研究，并将研究成果直接或间接地提交给决策部门或政治社会团体的过程。必须注意到，现实中的政策需要十分庞杂，不同的政策需要对相关研究成果的要求也不同。如果不能进行适当分类，就难以为政策研究提供适当的指导。基于此，本节拟从研究内容、类型两个方面对区域国别政策研究进行界定，以使我们对其研究范围、对象以及相应的要求有所了解。

一、内容：比较研究与关系研究

区域国别研究被张蕴岭称为国际区域学，他认为“国际区域学有关国家的研究主要是国家治理比较与对外关系”[①]。这点在政策研究领域尤其适应，因为区域国别的政策研究的目标导向非常强。对一个国家来说，区域国别政策研究的需要无非两个：一是了解其他区域和国家的经济社会发展经验与教训，二是处理好与相关区域和国家交流的关系。由此，我们可以把相关的研究分为两类。

一是比较研究，即为了解决本国在某领域或某议题上面临的挑战，对相关国别或区域的情况进行研究，以得出可供本国借鉴的经验与教训。一个国家从另一个国家的发展中汲取经验教训，是一件很正常的事情。特别是对于后发国家来说，借鉴好先进

① 张蕴岭：《国际区域学思考（三）》，《世界知识》2021 年第 8 期，第 72 页。

国家的经验，有利于少走弯路。有学者这样论述比较研究的重要性："虽然对世界特定地区或区域进行深入、持续的研究仍然很重要，而且确实是必不可少的，但没有协同努力去将他们的发现联系起来，并将这些发现连接到具有超越单一区域的有关联的辩论，该研究就可能有被边缘化的风险。"① 由此可见区域研究的重要性。但是，由于各国国情不同，并不是所有的国家的经验教训都可以拿来用，即使拿来用也需要结合本国情况进行一定的转化。另外，在进行比较研究中要避免将一些国家作为比较案例的来源而对另一些国家视而不见，从而强化所谓"判断等级制"现象。②

二是关系研究，即为了推动本国与外部世界尤其是相关国别或区域的交流，或是应对多边或双边关系中的矛盾与挑战，解决某个或某些共同参与的议题，对相关国别或区域的动向进行研究，以得出最优的互动策略。国家都处在一个相互关联的世界当中，而且彼此间存在不同程度的利益关系，甚至是矛盾冲突。对于大国来说，由于它往往与其他国家的政治、经济等方面往来密切，甚至有着强烈的地缘政治雄心，因此在关系研究方面有着更为广泛的需求。对于小国来说，由于它们往往更易受外部因素特别是大国因素的影响，处理不慎甚至有灭国之虞，在这种情况下小国的关系研究可能更加聚焦于某些特定国家，其面较窄，但对它们来说可能极端重要。因此，如何处理好与相关国家的关系，就成为无论大国小国决策中普遍要考虑的问题。

比较研究与关系研究都建立在对特定区域与国别了解与研究的基础之上，但又有着重要的不同。只有从以下方面理解这些不同，才能对区域国别研究的本质与范围有全面的理解。

一是政策性质的不同。比较研究着眼于本国的国内政策需要，其目标是对国内经济社会等方面的发展有所助益。如果相关的研究能够变成政策，那么其直接的受众是本国的民众，而不是包括所研究对象在内的其他区域与国别。当然，有时也会存在所谓政策外溢的现象，但其根本目标仍旨在服务国内，属于国内政策范畴。而关系研究着眼于国际关系与双边关系，它关联的是一个国家的外交政策，而且这种外交政策的指向很可能就是要研究的区域或国别。也就是说，关系研究在政策应用上与研究对象相关。这种性

① ［俄］安德烈·A. 巴伊科夫：《地区研究：处于困境中的概念——如何重启和重振地区研究》，《区域国别研究学刊》第 2 辑，商务印书馆 2020 年版，第 16 页。

② James D. Sidaway, "Geography, Globalization, and the Problematic of Area Studies," *Annals of the Association of American Geographers*, July 2013, Vol.103, No.4 (July 2013), p.993.

质上的不同决定了两类研究在内容上的区别，比较研究虽然也关注该区域与国别的当前情况，但由于它要总结其经验与教训，会更加强调基于历史的调研与反思。关系研究也离不开对对象区域与国别相关历史情况的关注，但由于它重在当前的政策应对，但更加强调对研究对象当下情况的研究，甚至十分看重对未来情况的预测。

二是议题领域的不同。由于比较研究聚焦国内政策，其议题领域往往是经济、社会、科技、教育、文化等，关系研究则一般涉及主权、安全、国防和外交等。这些议题领域对一个国家的发展来说都同等重要，对研究者来说，不同的领域要求不同的学科背景。在区域国别学出现以前，在主要聚焦国内政策的相关学科中，往往都会有国别比较研究，如比较政治学、比较经济学、比较法学、比较文学等。但在这些学科中，即使研究对象是同一个国家或区域，不同的学科之间也很少会有交流。如一个研究美国移民政策的社会学者与研究美国独立的历史学者可能没有什么学术上的交集。但当区域国别学出现以后，这些不同学科比较研究的内容不但成为了区域国别学的重要研究内容，也使得研究同一区域或国别但涉及不同学科的人被纳入同一个学术平台，他们之间的交流会促进对一个国家或区域的全面理解。但对政策而言，这些学科恐怕不会得到平等的对待，因为政府决策者更有可能对政治、经济、科技这样的领域更感兴趣。关系研究则有所不同，传统上主权、安全、国防和外交等议题一般都放在一个较为笼统的学科框架即国际关系学当中，因此这些议题研究者之间互动较为密切。在区域国别学的大框架下，现在比较研究和互动研究的议题也越来越交叉，但总体上看仍然各有侧重。

二、类型：战略研究与战术研究

有学者指出："国别与区域研究的议题，具有不同的周期性特征，包括'长周期''中周期''短周期'三个任务目标。"[①] 从政策研究的角度看，不同周期对应的实际上不同的研究类型：一类是针对一个国家较长时期的发展战略、政策方向或是基本原则方面的研究，可以称之为战略性研究，即所谓"长周期""中周期"研究；一类是针对国家当下的即时决策需要，主要是针对某个具体的问题或挑战给出解决方案，可以

① 王晋：《议题与路径——构建中国特色的国别与区域研究体系》，罗林、邵玉琢：《"一带一路"视域下国别和区域研究的大国学科体系建构》，载罗林主编：《区域国别学：学科建构与理论创新》，社会科学文献出版社2023年版，第104页。

称之为战术性研究，即所谓“短周期”研究。这两类研究的内容、方法都不一样，故值得我们加以仔细区分。

战略研究事关一个国家内政外交的重大目标与发展方向，是政策研究中极为重要的一部分。一个国家或地区的成功与失败，其根本上与其长期执行的战略正确与否有着密切的关系。例如，东亚“四小龙”之所以在20世纪70年代左右实现经济起飞，固然有外部环境因素，但更重要的是它们抓住了历史机遇，制定了正确的经济发展战略。与大多数发展中国家或地区相比，东亚“四小龙”并没有特殊的资源、区位优势，决定其发展道路的，更重要的还是其战略性认识及决策。另外，有些战略体现在更深层次的制度设计和价值塑造方面，例如当前美国之所以能够成为世界霸主，之所以在不断犯下许多政策失误之后又能得到调整，在很大程度上取决于其立国之时固定下来的政治制度和相关规则。所以，国家或地区战略也可以分为很多层次，首先最根本的是一个国家或地区对其文化的塑造与根本性的政治与经济制度设计；其次是一任政府对其施政方针或一个国家或地区在一定时期内的全盘规划，如中国定期推出的五年计划，以及很多国家政府上台时都会提出的施政纲领等；最后是政府对某个领域或议题推行的长期性政策，如美国制定的印太战略文件等。

战术研究主要是解决当前或短期内要应对的问题，甚至是紧迫的挑战。比如说，一个很少遭遇地震灾害的国家突然面临空前规模、受损严重的地震，对于如何进行紧急应对、减轻灾后影响和进行灾后恢复，自己缺乏成熟的经验与现成的做法，这时就可能需要对相关国家特别是在这方面有着丰富应对经验的国家的做法进行快速研究，提出可以用来借鉴的办法。还有的挑战是外交上的，例如一个本来与自己有着正常外交关系的国家提出断交，这时相关研究机构有必要对这一行为背后的动机、影响以及对策进行系统研判并提出自己的分析，并就紧急应对提出政策建议。在一个国家的政府决策过程中，在数量上占绝大部分的是战术性决策，其类型可包括：一是实施型战术决策，当一个战略决定作出后，往往需要有大量的战术性决策跟进，通过大量战术性决策的累加最终完成战略决策；二是应对型战术决策，即应对突发性问题，如国家安全中常常面临“黑天鹅”式的挑战，提出紧急应对建议就属于战术研究。在决策体系较为完备的国家，往往都会有针对应对紧急事态的预案，制定并完善这些预案，这也是战术研究的一部分。

上述介绍可知，战略决策与战术决策之间有着紧密的联系。而对研究者来说，则有必要对两者进行区分，以更好地分别根据其特点开展战略或战术研究。概括来说，战略研究与战术研究区别有以下三点。

一是研究的维度不同。战略研究关注的是长期目标与趋势，这往往需要研究者搜集大量有关研究对象的信息。在研究的过程中，研究人员也更加强调掌握一个国家或区域的政治经济社会基本要素，并探索其基本规律与未来发展态势。而战术研究关注的是短期动向和任务，重点是尽可能了解当前发生的相关状况，然后在此基础上作出分析与决策建议。这就要求研究人员平时要有大量的相关知识储备与学术能力训练，能够随时投入相关研究。

二是研究的时效不同。战略决策由于是针对未来数年甚至更长时期的，所以其研究结论一般具有较长时期的适用性。相应地，研究人员往往也有较充分的时间从容开展研究，甚至有必要通过大量的调研、讨论而不断完善研究。而战术研究则往往是研究人员针对战术性行为与挑战提出的分析，要求研究人员反应快且准，在较短的时间内形成成果。其提出的政策建议往往也是在特定的时点才可能有效，如果反应慢了，提出的建议可能也会滞后，从而失去效能。

三是研究的成果形式不同。战略研究成果由于要在针对较为长期目标，在较长时期内都要有适用性，因此必然比较抽象。正是基于这一点，有些政策研究成果尽管面向政府的决策需求，但有时也可能公开发表，从而影响政策。而战术研究则因为往往针对具体的事件，提出的政策建议应该非常具体，能够用来解决有针对性的问题。在成果形式上，因为战术研究涉及当前具体决策，也往往带有保密的性质，一般不太会转换成公开的研究成果。

第二节　道为本：理论的综合与运用

有学者指出："没有哲学基础，区域国别学就不深，仅关注浮在问题表面的'形'，难以触及问题深处的'意'。"① 也有学者强调："没有基础研究的决策咨询研究犹如空中楼阁、无源之水，很有可能导致国家和企业走入误区。"② 这实际上提出了政策研究的理

① 姜锋：《浅谈区域国别人才培养和学科建设中的两个能力与三个基础》，《当代外语研究》2022 年第 6 期，第 14 页。

② 李晨阳：《关于新时代中国特色国别与区域研究范式的思考》，转引自罗林、邵玉琢：《"一带一路"视域下国别和区域研究的大国学科体系建构》，载罗林主编：《区域国别学：学科建构与理论创新》，社会科学文献出版社 2023 年版，第 449 页。

论或思想根基的问题。因为理论既是对实践的高度总结与规律化，又是引领实践的思想升华，本章将这些理论或思想笼统地称为“道”。对政策研究者来说，了解某种或某些理论并不是必然的前提条件，但如果能够从相关基础理论中去汲取知识营养和借鉴相关的思想主张，将有利于研究者更加深刻地了解外交本质与国家行为规律，有效甄别与综合那些纷繁复杂甚至相互矛盾的信息，以及对相关的现实进行批判性解读。也就是说，有了“道”的加持，政策研究可以变得更加厚重、精准，可能更加经得起历史的考验。有学者提出，西方区域国别研究之所以退潮，“既是世界权力秩序变迁的结果，又是学理性缺乏所致”①。中国的区域国别政策研究一定要吸取西方的教训，从一开始就把理论的学习放在重要位置。当然，理论的性质也表明其作用只能是基础性的，要把理论转化为实践知识，其运用至关重要。

一、理论的作用

可能除了少数例外，大多数理论都是来源于实践，都是对实践的高度提炼，而提炼的最终目的，其实还是想反过来对实践进行指导。能够应用到区域国别研究中的理论众多，但如果从政策研究的角度看，最为相关的可能是国际关系理论、政治学和经济学理论，以及外交学理论等。相较于语言学、文化人类学、民族学等也与区域国别研究相关的理论，这些理论的实践性联系更加突出。对于政策研究来说，理论的作用具体体现在以下三点。

第一，本质认知：厘清国际环境的固有特征以及合理的国家行为目标。

一个国家所面对的外部环境往往十分复杂，要在复杂的环境中合理确定自己的外交目标也并不容易。对此，相关理论往往能够提供帮助。

例如，对于国际环境，国际关系学者有一个共识，那就是国际社会处于一个缺乏中央权威的本质上的无政府状态。但在不同的历史时期与具体情况下，无政府状态也会呈现出不同的特征，从而促使国家采取不同的外交政策。一段时期以内，我们认为时代主题是战争与革命，因此在外交中有着强烈的阵营意识和对抗精神。改革开放后，我们认为和平与发展成为时代主题，因此开始主张以合作为主的外交政策。因此，准确研判国际环境对于决策研究至关重要。在很多时候，对于国际环境的变化很难作出

① 李秉忠：《区域国别学的西方传统和中国路径》，《史学集刊》2022 年第 4 期，第 20 页。

清晰的判断，这个时候就更需要理论的指引。例如，面对中美博弈的加剧、美欧联合空前加强、俄罗斯因俄乌冲突而陷入困境，国际格局是否仍处于多极化时代是我们进行外交决策前必须解决好的问题。这个时候，如果我们能够根据现实主义的实力原则对中美俄欧等主要行为体的综合力量进行合理的比较，并结合均势理论、制度主义等对它们之间的分化组合进行研判，便不难得出一个我们思维上尚难以转变但理论已经昭示清楚的一个现实，那就是国际格局越来越呈现出一种不对称的中美两极格局趋势。尽管这一趋势远非确定，但其当下形态及长期影响却是我们不得不考虑的。

再如外交目标。大多数国际关系、经济学和外交学学者都认同国家是理性、自私的行为体，以利益为外交行为的最高指南。而在国家利益的构成上，则可以分成几个层次：最重要的是安全利益，即确保本国的主权与领土完整，不受到其他国家的军事侵犯；其次是发展利益，即在确保安全的基础上获取更多的财富，追求更高的经济社会科技发展水平；最后是精神利益，即因更多的权力或具有优势的文化与制度、生活方式而受到其他国家的尊重。如果一个国家的外交行为不能达到上面的任何一种，它仅仅是领导人个人偏好（如小布什对萨达姆的排斥）或民众愤怒情绪（如民粹主义）的反映，无疑是不值得追求的。此外，如果不能注意利益的位序与平衡关系，因为追求次要的利益而失去了更加重要的利益，无疑也是失败的国家外交。在现实的外交实践中，利益的种类与关系往往是错综复杂的，而理论上的归纳则有利于决策者与研究者厘定当前国家最重要的利益，从而作出合理的决策或是提出决策建议。

第二，行为规律：解释国家间互动及对外政府行为的逻辑。

在政策研究中，我们常常会思考：某个国家会作出什么样的决策以捍卫其某种利益？接下来某个政府领导人又会做什么？一般来说，国家间的行为逻辑相对稳定，但政府是经常变换的，即使是同一个国家，不同的政府及其领导人也可能采取不同的政策。了解相关理论的既有成果，对于理解这种复杂性是十分有帮助的。

例如，关于国家行为逻辑，国际关系理论与外交学理论都会提供许多引导。根据国际关系理论，一个国家要维护自己的利益，手段无非以下几种：一是武力，这常常被一些激进的现实主义者所推崇；二是均势，特别是拉拢第三方去平衡力量强大的对手，这是传统现实主义屡试不爽的手段；三是制度，即通过建立双边、多边甚至地区性、全球性的某种固定安排，使自己的地位或利益被固化，自由制度主义者对其作用深信不疑；四是观念，主要是通过强化人文交流与价值观输出，使自己更容易得到其他国家的追随与尊重，强调观念的建构主义者常常强调这一观点。至于具体的国家偏好哪些具体的手段，外交学理论则通过把分析视角从结构拉回到单元，并强调民族特性、文化传统、政治制度等重要因素的影响，从而为国家的行为偏好提供进一步的解释。区域国别政策研究往往更容易接受单元层次的解释，即强调特殊性即一个国家的历史文化等因素在塑造其政策方面的作用，但它不应该忽视国际关系理论所强调的结构性因素的作用，以及普遍性行为逻辑的塑造功能。把国际关系学与外交学的相关理论结合起来，就能对一个国家的政策走向有更加清晰的了解。

再如政府决策的动向。这是更加具体但政策研究需求者可能更加关心的问题。在这方面，外交决策理论提供了几种解释模式。如理性决策模式认为，决策者作为理性行为体，将在成本—效益评估的基础上作出政策选择。组织官僚决策模式则认为，政府组织不是一个单一的行为体，它往往是由那些具有不同利益、持有不同观点的组织与个人所组成的，它们之们相互竞争以影响决策。而政治心理学则主张，政治领导人的个性、其认识与信息处理过程的研究甚至精神状态都会影响到决策。这些理论视角从不同视角解释了政府决策的产生过程，也为政策研究者如何理解、分析并应对其他国家政府的决策提供了依据。政策研究者并不需要对外交理论进行深入研究，但知晓这些决策模式有利于他们在研究对方国家外交决策或理性认知本国所可能作出的外交决策时，抱有一种更加现实的方式，以及尽量使他们的政策建议适应于具体的情况。

第三，价值引领：为政策分析与对策建议提供方向感与正当性。

所有人都同意，任何决策应该建立在理性分析的基础上，但大多数决策者也会赞同，自己所作的决策应该在道义上是正确的，经得起价值上的判断，既具合理性也有正当性。所以，即使是那些仅供内部提交而不是公开发表的政策研究成果，也往往要强调自己所提出主张既切合利益、又符合道义。但要把政策主张建立在别人也认可的正当性的基础上，就不只是一个简单的道德说教的问题，而最好是对相关的理论成果有一定的认识。

事实上，有关正义的思想是政治学、社会学理论无法回避的内容，在国际关系理论中也不同程度地显现。显而易见，这些学科中的多数理论都带有某种价值倾向，而这些倾向事实上都反映了人类社会中根深蒂固的价值传统。一些行为主义者自诩价值中立，但事实上任何理论都难以避免地带有不同程度的价值判断。如在政治学理论中，自由主义的一系列推理事实上就蕴含着诸多价值判断，如个体权利的优先性、视国家为需要限制的对象；而社群主义则更为强调集体价值，认同国家对于经济与社会生活进行干预的必要性。在国际关系理论中，现实主义表面上排斥道德介入政治与外交，但事实上是持一种“国家道德”立场，即国家应该首先为本国国民而不是他国人民的福利负责，民主、人权可以是政策工具，但不应该成为国家目标；而民主和平论者则持有明确的反对立场，认为推动所谓专制政权更迭有利于实现国际和平；全球主义者则倾向于否定国家的价值，主张在世界范围内建立超越国家边界的治理机制，甚至还有更加激进的人提出建立世界政府的主张。

所以，不同的理论背后往往蕴含着不同的价值立场，这就为决策者及政策研究者提供了许多价值判断方面的选项。例如，20 世纪 90 年代的美国总统克林顿便深受民主和平论的影响，在其任期中以“人道主义”为理由作出轰炸南斯拉夫联盟等重大决策。在那些奉行两党制的国家，两大党派在国内外交决策中许多价值倾向常常对立，其各自的智囊也会为其提供不同价值导向的政策建议。例如，当尹锡悦取代文在寅执政韩国时，他所依赖的国家安全与外交团队基本上都是原来李明博政府的班底，提出外交要以自由民主价值理念为基础。这种价值转向促使尹锡悦政府全面强化与美国的战略同盟，对华关系则相对疏远。中国的外交学理论则尤其强调传统中国的和平至上、协和万邦等传统思想，这些思想也不可避免地反映在外交决策研究中，间接推动了中国外交不但在话语中而且在实践中体现出更多中国传统文化的特征。

二、理论的运用

理论是实践的指导，却难以简单地套用到实践之中。这在很大程度上是理论本质与区域国别实践特征所决定的。理论是高度简约和抽象的，而现实却是各种问题相互关联且具体的，决策者不可能把这些问题相互隔开来处理。基于此，我们在把理论运用到政策研究实践中来的时候，有必要注意到以下两方面。

第一，采取折中主义，即要善于对相关理论进行综合运用。

折中主义（又作折衷主义）本是一种致力于从不同的理论、方法与风格中选取最佳要素加以组合的哲学传统、工作方法与思维方式。在区域国别政策研究中之所以必要，是因为单个理论往往是片面的深刻，只是照亮实践中某一方面的“一束光”，要全面地认识实践，就必须把“多束光”综合起来，这样才能形成对实践的全面认识。例如，关于国际社会本质与国家间利益关系，各种理论的认识就截然不同。现实主义强调无政府状态的对抗性，认为各国间利益关系是零和性的。自由主义强调国家之间在经济、社会和人文方面的联系，以及制度与规则在协调国家间行为的作用，认为国家间也可以在无政府状态下实现合作。而建构主义则强调观念的主动作用，认为集体间互动可以塑造不同的国家间关系。但事实上，复杂的国际关系实践往往是上述理论描述的综合，而不仅仅是其中一种理论的反映。要真正理解别的国家行为以及国家间关系本质，就必须把相关理论综合起来去加以理解，这也就是为什么要坚持折中主义的原因。

折中主义有三个标志性特征：第一，提出问题的开放性与强调问题的复杂性。与范式导向研究的概念简化趋势相反，它甚至倡导一种“重新复杂化”。第二，强调不同因素的互动与综合，而不拘泥于既有的范式。① 相应地，折中主义提出的是介于普适性理论与特殊性叙事之间的中观理论，不受元理论的束缚。第三，致力于真实社会的“实际对接”。分析折中主义认为：“大部分范式导向研究意在与现有的理论世界相对接，目的或是在偏爱的范式框架中进一步发展理论，或是反驳在不同范式框架中构建起来的理论，结果进一步扩大了理论和政策之间的鸿沟。” ② 坚持折中主义，旨在把各种理论的光汇聚成全方位看待世界的“无影灯”，从而可以全面地认识真实世界。但必须注意的是，坚持折中主义不是对相关理论的否定，而是在实践的政策研究中运用这些理论的必要方法。作为政策研究者，也不必去细究该如何从学理上去综合相关理论，关键是具备多种理论的视角和综合运用的素养，养成从多个视角看世界的分析方法，把折中主义变为一种自觉的思维实践。

第二，注意具体情境，即要把理论分析与具体的时空条件与对象结合起来。

理论告诉人们的往往是规律，而不是一个国家的具体行为。要对一个国家的行为作出准确的判断，不但要有理论的指导，还必须把理论与这个国家的具体情况与当时环境结合起来。一般来说，除了那些影响国家决策的历史文化、民族传统、政治制度等持久性因素，应考虑的还有随时变化的具体情况包括以下三点。

一是国际环境，具体包括：该国所处地区的地缘政治与经济形势，特别是其是否

① Peter J. Katzenstein and Nobuo Okawara, “Japan, Asian-Pacific Security, and the Case for Analytical Eclecticism,” *International Security*, Vol.26, No.3, Winter, 2001—2002, p.167.

② ［美］鲁德拉·希尔、彼得·卡赞斯坦：《超越范式：世界政治研究中的分析折中主义》，秦亚青、季玲译，上海世纪出版集团 2013 年版，第 191 页。

卷入主权、安全等重大矛盾；国际地位，是不是全球或地区领导国家，或在哪些领域拥有特殊影响力（例如荷兰的光刻机在当前美国打压中国芯片产业中的作用）；是否受到重大的国际事件影响，如俄乌冲突引发的外交博弈、新冠肺炎疫情冲击等；与其他国家的敌友关系；是否拥有政治、安全、经济和军事方面的影响力；等等。二是国内条件，具体包括：该国的经济社会发展水平及支撑其决策的政治、军事、财政等方面实力变化情况；党派斗争与政治制衡情况，特别是在实行两党制、多党制国家，其反对派是否掌握国会或议会等民意机构往往能够对政府决策形成强力制衡；社会舆论走向及其对特定议题的关注情况；等等。三是领导人及其决策团队，具体包括：领导人分工及其决策体制；领导人对国际形势及特定事件的认知；领导人身体与精神状态；领导人个人是否与特定的事件有特定的利益关联；决策体制或团队的内部构成变化，以及是否有权力争夺；等等。

总体来看，基于理论能够给出方向性的研判，往往是具体情况进一步决定了一个国家的具体政策反应。只有把理论的规律性与该国的具体情境结合起来，才能对其相关决策作出较为准确的预判。

第三节　术为用：政策研究成果的形成

理论及其所蕴含的规律、价值和思想塑造了政策研究者的世界观和方法论，但要形成具体的研究成果，政策研究者还必须对相关的区域与国别情况有较全面的掌握，对于政策的内涵、要求、制定流程及其实施有比较深入的了解，并掌握调研、交流、写作等基本政策研究技能。概而言之，这些都属于与道相对应的术的层面，直接决定了能否生产出有效的政策研究产品。如果从政策研究的流程来看，这些要求与技术大致分散在以下三个方面。

一、积累基础知识

对区域国别政策研究者来说，以下的基础性知识不可或缺。这些知识之所以是基础性的，是指他们可能不会出现在最终的政策研究报告当中，但却是产生这些报告的必备知识前提。

第一，政治决策的要求、规则与流程。

一个国家或其政府所作的决策，往往都是针对复杂问题所作出的回应，其内容可能要经过复杂的官僚组织流程，同时受到各方面外部变量的影响。而且，官僚决策的流程往往是不对外公开的，那些涉及国家安全与外交的决策过程更是如此。这样一来，就很可能出现这样的情况，即许多政策研究者并不熟悉这样的决策流程，这可能导致他们提出一些过于简化、理想化的政策建议。特别是对战术型的政策研究来说，了解决策的运转尤其重要。对中国的政策研究者来说，由于政府与智库之间的“旋转门”还不是十分充分，往往没有参与或实施政策决策的经验。为了提出有效的建议，政策研究者有必要做到：第一，增加与政府决策部门的互动，从而熟悉他们的决策程序与要求；第二，有可能时尽量增加在政府部门工作的经历，必要时可以通过挂职的方式去体验。除了上述两点外，政策研究者还有必要去熟悉不同国家尤其是研究对象国家的内部决策流程，特别是对于那些研究本国与相应国家互动的研究人员来说，其政策建议必须要考虑到其他国家的前期措施与后续可能的反应，因此了解其他国家如何决策至关重要。当然，对任何国家的政策研究者来说，这些属于其他国家政府内部的知识都很难通过直接的体验方式得到，只能通过间接知识的方式去获取。例如，通过调研特别是与其他国家官员、学者的互动，研读其他学者对相关国家的政治与外交决策过程的研究成果，以及对各种公开的决策信息进行研判等。

第二，基础国情与发展动态。

区域国别研究的一个重要特征是，无论你研究什么样的具体议题，你都应该对这个区域或国家的问题“有全面了解，涉及政治、经济、军事、安全、文化、教育、外交、技术、人口与资源等，要尽可能地积累与某一国家和地区有关的全面的知识”①。而这种整体性知识，是不可能在接到一个研究任务后在短时间内能够熟悉的，而是需要较长时期的积累。这些基础国情知识包括四点。（1）语言。语言是了解一个国家的工具。这首先是因为，尽管当前翻译手段发达，但了解并掌握研究对象国的语言，仍然是直接获取第一手知识的最好途径。另外，语言中间还包括大量的历史、文化以及反映这个国家的民族性的大量信息，从而强化对这个国家的了解。最后，掌握对象国语言还有利于直接与该国的同行交流，“快速拉近与对象国民众的关系，尽快融入对象国社群，正确掌握对象国话语信息的本意”②，从而可以获得更加直接的信息。（2）历

① 陈奉林：《中国区域国别学学科的基本内涵、理论与体系构建》，《太平洋学报》2023 年第 1 期，第 62 页。

② 姜锋：《浅谈区域国别人才培养和学科建设中的两个能力与三个基础》，《当代外语研究》2022 年第 6 期，第 12—13 页。

史与文化。历史与文化是深入了解一个国家的政府、人民战略文化、行为逻辑、决策习惯的基础性信息，其重要性再怎么强调也不为过。要获知这种信息，不仅需要通读大量的文献，从前人的总结中去归纳和感受，还最好有沉浸式体验，即通过在研究对象国的生活与实地交流，去亲身感受这种文化对当地社会与民众的影响。（3）政治与经济。政治与经济是区域国别政策研究中的重要内容，往往是一国最想借鉴其他国家，或是最可能对本国利益产生影响以及本国需要影响的领域，因此绝大多数政策研究的议题都出现在政治与经济领域。但要做好这方面的研究，就不能只关注这些领域中的具体议题，而必须平时就积累好这方面的知识，对一个国家的基本政治制度、政府体制、政治文化以及经济结构、产业分布、贸易情况等有较全面的掌握。（4）其他国情，如社会、科技与教育等，这些内容也常常是比较研究的对象，或是关系研究中关注的议题。除了上述基础国情外，还有必要对对象国当前的各方面发展动态予以追踪关注，毕竟任何国家都处于发展变化中，过去的情况不可能全面说清楚当前的问题。对对象国当前的发展情况包括未来发展趋势保持足够的敏感性，有利于提高政策研究的针对性与有效性。

二、发现研究议题

对于区域国别研究者来说，掌握基础国情是撰写能够满足本国政府与政治团体需求的政策研究成果的前提，但要形成这方面的有效政策研究成果，其关键环节是能否在特定的时间节点上，发现作为研究对象的区域或国别的政策研究价值。

对于比较研究来说，关键的是发现对方优劣势，并发现其与本国之间的可比性。任何国家都会有一些政治经济社会发展方面的特点，但是否有进行政策研究的价值，还需要了解这些特点是否足以成为需要关注的优势或是需要警惕的陷阱。为此，需要研究者就此展开一个较大范围的比较研究，即把对象国家或区域的情况与其他国家或区域进行比较，以判断其发展特点的价值所在。特别是考虑到“地区研究专家倾向于给某个地区以特殊的地位，甚至对其他区域视而不见”[①]，这种地区间的比较尤其必要，也往往是产生有效政策研究成果的前提。但对于政策研究来说，由于后面的与本国比较研究才是重点，这种比较研究在形式上不必系统化，但必须要有实质性判断，并形

① ［俄］安德烈·A. 巴伊科夫：《地区研究：处于困境中的概念——如何重启和重振地区研究》，《区域国别研究学刊》第2辑，商务印书馆2020年版，第13页。

成明确的结论。例如，2023年初美国出现银行倒闭事件，无须太多比较研究就可以得知此事系2008年以来世界范围内出现的重要经济事件，反映了美国经济中的深层次问题，而且考虑到美国在全球经济中的重要性，故可以肯定值得研究。但如果从本国视角下比较研究的角度看，此事件是否具有真正的重要性，则在于其发生背景、地点以及事件性质是否与本国具有可比性。还是以这一事件为例，由于中美金融业的管理体制、开放程度等均有重大不同。其银行倒闭对中国银行发展固然有一定的警示价值，但更需要的是相关西方国家引起重视与反思，并对此进行深入研究。对于中国来说，更需要重视的可能是这一事件所引发的对美国经济进而对包括中国在内的全球经济的影响，而这是关系研究的内容。

对于关系研究来说，关键的是了解他国和其他区域的重要动向特别是新动向，并发现这些动向对本国的影响。动向越新（意味着相关研究越少），对本国影响越大，也就越值得研究。要对研究对象的动向及其影响作出判断，关键的是对双边关系的本质、问题有着清晰的了解，特别是如下三个方面。一是双方间是否存在重大的利益关联，例如两国之间是否存在较高的贸易依存度，在安全上是否有相互依赖甚至存在盟友或伙伴关系，是否在重大资源与矿产上、重要科技等方面依赖对方，等等。一般来说，利益关联是一荣俱荣、一损俱损的关系，因此越是存在利益关联的地方就越值得关注，因为在这样的领域或议题上，哪怕对方一个细微的动作也可能在本国引发连锁反应。二是双方间是否存在重大的利益冲突，例如两国是否有主权、安全方面的争端，是否有重大的债务问题，是否在产业结构、出口贸易方面存在重大竞争，等等。相较利益关联而言，利益冲突是你荣我损的零和式关系，对相关国家与区域在这些议题上的动向，也需要特别关注。三是两国间是否具有特殊的历史与文化联系，例如英国与美国，对于具有这样特殊联系的国家来说，即使有些事件不具有重要的利益关联或冲突，也可能引发两国关系的波动，或是成为左右双方互动的因素。一般来说，如果能够从以上三个方面观察双边关系，就会有对哪些议题应该值得关注有一个基本准确的判断。

至于有关议题的信息来源，一般来说有如下三个途径。第一，文本信息，即通过公开出版的报纸、电视和互联网等媒体以及相关的政策研究报告了解研究对象所发生的情况。这也是区域与国别政策研究者掌握情况最主要的渠道，特别是在掌握研究对象国语言的情况下，通过直接关注当地的媒体、政府网站和智库通常能够获取大量的信息。获取信息多少的程度则与当地信息的开放或管控程度，一般来说，越开放则获取的消息越丰富。第二，田野调查，即通过研究者本人在当地的生活、访谈、调研，通过研究对象区域与国家的接触所了解到的第一手信息。一般来说，由于受到研究者接触的限制，田野调查所得到的信息范围有限，但由于是第一手资料，也会增加研究者本人的在场感和对相关情况的把握深度。其具体价值则取决于田野调查对象、地点的价值，以及所研究的相关样本的代表性和所选择的方法的科学性。第三，同行交流。研究者与智库之间，包括与研究对象区域或国家的智库之间往往会有大量交流。智库专家都是对某些领域或议题有专攻的研究者，因此通过这些交流往往也能获取大量有价值的信息。但考虑到每个国家的政策研究都有国家利益考虑在里面，特别是在有利益关联的关系研究领域，对方的智库在沟通时提供观点可能是有选择性的。在这个时候，就需要对相关的智库背景、政策倾向有足够的了解，注意甄别对方所交流的信息。总的来看，政策研究人员应该综合使用上述途径汇总信息，并通过对比的方式甄别其真假与有效性，最后发现值得研究的真议题以及研究这些议题所需要的信息。

三、撰写分析报告

在明确议题以及掌握信息之后，就进入政策研究的最后一道工序，即撰写研究报告。一般来说，政策研究报告具有三要素。

第一，目标，即通过本研究所要达到的目标，通常也就是要实现哪些本国利益，或是本届政府以及所服务的政治社会团体的政策目标。这是政策研究报告的出发点，它决定了整个研究报告的方向，因此必须被科学、合理地确定。一般来说，确定研究目标要考虑到三方面。一是关联性，即与所发生的问题或所关注的议题有内在联系，研究目标一定是根据研究议题所提出来的。例如，在进行教育政策比较研究时，那么所要实现的研究目标一定是解决教育领域的某个相关性问题，或是推动教育领域实现某方面的目标。关联度越大，研究的针对性就越强。二是整体性，即确定的研究目标要符合整体上的国家利益需要。一般来说，政策研究目标都是针对具体的问题，在战术层面的研究尤其如此。对政策研究者来说，尤其要警惕“就事论事”，即仅仅着眼于自己关注的议题而确定研究目标，却忽视了国家在这方面的整体考虑。从这个意义上来看，任何战术性研究都必须要有战略性考虑，即从整体的国家利益与视角考虑具体的战术性问题。三是现实性，即制定的研究目标是可以实现的。政策研究报告重在实用，切忌提出过高的研究目标。至于目标高低的程度，则需要考虑到本国的发展阶段、对象国与本国之间的发展差距或关系性质，以及相关议题本身所内含的困难程度等。

第二，条件，即实现政策目标所拥有的外部环境以及自身资源、手段。政策目标确定之后，就必须确定本国所能依赖的内、外条件，并特别注意哪些条件是自身的优势，而哪些方面又构成不足。条件分析的重要性在于，所拥有条件的性质、多少将直接影响政策研究实现的可能性以及最终实现的程度、路径等。在条件分析时，以下三方面的关系值得注意。一是直接条件与间接条件。对于一个具体的政策议题来说，有些条件起着直接的作用，而有些则是间接作用。例如，当一个国家决定是否发动战争时，其能够投入作战的部队数量、武器装备等方面就是直接条件，而支撑战争进行的经济基础则是间接条件。对于短期性政策目标来说，直接条件可能更为重要。而对于长期性政策目标来说，则需要更多考虑间接条件。二是潜在条件与现有条件。顾名思义，现有条件现在就可以拿来用，因此值得高度重视并需要分析清楚。而潜在条件则是需要通过一定的努力使之变成现有条件，可能需要一个时间过程。但对任何一个国家来说，考虑到目标的多样性，现有条件往往难以满足当前的需求，这就需要对如何开发潜在条件予以充分的注意。三是自身条件与对方条件。对比较研究来说，看到其他区域或国家实现了某一政策目标时，必须要看到其所支撑的条件本国是否具备，如果本国不具备，那些就不宜把其政策目标作为一种先发范例而简单模仿。对于关系研究，特别是那种冲突性质的关系来说，则有必要注意到，任何条件的优劣势都建立在比较的基础之上。例如，中国目前的各方面政治、经济条件在应对美国方面可能还不够，但在周边国家面前则绰绰有余。因此，实现政策目标的条件是否足够，只有在进行了比较分析后才能知道。

第三，对策，即为了政策目标而运用各种条件的措施组合。对于政策研究报告来说，对策部分往往也是最关键也最能体现价值的部分，也最能看出研究者的政策研究功底所在。那么，如何才能提出有效的对策呢？一是要注意政策与问题、目标和条件的相关性。即政策一定是针对已经出现的问题或挑战、服务于前面提出的政策目标的需求，以及立足于本国所拥有的内外部条件。如果在上述三方面中有任何一项不符合，即提出的政策可能要么无的放矢，要么无所依恃，因此要么无法落实，要么落实了也与国家利益背道而驰。二是要注意政策组合。面对复杂的政策问题和提出的政策目标，仅靠单方面的措施往往很难实现，比较周全的政策建议往往都是许多措施的组合。进行政策组合一般有几种类型：按时段组合，有的是当前政策，有的是长期政策；按领域组合，如政治、经济、外交等方面措施；按主体组合，如政府与市场或政府、企业、智库、高校等。而且，要注意这些措施所针对目标的一致性以及各种政策优劣势的相互配合，以最大程度地发挥政策合力。三是要注意政策的可实施性和操作性。任何政策都只有在实践中能够被实施，才是现实的政策。而政策的可实施性不但取决于政策本身是否科学、合理，还取决于是否有相关的部门去执行或是在执行中是否有相关制度保障。例如，一个国家提出要加大对外援助的力度，即使它有援助的实力，但当它没有相关的援助部门或针对这些行为的法规时，这些措施就很难落实。关于政策的可操作性，也就是任何政策最后必须变为具体的行为，并且与政策操作部门的相关规范匹配适应。例如，当我们提出建设廉洁丝绸之路时，就必须明确具体措施有哪些，由哪个部门去操作，以及相关操作是否符合当前国际反腐做法与我国涉外反腐条文与实践。

区域国别政策研究是一项知易行难的工作。它不但需要有一定的理论和方法基础，能够对人类社会的内在价值逻辑以及本国国家利益的实践逻辑进行综合性的理解，还需要对作为研究对象的相关国家或区域有大量的、扎实的基础性了解，并对其当前发展动态进行紧密的跟踪。即使这样，所得出的研究成果能否转化为决策，在很大程度上还要受到时机、官僚程序以及决策者个人认识等因素的影响。从这个意义上讲，区域国别的政策研究很可能是一项比较艰难的工作。但国家发展与国际斗争复杂性的现实以及决策的科学化、民主化的需要决定了区域国别政策研究确有必要，这就需要广大的研究人员不计功利得失，心怀对国家利益的牵挂，秉持为万世开太平的天下情怀，持续不断地深化政策研究。在为政府提供决策咨询建议之外，利用自己的专业知识，通过公开的方式客观介绍其他国家与区域的发展情况，对世界范围内的重大问题进行理性分析，倡导和平、合作、共赢的人类命运共同体理念，推动全社会认清世界大势，形成一种客观、积极、向上的世界观，同样是区域国别政策研究可以作出的重大贡献。

第五章　国际关系与区域国别学

区域国别学被列入交叉学科一级学科目录后，对国际关系学的发展产生了重要影响。一是区域国别学的设立，对中国的国际关系学是一个很大的促进和推动，因为在区域国别学中，国际关系学与其联系应该是最为密切的。二是区域国别学成为一级学科后，国际关系学或国际问题的学科地位颇为尴尬。我们知道，国际关系学的主体国际政治学目前只是二级学科，在政治学一级学科下面，而政治学又在法学大门类下。国际政治学下面有国际政治、国际关系和外交学等二级学科方向。但是，国际关系学其本身就是综合性学科，或者说具有交叉学科特点的学科，其核心当然主要是国际政治关系，但事实上研究国际经济关系、国际政治经济学、国际社会理论的也越来越多，综合性、交叉性特点越来越强。

正因为其综合交叉性，所以国际关系虽然不是一门独立的一级学科，但是在国家社科基金评审中，却被列为一个独立的国际问题研究大类，下面设有国际战略、国际经济、国际政治、国际军事、国际文化、国际关系、国际组织、全球性问题、国际问题综合研究、国际问题研究其他学科 10 个小类，而在理论经济大类中有世界经济学，在政治学大类中有国际政治学，在法学类中有国际法学。从国际社科基金的分类中，可以明显感到，国际问题研究大类侧重应用，因为其中有国际经济、国际政治，但没有“学”字。所以，本来国际关系学以国际关系或者国际问题研究申请交叉学科一级学科也是顺理成章的，但近两年与国际关系学密切相关的区域国别学、国家安全学等先后被列入了交叉学科一级学科，国际关系学与区域国别学的关系就成为一个值得探讨的问题。而事实上，两者既有联系，也有较为明显的区别。

第一节　研究对象：具体 vs. 抽象

区域国别学主要是研究区域和国别内部以及与外部的关系。区域主要是研究地区内部情况，地区之间以及地区与全球之间的关系；而国别研究不仅研究大国，而且关注所有国家，涵盖面非常丰富，包含这些国家的语言、宗教、文化、人口、民族、政治、经济、社会、地理、气候、资源、对外关系等。

钱乘旦曾指出："从它的内涵来说，国别与区域研究应该是对某一个国家或者某一个地区的全面了解，这个'全面了解'的范围是特别广泛的，不仅仅是通常所说的政治、经济、社会、文化四个方面。试想，如果我们要去了解一个国家，哪怕这个国家是一个非常小的国家，比如说尼泊尔、缅甸、乌拉圭、太平洋的一些岛国等等，真的要把它了解透，就要对这个国家、地区有非常全面的知识积累，这不是政治、经济、社会、文化四个领域就能够完整涵盖的。这种了解包含的内容很多，甚至超出了文科的范畴——涉及许多领域的知识，比如气候、环境、地理、资源、水源、技术、人口、种族、宗教、教育……我们能够想到的和这个国家、地区相关的一切，都是我们在做国别与区域研究时需要去掌握、需要具备的知识。也就是说，要尽可能地积累与某一个国家或者地区有关的、全面的知识。这也是国别与区域研究要去完成的基本任务。"①

秦亚青认为，区域国别学"对于一个国家、一个地区的基本情景，比如地理环境、政治制度、经济发展、社会运行，都需要有精准的了解，否则根本谈不上对这一国家和区域的进一步研究。虽然这类知识是描述性的，但舍其则无法开展针对国别区域的深入研究。一个优秀的国别区域研究者，首先就需要对所研究的国家有着全面、系统、真实的了解。因此，描述性知识是学科知识的重要组成部分。"② 总体而言，我们可以看到，区域国别学是要对以往比较忽略的国家和地区进行全面、系统的研究，并形成一种跨学科的合成优势。它的研究对象是具体的，而不是抽象的。

牛可认为，在认识论偏好、方法取径和学科文化上，以区域"实体"为对象的区域研究，内在地偏向"具体形象的"而不是"通则性的"知识形态。在相对的意义上，区域研究的智识偏好和特性是特殊性取向而不是普遍性取向的，是归纳而不是演绎的，是经验性而不是理论的，是质化而不是量化的，是描述、叙述和阐释的而不是归约论的和解释性的图式和"模型"。进而言之，区域研究更注重历史文化的整体性和"情境具体性"，偏好和讲究以当地语言和"总体文化知识"达成"实体知识的广博性"，在

① 钱乘旦、刘军：《国别与区域研究的学科建设——钱乘旦教授访谈》，《俄罗斯研究》2022 年第 2 期，第 6 页。

② 秦亚青：《区域国别学知识体系的构成》，《国际论坛》2022 年第 6 期，第 5 页。

历史和文化阐释和比较的基础上达成“跨文化理解”。[①]

国际关系学当然也是一门以研究国家之间关系为主的学科，但除了传统现实主义在运用历史主义方法时相对关注一国历史和环境因素外，后来的新现实主义流派等为了追求理论的简约性，在很大程度上对具体国家和地区采用了抽象的处理方式。例如，新现实主义就质疑还原主义方法，认为着眼于单元或者国家层次，通过行为者属性的差异来解释国际政治，充其量不过是一种外交政策或者国家的理论，不能够解释发生在系统层次上的国际政治现象。国家太具体了，千差万别，无法做到简洁性和少变量，因此只有上升至国际层次，并以结构理论的整体论视角分析，才能理解处于无政府状态的国际关系结构及其互动。在新现实主义看来，“国家构成结构，结构造就国家”[②]。国际结构类似于经济学中的市场，而国家则是一种类似“经济人”的人的抽象存在，是单一国家。所谓单一国家，就是将国家视为统一体，一个黑箱，不考虑国家内部的政治结构、央地关系、精英人物、公众舆论、意识形态、历史文化等因素的影响。也就是说，国家内部在相关问题上如何斗争、辩论不是国际政治关心的。在新现实主义代表人物华尔兹的结构理论中，不关心各个国家具有什么样的传统、习惯、目标、愿望和政府形式，也不关心这些国家是革命型的还是合法型的，是专制型的还是民主型的，是意识形态型的还是实用型的。抽象掉除去能力之外国家所有的属性，也抽象掉国家的一切特质及具体联系。[③]

传统现实主义的摩根索也认为从政治家的动机或国家的意识形态倾向去寻找外交政策的线索是无效和靠不住的，只有以权力界定的利益概念才使得国家外交政策的连续性成为可能，也使得它们出现在可以理解的统一体内。他在《国家间政治》中没有去探讨国家的内部因素对国家行为和国际政治的影响。[④]即便是新自由制度主义、英国学派和建构主义在具体研究的方法论上与现实主义有所不同，但国家和地区依然是基本研究单元，并同样具有一定的抽象性。新自由制度主义借鉴了现实主义的核心假设，如认可国际社会处于无政府状态，承认单一、理性国家论以及从国际结构层次观察的整体主义视角，同时更多地运用了新制度经济学方法论的核心概念和假设，如交

① 牛可：《区域和国际研究：关于历史和“原理”的思考——牛可副教授访谈》，《国际政治研究》2018年第5期，第144—145页。

② Kenneth Booth and Steve Smith, *International Relations Today*, Cambridge, 1995, p.264.

③ ［美］肯尼思·华尔兹：《国际政治理论》，信强译，上海人民出版社2017年版，第104—105页。

④ ［美］汉斯·摩根索：《国家间政治》，徐昕等译，中国人民公安大学出版社1990年版，第6—13页。

易成本、制度变迁、路径依赖等。有学者指出，英国学派第一代代表学者马丁·怀特（Martin Wright）的《权力政治》同样认为世界政治主要包括国家在外交方面的相互关系，并且论述的是国家之间的政治关系，显然与现实主义很相似。①亚力山大·温特（Alexander Wendt）的建构主义的共有理念也是能动者，主要也是单一理性国家在互动中建构的。

由此可见，国际关系学的国家乃至地区与区域国别学的国家和地区是有所不同的。由于国际关系学主要研究的是国际体系和结构，关注的是结构中的能力分配，特别是极的格局。巴里·布赞（Barry Buzan）认为，全球权力结构在过去的一个世纪里，可以总结为：在两次世界大战之间，存在着3+3的全球权力结构，英国、美国和苏联作为超级大国，德国、日本和法国作为大国；在冷战和非殖民化时期，存在着2+3的全球权力结构，美国和苏联作为超级大国，中国、日本和欧盟成为大国力量；在冷战后的第一个10年期间，全球权力结构转向1+4，一个超级大国美国，中国、欧盟、日本和俄罗斯作为大国。②由此可见，国际关系学的国别和区域研究特别重视大国在国际体中的权力和互动，研究的国别对象相对有限。此外，国际关系学大多认为结构决定过程和体系单位的行为方式，因此它较少考虑国家之间的关系状况——它们的友谊和敌意、它们的对外交流、它们形成的联盟，以及它们之间接触和交往的水平，而是仅仅观察国家间的主导秩序的类型，观察在这个秩序内国家间的能力分配情况。

总之，国际关系学的国家看重的是国家在国际结构中的权力地位，而不是国家的具体特征。华尔兹曾说，国家是功能相似的单元，“在无政府领域里，单元的功能相似，并且趋向于保持这种相似性”③。而具体特征正是区域国别学要重点研究的。与一般性的国际关系研究追求普适性、规律性的一般知识不同，区域国别研究追求的正是地方性、精细化的具体知识，更重视在对外部世界深入理解的基础上为国家制定更为精细的对外战略与策略、开展更具针对性和有效率的外交政策，并对外交行为提供经世致用的现实指导。

---

① ［英］马丁·怀特：《权力政治》，宋爱群译，世界知识出版社2004年版，序言。

② ［英］巴里·布赞：《美国和诸大国：21世纪的世界政治》，刘永涛译，上海人民出版社2007年版，第75—76页。

③ ［美］肯尼思·华而兹：《国际政治理论》，信强译，上海人民出版社2017年版，第110—111页。

第二节　研究方法：多学科 vs. 交叉学科

国际关系学的研究方法，经历了一个多学科的发展进程。最早的古典现实主义，主要运用历史方法和哲学方法。例如，作为现代现实主义流派鼻祖的修昔底德其实是一位历史学家，他的名著《伯罗奔尼撒战争》将这场战争的全貌做了整体性叙述，既生动又真实；同时，提出了现实主义流派最为核心的命题，即安全困境问题。而马基雅维利、霍布斯、卢梭等人则从哲学思想的角度，对国际结构的无政府状态，即自然状态、国家权力等都作了深刻的剖析。到了传统现实主义，一批学术大家，如撰写《二十年危机》的爱德华·卡尔（Edward Carr），《国家间政治》的作者汉斯·摩根索（Hans Morgenthau）等，也在写作中采用了历史文献分析法，通过大量案例来研究国际政治。例如，摩根索的著作横跨数千年的世界历史，从古希腊、古罗马一直写到美苏冷战、美伊人质危机。据胡宗山的研究统计，该书在行文中对人物原话、对话、相关历史和现实文献的一般性直接引用为 119 个，较为正式的案例 164 个，一般性例证 78 个，大段的文献、人物对话直接引用达到 95 个。①

此后，国际关系学理论研究在不断追求科学主义方法论的同时，开始不断借鉴其他社会科学学科的研究路径。首先自然是政治学，政治学一直是国际关系理论的基础。甚至罗森博格（Justin Rosenberg）指出，长期以来“国际关系学从未成为一个独立的专业领域，它只是作为政治学或政治科学的延伸出现的，一直被困在一个借入的本体论中”，他将其称为“政治学的囚笼”。② 然而，国际关系学理论也一直在政治学的基础上，不断借鉴经济学、社会学、心理学等学科方法努力拓展。例如，新现实主义和新自由制度主义都借鉴了经济学的研究方法。华尔兹多次将国际政治理论同微观经济学理论尤其是亚当·斯密（Adam Smith）的古典政治经济学理论作类比，而其理论中的国际政治中国家属性的理性假定，就借鉴了经济学中的“经济人”的理性假定。新自由制度主义克服了以往相互依赖理论和国际机制理论的描述性方法居多的缺陷，寻找到一种新的研究框架，即以博弈论和新制度经济学为基础的理论视角。罗伯特·吉尔平（Robert Gilpin）始终致力于从经济角度来探索政治行为，其对霸权周期的研究分

① 胡宗山：《西方国际关系理论方法论研究》，华中师范大学博士论文，2005 年，第 36 页。

② Justin Rosenberg, “International Relations in the Prison of Political Science,” *International Relations*, Vol.30, No.2, 2016, pp.127—153.

析使用了经济学中的成本收益、供给需求曲线以及收益递减曲线等规律，由此论证国家在扩张过程中必然会面临一个拐点，即进一步变革所需的成本和收益之间达到均衡方可停止。罗伯特·基欧汉（Robert Keohane）将科斯定理颠倒过来并与市场失灵理论相结合以分析国际制度，其中对交易成本、不确定性、不对称性信息这些术语和相关原则的运用使制度在合作中的地位和功能得到了很好的说明。例如，国际制度能够使各国政府合法谈判并拟定协议的成本更加低廉，从而为合作提供便利。制度及其中的报复条款可以使政府间的不对称、不充分信息、道德风险和不负责任的行为有效减少，这就可以缩小预期行为的领域，降低合作过程中的不确定性，增大合作的可能性。又如，建构主义的兴起推动了国际关系学的方法论上的“社会学转向”“语言学转向”和“文化转向”，诸如简单学习、社会学习、传授、认知进化、社会化、社会网络、制度化、集体记忆、文本、社会事实等社会学概念成为认知国际政治的工具。另外，诠释性的方法，如谱系学、符号学、叙述分析、认知图谱法和象征分析也被嫁接到国际关系学科上。建构主义的特征之一就是强调主体间性。温特认为，国际政治的基本文化模式，即霍布斯文化、洛克文化和康德文化是由国际社会中行为者的相互行动所造就成为共有观念之后，反过来塑造行动者的身份，并通过认同政治影响其利益和行为。再如，伴随认知心理学的兴起，国际关系学开始注重运用认知理论对国际关系，尤其是外交决策或国家行为进行研究。最为突出就是罗伯特·杰维斯（Robert Jervis），他从决策者的心理认知这一最微观的分析层次入手，借鉴心理学的理论，分析决策者心理活动对于一个国家的国际行为起到的作用，从而丰富了对国际冲突的理解。他发现心理学理论中的三种容易导致错误知觉的重要机制在国际政治领域同样起到了重要的作用，即认知相符、诱发定势和历史包袱，从而得出结论：许多国际冲突的产生并非源自冲突的利益（如稀缺资源），而是植根于相异的理解模式（如不同的认识论）。①

但是，我们必须看到，国际关系学虽然在研究方法上借鉴了不同学科，但主要还是集中在历史、政治、经济、社会、语言等学科，而且基本是研究国际方面的相关问题，对国内问题也主要是从外交方面切入，缺乏对国别和区域的全方位研究。这既源于国际关系理论抽象化实证主义的需要，但更主要的是“西方中心论”在国际关系学中的反映。由于将国际体系理解为同一文明，即西方文明孕育产生的民族国家形成的

① Gabriel Ben-Dor, *State and Conflict in the Middle East*, New York, 1983, p.187.

体系，其忽视了国家文明的多样性和民族国家产生的差异性。主流国际关系理论框架中没有非西方社会的位置。本尼迪克·安德森（Benedict Anderson）在研究了东南亚历史发展后就指出，好多发展中国家是官方民族主义类型，即由国家政府推动形成民族主义，这就颠倒了传统观念中民族与民族主义的衍生关系，即不是民族产生了民族主义，而是民族主义创造了民族。

与此同时，20 世纪 80 年代复杂性科学的出现标志着系统科学的发展进入新阶段。复杂系统是一种非线性系统，它是由基于局部信息做出行动的自适应性主体和多个相互依赖、协同作用的子系统构成的复杂系统，具有涌现性 (emergent properties) 和共同进化 (coevolving) 的特征。新现实主义的“国际关系系统”经过了双重简化处理：一重简化是方法论意义上的，即将复杂系统简化为一种线性因果关系的简单系统；另一重简化是本体论意义上的，即将复杂的国际关系简化为政治权力关系。因此，这种理论和研究方法已经不适应复杂系统的国际关系，国际关系的基本单位无法还原为抽象的国家，而应该是具体而丰富，具有一定自适应能力的国家。同时，国际关系也不再是简单的国家线性权力关系，而是国家、地区、全球的、多维的非线性关系。

作为交叉学科而产生的区域国别学，除了中国逐渐走近世界舞台中央的现实需求外，就其学科本身而言也是构建符合时代特征的自主知识体系的一部分。作为交叉学科，其研究方法一定不是简单的学科借鉴和叠加，而是在系统思维指导下跨学科的融合与创新。一方面，除了历史、政治、经济、社会外，区域国别学还涉及民族、语言、文学、宗教、地理、气候等学科，跨学科融合特性更加突出。它不仅与绝大多数人文社会科学的基础学科有着密切联系，而且与自然科学的诸多学科也有着紧密联系。例如，区域国别学与文学的联系主要体现在语言和文学两个方面，掌握对象国及地区的语言是区域国别学的工具和基础，同时研究对象国的文学发展与现状本身就是区域国别学的重要内容。区域国别学还与地理学等自然科学有联系，主要体现在与国别和地区相关的文明与历史发展进程中的地理环境研究。另一方面，区域国别学还重视研究对象的丰富性。这也决定了在研究手段上的基础是跨学科的情境导向研究，更加重视研究的地域性，借助语言学、历史学、人类学等学科工具，发挥语言和长期追踪研究的优势，做好田野调查，从档案、一手文献入手，从而充分反映各国、各区域的文明、历史、文化与政治经济现实的多样性。

近年来，随着区域国别研究跨学科讨论的深入，其复杂性的特征日趋明显，问题导向的研究范式在区域国别研究中得到广泛使用。区域国别研究围绕特定的重大问题超越学科和地理的界限开展研究成为常态：国家内部问题与区域问题、全球性问题的联系显著加强，政治、经济、文化的相互渗透成为基本表征。在这一过程中，区域国别研究的议题从个别国家、区域的具体问题，向贯通国别、区域和全球的复杂问题转变，这一转向也推动着区域国别研究从多学科、跨学科研究走向超学科阶段，逐步形成独特的研究议程，建构自身的学科身份。

在理论层面，问题导向的区域国别研究拓展了原有概念的内涵，具有创设新概念的潜力，从而逐步建构自身的理论体系。例如，在当前区域国别学发展的讨论中，我国学者提出了国际区域、区域连接等概念，从地缘、人文、利益等维度关注全球化背景下国家和区域之间关系的复杂逻辑。在方法层面，区域国别研究综合性、问题导向的特点使打通不同学科逻辑的需求更为迫切。随着区域国别研究从历史、观念为基础的文化研究不断向国家、区域、全球治理等领域拓展，政策咨询成为区域国别研究知识生产的重要目标之一，不仅理性选择等社会科学方法得到广泛使用，人文与社会科学之间、文理工之间贯通的新趋势不断加强，人工智能的方法突破了区域国别研究传统案例研究数据上的有限性和方法上的主观性，加之模拟、心理认知等技术手段的引入，可以更有效地开展政策预测、决策分析。

第三节　知识体系：从西方到“他者”

国际关系学原有的知识体系主要以西方为中心，而区域国别研究有助于弥补这一偏差，更多地研究和借鉴了一些他者的知识。

国际关系学，一般认为始于 1919 年，当然也有一些不同看法，认为应该再提前一些。但不管怎么说，以 1919 年作为国际关系学奠基之年，也有一定道理。第一次世界大战对世界造成了巨大创伤，需要研究和理解国际政治的动因，以最终超越战争。从那时起，国际关系学成为一个自觉的研究领域，并在相当程度上实现了制度化。

西方各大高校和智库开始设立了国际关系学研究机构和专门的教职，对国际问题开展有组织的研究。正如传统现实主义大家卡尔指出的，1914 年前，国际政治是外交官的事。1919 年，英国阿伯里斯特威斯大学（Aberystwyth University）国际政治学院成立，设立伍德罗 · 威尔逊教席，并为国际联盟提供支持。此后，皇家国际事务研究所，通常被称为“查塔姆研究所”（Chatham House），于 1920 年成立并于 1922 年出版

《国际事务》（*International Affairs*）专业杂志。1924 年，伦敦政治与经济学院成立欧内斯特·卡塞尔国际关系教席，并于 1927 年在学院内成立了一个完整的国际关系学系。1930 年，著名的牛津大学设立了蒙塔古·伯顿国际关系教席。

在两次大战之间，美国的国际关系学制度化程度超过了英国，设立了与国际关系学有关的院系、研究所和智库。1921 年，著名的外交关系委员会成立。1923 年自由国际联盟重组后成立了外交政策协会。1919 年，乔治敦大学设立了爱德蒙·沃尔什外交学院。1925 年在檀香山成立了太平洋关系研究所，这是美国第一个区域研究中心。此外，在欧洲、日本、印度等也有相应机构。中国应该是比较落后的，新中国成立前几乎没有几家国际问题研究机构。从中我们也可以看到，国际关系学的发展与一个国家在国际社会中的地位和影响力密切相关。

但是，我们必须看到，虽然国际关系学奠基于 1919 年，但国际关系知识体系的逐步形成则远远早于 1919 年，而且是以西方，特别是欧洲的历史经验为基础的。希腊、罗马、基督教世界，特别是 1648 年威斯特伐利亚体系的形成，对国际关系学理论的构建都起到了重要的作用。所以，现在西方学者讨论国际关系时，时常喜欢以英美的历史案例作为讨论的话题。例如，形容中美战略竞争的所谓“修昔底德陷阱”，就是由美国哈佛大学教授格雷厄姆·艾利森提出，借用了源自古希腊历史学家修昔底德就伯罗奔尼撒战争得出的结论，即雅典的崛起给斯巴达带来恐惧，使战争变得不可避免。又如，新帝国理论，以罗马帝国作为参照，美国鼓吹自己决心接受新的挑战，发挥帝国的作用，担负其帝国的重任等。总之，1919 年成为学科的国际关系学，在当时及后来相当长的一段时间里，其思想资源都来自欧盟，代表了少数工业化国家，尤其是英国和美国的观点。按阿米塔·阿查亚（Amitav Acharya）和巴里·布赞的说法，这主要是以“西方中心”视角出发的所谓现代性的国际关系学。①

但随着二战结束，冷战爆发和非殖民化进程，外围的国家也开始不断进入国际社会，原有理论构建明显落后于国际格局和国际关系的变化。因此，二战后在西方国家开展的区域国别研究，从知识体系而言，开始逐渐关注西方之外的他者。这一方面当然是服务于战后以美国为首的西方大国对外政策需要，同时，也反映了西方学术界的某种学术自觉和反思。

---

① ［加］阿米塔·阿查亚、［英］巴里·布赞：《全球国际关系学的构建：百年国际关系学的起源和演进》，刘德斌等译，上海人民出版社 2021 年版，第 4 页。

其实，对西方之外他者的关注并不只是二战后才开始。在欧洲，事实上随着殖民地的拓展，一些有识之士很早就开始关注其他地区、国家和民族的发展，只是没有形成像二战以后美国那种制度化的区域国别研究。欧洲对他者的研究，最早可以追溯到伏尔泰于1756年出版的《风俗论》。《风俗论》所关注的是各民族的风俗，同时研究这些风俗后面隐藏的民族精神与心态，不仅关注了欧洲主要国家，而且关注了美洲、叙利亚和埃及等中东地区和国家、印度、中国，以及犹太、阿拉伯民族，可谓上下数千年，纵横几大洲，向人们展示了世界各重要民族的精神和风俗。由于关注了欧洲之外的国家民族，《风俗论》因此被称为“真正意义上的第一本世界史”。书中开头就瞩目东方，特别是他对中国文明和制度，尤其是科举制度予以充分肯定，强调“东方给了西方一切”。这是“第一次欧洲的标准由非基督文明的业绩来度量”，“欧洲必须学会从外部来审视自身”。1779年，欧洲又出现了“东方学”，研究亚洲和非洲（主要是北非）地区的历史、语言、文学、艺术、经济及其他物质、精神文化的综合性学科，这也可以说是西方研究亚非文明的学科。

二战后，作为美国知识生产体制的重要环节，区域研究一向充当美国世界战略的智库角色，但对国际关系学学科的发展而言，也还是提供了某些非西方的视角和知识。

在殖民时代，东南亚研究仅仅是少数宗主国官员把玩的冷门学问，但随着冷战升温，东南亚的战略地位得以凸显，有关东南亚研究一跃成为美国大学炙手可热的专业，并得到各大基金会的慷慨赞助。《想象的共同体》的作者安德森就指出：“东南亚研究成了宗主国教授们的领地。”作为东南亚研究专业出身的学者，安德森自己也常年奔走于印度尼西亚、泰国、菲律宾等国，使之在研究中往往具有一种他者的比较视角。1998年，他出版了论文集《比较的幽灵》。在书中，他描述了自己置身于这一陌生文化内部时，不得不学着借助他者的眼光重新打量欧洲的感受，就仿佛透过一架倒置的望远镜进行观测。这一近在咫尺却又恍如隔世的双重感触，即所谓“比较的幽灵”。

在他的成名作《想象的共同体》中，一个最著名的观点就是，民族是一个想象出来的政治意义上的共同体，它不是许多客观社会现实的集合，而是一种被想象的创造物，从而彻底逆转了民族主义发源于19世纪初的欧陆，欧洲以外的民族主义都不过是拙劣的模仿品这一西方的正统历史叙述，不再将民族主义的历史讲述为一个从欧洲向世界扩散的故事。历来的民族主义研究都将法国大革命的政治原则和欧洲民族国家的诞生视为一种向全球扩展的体系，并以此为主要视角分析非西方地区的民族主义，而安德森却倒置了民族主义的历史，即民族主义并不是一种欧洲的产物，恰恰相反，最早的民族主义是发生在北美的“克里奥尔”民族主义，即一种远程的民族主义。或者说，最早的民族主义是殖民主义全球关系的产物。

又如，美国人类学家克利福德·格尔茨（Clifford Geertz）提出的“内卷”和“剧场国家”理论，都是在西方以外世界田野研究的成果。格尔茨通过在印度尼西亚调查时发现，爪哇岛资本缺乏、土地数量有限，加之行政性障碍等，无法将农业向外扩展，致使增加的劳动力不断填充到有限的水稻生产中，农业内部变得更精细、更复杂，从而形成“没有发展的增长”。格尔茨用“农业内卷化”来概括这一过程。后来，这一假说被推衍到文化模式，即一类文化模式达到了某种最终的形态以后，既没有办法稳定下来，也没有办法转变为新的形态，而只能不断地在内部变得更加复杂。此外，通过对印度尼西亚巴厘岛上尼加拉这一缺乏强烈领土意识、严密组织结构和专有属民，但呈现出对“展演性”公共仪式的极度痴迷的国家的研究，格尔茨认为，现代国家不能成为国家的唯一形态和固定模板。现代国家同样是特定文化观念的表达，是特定历史经验解释传统的产物。换言之，强调领土、主权、属民的现代国家，虽然在西方中心主义语境中认为是普世的观念，但与强调展演性仪式、分散性权威、偶像化王权的尼加拉一样，都是文化意义上“地方性知识”。这个观点，大大扩展了对国际关系中最主要单元结构国家的认识广度。

又如美国政治学家、汉学家白鲁恂（Lucian Pye）在1968年所作《中国政治的精髓》一书中指出：“中国是一个伪装成国家的文明。”同样，“伪装成国家的文明”也适用于印度、伊朗、土耳其等经历过辉煌时代、拥有悠久文明历史的非西方国家。因此，曾经是伟大文明的民族国家崛起模式确实是国际关系学中值得研究的一个问题。

总之，区域国别研究对国际关系学的知识体系发展作出了独特的贡献。特别是进入21世纪，随着中国、印度等新兴经济体的崛起，西方更加重视他者的知识对国际关系学的贡献。2019年，阿查亚和布赞合著的《全球国际关系学的构建》，更愿意将“外围”地区的国际关系思想和实践带入国际关系理论构建中来。他们将从19世纪到1945年的世界称为全球国际社会1.0版，以西方殖民主义为特征；将从1945年到2008年称为1.1版，虽然结束了殖民统治，但依然是以中心为主导并以西方——全球形式为特征；将2008年以后称为1.2版，国际社会中西方的主导地位日趋让位于一种深层次的多元化形式，其中有许多财富、权力和文化合法性中心。相应的国际关系学科也经历了 1919—1945 年的第一次创立，1945—1989 年第二次创立，目前是第三次创立，迈向全球国际关系学（Global IR），以中心与外围之间不断变化的关系为出发点，重视“他者的崛起”。①

面对既复杂又不断变化的世界局势，区域国别学的实践导向，就是服务国家外交战略，推动中国与世界各国的友好交往，增强中国的国际影响力和塑造力。而国际关系学研究事实上也包含两个层面，一是宏观的国际关系理论研究，通常也约定俗成地被美国学者叫作“国际政治理论”研究；二是具体问题的研究，其中涵盖了国际问题研究和区域国别研究。因此，国际关系学和区域国别学的相关度比较高，是相互交叉又各有覆盖的专业领域。特别是国际关系学中的外交学就是一个应用性和实践性很强的专业，侧重于研究国家对外交往的实践活动，主要培养具备交际和谈判能力的外交家或涉外活动家。同时，其实践性体现在研究外交手段和技巧、外交礼仪和规范等。而区域国别学中，虽然目前并没有将外交学作为专门的研究方向，但实际上，外交制度倒是产生于国别。它于 15 世纪起源于意大利的常驻使节制度，在 16 世纪的时候已经流行于阿尔卑斯山以北的地区，并传播到彼得大帝时期的俄国，主要是为了促进国家之间的合作，而区域国别学在实践中对一国外交具有很强的关联度。因此，国际关系学和区域国别学的实践连接就是推动对外交往和传播，这方面两者可以进一步加强学科交叉和融合。例如，今后的外交学，特别是对外交往人员的培养，要重点考虑区域国别学专业人员，改变目前以语言为主要来源的人才队伍结构，从而进一步提升外交人员素养、水平和能力，更好服务中国特色大国外交的开展。又如，对外传播可以现实问题为基线，以区域研究为切面，以多学科透视、多因素分析、跨文化比较的综合路径系统研究不同国家、不同区域对外传播方式，增强对外传播的有效性和精准性。

---

① ［加］阿米塔·阿查亚、［英］巴里·布赞：《全球国际关系学的构建：百年国际关系学的起源和演进》，刘德斌等译，上海人民出版社 2021 年版，第 6 页。

第六章　世界历史与区域国别学

随着中国的和平崛起和“一带一路”倡议的提出，周边国家史、区域史研究的重要性越来越凸显，急需一门新的兼顾学术与政治的综合性学科，以用于解决国家对外关系中的重大现实问题。而“区域国别学”作为一个将各国、各地区的历史、地理、经济、政治、军事、组织、制度、法律、社会、语言、文化，以及国际关系作为学科研究对象的跨学科综合学术领域，也就自然涌出了。① 区域国别学作为地缘政治的学术版本，以及立足于我国国情的学术体系和话语体系的重要抓手，其诞生之初就与世界历史存在着千丝万缕的联系。区域国别研究是以国别为基础，扩大到区域乃至整个世界范围的全方位研究，② 其本质上是世界历史发展自身逻辑的产物。

第一节　世界历史与区域国别学的交叉融合发展

在欧美发达国家的学术研究体系中，区域国别学很早就采纳了世界史学科的研究范式和研究方法，以便为掌握对象区域或国别的“深层经验知识”打下基础。

一、欧美国家世界历史与区域国别学的交叉融合发展

（一）英美

欧美的区域国别研究发端于近代早期欧洲列强的海外探险和殖民扩张活动，成型于二战后美国对苏冷战期间的全球争霸与区域争夺，本质是为帝国扩张或大国称霸服务。冷战期间，美国大力推动区域国别研究的主要目的就是遏制苏联并与之在全球范围内展开竞争。1950 年 4 月 14 日，美国国家安全委员会 68 号文件不加掩饰地宣称区

① 陈恒：《区域国别学的未来方向是系统的区域历史学研究》，《全球史评论》2022 年第 2 辑，总第 23 辑。

② 钱乘旦：《区域国别研究人才培养该怎么做？》，http://www.cssn.cn/gjgxx/gj_bwsf/202203/t20220320_5399647.shtml，2022 年 3 月 20 日。

域国别研究的目的就是“了解你的敌人并利用其弱点”①。

区域研究肇始于近代欧洲，兴起于二战之后的美国。其早期形式源自欧洲的东方学，早期东方学突出语文学（philology）研究的特色，将语言和文献视为重要的研究基础和根本支撑，更注重于传统的人文研究，一开始就从语言学习、调查和研究入手，进而了解和认识语言背后承载的文明。②

现代意义的区域研究始于20世纪初的英国，主要服务于英国的全球霸权体系和海外殖民地统治。1915年，在伦敦建立了斯拉夫研究学院（the School of Slavonic Studies），③教授和研究范围包括历史、政治、文学、社会学、经济学和该地区的语言等一系列学科，以培养该地区的区域研究专家，为政府机构提供决策咨询。1916年成立了伦敦大学东方学院（the School of Oriental Studies），④这是英国唯一一所专门研究亚洲、非洲与中东的人文及社会科学学术机构，下设4个跨系、跨学院研究所，以及8个区域研究中心，⑤它也是训练英国使节、派驻大英帝国殖民地官员及派外情报员的重要机构，为英国政府培养了多位国家元首及众多大使和外交官。1920年又成立了英国国际事务研究所（British Institute of International Affairs）。1922年，著名历史学家阿诺德·汤因比（Arnold Toynbee）担任国际事务所的研究室主任，负责撰写国际事务年度调查报告，该报告被誉为“学术方法和模式的先驱”⑥。国际事务研究所帮助塑造英国政府组织外交政策的方式备受世界各国关注，同时由历史学家来担任全球著名区域国别研究机构的负责人，足见扎实的历史功底与成熟的历史研究方法在英国启动区域国别研究之初，就已相互渗透。

美国的异域研究虽然也具有浓郁的欧洲东方学底色，但一开始就与美国的国家战

① 张杨：《冷战与学术：美国的中国学(1949—1972)》，中国社会科学出版社2019年版，第2页。

② 王启龙：《区域国别学十问》，《外语教学》2023年第2期。

③ 现为伦敦大学学院的斯拉夫和东欧研究学院（SSEES），是英国最大的俄罗斯、波罗的海以及中欧、东欧和东南欧研究与教学机构之一，参见伦敦大学学院有关区域研究的网站，https://www.ucl.ac.uk/institute-of-advanced-studies/research/area-studies-remapped。

④ 1938年加入非洲研究后，改名为东方和非洲研究学院（the School of Oriental and African Studies/SOAS），简称“亚非学院”。

⑤ 分别为中东研究院、中国研究院、南亚研究院、琐罗亚斯德教研究院，以及非洲研究中心、当代中亚与高加索研究中心、伊朗研究中心、韩国研究中心、巴基斯坦研究中心、巴勒斯坦研究中心、东南亚研究中心、日本研究中心。参见伦敦大学亚非学院网站，https://www.soas.ac.uk/about/institutes-and-regional-centres。

⑥ 后改名为皇家国际事务研究所（the Royal Institute of International Affairs），现为查塔姆研究所（Chatham House），参见查塔姆研究所网站的历史介绍，https://www.chathamhouse.org/about-us/our-history。

略需要紧密相连，这也是二战之后东方学在美国能够迅速蜕变为新的区域研究的根本原因。[①]1935年，美国洛克菲勒基金会资助耶鲁大学创办了国际关系研究所，培养通晓地区事务的国际问题专家。20世纪40年代后，美国大学的区域研究得到美国政府以及一些私人基金会的大力支持，主要目的在于为国家新的全球干预和发展目标培养一批技术人才。[②]1946年，哥伦比亚大学组建了俄国研究所，随后哈佛大学和加利福尼亚大学伯克利分校也分别组建了俄国研究中心和斯拉夫研究所（现更名为“斯拉夫与东欧研究中心”）。与此同时，美国大学中的历史系也呈现出强大的区域专业知识的多样化特征，国家空间或宏观区域空间构成了历史学术的重要内容。[③] 20世纪60年代，美国区域研究的机构猛增，并于70年代达到顶峰，90年代之后则进入缓慢下行的区间。[④] 虽然美国的区域研究最初是为了顺应国家政策的需求而兴起，用来作为相关人才的培训机构，提供战略相关地区的信息，但在其后的几十年里，随着对西方之外世界各地相关学术知识的积累，区域研究被逐渐引入包括历史学在内的一些更大领域中，以至于从20世纪70年代末开始，美国大学中以教授北美史或欧洲史为主的美国历史系教员在国内所占比例降至66%左右，而在某些研究型大学，这一比例甚至更低。[⑤] 美国区域研究被引入历史系后，美国世界史和国家史研究方法的视角发生变化，更多基于区域研究或其附属研究的学者开始对那些在本领域奉为圭臬的认识论主张和研究方案提出挑战。例如，一些有影响力的学者开始质疑那些用欧洲中心的范畴来评估和分析诸如中国、印度和中东等世界不同地区的做法。[⑥]

美国区域研究的发展除了与其战后国际地位上升、服从于美国国家战略利益这一政治需求相关外，还与战后美国高等教育机构大规模扩充、美国大学生数量急剧上升相关。大学扩招导致美国大学教员和学生的构成多元化，非欧洲裔教员和学生的比例

---

① 王启龙：《区域国别学十问》，《外语教学》2023年第2期。

② Palat, Ravi Arvind, “Fragmented Visions: Excavating the Future of the Area Studies in a Post American World,” in Neil L. Waters, edited, *Beyond the Area Studies Wars: Toward a New International Studies*, Hanover, NH: Middlebury College Press, 2000，pp.64—108.

③ ［德］多米尼克·萨克森迈尔：《全球视角中的全球史》，董欣洁译，社会科学文献出版社2022年版，第31页。

④ 同上书，第50页。

⑤ 同上书，第50—51页。

⑥ Bruce Cumings, “Boundary Displacement: Area Studies and International Studies during and after the Cold War,” in Christopher Simpson, edited, *Universities and Empire: Money and Politics in the Social Sciences During the Cold War*, New York: New Press, 1998, pp.159—188.

上升，人口构成比例的变化推动着大学人文社科研究视角和方向也发生转变，从之前的欧洲中心视角和国家中心视角逐渐转向区域视角和全球视角，即通过全球性和跨地域性的新观念重新思考历史的长时段发展。杜克大学直到 20 世纪 60 年代初都还是一个奉行保守的种族隔离主义的南方精英院校，但在一代人之后，不仅转变成一个种族构成多元化的大学，还出现了文化研究、后殖民主义和新马克思主义等研究领域。美国大学里的世界史研究也经历了类似的变化，出现了全球史和跨国史研究的转向，许多大学历史系都开设了全球历史与理论的课程。在“全球史”（global history）一词似乎最早出现的 1962 年，正巧两本独立的标题都含有“全球史”的著作出版了，分别是美国著名思想理论家汉斯·库恩（Hans Kuhn）的《民族主义时代：全球史的首个时期》（*Age of Nationalism: The First Era of Global History*）和斯塔夫里阿诺斯（L. S. Stavrianos）与他人合著的《人类全球史》（*A Global History of Man*）。美国历史协会的 2009 年度大会就以“全球化的历史”为主题。① 在主张长时段研究的费尔南·布罗代尔（Fernand Braudel）眼里，美国的区域研究采用对现代世界不同地区的文化进行集体研究的形式，这种区域研究最重要的是“由一组社会科学家对当代政治巨灵——中国、印度、拉丁美洲和美国——所做的研究”②。

（二）德法

与国家在全球的实力地位相关，相较于英美，德法在区域国别学与世界历史交叉融合方面就要略逊一筹。

英国通过工业革命崛起为世界第一强国后，其国内出现的“辉格派历史观”③ 认为，英国的道路是一种普遍化的道路模式，值得为其他国家所效仿。针对英国霸权的“普遍化思想”，德法国内先后出现了三种对抗英国这一霸权思想的学说，分别为德国的国家学说、马克思主义学说和法国的年鉴学派。发源于德国的“国家学说”产生于从李斯特（Friedrich Liszt）到施穆勒（Gustav von Schmoller）的时代，其主要观点为：自由

① ［德］多米尼克·萨克森迈尔：《全球视角中的全球史》，董欣洁译，社会科学文献出版社 2022 年版，第 58—59 页。

② ［法］费尔南·布罗代尔：《论历史》（上），刘北成、周立红译，北京大学出版社 2021 年版，第 30—31 页。

③ “辉格派历史观”指的是 19 世纪初，属于辉格党的一些历史学家从辉格党的利益出发，用历史作为工具来论证辉格党的政见，依照现在来解释过去和历史，尤其认为新教徒和辉格党人在英国所取得的成功值得作为一种普遍性经验在全球推广。当 20 世纪美国继承了英国的霸权地位后，美国学界也全盘接受了这种基于霸权式的意识形态历史观。

主义和自由贸易的英国并非其他国家能够或必须效仿的模式，各国不同的社会结构类型是其独特历史的发展结果，因此国家结构应该在近代世界中居于中心地位，为有效应对英国的全球性霸权，国家应该成为世界经济中无霸权地区对抗以英国为代表的中心地区的政治、经济与文化统治的堡垒。由此，国家学说的主要代表李斯特主张保护国家幼稚产业，大力发展国民经济学和民族经济学。继“国家学说”之后，德国又诞生了另一针对英国普遍化思想的抵抗学派——马克思主义，其诞生于工人阶级反资本主义体系运动的过程中。马克思认为，人的行为是社会的而不是个人的，因此从结构上来看，“一切都是阶级斗争的历史”，只有无产阶级的解放斗争才能克服以英国为代表的资产阶级普遍化思想。①

二战结束后，当德国的“国家学说”走完了其历程，法国主张历史学需要关注现实和长时段并将历史学和社会科学相结合的年鉴学派却迎来其发展巅峰，成为反英美霸权体系的一个新阵地。年鉴学派代表人物之一费尔南·布罗代尔认为，过去和现在是互惠地照亮着对方，历史学家和社会科学家不应该在死的文献和太活泼的证据之间、在遥远的过去和太贴近的现在之间各执一端，历史学家应该与人文科学中的每一个重要部门进行一系列的对话。② 年鉴学派的另一重要代表人物吕西安·费弗尔（Lucien Febvre）也在其生命的最后十年反复申明：“历史学既是有关过去的科学，也是有关现在的科学。”③ 现代著名结构主义大师、历史人类学家克洛德·列维–斯特劳斯（Claude Levi-Strauss）可以说是将人类学、历史学、语言学、政治经济学和哲学完美结合的典范，他倾向于构建一种能够将上述这些学科结合起来的名为“交流科学”（science de la communication）的科学。在其出版于 1958 年的《结构人类学》一书引言中，列维–斯特劳斯就强调理论与田野调查、社会现象描述与结构分析的紧密结合，尤其强调人类学与历史学的结合，④ 堪称法国区域研究的代表之一。法国年鉴学派主张总体观念，即主张研究经济和社会根源、长时段和“总体的人”（global man），而不赞成研究政治家、事件和“片面的人”（fractional man）；主张研究定量的趋向，而不赞成编年叙述；主张

① 转引自［法］费尔南·布罗代尔：《论历史》（上），刘北成、周立红译，北京大学出版社 2021 年版，第 281—282 页。

② ［法］费尔南·布罗代尔：《论历史》（上），刘北成、周立红译，北京大学出版社 2021 年版，第 259 页。

③ 同上书，第 7 页。

④ Claude Levi-Strauss, *Structural Anthropology*, Trans. Claire Jacobson and Brooke Grundfest Schoepf, New York: Basic Books Inc. Publishers, 1963, pp.1—25.

“结构历史”（histoire structurelle），而非“唯历史的历史”（histoire historisante），坚持历史学与社会科学的结合。[①] 法国年鉴学派的考察对象虽然是区域而不再是国家，但在其抨击英美普遍化的“辉格派历史观”的表象下依旧流淌着法兰西文化特有的民族主义骄傲血液，这从年鉴学派的重要人物都是法国人即可看出。冷战期间，既反对苏联又不屈从于美国的法国就成为了“第三种力量”的重要表达场所，而进入学术繁荣期的年鉴学派思想就成为实现既非盎格鲁–撒克逊又非苏维埃的第三方文化和观念领域。有趣的是，1968 年后，当英美迎来了新马克思主义学派的发展高峰期，年鉴学派作为一个反体系的思想派别，由于在有关世界体系的文化论战中不再具有与众不同的思想立场，也就逐渐走下了巅峰状态。

二、中国的世界历史与区域国别学的交叉融合发展

我国的区域国别研究始于 20 世纪 60 年代。新中国成立后，我国涉外事务主要是外交事务问题，目标是努力交朋友、扩大朋友圈，以摆脱西方敌对势力对新中国的孤立与封锁，当时最亟需的是外语翻译人才，因此培养大量精通外语的各类专业人才成为重中之重。到了 60 年代，出于进一步开展外交工作的需要，部分高校开始建立了一批国别与区域研究机构，包括北京大学的非洲研究所、南京大学的欧美国际关系研究室等，但当时的主要任务是翻译资料。70 年代后，在中国社会科学院建立了几个下属的区域国别研究机构，如美国所、欧洲所、西亚非洲所等，一些高校也相继成立了东南亚研究、南亚研究、西亚非洲研究、苏联东欧研究等机构。进入 21 世纪后，随着我国与外部世界的交流互动越来越频繁，对区域国别研究的需求日益增加，2011 年教育部开始启动区域国别研究专项，经过 10 年的发展，如今全国已有教育部设立的培育基地和备案中心 400 多个，分布在 180 多所高校，基本做到了对世界各国、各地区研究的全覆盖，区域国别研究逐渐向建制化、专门化发展。[②]

我国的世界史学科同样建立于中华人民共和国成立之后，深受苏联史学的影响，世界通史总体上是以国别和区域为研究单位，分古代、近代、现代等不同的历史时段来贯通古今。其中，世界现代史是世界史学科体系中距离现实最近的阶段，其内容主要是 20 世纪以来的历史演进。世界现代史阶段的国别史和区域史研究与区域国别研究

---

① ［法］费尔南·布罗代尔：《论历史》（上），刘北成、周立红译，北京大学出版社 2021 年版，第 281 页。

② 钱乘旦：《以学科建设为纲　推进我国区域国别研究》，《社会科学文摘》2022 年第 7 期。

之间有很多相同的地方，比如都是以国别和区域为研究单位，都是以增进对域外世界的认知、服务本国发展为目的，都需要掌握对象国的语言以获取一手资料和信息等。二者间的最大差别只是时段不同：一个关注现实问题，一个关注历史过往。从这一点看，在世界史学科体系下，国别史和区域史并列，客观上形成了区域国别研究中的国别研究和区域研究的历史映像，这为世界现代史参与区域国别研究提供了通达的历史路径。①

由上可见，区域国别学的研究水平与重要性是与国家实力及其在全球体系中的地位密切相关的。国家实力越强，就越需要区域国别学的学术与智库支撑，并由此带动区域国别学整体研究水平和力量的上升，因而也有人将区域国别学称为大国之学。二战后，美国取得世界霸权，自然就成了区域国别研究的领头羊。我国经过 40 多年的快速发展，跃升为世界第二大经济体后，世界影响力持续扩大，与外部世界的交流互动日益频繁，因此如何有效推进中国的区域国别研究，为国家制定政策、开展民间交流提供学术支撑就成为了一项重要的学术与时代命题。

第二节　世界历史与区域国别学的分野

学科分野是随着科学的诞生逐步形成的。区域国别研究和世界史研究虽然都是研究人类社会历史、文化的重要学术领域，都属于跨学科领域的研究，但两者在学科内涵与特征、研究范畴和方法等许多方面都存在一定差异。

首先，在学科内涵与特征上存在差异。世界历史是在全球范围内研究人类历史的学科，它主要考察不同社会和文化随着时间的推移的相互联系，重点突出它们相互作用和相互影响的方式。作为基础学科的世界历史，回答的是人类社会的来龙去脉，人与社会、人与自然、人与信仰之间的关系。历史是时代的产物，从历史学的本质和变迁来看，历史学一直依赖于具体的社会条件，② 由此可将历史事件分为地理时间、社会时间和个人时间，历史学也就具有了空间属性、社会属性和个人属性。历史学的空间属性包含了在历史、文化、政治、经济和社会结构等方面具有相同或相似性的特定地理区域或文化群体；历史学的社会属性包含了政治、经济、制度、社会结构和集体生活等各种文明的一切主要方式；历史学的个人属性则体现在以人为中心所发生的一系

① 梁占军：《构建区域国别学，世界现代史大有可为》，《史学集刊》2022 年第 4 期。

② ［法］费尔南·布罗代尔：《论历史》（上），刘北成、周立红译，北京大学出版社 2021 年版，第 7 页。

列历史事件中，因为历史在造就人、并规范人的命运同时，人也造就了历史，尤其是人类与养育人类之地球的亲密关系的历史。同时也没有一门社会科学不具有历史延续性，所以任何一门社会科学都可成为历史学研究的对象。在中国，“世界历史”主要是指“中国以外的历史”，即不包括中国在内的世界其他地区和国家的历史。在国外，世界历史是历史研究的一种方法，其强调对人类历史的横向观察，着眼于不同国家与地区之间的影响与互动，尤其关注文明史①、全球史与整体史的研究。无论文明史还是全球史，都包括语言史、文学史、科学史、艺术史、法律史、制度史、风俗史、信仰和宗教史等，涉及多学科的研究。因此，人类的一切活动及其与周边环境所发生的互动皆可成为世界历史的研究内容与对象，从而赋予了世界历史长时段与短时段、整体性与区域性、时间性与空间性的多重特征。

区域国别研究是以国别为基础，扩大到区域乃至整个世界范围的全方位研究。②所谓区域，是指在政治、经济、文化、社会或历史传统等方面具有相同、相近或相似的某个国家、多个国家或多个国家毗邻的部分组成的广域空间。一方面，区域与国家之间有时会重叠，同时区域之间也会有交叉；另一方面，区域有其历史性，某些区域在某个历史时期似乎是“区域”，但在另一历史时期却突然失去了明显的凝聚力，因此区域研究是空间不断重组的研究，是流动文化的研究。③正如一位美国学者所说：“区域作为真正的整体的理论是短寿的，但它残留了一个信念：可以用整体性来建立区域的一般观念。”④整体性、历史性和类似性构成了区域国别研究的基本特征。

其次，在研究范畴和空间维度上存在差异。区域国别研究的范畴更大，世界历史作为基础性的交叉学科，只是区域国别研究的一部分。具体表现为，在研究范畴上，区域国别研究主要聚焦于特定区域或国家的研究，倾向于关注那些被认为在某种程度上与众不同、不太被理解或具有战略重要性的国家和地区。它汇集了一系列学科背景

---

① 主流观点认为文明史研究起源于18世纪，以伏尔泰写于1756年的《风俗论》为代表，但往前溯源，1332年出生于突尼斯的历史学家和哲学家伊本·赫勒敦理应被视为文明史乃至区域史研究的先驱。在其著名的《历史绪论》一书中，赫勒敦在强调地理环境影响人类历史的同时，也没有忽视人类的种族、血缘、心理和社会等诸多因素，同时还以马格里布地区的阿拉伯人和柏柏尔人为样本，综合运用社会学、历史学及哲学方法，研究了游牧和文明的问题，分析了国家兴衰、历史变迁的缘由和因果关系。

② 钱乘旦：《区域国别研究人才培养该怎么做？》，2022年3月20日，http://www.cssn.cn/gjgxx/gj_bwsf/202203/t20220320_5399647.shtml。

③ 陈恒：《超越以西方话语霸权和民族国家为中心的区域研究》，《学海》2022年第2期。

④ ［美］R. 哈特向：《地理学性质的透视》，黎樵译，商务印书馆1983年版，第110页。

不同的研究人员和这些学科的不同理论方法，其目标是以生产新的知识来更好地了解这些国家和地区，因此其天然地与世界历史、国际关系、国际政治、世界经济等这些研究国际问题的、涉外事务的学科具有许多共通之处。但在这些共性之外，其又具有自身的独特性，概括起来就是：地域性、全面性、跨学科性和多学科性、在地性和经验性。地域性即有明确的地理范围，以具体的地区或国家为研究对象，积累对这些地区或国家的认知；全面性是指区域国别研究试图对具体区域或国家做全方位研究，通过研究整理出完整的知识谱系，构建整体认识论；跨学科性和多学科性是指其研究范围涉及一国或一地区的政治、经济、社会、历史、文化、资源、民俗、军事、外交、语言、宗教等各个方面，因此需要许多学科的共同努力、合作研究才能进行；在地性和经验性是指研究者必须在对象国或对象地区生活和工作一定的时间，没有当地的生活体验和实地考察是无法做研究的。[①]

另外，世界历史研究着重探讨的是人类社会内部结构的构成和演变，重点强调不同区域或国别之间的联系与相互作用，其研究范畴总体上是局限在历史学之内，以实证主义方法为主。在空间维度上，世界历史，尤其是20世纪70年代以来兴起的全球史，为全球人类史提供了一个广阔立体的全景式视角，有助于为特定地区和文化群体的研究提供背景和视角，而区域国别研究则提供了一种更有针对性的方法，可以更详细地研究特定地区或文化群体，有助于更深入地了解不同群体在更大的历史框架内的独特经历和观点。

再次，在一手材料的依存度和问题意识上存在差异。区域国别学是针对域外区域或国家的研究，区域国别研究者需要对所研究区域或国别的语言、宗教、地理、经济、政治、历史等进行综合研究。由于服务于国家现实需要，因此对通过田野调查等方式获得的第一手资料非常倚重。而要获得第一手资料，就必须熟练掌握研究对象区域或国家的语言，以便能够通过直接在对象区域或国家生活和工作、获取本地生活体验和进行实地考察的方式，深刻领会对象区域或国家的民族文化、民族性格。可见，语言的掌握是进行区域国别研究的最基本条件，[②]是切入区域国别研究的前提性“工具”，否则在无法阅读研究对象国或区域的本土文献或以当地语言进行田野调查的情况下，很难展开深入研究，更别说进行换位的在地化思考了。世界史研究所倚重的材料除了第

① 钱乘旦：《以学科建设为纲　推进我国区域国别研究》，《社会科学文摘》2022年第7期。
② 王启龙：《区域国别学十问》，《外语教学》2023年第2期。

一手资料，还可以是二手的文本资料。

另外，为国家提供资政服务的区域国别学具有较强的问题意识，功能性和应用性特征突出，能够直接提供政府急需的应对政策，这一点是被誉为一切社会科学的基础的历史学所不具备的。世界历史作为基础人文学科，能够提供原始的、具体的地缘知识和经验，却难以及时有效地回应国家发展中所面临的热点问题和重大现实问题。

最后，在学科属性和研究视角上存在差异。世界历史主要是以时间维度为主线的综合性、整体性研究，属于学术性很强的基础性学科，研究视角以长时段视角、整体性视角、全球视角、区域视角和国别视角为主。区域国别学则是以社会空间为场域的全方位跨学科研究，属于实用性和学术性兼备的交叉性学科，研究视角以区域视角、国别视角和多学科视角为主，专注于特定地理区域或文化群体的研究，重点考察特定地区的历史、文化、政治、经济和社会结构，关注现实问题、社会经济、政治外交、宗教文化等方方面面，是对特定地域或国家的综合研究，是在以某个学科为主的基础上、涉及其他学科的多学科交叉研究和多视角思考。因此，区域国别学作为交叉性学科，更具有社会科学学科的特征，偏重应用性和实践性，承担着重大的实践责任和社会功能。

第三节　世界历史与区域国别学的相互借力

世界史是区域国别学的基础学科。区域国别研究原为世界史一级学科中的二级学科。2011 年，国务院学位委员会将“世界史”从二级学科正式调整为与考古学、中国史并列的历史学一级学科。在“世界史”一级学科下，又设置了“世界地区与国别史”等研究方向。“世界地区与国别史”主要研究世界不同区域和国家的历史，尤其关注不同区域和国家历史的特点和不同发展道路，以探讨人类文化的多样性，总结人类历史发展的普遍性和特殊性。① 但由于世界历史的学科定位和传统研究范式，决定了在作为二级学科存在于世界历史学科框架内的区域国别研究，通常是在所谓具有“世界影响”的人和事上下功夫，结果就造成区域与国别本身的历史显得支离破碎。② 于是 2021 年 12 月，国务院学位委员会又将原为二级学科的“区域国别研究”列为交叉学科门类下的一级学科。2022 年 9 月，“区域国别学”作为交叉学科类一级学科被正式纳入教育部

① “世界史一级学科简介”，2013 年 11 月 20 日，http://iwh.cssn.cn/wz/201311/t20131120_5225663.shtml。

② 刘新成：《世界历史视域下的区域国别学学科建设》，《全球史评论》2022 年第 2 辑，总第 23 辑。

《研究生教育学科专业目录（2022）》，可授予经济学、法学、文学和历史学学位，从而为区域国别学与世界史等学科联合开展跨学科研究作出了政策性安排。

世界由区域和国别构成，世界历史的研究对象也离不开区域和国别。因此，区域国别学与世界历史学两者不同的问题观照视角可相互借力，一方面打破原来世界历史学“就历史谈历史”、区域国别学“就现实谈现实”的传统研究范式，达至从热点和现实来考据历史、以历史的真相和认知来阐释现实；另一方面，使每个学科的研究视角更加多元、研究力度更加深入、研究结果更能还原真相，从而促进两学科研究从揭露真相到深入本质乃至揭示出规律的提升。以我国的中东研究为例，作为最早依托世界史学科下设的地区国别史，我国中东研究从改革开放初期重点关注民族国家的现代化历史，到关注中东民族主义思潮，再到中东国家政治体制与民族国家的建构，目前其研究已经涉足区域国别研究领域的现实热点问题，逐步养成了从历史入手不断揭示现实问题的研究取向，这是目前世界史学科参与区域国别研究的有效路径之一。①

一、世界历史的学科涵养是区域国别学研究的踏脚石

区域国别学与世界历史虽然研究对象大体一致，即世界各民族、国家和地区，但区域国别学的学科建设离不开历史学的深度参与。历史学，尤其是世界史具有推动区域国别学学科建设不可替代的优势和地位。世界历史本身就是高度交叉和高度融合的知识体系，对区域国别研究来说是非常重要的支柱。②2011 年教育部启动首批区域国别研究基地建设时，世界史就是主要的发起学科之一。世界历史学科在探究域外知识方面的前期积累，为其深度参与区域国别研究奠定了基础。

在区域国别学中，世界史既是其人才培养的一门必修课，也是其必须倚重的基础性交叉学科。尤其是世界现代史，其作为世界史学科体系内与现实最为接近的二级学科，最早参与区域国别研究、与区域国别研究的关联程度最深，是区域国别研究必不可少的支撑学科之一。20 世纪以来，尤其二战后，世界历史学已经发展为一个跨领域、跨学科的交叉学术领域。世界历史的研究对象虽然是世界各国、各地区的历史，但其研究的具体内容早已摆脱了 19 世纪传统的兰克式史学，不再聚焦于民族国家史、政治

① 黄民兴：《改革开放以来中国中东民族主义的研究》，《世界历史》2011 年第 2 期。

② 引自北京大学区域与国别研究院院长钱乘旦教授的会议发言，参见贾珺、考舸：《“区域国别与世界历史研究”学术研讨会综述》，《史学史研究》2022 年第 3 期。

史或帝王将相史。自20世纪初就出现了对经济史和社会史的研究，二战后更是拓展至对全球史、文明史、文化史、生态史、心态史、环境史、医学史、科学史等诸多新内容的研究。战后发展起来的全球史、文明史突破了国家体系的限制，以跨文化、跨民族和跨地区间的联系和互动为研究对象，其研究强调空间感，属于三维立体的范畴。同时，其研究也超越了历史学的范围，涉及多学科领域，除实证方法外，还运用了包括自然科学在内的多种研究方法，尤其是比较分析法，具有典型的跨学科特征。[①] 至此，世界史已然发展成一个高度交叉与融合的跨学科知识体系，其在发展出诸多分支学科的过程中所积累的经验完全可为区域国别学所借鉴。

事实上，在我国当前从事区域国别学的学者中，就有相当比例是世界史专业出身，他们之所以能成功转至区域国别学研究，就在于他们积累了多学科的知识，明白“人类的一切活动都是历史”[②]，现实永远是历史发展的结果，这一单向循环的特性表明，研究现实问题必须重视从历史角度的考察，因为在所有错综复杂的表象之下都潜伏着历史的溪流，厘清了现实难题背后的历史发展线索，便可洞悉现实问题的本质，并对未来发展作出正确的研判。“历史是一面镜子，它照亮现实，也照亮未来。了解历史、尊重历史才能更好地把握当下，以史为鉴、与时俱进才能更好地走向未来。”[③] 从历史学的视角来开展区域国别研究，正是世界史以史为鉴、深度参与区域国别研究的机遇所在。

二、区域国别学为世界历史研究提供丰厚素材

世界历史研究虽贵为区域国别研究的基础，但区域国别研究也可对其予以反哺，能够为切实发挥世界历史的资政功能、拓展社会服务提供路径。

作为一个跨学科领域，区域国别学研究需要具备特殊知识和特殊能力的专门人才。首先，他们要有明确的地域意识，因为他们学习或研究的对象是一个国家或一个地区，而非泛泛而谈的所谓“国外”。其次，他们需要对所研究地区或国家的各类知识具有全面的了解，既包括政治、经济和社会这样的大概念，也涉及地理环境、气候植被、矿

① 毕世鸿：《世界史与全球史视域下的区域国别研究》，清华大学国际与地区研究院《区域国别学》2023年第1期。

② 参见钱乘旦：《世界史学科应及时介入区域国别学新学科建设》，《全球史评论》2022年第2辑，总第23辑。

③《习近平总书记在乌兹别克斯坦最高会议立法院的演讲》，2016年6月22日，https：//news.12371.cn/2016/06/23/ARTI1466613999277104.shtml。

产资源、宗教思想、人口习俗、文化艺术等各方面的具体知识。同时能使用当地语言进行阅读、交流，从而获取最直接的一手信息。另外，研究者需要有在研究对象国或区域生活 / 考察过的具体生活体验，从而将实践知识和书本知识相结合，并在这些知识能力的基础上，对该国家或地区的某一领域如经济、政治或文化等进行专门而深入的研究，从而成为经济、政治或文化等领域的专家，这类对研究对象国既具有全面的了解，又在某一专业领域对该国或地区独具专长的研究就归属于区域国别学。① 区域国别研究者在对某一区域或国别进行田野调查过程中所获得的大量一手资料正好可为世界历史研究尤其是世界现当代史研究所用，因为世界历史研究的资料来源主要有两种：原始资料和二手资料。原始资料主要包括历史事件发生或历史人物所处时代所产生的原始文本，比如日记、传记、笔记、文件、证明、票据、档案、绘画、录音、视频、访谈等，② 这些原始材料由于没有经过历史学家的再加工，而具有极强的客观性。

三、区域国别研究可从世界历史研究中借鉴的方法

对于区域国别学来说，可以从世界史学科借力的地方主要有三方面。

其一，研究视角的借鉴。相对已经成熟完备的世界史学科具有全方位的研究视角，完全可为区域国别学所用。首先是全球与长时段视角，世界历史可以为区域国别研究提供更广阔的全球视角和具有历史线性的长时段视角，有助于将特定地区或国家的历史、文化与社会政治等因素置于整个世界变迁的历史大背景下进行审视与考察，厘清不同地区或国家之间的互动与相互影响，进而发现特定地区或国家的内在发展机制。其次是比较分析的视角，世界历史研究的方法和成果可以帮助区域国别研究学者对不同地区的历史文化进行比较，通过研究区域或国别之间的差异，可甄别出某一单个区域或国别不太容易被发现的文化模式或发展特征。再次是跨学科视角，作为一切学科的基础，世界历史研究范畴本身就涉及政治史、经济史、文化史、社会史、人类史等多学科门类，自从全球史发展并方兴未艾以来，世界历史更加注重运用政治学、经济学、社会学和人类学等跨学科的方法进行研究，这种跨学科方法可为我国刚兴起的区域国别学研究提供经验借鉴平台，整合来自世界不同地区学者的成果与观点，打破区

① 钱乘旦：《世界史学科应及时介入区域国别学新学科建设》，《全球史评论》2022 年第 2 辑，总第 23 辑。

② Isabelle Duyvesteyn and Anne Marieke van der Wal, eds., *World History for International Studies*, Leiden University Press, 2022, p.20.

域间的文化障碍，从而加深对人类社会历史文化的整体性了解与把握。最后是比较研究视角，世界历史研究中的现代化史观、整体史观和文明交往史观均可为区域国别学提供比较研究的新视野。

其二，可借鉴世界史“语言＋专业”的复合型人才培养经验，探索区域国别研究双复合型人才培养新模式，为区域国别学科的行稳致远提供人才保障。世界史研究对外语能力的要求比较高，其注重“语言＋专业”的复合人才培养模式已践行多年，思路与区域国别研究人才培养如出一辙，只是缺乏非通用语言的教学资源。区域国别学作为新兴交叉学科，其重点研究域外国家或地区的现状与问题，需要兼具研究素质、应用素质以及跨学科知识的复合型人才。研究人员通常需要具备以下特征：精通对象国的语言，能够用对象国语言写作；通晓对象国的历史和文化，具备跨文化交往的能力；有在对象国的生活经历，理解当地的社会风俗习惯，掌握相当的一手人脉和社会关系；受过专业的学术训练，具备开展海外田野调查和独立研究的能力等。培养这种双复合型的国际化人才，需要实施跨学科协同。比如，受制于小语种人才的匮乏和一手材料的不足，我国目前对阿富汗、乌克兰、克罗地亚、格鲁吉亚、立陶宛等国的相关研究成果就很鲜见。只有加强世界史学科与非通用外语学科的协同，突破小语种稀缺的瓶颈，才能打通连接世界史学人才培养与区域国别研究人才培养的门径。

其三，世界历史规范的学理性知识体系也有助于夯实区域国别学的学科内核、提升区域国别学的学理性和研究深度。

区域国别研究受益于世界历史研究的同时，世界历史也可从区域国别研究中得到分析方法和独特视角的借鉴与启发。

首先，区域国别研究有助于在突出某些地理或文化区域的发展对全球趋势的影响方式与路径的同时，深入挖掘全球历史发展中各区域间的相互关联性。区域国别研究通常侧重于某一地理或文化区域乃至国别的考察，如非洲研究、中东研究或拉丁美洲研究，并对这些区域的政治、历史、文化、社会和经济结构等进行深入而细致的分析。通过将区域国别研究的成果与见解纳入世界历史研究，有助于世界历史研究人员深入了解不同地区和国家的独特历史与文化贡献，并从这些区域的差异性历史文化中提炼出一些规律性的东西，进而对世界历史和全球发展趋势形成更为全面细致的理解，避免对复杂的历史进程进行过于简单或笼统的解释。

其次，世界史作为最早参与区域国别研究的主干学科之一，应主动拓宽研究领域和研究内容，积极打通与其他学科交叉的有效路径，在解决现实问题的过程中切实发挥史学的资政功能。区域国别学研究的内容主要有三个层次，一是世界所有地区与国别内部政治、经济、社会、文化、语言等方方面面的内容；二是各国、各区域、各地区组织以及国际组织之间的关系；三是各国、各地区以及相关组织与中国的关系。这三个层次大体属于横向关系，相对来说更注重线性发展的世界史学科对此鲜有研究，因此可在这方面进行拓展，并重点从以下两个方面开展探索。第一，利用世界现代史研究密切连接现实问题的优势，夯实国别史和区域史研究的学术积淀，从历史溯源的角度厘清历史与现实之间的逻辑关系，为全面深刻地理解和处理现实问题提供具体支撑。从历史入手开展现实问题研究有着得天独厚的优势，由于每个现实问题事实上都是历史发展演变的结果，因此史学研究的长时段视角有助于理解现实问题形成的历史根源及其未来走势。第二，发挥历史学科从长时段把握时代特征的优势，把现实问题纳入历史纵向发展的进程中进行整体考察，揭示现实问题的本质及其所蕴涵的时代特点，研判问题的走向，提升区域国别研究的深度和广度，避免研究碎片化。[①] 当今世界各国间的交往活动十分频繁，国内问题的外部性在不断增强，一个国家或一个地区的问题很容易外溢并发酵为国际问题，比如正在发生的俄乌冲突。这就意味着需要把区域国别研究放在整个世界的大格局中进行考察，并将现实中的具体问题放进历史的长时段中加以把握，而史学研究的积累可以为透视现实问题提供长时段的历史洞见。

再次，世界史学科在培养模式和研究方法上可以借鉴区域国别学的方法。比如，世界史研究可适当地向中小国家、现实问题和应用问题领域转移，在新的时代条件下重新思考一些传统理论的适用性问题，如工业化问题、族群冲突问题、地缘竞争问题等议题型研究。另外，区域国别学大量来源于田野调查的应用性知识有助于世界历史实现“力图还原真相”的研究目标，并赋予历史研究新的价值意义和现实关照。区域国别学的跨学科属性还能够为世界历史提供新的研究议题和路径，丰富世界历史的研究内涵。区域国别学作为交叉学科，一是可以理解为“学科史”意义上的交叉，比如艺术史、医疗卫生史、环境史、建筑史等，二是可以理解为“交叉学科”意义上的交叉，其成果既可属于世界史，也可属于法学、人类学或语言学。因此，区域国别学视野下的世界史研究，就是要在立足于历史学基本研究方法的前提下，在具体研究中再

① 梁占军：《构建区域国别学，世界现代史大有可为》，《史学集刊》2022 年第 4 期。

进一步借助其他学科的理论与方法，以全方位服务我国对外工作中的政治、经济、社会、文化乃至军事需要，并努力破解西方中心论，构建立足于中国国情的学术研究体系。

最后，世界史与区域国别研究还可尝试在以下两个方面进行结合：首先是尝试排除中心性，即在考察区域国别历史时，不以特定区域为中心，尽可能平等地看待所有区域和人类；其次是基于全球视角和平等的立场，发现和强调各区域、各国的共同点，在巩固“纵向历史”的基础上，加强“横向历史”的研究。在深化区域国别研究的过程中，聚焦重要问题和真问题，谨守“论从史出”，善用比较研究和全球史等研究方法，以能更好地促进区域国别研究和世界史学科的融合发展。①

区域国别学成为交叉学科类的一级学科，无论是对于区域国别学研究，还是对于世界历史学科来说，都能起到积极的推动效应。因为区域国别学和世界历史都是面向“域外”的学科，在同一个“域外”领域增加一门学科，无疑会起到壮大研究力量、丰富研究成果以及协同发展的作用。尤其在世界历史和区域国别学这两个学科的研究视角、研究重点和研究方法均有所不同的前提下，两学科之间更是可以双轮驱动，互相借鉴、取长补短，共同推动人文和社会科学的发展。在区域国别学的学科框架下，国别与区域研究属于“本体论研究”②，有其纵贯古今、自成体系的学理结构和逻辑路径，从而具有与世界历史所不同的观照视角。

值得一提的是，国情与理念的不同，决定了当前中国的区域国别研究与欧美国家的区域国别研究存在本质区别。我国的区域国别研究主要是用以促进中外人文交流和经贸往来，实现互利合作、共建共赢的理念，这是其与欧美截然不同之处。近十年来，我国的区域国别研究发展迅猛，其内在动力源自中国的快速崛起以及应对世界百年未有之大变局的现实需要。众所周知，经过四十多年的改革开放，中国的综合国力和国际影响力持续上升，与外部世界的政治经济联系日益密切，人文交流与贸易往来不断加强，了解世界各国及各地区的需求越来越强烈。特别是在中国提出并实施“一带一路”倡议后，我们之前的区域国别研究已远远跟不上国家战略的现实需要，对“一带一路”沿线国家

① 毕世鸿：《世界史与全球史视域下的区域国别研究》，清华大学国际与地区研究院《区域国别学》2023年第1期。

② 刘新成：《世界历史视域下的区域国别学学科建设》，《全球史评论》2022年第2辑，总第23辑。

的政治、经济、文化、历史等有深入研究和了解的跨学科人才匮乏。要准确把握国际形势、正确认识外部世界、深化与友好国家的国际合作、为民族复兴创造良好的外部环境，就必须加强对域外国家和区域的研究，特别是针对欧美大国以外的国家和地区的研究。可见，是在不称霸的前提下国家发展的现实需要催生了我国的区域国别研究。而国家利益和全球霸权则是美国确立的区域研究范式的核心要素，也是其区域国别研究发展的主要动力。按照美国主导的国际范式，区域研究一般是指基于"我们"视角观察外部世界的研究，带有强烈的"国家特性"。对中国而言，在借鉴国际"区域研究"发展经验时，必须要考虑中国的现实需要、学术传统和时代变迁。①

区域国别研究的基础靠语言、文化和历史来支撑，基础牢固后才有延展的空间。世界史作为交叉性的基础研究学科，就相当于区域国别研究的基础性学术芯片。就好比阿诺德·汤因比首先是伟大的历史学家，然后才是国际问题专家，如果他没有前期大量的历史训练与学术积累，他就不会在二战期间成为英国政界的学术智囊领袖。②而区域国别研究作为学术研究、知识生产范式的突破，是学术研究的新空间和新领地，是一门富有现实和战略使命的学科，其所面临和研究的现实问题可以为世界史研究提供很好的选题指向。与汤因比的经历不同，求学于剑桥大学古典学的 E.H. 卡尔 1916 年一毕业就进入英国外交部工作，没有经过严格的历史学训练，但其在外交部的工作经历与经验却大大丰富了他的历史观，并为其后来进行历史研究提供了选题方向，从而成为著名的苏俄史专家。③如果说汤因比是由古及今的典型，那么卡尔就是由今入古的范例，他们的成功转向是世界史与区域国别研究可相互映照的生动案例。

对于作为后来者的中国"区域国别学"和总体实力还有待提升的中国世界史学科来说，也完全可以找到一条更加适合中国特色的学科发展道路，做到学术研究与应用研究、基础研究与政策研究的齐头并进。不论是从学理研究、学科发展还是现实应用的角度，区域国别学的设立都可进一步促进世界史学理研究水平的提升、学科内容的发展完善和问题意识的增强；同样，世界史也可夯实区域国别研究的学理基础，从历史中挖掘现实问题背后的深厚根源，助推区域国别研究看得更深、走得更远。

① 高艳杰：《区域国别学视野下的东南亚研究》，《中国社会科学报》2023 年 2 月 9 日，第 3 版。
② 陈恒：《区域国别学的未来方向是系统的区域历史学研究》，《全球史评论》2022 年第 2 辑，总第 23 辑。
③ 参见［英］E.H. 卡尔：《历史是什么？》，商务印书馆 2020 年版，导言。

第七章　比较政治与区域国别学

比较政治与区域研究都是冷战时代的“美国制造”。[①] 从20世纪50年代到80年代，比较政治与区域研究曾有过一段相互参酌、交织发展的协作时期；但自20世纪90年代以来，两者间的分歧越来越大，渐趋疏离。比较政治与区域研究之间这种明显的疏远趋势到底意味着“解耦”还是“脱钩”？在不同语境里，“decoupling”既可理解为“解耦”，也可说成“脱钩”，我们不妨从这个小词出发，看一看比较政治和区域研究各自秉持了什么样的认识论立场，各自呈现出怎样的知识愿景，进而，对中国自身的外国问题研究又有何启发。

第一节　“解耦”抑或“脱钩”

20世纪90年代以来，英语政治学界的比较政治研究强调进一步“科学化”，与人文色彩浓厚、注重“地方性知识”的区域研究刻意拉开距离，更热衷“与学科理论对话”，成为难以遏制的潮流。[②]

借用“decoupling”，可以描述比较政治与区域研究之间的这种疏远趋势。一方面，

---

① 从对外国问题的研究意义上讲，世界各国经验不一，比如近代欧洲及俄罗斯的“东方学”“汉学”、新中国的“国际问题研究”等，都是依据不同知识背景和研究取向独立形成的学术系统，有些内容当然与本章讨论的比较政治和区域研究存在交叠。但本章仅在严格的“学科建制”意义上谈论比较政治（comparative politics）和区域研究（area studies），不将它们视为以外国问题为研究对象的宽泛知识。这两个领域都是二战后美国学界刻意打造的社会科学“新传统”，伴随着英语作为各国学界共通的学术语言，影响遍及全世界。

② Robert H. Bates, “Area Studies and the Discipline: A Useful Controversy?” *Political Science and Politics*, Vol.30, No.2, 1996, pp.166—169; Peter J. Katzenstein, “Area and Regional Studies in the United States,” *Political Science and Politics*, Vol.34, No.4, 2001, pp.789—791; 2016年1月，欧博文（Kevin J. O’Brien）在香港中文大学中国研究服务中心第十二届国际研究生“当代中国”研讨班上的主旨发言《与学科理论对话还是与中国研究对话》（管玥译），参见欧博文：《中国研究在空洞化，但仍然有理由培养中国问题专家》，澎湃新闻，2016年3月3日，https://www.thepaper.cn/newsDetail_forward_1438465，访问时间：2021年6月10日。尽管欧博文教授的立论是就中国研究领域而言的，但他对学科化、专门化的观察显然适用于各区域国别研究领域。

自从美国前总统特朗普任内单方面挑起与中国的贸易摩擦开始，中美之间经济、科技、人文交流领域的“脱钩”就成了全世界的热门话题。“decoupling”即“脱钩”，经济、金融领域通译如此，借喻比较政治与区域研究“渐行渐远”，也很形象。但同一个英文词，电子电路领域习称“去耦”，软件工程上唤作“解耦”，都是强调降低电子元件或软件模块之间的“耦合”（coupling）程度。“脱钩”还是“解耦”，在中文语境里，一语改易，映像遽别——对于明显可区分开，但又相互影响的两个独立实体，到底皆属同一个整体（即一个系统、两个子系统），抑或只是两个不同系统，用“脱钩”还是“解耦”，显然预设了不同的系统观。说美国要与中国“脱钩”，言下之意，两大经济体各自独立，大幅降低双方经贸联系，就能给美国带来“产业回流”。姑且不论在经济全球化凯歌高奏近半个世纪后，世界上两个最大的主权经济实体能否做到“一别两宽，各自安好”，反正“脱钩”的确代表了某些“妄人”主观上对国民经济和世界经济的一种预设视角。说“去耦”或“解耦”，则无论电子电路也好，软件架构也罢，都以维护整体系统的完整性为出发点——为了让整个系统运转顺畅、功能稳定、效率提升，必须尽可能降低电子元件或软件模块之间因相互联系而相互影响的“耦合”效应带来的干扰。软件工程领域，通常把“耦合”分为七级，要求设计软件架构时，各模块之间耦合度越低越好，尽量使用数据耦合，少用控制耦合，限制公共耦合，完全不用内容偶合。于是，“高内聚、低耦合”就成了每位程序员都知晓的软件架构设计基本原则。

本章把“脱钩”与“解耦”并举，借以隐喻两种不同的“decoupling”——如果将比较政治与区域研究视为两种本质上不同的知识系统，强调“科学与人文”“通则式知识与特例式知识”的差别，那么，两者“脱钩”在所难免；但如果将双方都视为对外国问题（本章语境中主要是社会与政治议题）的研究，那么通过“解耦”，来实现双方的“低耦合”，倒也未必不妥。

同样诞生于冷战时代，都是“美国制造”的社会科学研究领域，比较政治和区域研究皆以外国的国内问题或特定地区之内的问题为研究对象，从而有别于主要处理国家间关系的“国际关系”。从20世纪40年代末起步，到20世纪80年代末冷战终结，比较政治和区域研究曾有过40年相互参酌、交织发展的时期。但从20世纪90年代开始，双方在知识诉求、学科定位、核心关切、研究手段上的差别越来越明显。尤其在英文语境的政治学学术共同体中，有相当一部分比较政治学者将区域研究视作“人文学的天下”，认为区域研究专家在“科学方法”上不得要领，更不以一般性因果理论为追求，从而倾向于彻底否定区域研究的“科学意义”。① 而另一部分立足区域研究的比较政治学者，反感“定量方法家们”用统计学或形式模型把持政治学“科学方法”话语权的“霸道”，在他们看来，学科理论研究如果脱离区域国别知识根基，无非成了空中造楼、沙上建塔。② 总之，无论在比较政治与区域研究这两个学术共同体之间，还是在比较政治学者内部，对于比较政治要不要跟区域研究“保持距离”乃至“划清界限”，仍旧争议不绝，缺乏共识。

更麻烦的是，与比较政治在政治学科内业已确立的稳固地位相比，区域研究到底算不算得上自成一体的研究领域，的确存疑。按照通常的理解，区域研究是以特定的地理区域或文化区域为聚焦对象的跨学科（多学科）社会研究。③ 但到底什么是“区域”？世界上有多少个“区域”？区域研究到底是跨学科（多学科）的研究，还是大体上成了人类学家或后现代论者自说自话的“保留地”？区域研究是否只能“呈异”而无法“求同”，与一般性理论天然不兼容？这些区域研究本身的可争议处，无疑强化了在知识论和方法论立场上日趋“高内聚”的政治学家们对区域研究“不科学”的刻板印象。

本章并不打算去澄清区域研究的属性——或许这也是不能或不必完成的任务——而只聚焦于比较政治与区域研究之间的相互关系，通过追溯历史，看看比较政治与区域研究如何从早期携手并进的“耦合”状态，走向了“解耦”以致“脱钩”。在此基础上，引出一些事关中国的比较政治和区域国别研究发展前景的思考。

第二节　耦合：比较政治与区域研究早期的携手并进

比较政治与区域研究都是冷战时代的知识产物。尽管第二次世界大战之前，以“比较政府”为内容的比较政治已经在美国政治学中占据一席之地，但这种以若干欧美国家政制比较为中心任务的“公法研究”，与 20 世纪 50 年代后以追求政治科学一般性

① Robert H. Bates, “Area Studies and Political Science: Rupture and Possible Synthesis,” *Africa Today*, Vol.44, No.2, 1997, pp.123—131.

② Stephen E. Hanson, “Chapter 9: The Contribution of Area Studies,” in Todd Landman and Neil Robinson, eds., *The SAGE Handbook of Comparative Politics*, Thousand Oaks, C.A.: SAGE Publications, 2009.

③ Bert Hoffmann and Andreas Mehler, “Area Studies,” *Encyclopedia Britannica*, 4 Feb., 2015, https://www.britannica.com/topic/area-studies, 访问时间：2021 年 6 月 14 日。

理论为目的的“比较政治”是两码事。① 与之类似，19 世纪形成的古典学、东方学、殖民地研究，纵然不妨被视作当代区域研究的渊源，但它们与第二次世界大战后从美国学术界兴起的、以美国全球性的国家利益为服务对象、以亚非拉地区现实问题为关注重点的“区域研究”也是两码事。② 从 20 世纪 40 年代后期开始，在美国社会科学界，比较政治与区域研究两大领域才真正起步，在冷战时代确立了各自的基本知识生态，并深刻地影响了世界各国学界。③

比较政治与区域研究的兴起有完全一致的现实动力。

首先，第二次世界大战后，美国走上西方世界的霸主地位，自身利益遍及全球，迫切需要加强对亚非拉地区现实状况的了解。尤其是 1958 年美国《国防教育法》出台，确立相关研究与教学资助框架后，立足地缘政治视野形成的区域划分惯例沿用至今。在政治局面、地理空间、人文传统这三个维度中，区域划分标准首先是政治性的，进而也决定了不同区域有不同的问题焦点。④

其次，意识形态竞争成为比较政治与区域研究潜在的主基调。为了遏制苏联扩张及世界范围内的共产主义运动高涨，尤其在中国革命取得胜利的情势下，美国的社会科学话语客观上必须为资本主义、自由主义、多元主义提供足够强有力的辩护或证成（justification）。“极权主义”顺理成章地被转化为共产主义的“污名”。但更急迫的是，美国的社会科学还得为第二次世界大战后亚非拉地区“去殖民化”大潮中的社会大众，提供一套有别于马克思列宁主义论述的新版社会解释与未来愿景。于是乎，基于欧美历史经验概括而成的、以“传统社会”与“现代社会”两分法为基石的“现代化理论”成为不二之选。解释或诠释“传统与现代”，描绘“现代化”的实现路径，把欧美发达工业社会塑造为亚非拉地区去殖民化之后的样板——比较政治与区域研究都是在这个基本纲领下起步的。

---

① Gerardo L. Munck, “The Past and Present of Comparative Politics” , in Gerardo L. Munck and Richard Snyder, *Passion, Craft, and Method in Comparative Politics*, Baltimore: Johns Hopkins University Press, 2007, pp.52—58.

② Zoran Milutinović, “Introduction: Area Studies in Motion,” in Zoran Milutinović, ed., *The Rebirth of Area Studies: Challenges for History, Politics and International Relations in the 21st Century*, London: I.B. Tauris, 2019.

③ Bruce Cumings, “Boundary Displacement: Area Studies and International Studies During and After the Cold War,” *Bulletin of Concerned Asian Scholars*, Vol.29, No.1, 1997, pp.6—26.

④ 除了美国和加拿大，拉美及加勒比地区、西欧、东欧、（后）苏联地区、中东地区、（撒哈拉以南）非洲、东亚、东南亚、南亚、南太平洋地区是最常见的区域划分方式。

从20世纪40年代后期到20世纪60年代末，比较政治与区域研究经历了携手并进的“蜜月期”，尤其是在学术建制化和元理论支撑上，双方经历几乎一模一样。

在学术建制化方面，突出体现为社会科学研究理事会（Social Science Research Council, SSRC）的整合作用。区域研究方面，1942年社会科学研究理事会就与人文领域的美国学术协会理事会（American Council of Learned Societies, ACLS）以及全国研究理事会（National Research Council, NRC）合作组建了拉丁美洲研究委员会，这是第二次世界大战后一系列区域研究委员会建制之始。1947年，社会科学研究理事会设立“世界区域研究探索委员会”，系统规划美国第二次世界大战后的区域研究。由密歇根大学日本研究专家罗伯特·霍尔（Robert B. Hall）主笔的社会科学研究理事会报告《区域研究：及其对社会科学研究的意义》，正式开启了区域研究的建制化进程。[①]“霍尔报告”为区域研究设定了三大目标：拓展人文学科（包括外国语言研究）与急剧变革的世界的相干性；通过广泛的跨学科研究，连接人文学科与社会科学；在与共产主义急剧进入全球对抗的情势下，维护美国国家利益。从1942年到1967年，拉美、斯拉夫与东欧（后改为“苏联研究”）、南亚（Southern Asia）、中国、近东与中东、非洲、日本、朝韩等区域研究委员会先后设立。20世纪70年代之后，两个理事会又陆续组建了东欧、西欧、南亚、东南亚、穆斯林社会研究委员会。除1985年组建的“穆斯林社会研究委员会”之外，区域划分明显体现了美国在第二次世界大战后的地缘政治关切。

比较政治研究的建制化同样受惠于社会科学研究理事会的大力推动，但与区域研究不同的是，比较政治研究还受到来自政治学科内部美国政治研究“行为主义革命”的压力。[②]社会科学研究理事会1945年组建的“政治行为委员会”，将第二次世界大战

① Robert B. Hall, *Area Studies: With Special Reference to Their Implications in the Social Sciences*, Pamphlet 3, New York: Social Science Research Council, May 1947; David L. Szanton, “Introduction: The Origin, Nature, and Challenges of Area Studies in the United States,” David L. Szanton, ed., *The Politics of Knowledge: Area Studies and the Disciplines*, Berkeley, C.A.: University of California Press, 2004, pp.1—33. 另参见牛可：《美国地区研究创生期的思想史》，《国际政治研究》2016年第6期，第9—40页。牛可认为，1943年社会科学研究理事会发布的《汉密尔顿报告》可被视为美国地区研究运动“发动宣言”，而1947年的“霍尔报告”可被视为地区研究运动“宪章”（牛可在文中将“area studies”译为“地区研究”）。

② 20世纪20年代到30年代，以梅里亚姆（Charles E. Merriam）、拉斯韦尔（Harold Dwight Lasswell）为领军人物的美国政治学“芝加哥学派”在美国政治研究领域拉开了“行为主义革命”的帷幕，但受战争及其间流亡到美国的大批欧洲知识分子带来的思想影响，美国政治学的“行为主义革命”在战后才全面展开，并在耶鲁大学政治学系形成了新的研究重镇。

后美国政治研究领域的“行为主义革命”推向了高潮。[①]受这一成功经验的鼓舞，1953年，阿尔蒙德（Gabriel A. Almond）等人主导创立了社会科学研究理事会“比较政治委员会”，迅速将“行为主义革命”带动的科学化方向引入了比较政治领域。[②]比较政治委员会组建后，就刻意与当时“直白的、结构性的、制度性的、法学式的，至多是哲学式的比较政治研究”拉开距离，它开展的第一个项目就是鼓励对欧洲及非欧洲国家的利益集团政治进行研究——这恰恰是发端于20世纪20、30年代芝加哥大学的“政治行为研究”着力推动的研究议题，也是时任社会科学研究理事会主席彭德尔顿·赫林的学术兴趣所在。

1960年，比较政治委员会编辑出版的第一本书——阿尔蒙德与科尔曼（James Coleman）主编的《发展中地区的政治》——覆盖了世界上各地区的政治状况，“真正做到了用现代社会科学去支撑比较政治研究，与盛行的偏狭主义做法一刀两断”[③]。1963年继任比较政治委员会主席的白鲁恂（Lucian Pye）主编了九卷本普林斯顿大学出版社出版的“政治发展研究丛书”，以“政治现代化”为中心的政治发展研究基本框架俨然成型。[④]同一时期，利特尔-布朗出版社推出“比较政治丛书”，在“分析研究”之外另

---

① 政治行为委员会的领导人彭德尔顿·赫林（E. Pendleton Herring, 1903—2004）是美国利益集团政治研究的开创者之一，他于1948—1968年出任社会科学研究理事会的主席。此后陆续担任过政治行为委员会主席的有戴维·杜鲁门（David Truman）、戴维·伊斯顿（David Easton）、罗伯特·达尔（Robert Dahl）等，都是第二次世界大战后美国政治学“行为主义革命”主将，也都先后出任过美国政治科学协会的主席。

② 比较政治研究的开拓者阿尔蒙德第二次世界大战前从芝加哥大学政治学系取得博士学位，深受梅里亚姆、拉斯韦尔“行为主义”研究取向的影响，在1946—1950年、1959—1963年间他又两度任教于耶鲁大学（战后政治学“行为主义革命”重镇）。阿尔蒙德与维巴合著的《公民文化》生动地反映了“行为主义革命”对比较政治的影响，但该书的讨论对象只有墨西哥属于“第三世界”，参见Gabriel A. Almond and Sidney Verba, *The Civic Culture: Political Attitudes and Democracy in Five Nations*, Princeton, N.J.: Princeton University Press, 1963。总体而言，除政治文化、政治传播等研究议题外，很难说“行为主义”在20世纪60年代是比较政治的主导范式。

③ ［美］赫拉尔多·L. 芒克、理查德·斯奈德编著:《激情、技艺与方法：比较政治访谈录》，汪卫华译，当代世界出版社2022年版，第74页。

④ 值得注意的是，这套丛书20世纪60年代推出的六卷中，只有第三卷聚焦于讨论日本与土耳其的政治现代化，其余都是以议题来组织的，分别讨论传播、官僚制、教育、政治文化、政党与政治发展。1971年出版的第七卷转向讨论政治发展中的危机与次序，参见Leonard Binder and Joseph LaPalombara, eds., *Crises and Sequences in Political Development. Studies in Political Development*, Princeton, N.J.: Princeton University Press, 1971。丛书最后的第八卷和第九卷都转向了重新反思欧美自身的历史经验，参见Charles Tilly, ed., *The Formation of National States in Western Europe*, Princeton, N.J.: Princeton University Press, 1975. Raymond Grew and David D. Bien, *Crises of Political Development in Europe and the United States*, Princeton, N.J.: Princeton University Press, 1978。后三卷明显体现了经历20世纪60年代末欧美社会自身的动荡后，比较政治研究受政治社会学家的影响，理论兴趣开始转向。有关（转下页）

辟“国别研究”系列，堪称比较政治理论建构与外国国别政治研究并进的标志。这套丛书的“分析研究”系列中最知名者，当属1966年阿尔蒙德和鲍威尔合作的《比较政治：发展研究路径》，这本书在《发展中地区的政治》“导论”的基础上，系统提出了比较政治“结构功能主义研究纲领”。[①] 白鲁恂在这一系列中推出的《政治发展面面观》文集，[②] 以及不属这一系列的美国政治学家、社会学家阿普特（David E. Apter）撰写的《现代化的政治》，[③] 理论风格上与阿尔蒙德的结构功能主义也大体一致。

与美国政治领域深耕政党政治、利益集团、选举政治等“行动”（action）领域的政治行为研究不同，以欧美历史经验为模板、亚非国家为对象的比较政治研究把“结构功能主义”确立为起步时期的主导元理论。从帕森斯社会理论和人类学功能主义发展出来的这套比较政治“元理论”，与区域研究具有天然的“亲和力”。毫无疑问，这也是比较政治与区域研究在最初的20余年间携手并进的根本思想基础。

洎乎20世纪60年代后半期，相当一部分政治学者对结构功能主义僵化的宏大理论叙事感到厌烦，在彼时欧美社会时代激荡的大背景下，对欧美自身历史经验的深入反思，促成了现代化主题之下衍生的“旁支复调”——1966年苏俄研究专家出身的巴林顿·摩尔（Barrington Moore, Jr.）发表了《专制与民主的社会起源》。[④]1968年，美国政治研究出身的亨廷顿发表了《变化社会中的政治秩序》。尽管二者都着重社会结构解释，但已不再泛论现代社会的整体特性及现代化变革的普遍影响，转而专注于农

（接上页）20世纪60年代末、70年代初世界政治形势的整体变动造成的智识影响，参见汪卫华：《差异政治的历史经验与当下处境》，《中央社会主义学院学报》2019年第2期，第17—30页。

① Gabriel A. Almond and G. Bingham Powell, *Comparative Politics: A Developmental Approach*, Boston: Little, Brown, 1966. 本书1978年第二版更名修订为 *Comparative Politics: System, Process, and Policy*，内容有很大改动，中译本见［美］阿尔蒙德、鲍威尔：《比较政治学：体系、过程和政策》，曹沛霖等译，上海译文出版社1987年版。

② Lucian W. Pye, *Aspects of Political Development: An Analytic Study*, Boston: Little, Brown, 1966. 中译本见［美］派伊：《政治发展面面观》，任晓、王元译，天津人民出版社2009年版。

③ David E. Apter, *The Politics of Modernization*, Chicago: University of Chicago Press, 1965. 中译本见［美］阿普特：《现代化的政治》，李剑、郑维伟译，中央编译出版社2011年版。

④ Barrington Moore, Jr. *Social Origins of Dictatorship and Democracy: Lord and Peasant in the Making of the Modern World*, Boston: Beacon Press, 1966. 该书新中译本见［美］巴林顿·摩尔：《专制与民主的社会起源》，王茁、顾洁译，上海译文出版社2012年版。“专制”与英文中若干个说法皆可对应（despotism, dictatorship, absolutism, autocracy, tyranny, 乃至 authoritarianism），而 dictatorship 语源出自古罗马“独裁官”，在马克思主义政治学传统中，通译“专政”，如无产阶级专政（*Diktatur des Proletariats*）。毛泽东在《论人民民主专政》中讲道：“中国人民在几十年中积累起来的一切经验，都叫我们实行人民民主专政，或曰人民民主独裁，总之是一样，就是剥夺反动派的发言权，只让人民有发言权。”参见《毛泽东选集》第4卷，人民出版社1991年版，第1475页。

村阶级结构变动所造就的现代化路径差异，或政治参与和政治制度化之间的张力，从而既与大而化之的“结构功能主义”拉开距离，又紧扣“现代化”主旨。值得一提的是，《日本与土耳其的政治现代化》①一书的作者之一丹克沃特·吕斯托（Dankwart A. Rustow）在1970年发表了《往民主转型：通往一套动态模型》，开启“民主转型”研究之先河。②而“行为主义革命”的旗手之一罗伯特·达尔（Robert Dahl），也在20世纪60年代末从美国政治转入比较政治，于1970年、1971年先后推出经典之作《革命之后》《多头政体》，③预示了比较政治研究在美国政治研究主流理论关切的推动下，朝着中程理论④问题、政体比较问题转向的前景。

同一时期，拉美与欧洲背景的学者则提出了可被“西方世界”所接受的改良版理论路径——立足拉美经验的“依附论”与“世界体系论”，立足西方后工业时代资本主义社会反思的西方马克思主义版“国家与社会”关系论。只不过，它们要到20世纪70年代才渐趋成熟，且没有从根本上取代现代化理论在比较政治和区域研究两个领域的主导地位，而只是在一定程度上丰富了现代化理论的主基调。

总起来讲，从20世纪40年代后期到60年代，比较政治与区域研究的携手并进

---

① Robert E. Ward and Dankwart A. Rustow, eds., *Political Modernization in Japan and Turkey*, Princeton, N.J.: Princeton University Press, 1964.

② Dankwart A. Rustow, “Transitions to Democracy: Toward a Dynamic Model,” *Comparative Politics*, Vol.2, No.3, 1970, pp.337—363.

③ Robert A. Dahl, *After the Revolution? Authority in a Good Society*, New Haven: Yale University Press, 1970. Robert A. Dahl, *Polyarchy: Participation and Opposition*, New Haven: Yale University Press, 1971.

④ 中程理论（theories of the middle range）是美国社会学家罗伯特·K. 默顿（Robert K. Merton）在20世纪40年代末50年代初提出的“介于遍布日常研究之中、逐渐发展演化的次要但必需的‘工作假说’与包罗万象的、系统性的‘统一理论’（即试图解释所有观察到的社会行为、社会组织和社会变化的一致性）之间的理论。”参见［美］默顿：《社会理论和社会结构》，唐少杰、齐心等译，译林出版社2006年版，第二章。译文据英文原文作了调整。国内学者往往把“中程理论”译为“中层理论”（如唐少杰、齐心译本），但此种译名不妥。严格说来，默顿并不是在说社会学研究对象要介于宏观／微观层面之间，而是强调这样的理论所解释的社会现象的“范围”（range）是有限的。译为“中层理论”，无法点明这个讲法所强调的理论解释力“范围”的意义，并且很容易与社会科学方法论中另一个关键范畴“分析／抽象的层次”（level）搞混淆。“工作假说”针对可加以测量、检验的经验现象，而“中程理论”是对有待解释的经验现象给出的适度理论说明，其解释力不是普遍的（universal），这种理论只不过是范围有限的一般性概括。强调理论的解释力范围即适用范围，是“中程理论”有别于“一般性理论”（general theory）这个说法的关键所在，特别有助于提醒社会科学工作者注意：不能不加限定地把“一般性理论”等同为“普适理论”（universal theory）。“中程理论”并非针对分析层次问题来讲的。在不同研究议题和语境中，孰为“宏观”，孰为“微观”，往往不能一概而论，因此，这个说法的译名应突出其“解释范围适中”这一含义。另外，中文里“程”字，原本就是“度量的总名”，又指“容量”（所以才说“程度”），并非专指距离。好比说“中程导弹”固然因其射程介乎远程导弹与短程导弹之间，但人们真正在意的是以发射点为圆心的“火力覆盖范围”。

取决于四个方面：（1）对“现代化”的共同愿景；（2）“结构功能主义”元理论共识；（3）在知识诉求上不满足于描述，而是带着理论关切去了解事实、形成概念，但这一时期的理论工作主要在“划分范畴”而非“验证因果”；（4）比较政治还没有那么“科学化”，这一时期的“操作工艺”还没那么精细，还不那么讲究研究方法。这种“耦合”又是不对称的——比较政治研究起步伊始，就立足于追求一般性理论解释，必然需要剪裁现实世界的多样性。比较政治研究的理论抱负，为20世纪70年代之后比较政治与区域研究逐步“解耦”埋下了伏笔。

第三节　解耦：方法论自觉拉开了比较政治与区域研究的距离

从20世纪70年代开始，比较政治领域出现明显的“方法论自觉”与“研究议题转向”，逐步拉开了与区域研究之间的距离。这个过程实为“解耦”——比较政治研究走向“高内聚、低耦合”，即为了强化政治学经验研究的学科标准，逐渐剔除人文学的规范研究立场、区域研究特例式知识路径对于政治学经验研究的干扰，力促实现比较政治研究的“经验科学化”。当然，这一时期比较政治学者主观上并未疏远区域研究，而是通过带入经验研究与“中程理论”的操作标准，与历史文化讨论和人类学的“深描”工作明确拉开距离。从20世纪70年代到90年代，相当一批比较政治研究杰作是以单个国家研究或若干国家定性比较为内容的，特别是以拉美地区为对象的特定区域内跨国比较“异军突起”，成为理论创新的重要来源。

比较政治研究走向“高内聚、低耦合”首先是政治学科“方法论自觉”的结果。

在“行为主义革命”实践的基础上，汉斯·赖欣巴哈（Hans Reichenbach）、卡尔纳普（Rudolf Carnap）与卡尔·亨普尔（Carl Gustav Hempel）的“逻辑经验主义”科学哲学，[①]欧内斯特·内格尔（Ernest Nagel）的“自然主义”科学说明逻辑，[②]卡尔·波

① 20世纪60年代后，社会科学对“科学研究”尤其是“科学解释”的认识明显受到卡尔纳普、亨普尔的逻辑经验主义知识论和科学哲学影响，这被视为科学哲学“标准观点”。参见江天骥：《逻辑经验主义的认识论·当代西方科学哲学》，武汉大学出版社2006年版。逻辑经验主义对第二次世界大战后英美社会科学“科学观”的显著影响，参见Paul Diesing, *How Does Social Science Work?: Reflections on Practice*, Pittsburgh, Pa.: University of Pittsburgh Press, 1991, Chapter 1。

② 参见［美］欧内斯特·内格尔：《科学的结构：科学说明的逻辑问题》，徐向东译，上海译文出版社2002年版。由于中文里“解释”语义较为宽泛，国内科学哲学界通常将“explanation”译为“说明”以示区分。

普尔（Karl Popper）主张的“证伪主义”科学划界标准，[①]在20世纪60年代逐步塑造了美式政治学经验研究基本的“科学观”。像自然科学那样，追求以“覆盖律”（covering law）为中心建树的“一般性理论”[②]也成了政治学经验研究的主流知识论立场。[③]照此标准，区域研究所习惯的、深入细致的整体个案考察，在科学理论上就显得无甚价值。[④]如果说，对亚非拉地区具体情况的“好奇心”，确保了20世纪五六十年代比较政治学者与区域专家的共同兴趣，那么，从20世纪70年代开始，双方研究志趣因方法论立场上的分歧就已经渐趋明显了。

在政治学科内部，20世纪60年代末至70年代电脑统计软件的进一步成熟，[⑤]大大加速了多元回归、统计推断的普及和应用（尤其是在美国政治和国际关系两个研究领域），且有了系统的政治学量化方法论述。[⑥]相形之下，比较政治研究尽管已经出现了

---

① 波普尔所著《科学发现的逻辑》德文版出版于1934年，但扩充的英文版直到1959年才首次出版。他的《猜想与反驳》于1963年首版。

② 关于“一般规律”“覆盖律”，参见Carl G. Hempel, “The Function of General Laws in History,” *The Journal of Philosophy*, Vol.39, No.2, 1942, pp.35—48。（该文修改版收入Carl G. Hempel, *Aspects of Scientific Explanation, and Other Essays in the Philosophy of Science*, New York: Free Press, 1965）。Carl G. Hempel, *Philosophy of Natural Science*, Englewood Cliffs, N.J.: Prentice-Hall, 1966。尽管科学解释致力于揭示“覆盖律”的观念是经亨普尔1966年的《自然科学哲学》广泛传播的，但实际上亨普尔自己提出的是“一般规律”（general law），“覆盖律”的讲法反而来自反实证主义、持“理解”立场的加拿大历史哲学家威廉·H. 德雷，亨普尔在《自然科学哲学》中把覆盖律、一般规律当作同义词使用，参见William H. Dray, *Laws and Explanation in History*, London: Oxford University Press, 1957。

③ 卡尔纳普、亨普尔和内格尔的逻辑经验主义知识论和科学哲学，是20世纪60年代以来，美国的比较政治研究最主要的知识论和科学观基础，直接成为设定比较政治经验研究操作与评价标准的“元科学”观念。与之相较，波普尔“证伪主义”科学划界标准、库恩“范式转换”科学革命论，以及拉卡托斯以降的科学哲学观点——从拉卡托斯、范弗拉森、费耶阿本德到巴斯卡和邦格的批判实在论——这些科学哲学上的新进展更多的是被政治学家们借来装饰的，而不是拿来使用的。参见A. James Gregor, *Metascience and Politics: An Inquiry into the Conceptual Language of Political Science*, New Brunswick, N.J.: Transaction Publishers, 2003。

④ Donald T. Campbell and Julian C. Stanley, *Experimental and Quasi-Experimental Designs for Research*, Chicago: Rand McNally, 1963; Arend Lijphart, “Comparative Politics and the Comparative Method,” *The American Political Science Review*, Vol.65, No.3, 1971, pp.682—693.

⑤ 1965年IBM Sytem/360上市；1966年，在美国国立卫生研究院资助下，北卡州立大学开始推动研发SAS统计软件，至1976年SAS公司正式成立；1968年斯坦福大学三位研究生研发出了SPSS最早版本，并于1975年成立SPSS公司。

⑥ 参见Hayward R. Alker, Jr. “Polimetrics: Its Descriptive Foundations”, in Fred Greenstein and Nelson Polsby, eds., *The Handbook of Political Science*, Vol.7, Reading, Mass.: Addison-Wesley, 1975, pp.139—210。特别是该文“图1”（pp.144—145）全面地回顾了到1974年为止在政治学和政策研究中运用的三条统计实践演变路径。

一些跨国定量比较的实例，① 但受制于可获取的数据约束，还没有“进步”到能够“排挤”定性研究的地步。从 20 世纪 70 年代初到 20 世纪 90 年代中期，比较政治研究领域渐进地受到政治学科内部邻近研究领域的“方法论规训”，逐渐更为在意如何进行“科学的比较”，而非单纯地了解外国政治状况。

对于经济学、社会学、政治学渐次展开的“科学观”重塑和研究方法革新，区域研究专家并非没有在方法论层面为自己作辩护。人类学家格尔茨（Clifford Geertz）对“深描”作了系统阐发，② 一定程度上为区域研究设定了明显有别于自然主义因果解释的研究目标——“意义诠释（解读）”，并得到了一些政治学者的支持。③ 但这种方法论辩护又显得过于倚重个人体验和“地方性知识”，反而加剧了区域研究内部在知识立场上的相对主义姿态和分裂倾向。尤其是与走向“高内聚”的政治学科相比，区域研究仍旧是“一盘散沙”“各自为战”。就在美国政治学界首套《政治学手册》出版的同一年，白鲁恂和哈里·埃克斯坦（Harry Eckstein）主编了一部讨论政治学与区域研究之间关系的文集，从中可以看出，“渐行渐远”已然是大势所趋了。④

除了“方法论自觉”，从 20 世纪 70 年代开始，比较政治研究“问题意识”的转向也深刻地反映了现实世界的显著变化。美国急于从越南战争泥沼中抽身，拉美和南欧的政治形势在 20 世纪 70 年代中期开始发生松动，加上国际共产主义运动自身的分裂和中美关系的解冻，服务于意识形态竞争的社会科学“元理论”问题似乎也没那么重要了。伴随着比较政治学者的代际更替，尤其是“民权运动”与“反战”一代开始崭露头角，“民主化”逐渐取代“现代化”，“中程理论”逐渐取代“宏大理论”，“政治过程”逐渐取代“社会结构”，成为比较政治研究的核心关切。

对中程理论研究的关注，使政治学科围绕不同的研究议题和主导方法，形成了明显的内部分化，逐渐转向了“三分天下”的学科内竞争：行为主义、理性选择、制度

---

① 例如 Ted Gurr, “A Causal Model of Civil Strife: A Comparative Analysis Using New Indices,” *The American Political Science Review*, Vol.62, No.4, 1968, pp.1104—1124，以及后续的著作 Ted Gurr, *Why Men Rebel*, Princeton, N.J.: Princeton University Press, 1970。

② Clifford Geertz, *The Interpretation of Cultures: Selected Essays*, New York: Basic Books, 1973, pp.3—30.

③ 在詹姆斯·斯科特的研究中，尤其可以看到人类学研究风格的影子，但有别于纯粹的“深描”，斯科特的研究终归是以呈现因果关系为目的的。

④ Lucian W. Pye and Harry Eckstein, *Political Science and Area Studies: Rivals or Partners?* Bloomington: Indiana University Press, 1975.

主义。[①] 文化论解释虽然在政治学内延绵不绝，但在20世纪七八十年代大体处于沉寂的“数据积累期”。[②] 进入20世纪80年代后，政治学学科内部的混战显然对于大多数政治学家更有吸引力，尤其是在大量拉美、南欧背景的学者加入之后，比较政治走向了明确的中程理论议题导向，而不是国别研究导向的发展路径，外国语言训练要求进一步降低。洎乎20世纪80年代后期、90年代中期，比较政治领域的理论研究，围绕着民主化和市场转型这两个相互联系的“双核”，在新的时代背景下，回归了现代化理论标志性的“李普塞特论题”（经济发展导致民主化），[③] 进入了一个理论检验工作蓬勃发展、理论视野却相应收缩的阶段。

20世纪70年代到90年代中期，以统计分析和形式建模为主要内容的研究方法精致工作进展迅猛，推动了比较政治明确转向“变项导向”的发展思路。这样一来，比较政治与强调对研究对象区域作深入的、整全性理解的区域研究形成了明确的知识论和方法论分歧。比较政治寻求通则式解释（nomothetic explanation），区域研究擅长特例式探讨（idiographic inquiry），大体上成为双方学者在知识诉求上基本都认可的立场。尽管有少量区域研究背景的政治学理论成果引发了更大范围的争议——最典型的就是詹姆斯·斯科特和塞缪尔·波普金（Samuel L. Popkin）围绕“道义经济”还是“理性小农”展开的争论，[④] 以及西达·斯考切波的《国家与社会革命》出版后招致区域研究专家的

① Colin Hay, *Political Analysis: A Critical Introduction*, Basingstoke, Hampshire: Palgrave Macmillan, 2002, p.11.

② 英格尔哈特（Ronald Inglehart）从20世纪70年代初开始的“价值观变迁”研究彼时并没有得到太多关注，直到1988年他才兴奋地宣布“政治文化（研究）的复兴”，参见Ronald Inglehart, “The Silent Revolution in Europe: Intergenerational Change in Post-Industrial Societies,” *The American Political Science Review*, Vol.65, No.4, 1971, pp.991—1017; Ronald Inglehart, “The Renaissance of Political Culture,” *The American Political Science Review*, Vol.82, No.4, 1988, pp.1203—1230; Michael Brint, *A Genealogy of Political Culture*. Boulder: Westview Press, 1991; Patrick Chabal and Jean-Pascal Daloz, *Culture Troubles: Politics and the Interpretation of Meaning*, Chicago: University of Chicago Press, 2006。

③ Seymour Martin Lipset, “Some Social Requisites of Democracy: Economic Development and Political Legitimacy,” *The American Political Science Review*, Vol.53, No.1, 1959, pp.69—105; Seymour Martin Lipset, “The Social Requisites of Democracy Revisited: 1993 Presidential Address,” *American Sociological Review*, Vol.59, No.1, 1994, pp.1—22.

④ James C. Scott, *The Moral Economy of the Peasant: Rebellion and Subsistence in Southeast Asia*, New Haven: Yale University Press, 1976; Samuel L. Popkin, *The Rational Peasant: The Political Economy of Rural Society in Vietnam*, Berkeley: University of California Press, 1979. 斯科特对这场争论的系统回应参见James C. Scott, “Afterword to ‘Moral Economies, State Spaces, and Categorical Violence’,” *American Anthropologist*, Vol.107, No.3, pp.395—402。

批评[①]——但能够引起政治学家广泛关注的，并非区域研究对象自身的特殊性，而是议题本身的普遍性（如农民问题、革命问题），以及理论与方法的创新潜力（如理性选择理论、宏观比较历史分析）。20余年间，政治科学家从事“实证研究、经验研究”的行规俨然成熟，而区域研究专家则普遍漠视方法论问题，并且不同学科背景的区域研究专家之间或许在概念、范畴、叙事上可以相互启发，但对跨区域的比较缺乏明显兴趣。

比较政治在20世纪70年代到90年代初逐步走向政治学科内的“高内聚”、与区域研究趋向“低耦合”，背后当然还有一项重要的知识愿景：第二次世界大战后比较政治研究的兴起，从一开始就具有明确的“科学理论”抱负。而心理学（行为主义）、社会学（统计分析）、经济学（理性选择）等社会科学领域在实验、计量道路上的渐次成功，无疑产生了明显的“示范效应”，深刻地牵引了政治学的总体发展趋向。

同一时期，区域研究并没有、也不可能形成明确的“主导范式”。不同学科背景的区域研究专家在与区域同行和学科同行“两面对话”的过程中，越来越倾向于学科内对话，相同区域、不同学科研究者相互之间的共同语言、共同兴趣反而在减少。在计算机技术“加持”下，统计研究与形式建模适用范围迅速扩张，人文学科与社会科学之间的对立趋向日益明显，使得区域研究原本设想的“跨学科沟通”难以成立，转而把深度的“地方性知识”当作区域研究的显著贡献。就外部影响而言，只有那些具有共性的、群体或社区层面的启发性概念，在20世纪80年代“去意识形态化”的背景下，被政治学界逐渐接受——比如“道义经济”“日常抵抗”“想象的共同体”等；而像“深描”方法、“剧场国家”隐喻，则只不过局限于特定的研究主题（如身份认同、族群政治），被秉持“诠释论”立场的少数政治学者采纳。

尽管20世纪70年代中后期到80年代前半期，受中美接近、第三次印巴战争、越战终结、苏联入侵阿富汗、中越战争等一系列大事件的影响，中国研究、东南亚研究和南亚研究领域都曾出现过短暂的热络，但这类即时性问题都未能对比较政治研究产生长远影响——堪资对照的是，随着大西洋两岸新自由主义经济政策的兴起，以及全球化、信息化趋势的出现，立足于重新梳理欧美社会自身经验的“国家中心论”与

---

① Elizabeth J. Perry, Book Review on Skocpol 1979, *The Journal of Asian Studies*, Vol.39, No.3, 1980, pp.533—535; Keith Tribe, “Extended Review: The End of the Old Order in Rural Europe, Peasants and Government in the Russian Revolution, States and Social Revolutions,” *The Sociological Review*, Vol.28, No.2, 1980, pp.471—475.

“新制度主义”开始为冷战后的比较政治研究定调了。

我们利用 Google Books Ngram Viewer 搜索“比较政治”和“区域研究”在 Google Books 英文电子书库中的词频变化趋势，结果显示，从 1945 年到 1970 年间，两个关键词的词频呈现出大致同步增长的趋势，“区域研究”在 1950 年前后出现了一个小高峰，而“比较政治”的显著抬升主要发生在 20 世纪 60 年代。到 1970 年前后，两个关键词词频都达到了冷战时期最高峰，这印证了两个领域前 20 余年的同步发展，且区域研究显然相对“热络”得多。值得注意的是，从 1970 年到 1988 年（比较政治在 1970 年之后的词频最低点），两个关键词词频都有明显下降，两者变动趋势也基本同步，但“区域研究”的下降幅度更加显著，“比较政治”相对则维持在 20 世纪 60 年代以来的正常浮动区间，大体处于“不温不火”的盘整期。对照冷战结束后两个关键词明显的“此消彼长”，这种变动侧面印证了两者之间的“解耦”趋势。20 世纪 90 年代以后，“区域研究”与“比较政治”之间的词频差距迅速拉近，趋向大体相反，并在 2007 年、2008 年前后发生交汇反转，生动体现了比较政治渐趋“热络”的同时，学科内聚度进一步提升，而区域研究则明显走向了衰落，侧面印证了自 20 世纪 90 年代后，比较政治在主动与区域研究“脱钩”。

第四节　脱钩：方法论标准化与质疑区域研究

1994 年出版的《设计社会调研：定性研究中的因果推断》是冷战后美式政治学“方法论标准化”的重要标志，[①] 它很快成为政治学方法论教学的“布道书”（homily）。[②] 尽管从面世之日起，《设计社会调研》用计量标准给政治学经验研究定调的狭隘立场，就引起了政治学定性研究拥护者的质疑与批评，但“用计量行规改造政治学”，仍旧成

① Gary King, Robert O. Keohane, and Sidney Verba, *Designing Social Inquiry: Scientific Inference in Qualitative Research*, Princeton, N.J.: Princeton University Press, 1994. 普林斯顿大学出版社 2021 年 8 月推出本书新版，增加了基欧汉和金的一篇新版前言，原书内容未作改动。本书中译本将书名译作《社会科学中的研究设计》（格致出版社 2014 年版），其实与原书主旨有较大距离，故本文按照英文原文另译书名。

② 参见 David D. Laitin, et al., “Review Symposium: The Qualitative-Quantitative Disputation: Gary King, Robert O. Keohane, and Sidney Verba’s *Designing Social Inquiry: Scientific Inference in Qualitative Research*,” *The American Political Science Review*, Vol.89, No.2, 1995, pp.454—481。这组文章包括五篇书评及《设计社会调研》三位作者的回应。对《设计社会调研》秉持的统计学世界观（科学观）更为系统的批评，参见 Timothy J. McKeown, “Case Studies and the Statistical Worldview: Review of King, Keohane, and Verba’s *Designing Social Inquiry: Scientific Inference in Qualitative Research*,” *International Organization*, Vol.53, No.1, 1999, pp.161—190。

为难以逆转的学科潮流。加上同一时期理性选择理论和形式建模的流行，政治学之中秉持个体论立场的“科学方法论”运动强有力地推动了比较政治与区域研究“脱钩”。

这种“脱钩”不同于“解耦”的要害在于，政治学经验研究过度强调方法上的严格精确，把测量问题与因果推断置于核心地位，事实上否定了在比较政治研究中基于实用主义考量，存在“模糊的中心地带”的正当性。① 量化学者用单一的“计量标准”规定了政治学研究的“品质标准”，用彻底的自然主义立场否定了政治学内在的人文成分，如此一来，除非与区域研究传统的特例式知识一刀两断，比较政治研究就无从维护自己的“科学性”。

1996 年，美国政治科学协会比较政治组主席罗伯特・贝茨（Robert H. Bates）在《组内通讯》上发表了一篇讨论区域研究与学科研究关系的“主席信”，② 加上翌年《高等教育纪事》报道的渲染，③ 引发了政治学领域区域研究学者激烈的争论。贝茨本人就是非洲研究专家出身，但他力倡区域研究应当更多地借鉴社会科学研究方法（尤其是形式模型），更深入地参与政治学科乃至社会科学中的理论对话。尽管贝茨的本意是借此在比较政治与区域研究之间达成某种“调和”或“综合”，但彼时形式建模与理性选择理论在政治学界如日中天，其鲜明立场直接遭到了比较政治内部区域研究学者的猛烈抨击。2000 年 10 月，一份署名“改革先生”的匿名邮件引发了美国的政治学者激烈讨论，矛头直指美国政治科学协会及其旗舰刊物《美国政治科学评论》。④ 反感统计分析、形式建模与理性选择理论“一统江湖”的学者，以詹姆斯・斯科特为“旗手”，群起声讨《美国政治科学评论》为代表的业内“顶级期刊”秉持的狭隘方法论立场。⑤ 尽

① Atul Kohli, et al., “The Role of Theory in Comparative Politics: A Symposium,” *World Politics*, Vol.48, No.1, 1995, pp.1—49.

② Robert H. Bates, “Letter from the President: Area Studies and the Discipline,” *APSA-CP: Newsletter of the APSA Organized Section in Comparative Politics*, Vol.7, No.1, 1996, pp.1—2.

③ Christopher Shea, “Political Scientists Clash Over Value of Area Studies,” *The Chronicle of Higher Education*, 10 January 1997, https://www.chronicle.com/article/political-scientists-clash-over-value-of-area-studies/, 访问时间：2021 年 6 月 14 日。

④ 对这场大讨论的回顾，参见 Kristen Renwick Monroe, ed., *Perestroika! The Raucous Rebellion in Political Science*, New Haven: Yale University Press, 2005; David D. Laitin, “The Perestroikan Challenge to Social Science,” *Politics and Society*, Vol.31, No.1, 2003, pp.163—184; Dvora Yanow and Peregrine Schwartz-Shea, “Perestroika Ten Years After: Reflections on Methodological Diversity,” *PS: Political Science and Politics*, Vol.43, No.4, 2010, pp.741—745。

⑤ 参见 Gerardo L. Munck and Richard Snyder, *Passion, Craft, and Method in Comparative Politics*, Chapter 11, 斯科特的访谈录。

管来自学术共同体内部的“抗争”使美国政治科学协会作出了一些改革与让步，但此后20余年间，美国的政治学研究依然走向了量化独大的局面。

在“因果推断革命”的旗号下，① 以量化研究标准来衡量，区域研究被视为“不科学”当然顺理成章。换言之，量化政治学主流，通过把区域研究界定为“非理论”的描述性工作、只能积累特例式的“地方性知识”，试图彻底将区域研究归入人文学科范畴。区域研究可以提供理论验证或对策研究所需的实地材料与历史文献，但对于社会科学所追求的一般性因果理论而言，价值就谈不上了。

在政治学内部，定性研究的拥护者反对量化研究学者把持“因果推断”的话语权，从方法论上的细致讨论出发，进行了反驳。政治学、社会学领域的定性研究学者在承认社会科学的“经验研究导向”和以揭示“因果关系”为要务这两大前提下，极力维护个案研究和定性比较在政治学中的“科学地位”。②

这种辩护主要有两个方向。其一是把“本体论问题”带回来，批评“自然主义”科学观和“实证主义”方法论立场背后的疏漏，从批判实在论或社会建构论立场出发，肯定个案研究和定性比较对于概念建构、理论创新的巨大潜力。③ 其二是重置“因果关系的本质”，将“因果机制”置于“因果关系”的核心位置，阐明“个案内推断”在因果推断上的合理性，通过澄清“因果机制”，替代或补足量化研究所追求的“平均因果效应”；同时，力图说明“平均因果效应”只不过揭示了少数被观测变项之间可疑的静态关联，“因果机制解释”才是对因果效力的动态说明。④ 此外，定性研究学者主张从关心“因之果”，到转为讨论“果之因”，⑤ 用多因素组态（configuration）逼近对实际

① Paul W. Holland, “Statistics and Causal Inference,” *Journal of the American Statistical Association*, Vol.81, No.396, 1986, pp.945—960; William Roberts Clark, et al., “Symposium: Big Data, Causal Inference, and Formal Theory: Contradictory Trends in Political Science?” *PS: Political Science & Politics*, Vol.48, No.1, 2015, pp.65—106.

② Henry E. Brady and David Collier, eds., *Rethinking Social Inquiry: Diverse Tools, Shared Standards*, Lanham, Md.: Rowman & Littlefield, 2004; Gary Goertz, *Multimethod Research, Causal Mechanisms, and Case Studies: An Integrated Approach*, Princeton, New Jersey: Princeton University Press, 2017.

③ Alexander L. George and Andrew Bennett, *Case Studies and Theory Development in the Social Sciences*, Cambridge, Mass.: MIT Press, 2005; Jonathon W. Moses and Torbjørn L. Knutsen, *Ways of Knowing: Competing Methodologies in Social and Political Research*, 2nd ed. Hampshire and New York: Palgrave Macmillan, 2012.

④ Gary Goertz and James Mahoney, *A Tale of Two Cultures: Qualitative and Quantitative Research in the Social Sciences*, Princeton, N.J.: Princeton University Press, 2012, pp.100—114.

⑤ Ibid, pp.41—50.

结果的充分解释，[①] 而不止于拎出若干必要条件。

在实践层面，定性研究学者通过对概念构造方式、个案选取标准的详细讨论，指出了量化研究专注于测量问题的漏洞。进而，他们通过对比较历史分析、定性比较分析（QCA）、过程追踪、诠释研究、处境分析等“立足个案”（而非“立足变项”）研究方法的系统提炼，逐渐形成了堪与计量分析和形式建模相抗衡的解释逻辑。[②] 不过，在实在论还是建构论、结构还是能动性、解释 / 说明还是理解 / 诠释等根本立场问题上，定性研究学者内部的分歧其实也殊难调和。[③] 经过近 20 年来学者们在研究方法上的不懈争论，越来越多来自定量与定性两大阵营的学者倾向于认可在研究方法上应当保持开放心态，从不同方向推进“混合方法”研究，并且提出了若干结合思路，比如集合论因果组态研究、嵌套分析（nested analysis）。[④]

无独有偶，也是在 2000 年，一本试图“超越区域研究之战”的论文集出版。文集分两部分讨论了“超越学科的议题”（后现代论、理性选择分析、后美国世界中区域研究各自为政的愿景）和“国际研究与各学科”（人类学、地理学、经济学、政治学、历史、语言）。[⑤] 针对后现代主义对区域研究的影响，文集作者之一，政治学博士出身的

① Benoît Rihoux and Charles C. Ragin, *Configurational Comparative Methods: Qualitative Comparative Analysis (QCA) and Related Techniques*, Thousand Oaks: Sage, 2009.

② Andrew D. Abbott, *Methods of Discovery: Heuristics for the Social Sciences*, New York: W.W. Norton & Co., 2004; Gary Goertz and James Mahoney, *A Tale of Two Cultures: Qualitative and Quantitative Research in the Social Sciences*, Princeton, N.J.: Princeton University Press, 2012; James Mahoney, *The Logic of Social Science*, Princeton, N.J.: Princeton University Press, 2021.

③ William Outhwaite, *New Philosophies of Social Science: Realism, Hermeneutics, and Critical Theory*, New York: St. Martin’s Press, 1987; Martin Hollis, *The Philosophy of Social Science: An Introduction*, Cambridge; New York: Cambridge University Press, 1994; Daniel Little, *New Directions in the Philosophy of Social Science*, London; New York: Rowman & Littlefield International, 2016.

④ 集合论因果组态研究参见 Charles C. Ragin, *Fuzzy-Set Social Science*, Chicago: University of Chicago Press, 2000; Charles C. Ragin, *Redesigning Social Inquiry: Fuzzy Sets and Beyond*, Chicago: University of Chicago Press, 2008; Benoît Rihoux and Charles C. Ragin, *Configurational Comparative Methods: Qualitative Comparative Analysis (QCA) and Related Techniques*, Thousand Oaks: Sage, 2009; Carsten Q. Schneider and Claudius Wagemann, *Set-Theoretic Methods for the Social Sciences: A Guide to Qualitative Comparative Analysis*, Cambridge: Cambridge University Press, 2012。嵌套分析参见 Evan S. Lieberman, “Nested Analysis as a Mixed-Method Strategy for Comparative Research,” *The American Political Science Review*, Vol.99, No.3, 2005, pp.435—452; Evan S. Lieberman, “Nested Analysis: Towards the Integration of Comparative-Historical Analysis with Other Social Science Methods,” in James Mahoney and Kathleen Ann Thelen, eds., *Advances in Comparative-Historical Analysis*, New York: Cambridge University Press, 2015, pp.240—263。

⑤ Neil L. Waters, ed., *Beyond the Area Studies Wars: Towards a New International Studies*, Hanover and London: Middlebury College Press, 2000.

历史学教授戴维·吉布斯（David N. Gibbs）尖锐地指出，“语言和社会处境差异”远在“后现代主义”出现之前就已经存在，也是区域研究所应着力之处，而后现代论者云山雾绕的言辞，无助于澄清关键问题上的含混，要么就沦为虚无主义，要么就成了喧宾夺主。在2004年出版的另一本分九个地区来回顾区域研究与学科关系的文集中，①多数作者亦赞同区域研究并不应单纯退回到人文学立场，而需要因应现实的变化，与社会科学各学科理论对话。

令人遗憾的是，多数区域研究专家尤其是亚非和中东区域专家对比较政治领域深入的方法论战明显不那么在意，②甚至对“诠释政治学”（interpretative political science）的进展也不大关心。③在比较政治20年方法论战所涉及的大量研究实例中，对欧美和拉美历史经验和现实问题的反复“重访”与“再解释”，遥遥领先于以亚洲、非洲和中东地区为对象的研究。对亚洲、非洲和中东地区的研究，无论是历史文化取向的，还是现实政策取向的，这20年间在研究方法上仍处于被“表现”（representation）“挪用”（appropriation）与“对象化”（Vergegenständlichung）的境地。

面对政治学的“方法论标准化”趋势，区域研究大致出现了三种应对方式：

其一，坚持区域研究的“在场”传统，沿着人类学、历史研究和文化研究的路径走下去，与量化研究保持距离，秉持诠释论、建构论立场，强调“理解”研究对象区域文化上的异质性。除了极少数例外，④这一立场的区域研究对政治学经验研究几乎不产生任何影响，很难被政治学研究者重视，甚至根本无视。

---

① David Szanton, ed., *The Politics of Knowledge: Area Studies and the Disciplines*, Berkeley, CA: University of California Press, 2004. 编辑这本文集的直接动力就是在社会科学各领域“学科化”和全球化加速的双重背景下，社会科学研究理事会于1996年取消了所有的区域研究委员会，按照新的议题导向重组研究网络和项目。

② 近10年间也出现了一些从区域研究出发的方法研讨作品，参见Mikko Huotari, Jürgen Rüland and Judith Schlehe, eds., *Methodology and Research Practice in Southeast Asian Studies*, Basingstoke; New York: Palgrave Macmillan, 2014；但相对于比较政治领域的方法论战而言，区域研究的方法讨论大多专注调研技术，甚少触及理论论证，话题也不够集中，像“民族志”这样常见的方法议题，不同地区不同经验就是常态。

③ Alan Finlayson, et al., “The Interpretive Approach in Political Science: A Symposium,” *British Journal of Politics and International Relation*, Vol.6, No.2, 2004, pp.129—164; Mark Bevir and R. A. W. Rhodes, eds., *Routledge Handbook of Interpretive Political Science*, London; New York: Routledge, 2015; Mark Bevir, ed., *Interpretive Political Science*, 4 vols, Los Angeles: SAGE, 2010.

④ 在民族主义、族群政治、身份认同政治问题上，一些不那么合乎“实证经验研究”口味的区域研究作品还是会被政治学者关注到，参见Benedict Anderson, *The Spectre of Comparisons: Nationalism, Southeast Asia, and the World*, London; New York: Verso, 1998。

其二，在新的研究问题引导下，重新界定区域对象，生发出新的研究议程。传统区域研究名为对“区域”的研究，实际只把眼光盯在特定人群、特定社会上，反而不那么在意人群与“空间”的互动关系。这和地理学中的聚焦功能性区位的区域科学（regional science）形成了明显的反差。从 20 世纪 70 年代开始，就有一些学者借鉴法国年鉴史学派对地中海地区、莱茵河流域作社会经济史讨论的研究思路，通过突破区域研究以国家、政区划界的传统，从特定经济与社会区域（往往是次国家的或跨界的）介入对“人与空间、环境”之间的互动关系、社会经济网络及相应政治生态的考察。20 年来，这类研究中最为成功地进入比较政治研究视野的大概就是中世纪到早期现代地中海经济圈的研究所带动的“分析叙事”，① 以及加州学派的“大分流”论题。② 另一个通过重构讨论的对象区域，介入政治学重大议题的成功范例，就是斯科特对赞米亚（Zomia）的研究——尽管他所界定的赞米亚区域范围，较之这个概念的起初所指其实大大缩小了。③

其三，也是最近 10 年间才受到更多关注的研究思路，是部分对政治学方法论争议较为敏感的比较政治学者开始推动比较区域研究（Comparative Area Studies）。④ 区域研究通常是个别区域内的、个别国家的讨论，比较政治领域中很多小样本跨国定性研究也尽可能在同一区域内选取研究对象国，作“区域内”跨国比较，从而变相“控制”社会历史文化差异造成的影响——最常见的研究实例当然是比较政治行当里有关拉美、西欧、中东欧的区域内跨国比较。而比较区域研究的提倡者试图追问的是：有没有可能在对区域特殊性保持敏感的同时，借鉴定性方法的新进展，转向跨区域国家之间的比较（比如“金砖五国”），并与一般性理论问题对话。毫无疑问，这种研究思路很有

① Robert H. Bates, et al., *Analytic Narratives*, Princeton, N.J.: Princeton University Press, 1998. Avner Greif, *Institutions and the Path to the Modern Economy: Lessons from Medieval Trade*, Cambridge; New York: Cambridge University Press, 2006.

② Kenneth Pomeranz, *The Great Divergence: China, Europe, and the Making of the Modern World Economy*, Princeton, N.J.: Princeton University Press, 2000; Patrick Karl O'Brien, *The Economies of Imperial China and Western Europe: Debating the Great Divergence*, Cham, Switzerland: Palgrave Macmillan, 2020.

③ James C. Scott, *The Art of Not Being Governed: An Anarchist History of Upland Southeast Asia*, New Haven: Yale University Press, 2009.

④ Ariel I. Ahram, Patrick Köllner and Rudra Sil, eds., *Comparative Area Studies: Methodological Rationales and Cross-Regional Applications*, New York: Oxford University Press, 2018; Dirk Berg-Schlosser, “Comparative Area Studies Epistemological and Methodological Foundations and a Practical Application,” *Vestnik RUDN, International Relations*, Vol.20, No.2, 2020, pp.288—302.

诱惑力，因为它在“一般性议题”导向和研究结论的“外部有效性”上，更符合政治学者的方法论预期。但这种比较框架下，困难又回到了研究对象国的可比性和区域处境的特异性上。从事“比较区域研究”的研究者既得面对有关研究结论外部有效性的质疑，又较之单一国家研究更难“深入”，若只是浮于其表，泛泛而论，等于还是回到了“立足变项”的研究思路上。因此，对于比较区域研究来说，个案选取上的方法论批评难以绕开，就只能通过对研究问题的精心表述，让“比较”的理由得以成立。因此，相对于前两种应对方式而言，比较区域研究前景很诱人，但方法论上的自我辩护更麻烦。其实，若考虑到巴林顿·摩尔、斯考切波有关现代化道路和革命研究的经典之作，“比较区域研究”早已存在，如今冠以这顶新帽子，多少还是为了把区域研究尽可能推向政治学者期待的“理论化”道路上去。很明显，与第一种立场相比，持后两种立场的学者并不主张比较政治（或其他学科研究）与区域研究“脱钩”。

更为根本的是，量化研究学者推动的方法论标准化同时不断巩固着方法论上的个体论、还原论立场。而比较政治中以国家为基本单位的跨国比较，在很多议题上原本是不能将不同规模的国家方便地视为“同类”来处理的。也就是说，方法论上的“整体论—个体论”分歧，在比较政治方法论标准化进程中，其实被“回避”或被“忽略”了。而对强调深入了解对象国具体情况的区域研究来说，无论如何也得首先明确：特定研究的分析单位是“个体”层次的，还是“群体”层次的。从诸如文化、共同体这样的整体层次立论，又以个体层次积累资料的民族志方法来处理问题，这是区域研究中时常出现的含混之处。因此，无论是比较政治还是区域研究，“微观—宏观的联结”“个体论—整体论的立场分歧”其实都还有很多有待澄清的难题。

总之，从20世纪90年代中期以来，比较政治领域的方法论标准化趋向和若干重大知识争议，的确还没有被区域研究专家系统地加以关注。“比较区域研究”或许是一种直面挑战的回应方式，但还没有形成很清晰的操作范式。这样一来，由政治学方法论标准化进程带动的与区域研究“脱钩”，就成了无可奈何的现实。

第五节　保持比较政治与区域研究的“低耦合”

通过对比较政治与区域研究从“耦合”到“解耦”再到“脱钩”过程的梳理，我们还是得追问，比较政治与区域研究可能就此彻底“脱钩”吗？答案其实很明确：解耦在所难免，脱钩全无可能。

先说“解耦在所难免”。首先，按照目前的知识组织方式，学科仍旧是基本的知识单位。任何学者，无论是政治学、社会学、人类学、经济学背景还是人文学科背景，终归还是难免要从学科之内“往外看”。区域研究相对于学科研究来说，是很难从知识体系的内在合理性上加以辩护的。引发区域研究专家对研究对象兴趣的，或许是“理性选择”的结果，但鼓舞区域研究专家持续投入的其实是“激情”与“移情”。因此，在知识生产的意义上，区域研究是“手艺活”，比较政治已经变成了“流水线作业”。换言之，“跨学科”或者“多学科”，在缺少研究对象共识、缺少方法论共识，甚至缺少知识论共识的情况下，就等于“无学科”。比较政治与区域研究之间的“解耦”是必要的，是政治学科内聚度提升的自然结果。

其次，早期“耦合”阶段比较政治与区域研究之间含糊的“结构功能主义”元理论共识早已不存在了。如今连比较政治研究本身都没有什么元理论上的共识可言，隐然呈现出“国关化”（IR-ization）的趋势，更谈不上与区域研究有基本的共同立场。

再次，经过“方法论标准化”的洗礼，比较政治与区域研究之间的知识诉求南辕北辙，这种认识分歧很难调和。

最后，经验研究的方法论标准本身就意味着一系列的两难取舍（具体问题具体分析 / 内在有效性—普遍适用 / 外部有效性；定性—定量；个体论—整体论）。再加上政治学理论（实证理论—规范理论）和对象区域国别知识（深入—广博）方面的各种两难，事实上构成了一个比较政治知识建构上的“不可能三角”（参见图 7.1）。对研究者来说，要兼顾理论上有所建树、方法上清晰严谨、区域国别知识扎实，是极大的挑战。比较政治学者如若选择“高内聚”的学科内对话，难免首选遵从方法论标准，追求理论创见，这样一来，部分地牺牲掉对区域国别知识的细致了解也就在所难免了。

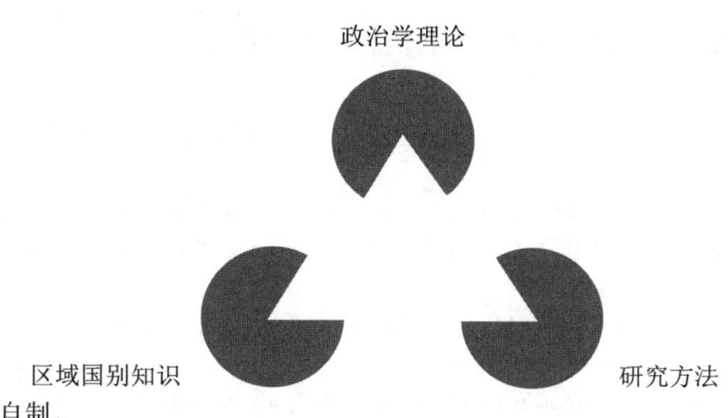

资料来源：笔者自制。

图 7.1　比较政治研究的“不可能三角”

再说“脱钩全无可能”。很明显，比较政治研究的经验资料还是具体的区域国别信息，没有区域国别知识支撑，跨国比较就成了无源之水、无本之木。比较政治研究如今日渐侧重立足变项的、“不接地气”的跨国比较，以“因果推断”为中心任务甚至唯一追求，对计量模型与形式模型过分热衷，事实上呈现出“走火入魔”的架势。[①]甚至在“大数据”流行之际，已经有政治学者明确发表了政治学就是“数据科学”的宣言。[②]但30年来，比较政治研究中回应现实重大问题、令人耳目一新的理论贡献到底是越来越多了，还是越来越少了呢？

政治学归根结底还是“实践智慧”（Phronesis），得能够去解释回答现实问题。[③]问题从哪里来？没有对区域国别情况的细致把握，只能“从纸面上来，到纸面上去”，再精致的验证工具，也不可能向壁虚构出切合实际的重大理论问题。因此，用回归“处境分析”的思路，[④]降低对脱离具体处境的数量编码式证据的热情，降低对通则式理论的期待，在扎实的区域国别研究基础上，从立足个案分析的研究出发，提炼具有潜在创新意义的新的研究假说，远比反复用不可靠的跨国数据“复现”原本似是而非的研究结论实在得多。正是在理论创新的意义上，区域国别具体处境的“特异性”之中内涵着“启发性”。对区域国别研究中呈现的事实材料和经验性概括保持足够的兴趣，是比较政治理论创新的重要来源。

因此，笔者认为，恰如其分的定位，或许是在提升政治学科内聚度的同时，让比较政治与区域研究之间保持适度的“低耦合”。尤其对于正在蓬勃发展之中的中国的比较政治研究与区域国别研究来说，以美式政治学学术成果和经验教训为对照，有意识地让中国的比较政治与区域研究实现“低耦合”很有必要。

首先，从中国立场看问题，与从英文语境看问题，问题意识是不同的。无论对比较政治还是区域研究，所谓“前沿”问题都不必看得那么重要，不妨先澄清中国自身

---

① 参见汪卫华：《比较政治“学”？——学术史与学科性的反思》，《政治学研究》2021年第5期，第63—76页。

② Jeff Gill, “Political Science Is a Data Science,” *The Journal of Politics*, Vol.83, No.1, 2021, pp.1—7. 这篇文章的前身是2020年1月10日作者在美国南部政治科学协会（Southern Political Science Association）年会上的主席演讲。

③ Bent Flyvbjerg, *Making Social Science Matter: Why Social Inquiry Fails and How It Can Succeed Again*, New York: Cambridge University Press, 2001; Sanford Schram and Brian Caterino, eds., *Making Political Science Matter: Debating Knowledge, Research, and Method*, New York: New York University Press, 2006.

④ Robert E. Goodin and Charles Tilly, eds., *The Oxford Handbook of Contextual Political Analysis*, Oxford and New York: Oxford University Press, 2006.

的比较政治与区域研究的问题意识，进而设置中文语境下的研究议程。

其次，区域研究全覆盖的条件有没有？哪些是中国区域国别研究的突破点所在？比较政治研究目前在中国最大的短板，到底是研究方法上的，还是认识论和问题意识上的？两相结合，答案是什么？中国自身的比较政治与区域研究可能的“接口”在哪里？

最后，区域国别研究需要了解比较政治领域的理论与方法，比较政治研究则不必只顾着去做似是而非的一般性“实证、经验”理论的检验工作。

就中国目前的比较政治研究现状来说，政治学科之内的方法论标准化“压力”已然呈现，但还没有那么僵化、绝对——中国政治研究领域迄今为止与美式政治学操作规程还没有那么“接轨”，这或许是件好事，至少这种知识上“野蛮成长”的空间，给了重新构造中国式比较政治与区域研究“低耦合”的时机。

对中国的比较政治研究而言，或许需要加以警惕的迷思有三。

第一，民主化几乎成为20世纪90年代以后美式比较政治研究的主导认识框架或“范式”，至少部分地代替了现代化理论当年的地位。这套知识背后，有“进步主义”的松散元理论幻影，与当年“保守”的结构功能主义相较，其实两者同样反历史。但“进步主义”更带有浓厚的目的论色彩，更富有进攻性，更偏意识形态，而非纯粹的社会理论。

第二，可以暂时搁置，但无法一直回避中英文语言背后的思维方式差异。尤其是对于中文这套当今世界上唯一活着的象形文字语言体系而言，中文思维与英文思维（更准确地说，印欧语系所有的拼音语文背后有大体一致的思维方式）之间的差异其实始终潜移默化地影响着中国的哲学社会科学研究。中文社会科学需要实事求是弄懂“西学”，但更需要在引进消化的基础上，看到根深蒂固的中西思维方式差异与生活方式差异，并客观地呈现出来。

第三，科学研究的客观中立不等于“上帝视角”，科学研究始终还是人类从事的一种社会活动，社会科学更是如此，时空处境、文化差异对于社会科学各领域的知识生产存在着难以忽视的影响——这也是区域研究呈现给公众的重要心得。比较是平视的基础，但理论终归只能“由己及人”，没有可能幻想一套不带有任何社会文化特质的、纯粹科学的比较政治知识。就此而言，扎实的区域国别研究可以呈现世界原本的复杂性和多样性，更有利于澄清中国在世界的定位，以及中国的政治学在世界各国社会科学中的定位。

如果期待一种“低耦合”状态，那么，比较政治与区域研究可能的“接口”何在？笔者的总体看法是：处境分析——一方面，坚持具体问题具体分析，不能不加分辨地把“一般性理论”或“因果推断”作为比较政治研究追逐的唯一目的，尤其要在关键概念、重要范畴、叙事风格上再三斟酌；另一方面，在承认差异性的基础上，需要不断探询带有一般性的社会政治模式及其发生的处境条件，就像“橘生淮北则为枳”并未否认柑橘生长的一般规律一样，澄清社会科学领域的因果关系及其发生作用的处境条件，至少同样重要。

要把处境分析从解释具体结果、就事论事的印象中“解放”出来，使之上升为比较政治的一般方法主张，从而能够与区域研究保持“低耦合”，或许还可以在两个问题上作更多的追问：

认识论“接口”存在吗？首先，在整体论与个体论之争的层面，基本分析单位是否一定需要还原？即国家、次国家区域、政治组织、社会群体这些分析单位，到底可不可、需不需向个体层次还原？多大程度上这是个可以由研究者自主选择的问题？其次，到底要不要那么在意实在论立场和建构论立场的本体论争议？窃以为，在比较政治和区域研究实践层面而言，完全没必要卷入哲学意义上的“本体论”话题，用“处境化认知”来协调结构与能动性的关联即可，即把“本体论”争议简化为认识视角问题，根据需要回答的研究问题作相应取舍。

研究方法“接口”存在吗？首先，在承认处境差异的前提下，一定程度上需要放松“经验研究”的测量要求，先老老实实地承认解读 / 诠释（interpretation）与解释 / 说明（explanation）至少在经验研究中提出问题、概念化以及对研究对象的分类问题上，其实是相互关联的，需要关注意义（meaning）问题，而不必坚持刻板的自然主义科学立场。其次，在论证技术上，保持充分开放的心态，无论是立足个案、定性本位的定性比较分析（QCA），还是立足变项、定量本位的嵌套分析，都不妨大胆地尝试。不必让方法论上的门户之见影响对具体问题的讨论，但同时需要高度重视研究者手中的量化数据与定性资料到底适不适合自己属意的研究方法，不只是“大胆假设、小心求证”，还得在不能蛮干的地方晓得适可而止。

总之，从经验材料到研究方法，比较政治在继续往政治学学科内“高内聚”方向发展的同时，放松一些科学研究认识论上的门户之见，承认“处境条件”之于“因果解释”的重要价值，它跟区域研究保持良性的“低耦合”互动既是可能的，更是必要的。只要不把片面的量化方法标准误认为是“科学标准”，比较政治与区域研究就仍可以并存于一个模块化、分布式的开放知识系统。

第八章　世界经济与区域国别学

世界经济学与区域国别学是社会科学领域中相互联系并且相互交叉的子领域。区域国别研究的本质是区域性知识生产，其显著特征是基于地域视角（而非学科视角）设定研究边界，并致力于拓展具有明显地域性质的多学科研究领域。[①] 大多数经济学理论源自对特定地区或国家经验现象的观察和总结，并服务于解决该地区或国家所面临的重要问题。经济学理论与区域性知识之间不仅具有天然联系，而且存在双向互动。本章将从研究对象、研究论证和学科建设三个方面探讨世界经济学与区域国别学的关联。

第一节　研究对象上的重叠交叉：系统重要性经济体

作为社会科学的两个子领域，世界经济学与区域国别学的关联首先表现为研究对象的重叠与交叉。区域国别研究聚焦于特定地区或国家，涉及政治、经济、历史、文化等众多方面。其中，国别经济、区域经济等领域与世界经济学的关联最为密切。

一、世界经济学的研究对象

顾名思义，世界经济学的研究对象就是世界经济。世界经济是一个客观存在的整体，是人类社会发展到一定阶段的产物，有其特殊矛盾和发展规律。[②] 从历史演进的视角来看，世界经济是人类社会生产力、世界市场、国际分工以及国际货币信用关系发展到一定阶段的产物，是各国国民经济之间通过世界范围内的紧密联系形成的有机整体。[③]18 世纪 60 年代以来，在三次科技革命浪潮的推动下，人类社会生产力不断进步，经济全球化程度不断加深。从商品国际化到世界市场形成，从资本国际化、生产国际化到全球价值链分工，世界经济的内涵不断丰富和发展。

---

① 在西方研究中，区域研究（area studies）涵盖对具体国家的研究。本章将区域国别学的研究成果统称为区域性知识。其中，区域性是指具有一定地域特征。

② 钱俊瑞：《为创建和发展马克思主义的世界经济学而奋斗》，《世界经济》1980 年第 3 期，第 1—10 页。

③ ［日］大崎平八郎、久保田顺：《世界经济论》，东京青木书店 1970 年版，第 19 页。

从构成要素来看，世界经济以各国国民经济及其相互间的经济纽带为基础，在贸易、生产和金融等领域形成不同类型的要素流动网络，如国际贸易网络、全球价值链体系、全球金融市场等，从而形成一个以相互依赖为基本特征的复合型全球市场经济体系。在网络分析视角下，世界经济是一个复杂网络系统，各国国民经济是网络的节点，国家间的要素流动关系是网络的边，各类要素流动关系构成了不同的国际经济网络。作为世界经济体系中的点、线、面，各国国民经济、各国间经济关系、各个国际经济网络分别属于不同层次的分析单元。

根据分析单元的层次，世界经济学的研究对象可分为三类（见图 8.1）。一是关于世界经济整体的变化和发展规律，例如，生产要素国际流动、世界经济格局演变、经济全球化等问题，具有全球性、系统性、理论性等特征，属于世界经济学的核心范畴。[①] 二是关于国家间经济联系及其发展变化规律，例如，国际经济关系、国际贸易、国际金融、国际投资等问题，具有国际性、领域性、学科性等特征。这两部分构成了狭义的世界经济学。三是关于主要经济体的国民经济运行与发展规律及其对世界经济的影响，例如，美国经济、中国经济、日本经济、德国经济等，具有地域性、国别性、经验性等特征。上述三部分构成了广义的世界经济学。[②]

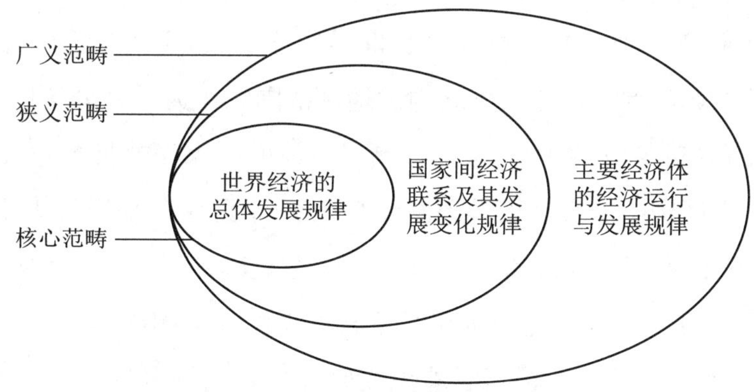

图 8.1　世界经济学的研究对象

---

① 笔者在定义世界经济研究的核心范畴时参考了韩世隆（1980）、连平（1988）、欧阳峣和汤凌霄（2020）等研究中关于世界经济学研究对象的观点。详见韩世隆：《浅议世界经济学的研究对象与体系》，《世界经济》1980 年第 3 期，第 15—19 页；连平：《世界经济与世界经济学的再探索》，《世界经济研究》1988 年第 5 期，第 54 页；欧阳峣、汤凌霄：《构建中国风格的世界经济学理论体系》，《管理世界》2020 年第 4 期，第 53—66 页。

② 笔者在定义广义的世界经济范畴时参考了褚葆一和连辉（1985）、张伯里（1998）等研究中关于世界经济学研究对象的观点。这些研究认为，世界经济学的研究对象包括各国国民经济和各地区经济、国际经济关系、世界经济整体。参见褚葆一、连辉：《世界经济学的研究对象》，《世界经济研究》1985 年第 4 期，第 2 页；张伯里：《世界经济学》，中共中央党校出版社 1998 年版，第 5—7 页。

二、区域国别学在经济领域的研究对象

国别经济、区域经济、世界经济等概念是一系列具有明显地域性质的经济单位，国别经济和区域经济是世界经济的子集。在网络分析视角下，世界经济研究的是整体网的特征，国别经济研究的是网络节点的属性以及以该节点为中心构成的个体网的特征，区域经济研究的是子网络的特征。

国别经济涵盖特定国家内的经济活动、经济政策与经济环境。国别经济研究是对以具体国家的经济议题为研究主题的一系列研究的统称。国别经济研究侧重于探讨影响特定国家经济表现的内部因素，如国民收入、通货膨胀率、失业率、财政和货币政策、产业结构等。区域经济是指一定地域范围内各国通过相互间经济联系而形成的总体。研究内容主要包括区域经济一体化、区域发展与经济增长、区域产业结构与产业集群等方面。

国别经济研究和区域经济研究是区域国别研究的重要方面。“国别”（country-specific）和“区域”（area）既是一种类别特征又是一种分类标准。作为一种类别特征，“国别”和“区域”限定了研究对象的层次和范围。“国别”是指国家而非国际或全球，从而使国别经济研究区别于国际经济学和世界经济学。“区域”是指地理位置临近的多个国家构成的地域范围，而非一国之内的地域范围。作为一种分类标准，“国别”和“区域”限定了研究对象的性质。“国别”是指具体的国家而非抽象意义上的国家，从而使国别经济研究区别于宏观经济学和国民经济学。“区域”是指具体的区域而非抽象意义上的区域，从而使区域经济研究区别于区域经济学。

从概念上看，国别经济研究的研究对象涵盖了世界范围内的所有国家，区域经济研究的研究对象涵盖了所有基于国际共识或研究需要而划分的区域和次区域。然而，从既有研究成果来看，研究对象的国别分布和区域分布均呈现出明显分化。以经济增长与经济发展这一主题为例。选择社会科学引文索引（SSCI）数据库作为统计来源，检索以经济增长或经济发展为关键词的英文文献，出版年份限定为 2001—2022 年，主题分类限定为经济学，文献类型限定为论文，语种限定为英语，共检索到 6 606 条结果。从国别层面来看，研究对象主要集中于美国、日本、德国等发达国家，以及中国、印度等新兴大国，见图 8.2。从区域层面来看，论文主题涉及欧盟、东亚、东南亚、南亚、中亚、中东、北美、拉丁美洲、加勒比地区、北非和撒哈拉以南非洲等区域或次

区域，见图 8.3。①

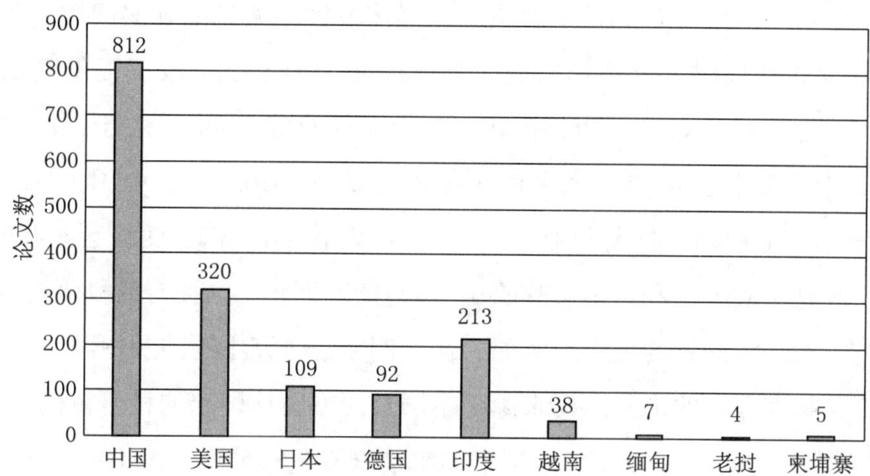

资料来源：根据社会科学引文索引数据库检索结果自制。

图 8.2　研究对象的国别分布举例

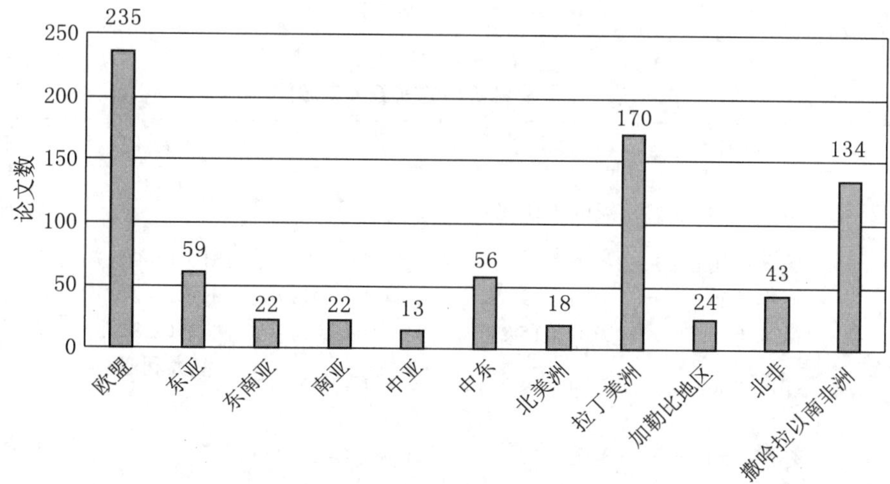

资料来源：根据社会科学引文索引数据库检索结果自制。

图 8.3　研究对象的区域分布举例

---

① 仅以部分国家和区域举例说明。以社会科学引文索引（SSCI）数据库作为统计来源，以经济增长（economic growth）或经济发展（economic development）为关键词，出版年份限定为 2001—2022 年，Web of Science 主题分类限定为经济学（Economics），检索式为 AK=(economic growth or economic development) and PY=(2001-2022) and WC=Economics，文献类型限定为论文（Article），语种限定为英语。以具体国家为主题（Topic）进行文献检索。例如，以中国为主题，检索式为 AK=(economic growth or economic development) and PY=(2001-2022) and WC=Economics and TS=("China" or "China's" or "Chinese economy")。以东亚为主题，检索式为 AK=(economic growth or economic development) and PY=(2001-2022) and WC=Economics and TS=("East Asia*")。

这种区域国别分化现象在各类经济议题上普遍存在，主要反映了科研强国的研究偏好。经济学研究的主要目的在于解决本国经济发展中遇到的现实问题。各国学者根据本国经济发展和战略需求选择研究对象，以便为国家制定政策提供建议。全球科研资源在国家之间的分布存在明显分化。在上文提及的 6 606 篇关于经济增长或经济发展的文章中，署名机构前十大来源国依次是美国（26.1%）、中国（11.6%）、英国（10.1%）、德国（6.6%）、澳大利亚（5.1%）、意大利（4.5%）、西班牙（4.3%）、法国（3.6%）、土耳其（3.5%）和日本（3.0%）。通常情况下，一国拥有的科研机构及其科研人员是研究本国经济问题的主力。例如，在上例中，研究主题涉及中国、美国、日本、德国、印度、越南等国的论文主要来源于本国及西方发达国家的科研机构（见表 8.1），本国科研机构所占比重分别为 58.5%、50.0%、26.6%、35.9%、30.0%、50.0%。然而，大部分发展中国家与发达国家在科研实力上存在明显差距。尽管大部分发展中国家的学者对本国经济问题进行了大量研究，但受限于研究能力、语言障碍等因素，难以在西方学术界发声。

表 8.1　署名机构的前五大来源国

主　题	排名 1	排名 2	排名 3	排名 4	排名 5
中国	中国（58.5%）	美国（18.6%）	英国（9.1%）	澳大利亚（5.8%）	韩国（3.2%）
美国	美国（50.0%）	英国（11.6%）	中国（10.0%）	德国（5.9%）	法国（4.7%）
日本	日本（26.6%）	美国（19.3%）	英国（11.0%）	中国（9.2%）	法国（8.3%）
德国	德国（35.9%）	美国（15.2%）	英国（13.0%）	法国（9.8%）	荷兰（5.4%）
印度	印度（30.0%）	美国（24.9%）	英国（13.6%）	澳大利亚（8.9%）	中国（8.9%）
越南	越南（50.0%）	美国（13.2%）	日本（13.2%）	澳大利亚（13.2%）	中国（10.5%）

资料来源：根据社会科学引文索引数据库检索结果自制。

三、世界经济学与区域国别学在研究对象上的交集

当今世界，各国经济政策和国内经济仍然是国际经济事务的主要决定因素。[①]各国在世界经济体系中的角色存在显著差异。正如伊曼纽尔·沃勒斯坦（Immanuel Wallerstein）的世界体系理论将世界资本主义经济体系划分为核心区、半边缘区和

① ［美］罗伯特·吉尔平：《全球政治经济学——解读国际经济秩序》，杨宇光等译，上海人民出版社 2020 年版，第 1 页。

边缘区三大部分，处于不同区域的国家对世界体系的影响迥然不同。[①]广义的世界经济学将世界主要经济体纳入研究范畴。在经济全球化发展趋势下，开放经济体之间形成了千丝万缕的联系。解决一国在经济发展中面临的问题，不仅要研究其国内经济状况和运行机制，而且要充分考虑外部经济因素的变化和影响，研究视野需要从本国拓展至对本国及世界经济具有重要影响的经济体。因而，在各国从封闭走向开放的进程中，学术界的研究视线与研究资源向世界经济体系中的重要经济体集聚。

因而，广义的世界经济学与区域国别研究在研究对象上存在交集，两者交集是以系统重要性经济体为元素的集合。[②]在世界经济研究中，系统重要性经济体通常是指那些凭借整体经济规模、相互依存关系以及综合影响力而对世界经济体系及其特定领域具有重大影响的经济体。系统重要性经济体通常具有以下一个或多个特征：一是具有较为庞大的经济规模和国内市场；二是全球产业链供应链价值链的主要参与者；三是具有较为发达的金融系统以及较为成熟的资本市场；四是本国货币具有国际货币职能，并且持有较为丰厚的国际储备。例如，美国、中国、欧元区、日本、印度、英国等。系统重要性经济体在维护世界经济体系各领域平稳运行方面发挥重要作用，其内部重大变化（如政局变动、经济危机或政策变化等）可能会给全球金融市场、全球供应链以及世界经济增长带来冲击。因此，世界各国以及国际组织都在密切监测和评估系统重要性经济体的相关风险，以便提升各国应对风险冲击的韧性与弹性。

需要说明的是，尽管系统重要性经济体是世界经济学和区域国别学共同的研究对象，但两者在研究视角和方法上存在明显差异。区域国别学侧重于对特定国家的经济运行状况和经济政策进行研究，关注其自身特征、运行机制及其影响因素，目标在于分析其经济运行和发展的特殊性规律和现实问题。而世界经济学则是从世界经济整体

---

① Immanuel Wallerstein, *World-Systems Analysis: An Introduction*, New York, USA: Duke University Press, 2004.

② 系统重要性经济体（systemically important economies）是由“系统重要性金融机构”（systemically important financial institution）衍生而来的概念。2010 年 10 月，金融稳定委员会在题为《减少具有系统重要性金融机构所带来的道德风险》的报告中提出了“系统重要性金融机构”的概念。系统重要性金融机构是指因其规模、业务复杂性及其与系统的关联性，一旦发生重大风险事件，将对更广泛的金融体系和经济活动造成重大破坏的金融机构。参见 Financial Stability Board, Reducing the Moral Hazard Posed by Systemically Important Financial Institutions, 2010. https://www.fsb.org/2010/11/r_101111a/。

出发，着眼于特定国家在世界经济体系中的地位和作用，目标在于分析各类经济体之间的相互作用及其变化规律。以美国经济为例。区域国别学视角下的美国经济研究聚焦于美国国内经济动态及发展规律。例如，信息技术发展对美国经济增长的影响。① 世界经济学视角下的美国经济研究更加关注美国经济与世界经济之间的联系与互动。例如，考察美国宏观经济政策溢出效应的决定因素。②

第二节　研究论证中的双向互动：经济学理论与区域性知识

世界经济学和区域国别学除在研究对象上存在交集，两者在研究论证层面也存在双向互动。一是经验研究与理论研究之间的互动。经济学理论研究源自对特定国家和地区经验现象的考察，既有经验研究积累的规律性知识为后续理论研究奠定基础，而既有理论研究为后续经验研究提供了分析框架和方法。二是经济理论与区域性知识之间的互动。区域性知识为研究者提出研究假设和选择解释变量提供依据，而经济学理论为深入挖掘区域性知识提供了工具。

一、经验研究与理论研究之间的互动

在社会科学领域，经验研究是指通过经验观察、数据收集和实证分析来研究社会现象的方法，主要通过观察、调查及实验等方法收集各类事实数据，通过统计分析和实证检验来验证假设并得出结论。理论研究是指通过提出理论假设、构建和推导理论模型来解释社会现象的研究方法，通常以既有理论为基础，提出理论假设并构建理论框架，用以解释现象发生的机制及影响。经验研究和理论研究并不互斥，许多研究将两者相结合起来，在提出理论模型的基础上进行实证检验。

从知识生产的角度看，经验研究重在发现及验证规律，而理论研究重在解释规律，两者相互关联、相互促进。经验研究为理论研究提供了经验数据和事实依据，而理论研究则为经验研究提供了理论框架和分析方法。

西方古典经济学起源于对近代西方国家资本主义经济现象的经验研究。古典政治

① Dale W. Jorgenson, "Information Technology and the U.S. Economy," *American Economic Review*, Vol.91, No.1, 2001, pp.1—32.

② Georgios Georgiadis, "Determinants of Global Spillovers from US Monetary Policy," *Journal of International Money and Finance*, Vol.67, 2016, pp.41—61.

经济学奠基人威廉·配第（William Petty）撰写的《赋税论》《献给英明人士》《政治算术》和《货币略论》等著作都是针对英国当时的经济状况提出的观点和建议，其中涉及劳动价值论、地租理论等政治经济学观点。这些著作奠定了英国古典政治经济学的基础。卡尔·马克思（Karl Marx）将《政治算术》称为“政治经济学作为一门独立科学分离出来的最初形式”[①]。法国古典政治经济学创始人布阿吉尔贝尔（Pierre Le Pesant de Boisguilbert）撰写的《法国详情》《谷物论》和《论财富、货币和赋税的性质》等著作针对法国经济衰落、农产品价格和赋税等问题进行分析并提出财政改革建议，其中涉及关于资本主义生产方式的洞见。[②]亚当·斯密（Adam Smith）在《国民财富的性质和原因的研究》中通过研究罗马帝国衰亡后欧洲的农业和城市商业发展状况以及两者的相互作用，探讨不同国家国民财富增长的性质和原因。[③]大卫·李嘉图（David Ricardo）对英国的货币流通制度、谷物关税政策等问题的研究为其撰写《政治经济学及赋税原理》奠定了基础。[④]此外，卡尔·马克思在《资本论》中论述资本主义生产方式时，从劳动日标准到机械化大生产再到资本主义积累的一般规律，无一不以英国的资本主义发展经验作为论据或案例。[⑤]

自亚当·斯密以来，西方学者针对资本主义国家的经济发展和经贸往来进行研究，形成了政治经济学、宏微观经济学、国际贸易学、国际金融学、国际投资学、国际政治经济学等理论学科。其中，国际贸易、国际金融、国际投资以及国际政治经济学等涉及的理论框架、概念及指标构成了世界经济的理论体系。相关理论及其研究方法广泛应用于区域国别研究。例如，产业内贸易理论。产业内贸易理论主要用于解释国际贸易中同一产业内不同环节的专业化分工现象。在区域国别研究中，产业内贸易理论可用于分析各国在全球价值链中的地位和角色，也可用于分析各国在特定产业内的竞争优势和相互依存关系，还可用于研究区域一体化进程中的产业互补和价值链整合情

---

① ［英］威廉·配第：《赋税论》《献给英明人士》《政治算术》《货币略论》等著作选编，王亚南主编，吴斐丹等修订：《资产阶级古典政治经济学选辑》，商务印书馆 1979 年版，第 9—121 页。

② ［法］布阿吉尔贝尔：《法国详情》《谷物论》《论财富、货币和赋税的性质》等著作选编，王亚南主编，吴斐丹等修订：《资产阶级古典政治经济学选辑》，商务印书馆 1979 年版，第 122—191 页。

③ ［英］亚当·斯密：《国富论》，高格译，中华工商联合出版社 2017 年版，第 183—216 页。

④ 关于货币流通问题的研究如《金银条块价格高昂是银行券贬值的证明》《关于一种既经济又可靠的通货建议》等；关于谷物关税问题的研究如《论谷物低价格对资本利润的影响》《论农业的保护关税》等。

⑤ 马克思：《资本论》，郭大力、王亚南译，上海三联书店 2011 年版。

况。[①] 再如，国际生产折衷理论。国际生产折衷理论是一种解释跨国公司在全球范围内进行生产决策的理论框架，从所有权优势、内部化优势和区位优势三个维度解释跨国公司在特定国家进行直接投资的原因。[②] 该理论可用于分析特定地区或国家形成产业集群的原因，也可用于分析企业对特定市场进入模式的选择。[③]

二、经济学理论与区域性知识之间的互动

经济学理论源自对特定地区或国家经验现象的观察和总结，并服务于解决该地区或国家所面临的严峻问题。因而，经济学理论具有时代属性和社会属性。在理论研究中，研究者需要从特定地区或国家在经济、政治、社会、文化等领域的众多变量中选择出若干变量以构建因果逻辑，而未被选择的变量则内嵌于理论假设之中。[④] 研究者对变量的取舍不仅取决于其对经济现象的理解，更取决于其对区域国别知识的把握。

区域国别学是以特定地区或国家为研究对象的多学科研究领域，目标在于生产具有地域性质的规律性知识。而世界经济学则着眼于世界经济体系中的要素流动，旨在揭示世界经济运行和发展的总体规律。区域国别研究提供了关于特定地区或国家的经验事实和数据，有助于理论研究者把握样本的属性特征；而世界经济研究提供了分析全球经济环境以及国际经济关系的理论框架和方法，有助于实证研究者分析外部经济环境对特定地区或国家的影响。由于经济学理论和区域性知识在研究论证中存在互补性，世界经济研究与区域国别研究相辅相成。

经济学理论通常以一定的假设条件为前提，通过变量取舍将现实问题抽象为理论模型，假设条件变化将直接影响结论。通常情况下，现实社会难以严格满足理论模型

① Pieter IJtsma, Peter Levell, Bart Los, Marcel P. Timmer, “The UK’s Participation in Global Value Chains and Its Implications for Post-Brexit Trade Policy,” *Fiscal Studies*, Vol.39, 2018, pp.651—683. Jianhong Zhang, Arjen van Witteloostuijn & Chaohong Zhou, “Chinese Bilateral Intra-Industry Trade: A Panel Data Study for 50 Countries in the 1992—2001 Period,” *Review of World Economics*, Vol.141, 2005, pp.510—540. Ryuhei Wakasugi, “Vertical Intra-Industry Trade and Economic Integration in East Asia,” *Asian Economic Papers*, Vol.6, No.1, 2007, pp.26—39.

② John H. Dunning, “The Eclectic Paradigm of International Production: A Restatement and Some Possible Extensions,” *Journal of international business studies*, Vol.19, No.1, 1988, pp.1—31.

③ Fukunari Kimura, Mitsuyo Ando, “Two-dimensional Fragmentation in East Asia: Conceptual Framework and Empirics,” *International Review of Economics & Finance*, Vol.14, No.3, 2005, pp.317—348. George Nakos and Keith D. Brouthers, “Entry Mode Choice of SMEs in Central and Eastern Europe,” *Entrepreneurship Theory and Practice*, Vol.27, No.1, 2002, pp.47—63.

④ 林毅夫：《关于中国经济学理论体系建设的思考与建议》，《大学与学科》2021 年第 3 期，第 24 页。

的假设条件。经济学理论的应用受到各种社会条件（如政治制度、经济体制、历史文化等因素）的影响。因而，需要以区域国别知识为基础，选择特定地区或国家作为案例，对相关理论进行检验。例如，伯恩霍芬（Bernhofen）和布朗（Brown）使用日本在19世纪60年代全面放开国际贸易的事实数据检验比较优势理论的有效性。[①] 阿希亚克波尔（Ahiakpor）以1982—1983年加纳政府实施的经济政策为例论述依附理论对加纳经济政策的影响，并以此检验依附理论对于指导第三世界国家制定经济政策的有效性。[②]

国际政治经济学突出体现了政治经济学理论与区域性知识在论证中的互补性。国际政治经济学研究政治与经济在全球层面上的互动，内容涵盖了所有影响到全球生产、交换和分配体系以及各体系价值观念组合的社会、政治和经济安排。[③] 经济民族主义理论强调国家在经济事务中的角色，主张实施贸易保护主义政策，可用于分析各国的贸易干预政策。例如，穆勒（Mueller）和法哈特（Farhat）研究中美两国在数字平台市场准入监管上的互动，将其解读为"数字新重商主义"。[④] 自由主义理论强调自由贸易、市场导向和国际合作，可用于研究区域经济一体化和经济全球化。例如，卡利恩多（Caliendo）和帕罗（Parro）在李嘉图模型中引入部门联系、中间产品贸易和生产部门的异质性，用以估计北美自贸协定的贸易和福利效应。[⑤] 结构现实主义理论强调国际体系结构对国家行为和国际关系的影响，可用于分析国家之间的权力结构如何塑造国际经济关系。法雷尔（Farrell）和纽曼（Newman）分析了美国如何将全球互联网和全球金融信息网络武器化以获得战略优势。[⑥] 建构主义理论强调观念、规范和身份在塑造全球经济互动中的作用，可用于分析贸易协议中的社会规范、文化价值观对经济发展的影响以及身份在塑造经济合作中的作用。例如，克洛茨（Klotz）以跨国反种族隔离主

---

① Daniel M. Bernhofen and John C. Brown, "A Direct Test of the Theory of Comparative Advantage: The Case of Japan," *Journal of Political Economy*, Vol.112, No.1, 2004, pp.48—67.

② James C. W. Ahiakpor, "The Success and Failure of Dependency Theory: The Experience of Ghana," *International Organization*, Vol.39, No.3, pp.535—552.

③ ［英］苏珊·斯特兰奇：《国家与市场》(第二版)，杨宇光等译，上海人民出版社2019年版，第19页。

④ Milton L. Mueller and Karim Farhat, "Regulation of Platform Market Access by the United States and China: Neo-mercantilism in Digital Services," *Policy & Internet*, Vol.14, No.2, 2022, pp.348—367.

⑤ Lorenzo Caliendo & Fernando Parro, "Estimates of the Trade and Welfare Effects of NAFTA," *The Review of Economic Studies*, Vol.82, No.1, 2015, pp.1—44.

⑥ Henry Farrell, Abraham L. Newman, "Weaponized Interdependence: How Global Economic Networks Shape State Coercion," *International Security*, Vol.44, No.1, 2019, pp.42—79.

义活动家促使美国对南非实施经济制裁为案例，论证规范在美国制定经济制裁政策过程中的重要作用。① 制度主义关注制度在塑造经济行为和结果中的作用，可用于分析规则、规范和治理结构如何影响国家间的经济合作与协调。例如，阿格瓦尔（Aggarwal）和周（Chow）分析了东盟的“不干涉内政原则”如何阻碍东盟贸易自由化以及空气污染治理合作。②

综上所述，由于经验研究与理论研究之间相互促进、经济学理论与区域性知识在研究论证中相辅相成，世界经济学与区域国别研究将继续展现出紧密的关联性和互动性。

第三节　学科建设中的协同发展：世界经济学与区域国别学

2008 年全球金融危机后，新兴经济体崛起成为世界经济发展的重要特征。新兴经济体尤其是中国崛起过程超越了发展经济学的分析范畴。这一现象彰显了发展世界经济理论的现实需求。与此同时，伴随综合国力的显著提升，中国在全球经济治理中的角色越来越重要。中国广泛参与全球和区域合作，积极构建覆盖全球的伙伴关系网络。这种变化带来了深入了解各类区域性知识的广泛需求。中国教育部从 2011 年开始在国内高校和研究机构设立国别和区域研究基地，并于 2022 年设立区域国别学一级学科。区域国别研究由此正式开启学科建设进程。世界经济学与区域国别学迎来了协同发展的契机。

世界经济学侧重于研究世界经济运行和发展规律，区域国别学侧重于研究特定地区或国家的政治、经济、社会和文化特征。两者以系统重要性经济体为交集，在研究对象上重叠交叉，在研究论证上相互促进。世界经济学的理论框架和分析方法可为区域国别研究提供更为广阔的研究视野，而区域国别研究可为世界经济研究提供更为丰富的案例素材和实证数据。因而，推进两者在学科建设上协同发展具有较为广阔的空间和潜力。

20 世纪 80 年代以来，中国学者系统地研究了世界经济学的基本理论问题和理论体

① Audie Klotz, “Norms Reconstituting Interests: Global Racial Equality and U.S. Sanctions against South Africa,” *International Organization*, Vol.49, No.3, 1995, pp.451—478.

② Vinod K. Aggarwal & Jonathan T. Chow, “The Perils of Consensus: How ASEAN’s Meta-regime Undermines Economic and Environmental Cooperation,” *Review of International Political Economy*, Vol.17, No.2, 2010, pp.262—290.

系。在中国对外经济实践的推动下，世界经济学的学科建设不断推进。在经济全球化背景下，伴随国际经济学理论随着世界经济发展而不断演进，国内学者提出以要素流动为基础理论，构建世界经济学学科体系。张幼文提出从微观和宏观两个层面构建一个完整的学科体系。微观分析包括：要素流动原理、跨国公司作用、价值链分工内涵、要素流动市场特征、贸易投资融合发展、要素合作下的收益分配、要素升级改变国际分工地位等。宏观分析包括：国内生产总值统计的真实意义、经济增长新机制、双边贸易不平衡规律、发展中国家的新发展道路、国别经济与跨国公司双层格局、国际经济政策协调、全球经济治理改革等。[①] 要素流动是世界经济研究的重要理论视角，基于要素流动视角研究全球范围内的经济关系及其变化规律，能够较好地解释全球化进程中出现的各种经济现象和问题。

习近平总书记指出："要按照立足中国、借鉴国外、挖掘历史、把握当代，关怀人类、面向未来的思路，着力构建中国特色哲学社会科学，在指导思想、学科体系、话语体系等方面充分体现中国特色、中国风格、中国气派。"[②] 世界经济学和区域国别学均属于社会科学范畴，两者在研究对象和研究论证上具有重要关联。世界经济研究以区域国别研究作为基础，世界经济理论为区域国别研究提供理论方法。世界经济学和区域国别学在学科建设上协同发展，有助于融通学科边界，推动知识生产和理论创新，从而更好地满足国家战略需求。经济学理论和区域性知识的有机结合将为分析和预测世界经济发展趋势提供更为科学的理论依据。因此，构建具有中国特色的世界经济学和区域国别学，促进两者协同发展，具有重大的学术价值和现实意义。

为推动世界经济学与区域国别学在学科建设上协同发展，广大科研机构应从推动学科交流与合作、培养跨学科人才、加强政策研究三方面入手。一是建立学科建设合作平台，鼓励开展跨学科研究。二是开设交叉学科课程，引导学生突破学科藩篱。三是鼓励研究者将理论研究与政策研究相结合，使研究更具实践导向。

当前世界经济发展呈现出再全球化趋势，同时新一轮技术革命方兴未艾，世界经济学理论发展面临新机遇。在此背景下，我们应以既有理论成果和人类命运共同体思

---

① 张幼文：《全球化经济学：逻辑起点、理论主题与实践意义》，《探索与争鸣》2013 年第 11 期，第 59—64 页。第 62 页。张幼文：《世界经济学的基础理论与学科体系》，《世界经济研究》2020 年第 7 期，第 3—16 页。

② 习近平：《习近平在哲学社会科学工作座谈会上的讲话》，人民网，2016 年 5 月 19 日，http://jhsjk.people.cn/article/28361550。

想为理论基础，深入分析世界经济发展新趋势、新格局和新动能，构建中国特色的世界经济学和区域国别学，推动建设开放型世界经济。

世界经济学与区域国别学是两个相互关联的社会科学领域，两者的关联主要表现为研究对象的重叠交叉、研究论证的双向互动、学科建设的协同发展。

系统重要性经济体是世界经济学与区域国别学在研究对象上的交集。世界经济学更注重全球经济体系的整体运行和相互关系，通常从宏观的角度分析和解释全球经济的结构、演变和趋势，关注全球经济体系中各国和地区之间的相互作用和影响；而区域国别学则更加侧重于特定地区或国家的经济状况、经济政策和运行机制。世界经济学和区域国别学在研究视角和方法上具有互补性，将两者结合起来，能够更加全面地揭示特定地区或国家经济发展的规律。

经济学理论与区域性知识在研究论证中相辅相成。以西方古典政治经济学为例，经济学理论研究大多起源于对特定国家和地区经济活动与现象的经验研究，这些经验研究为后续理论研究奠定了基础。在世界经济研究中，研究者需要在全面把握区域性知识的基础上提出研究假设，选择解释变量并构建理论模型。在区域国别研究中，世界经济学的理论方法为深入分析和解读特定地区或国家的经济现象提供了理论视角和分析框架。两者相互作用与融合为分析和解决国家经济发展中面临的实际经济问题创造了条件。

世界经济学与区域国别学在学科建设上面临协同发展的契机。我们将在借鉴既有人类文明成果的基础上，构建中国特色哲学社会科学学科体系和话语体系。世界经济学在过去四十余年的学科建设进程对于区域国别学的学科建设具有一定启示。科研机构应从推动跨学科合作、培养复合型人才、加强政策支持三方面入手，推动世界经济学和区域国别学协同发展。

第九章　美国研究

美国脱胎于17世纪英国在北美地区建立的殖民地，正式成立于18世纪晚期，是个典型的“年轻”移民国家。[①] 美国位于北美地区，其国土面积超过980万平方公里，仅次于俄罗斯和加拿大；人口总数超过3.3亿，是世界上仅次于中国和印度的人口第三大国。

作为一个移民国家，美国在人口结构上非常多元化。在种族构成上，虽然白人占多数，但随着非洲裔和拉丁裔美国人口规模的快速上涨，其所占比例在近些年逐渐下降。[②] 在宗教信仰上，近70%的美国人信仰基督教，信仰犹太教、伊斯兰教和佛教的人口占比大约各为1%。值得一提的是，美国无宗教信仰人口（其中多为年轻人）所占比例在过去10多年里呈现大幅上升趋势，从2007年的16%上升到2020年的23%，在2018年甚至一度达到26%。[③]

在政治上，美国是一个由50个州和1个首都特区组成的联邦制国家。在该体制下，美国联邦政府拥有铸币、规定度量衡、制定统一的归化法律、接纳新州、设立邮局、宣战和管理各州之间的商业等权力，制定行使上述各项权力的法律的立法权，以及签署国际条约、寻求贸易和获得领土等固有权力。州政府则保留了治安权，组织民兵和管理州内商业的权力，以及宪法未授予全国性政府、也未禁止各州拥有的权力。

---

① 从1607年在詹姆斯敦（今天的弗吉尼亚州境内）建立了第一个永久性殖民地开始，英国在随后的一个世纪里陆续扩大了其在北美的殖民地范围。到18世纪早期，英国的殖民地已经从新英格兰北部（今缅因州界内）向南扩张到佐治亚。1776年北美13个英属殖民地通过《独立宣言》正式宣布脱离英国，建立美利坚合众国，成为独立国家。1783年《巴黎协议》的签订，标志着国际社会正式认可美国为一个新成立的国家。

② 根据2021年的统计，美国人口在种族构成上仍以白人居多，占59.3%，黑人或非裔人口占13.6%，西班牙裔和拉美裔占18.9%，亚裔人口占6.1%，原住民（包括美洲印第安原住民和夏威夷岛原住民等）约占1.6%。参见U.S. Census Bureau, *Quick Facts*, https://www.census.gov/quickfacts/fact/table/US/RHI325221#RHI325221, 访问时间：2023年4月12日。

③ Public Religion Research Institute, “The American Religious Landscape in 2020,” August 7, 2021, https://www.prri.org/research/2020-census-of-american-religion/#page-section-0, 访问时间：2023年4月1日。

为了防止多数人或少数人的暴政，美国在联邦政府层面实行分权制。美国宪法将联邦政府的立法、行政和司法权力分开，授权国会通过法律、总统实施法律、法院则根据具体情况解释法律，同时确保三个部门相互制衡，每一个部门都没有足够大的权力来操纵其他部门。

作为一个发达市场经济国家，虽然政府开支占美国国内生产总值的比重较大（超过三分之一），但企业和私营机构是美国经济的基础，政府在经济中扮演的角色较小。一方面，美国的社会福利网较小，远低于其他发达经济体；另一方面，相对于世界上的大多数国家，美国政府对经济和商业的管制比较低。美国的经济规模在过去一个多世纪以来一直居于世界首位，金融、科技、先进制造和农业目前是美国的主导产业。由于不同产业在美国的地理分布差异较大，①产业地理一直是影响美国政治和政府政策的重要因素。

在建国200多年的时间里，美国从一个偏居北美东海岸的孱弱国家，迅速成长为主导国际秩序长达数十年的超级大国，其历史和发展经验成为学界研究的重要对象。

第一节　美国的国际地位、国际影响和未来趋势

由于美国在国际体系中的主导地位和重要影响力，不少分析者将过去的一个世纪称为“美国世纪”，即一个由美国的实力、财富、制度、观念、联盟和伙伴关系所主导的时代。但在早期，包括在建国后一百多年的时间里，美国一直远离国际政治舞台的中心。在整个19世纪，欧洲是世界政治、经济和军事的中心，国际事务的主导者是英国、法国、俄国等老牌欧洲大国和德国、意大利等欧洲新兴大国，美国的国际地位并未受到重视，其影响力主要集中在拉美地区。事实上，直到1892年，欧洲诸大国才把它们驻华盛顿外交代表的级别从公使提升至大使。虽然从19世纪末开始，美国逐渐加大对国际事务的参与，但在二战之前其对外政策的重心仍放在西半球，孤立主义是美国对外战略的主导思想，这也导致美国在20世纪初期依旧处于大国体系的边缘。②

两次世界大战大大削弱了欧洲强国的力量，欧洲传统的地缘政治格局随之瓦解，

① Nicolas Costa, “The Economic Geography of the United States,” *Michigan Journal of Economics*, March 9, 2021.

② ［英］保罗·肯尼迪：《大国的兴衰：1500—2000年的经济变革与军事冲突》，王保存、王章辉、余昌楷译，中信出版社2013年版，第258页。

美国开始取代英国成为资本主义世界新的盟主，20 世纪初的多极格局也被以美苏为首的两极世界所取代。早在一战结束之后，美国就成为无可争辩的世界头号强国。二战的胜利，使得美国一跃成为能够主导全球秩序的超级大国，仅苏联能够与其比肩。事实上，早在二战还未结束时，美国就开始着手搭建战后世界秩序。在经济领域，美国与西方资本主义国家联合建立了美国主导下的布雷顿森林体系（Bretton Woods system）；在军事和安全领域，美国通过以北大西洋公约组织（以下简称“北约”）为核心的军事联盟，领导盟友与以苏联为首的社会主义阵营进行战略对峙。20 世纪 80 年代末和 90 年代初，随着苏联解体和冷战结束，美国“不战而胜”，成为世界上唯一的超级大国，其实力地位和国际影响力至今没有其他国家能够与之匹敌。

美国在战后对国际事务的影响首先体现在经济领域。在美国的主导下，西方国家建立了以国际货币基金组织（International Monetary Fund, IMF）、世界银行（World Bank, WB）和关税及贸易总协定（General Agreement on Tariffs and Trade, GATT）三大多边机制为核心的布雷顿森林体系，旨在推进以外汇自由化、资本自由化和贸易自由化为主要内容的国际经济议程。其中，国际货币基金组织负责向成员国提供短期资金借贷，以保障国际货币体系的稳定；世界银行主要通过提供中长期信贷，推动成员国的经济复苏；关税及贸易总协定旨在打破阻碍国际贸易的壁垒，推动商品的跨境流动。布雷顿森林体系的建立，一方面促进了战后资本主义阵营内部的经济恢复和发展，另一方面赋予了美国影响国际经济体系的合法性和手段。

布雷顿森林体系下的美元—黄金本位制使得美元在战后国际货币体系中处于中心地位，整个国际货币体系的运转建立在美元的信誉和地位基础之上。通过《国际货币基金协定》(*Agreement of the International Monetary Fund*)，布雷顿森林体系还确立了美元等同于黄金的地位，美元成了黄金的“等价物”，承担起世界货币的角色。此后，美元不仅成了国际清算的支付手段，还成为各国外汇储备中最主要的国际储备货币。

20 世纪 70 年代美元停止兑换黄金和固定汇率制的瓦解，并未改变美元的主导地位，美国的金融霸权依然得以维持。首先，美元与黄金的脱钩，使得美国不再顾虑美元的发行量与黄金储备之间的平衡，转而实施宽松的货币政策，在世界范围内输出通货膨胀，并通过铸币税剥夺其他国家的财富。其次，世界上仍缺乏能够有效挑战美元的货币，美元仍是国际上流动量最大的货币，各国仍把美元视为平衡国际收支的主要储备货币。最后，由于拥有全球最强大的金融机构和金融服务网络、全球最活跃的金融市场、全球一致认可的金融评级机构以及美国主导下的国际货币和金融机构（国际货币基金组织和世界银行等），美国得以继续主导国际货币和金融规则。

在国际贸易领域，美国依赖自身强大的市场规模，推动盟国和贸易伙伴扩大市场开放和削减贸易壁垒，以增加美国企业的对外出口或帮助实现美国的对外战略目标。从1948年到1994年，美国带领相关国家和经济体在GATT框架下进行了8轮多边谈判，并在1994年结束的“乌拉圭回合”谈判后建立了世界贸易组织（World Trade Organization, WTO）。这些多边贸易谈判大幅削减了国际贸易的关税和非关税壁垒，极大地促进了国际商品和服务的跨境流动，推动了国际经济的增长。同时，国际贸易的自由化也使得美国的跨国公司能够从全球市场获得源源不断的利润，并帮助这些公司长期保持技术和市场优势。

在军事上，美国的影响力更是遍布全球。冷战期间，出于与苏联竞争的需要，美国建立了以自身为核心的多边和双边军事同盟网络，包括北大西洋公约组织，并为整个西方世界提供包括核保护伞在内的安全保障。冷战结束后，美国依然保留了对盟国的安全承诺，并通过军事援助或直接的军事部署，将盟国绑定在其全球安全战略框架内。

在过去半个多世纪以来，美国同样是主要地区安全热点的参与者甚至制造者。在东南亚和中东等地区，美国多次发动了大规模战争，包括1961—1975年的越南战争、1991年的海湾战争、2001年的阿富汗战争和2003年的伊拉克战争。发动战争和直接卷入军事冲突，成为美国展示军事实力、维护地区利益、控制战略资源、输出价值观和维持霸主地位的重要手段。美国至今仍是全球各主要地区地缘政治的主要参与者、地区秩序的塑造与维系者，美国全球战略的调整也往往伴随着地区地缘政治格局的动荡，成为其他地区国家无法回避或摆脱的域外霸权国。

一个国家的国际地位及影响力是由其资源禀赋、经济、科技、军事、外交战略和文化等多种因素决定的。相应地，美国之所以能够在二战结束之后登顶国际权力结构的顶端，成为影响甚至左右全球事务的超级大国，主要源于其在自然资源、人力资源、经济、科技、军事等领域的超强实力。

美国的地理和自然资源优势。除去海外领地，美国的国土面积超过980万平方公里（包括大约915万平方公里的陆地和69万平方公里的水域），是世界上仅次于俄罗斯和加拿大的国土面积第三大国。由于国土幅员辽阔，美国的农地、矿产等自然资源也异常丰富。美国具有广袤的农业用地，其农业用地面积占其陆地总面积的比例高达44.5%，这也使得美国能够成为世界上农业产值和农产品出口最大的国家。在矿产资源上，除了铜、铅、稀土、铁、铝矿等，美国还拥有世界上最大的煤炭储量，约4 910亿吨，占世界总量的27%。① 美国东濒大西洋，西濒太平洋，拥有天然的战略屏障，地理位置十分优越。② 此外，美国北与加拿大接壤，南与墨西哥接壤，与邻国不存在领土争端，也没有强国环伺。在地缘上的上述优势，使得美国在崛起成为大国之前不用投入过多资源用于维护国家安全和防止外来侵略。

美国的人力资源优势。美国是一个人口大国，拥有丰富和高素质的人力资源。美国的人口规模在1890年就已经达到6 300万，成为当时西方国家中仅次于俄国的世界人口第二大国。早在1900年，美国的城市人口规模就超过了英国。③ 目前，美国人口总数已经超过3.3亿，是世界上人口仅次于中国和印度的第三大国，城镇人口占比高达83.3%。在年龄结构上，2022年美国人年龄中位数为38.5岁，低于大部分发达经济体，与中国类似。其中，0—14岁占比约18.15%，15—64岁占比约63.72%，65周岁以上占比约18.12%。在人口受教育程度上，2020年美国人均在校学习（小学至高等教育）时长达到16年，人均受教育年限高于大部分国家。④ 美国人口的庞大规模、较为合理的年龄结构和较高的受教育水平，为美国的经济增长和技术研发提供了可持续的动力。

美国的科技实力。得益于美国政府对科技创新的支持政策、美国国内宽松的创新环境，以及拥有许多世界顶尖大学、研究机构和科技公司，美国在过去一个多世纪以来一直保持科技竞争的主导地位，其综合科技水平遥遥领先其他国家。目前，美国在计算机、材料科学、火箭技术、武器研究、航空航天、医学、生物工程等多个领域仍然保持全球领先，成为其综合国力的基石。科技和创新上的实力，不仅奠定了美国在

---

① United States, Central Intelligence Agency (CIA), *The World Factbook*, February 23, 2023, https://www.cia.gov/the-world-factbook/countries/united-states/.

② Blake Stilwell, "Five Reasons Why Geography Is America's Greatest Weapon Against an Invasion," March 26, 2022, https://www.military.com/history/5-reasons-why-geography-americas-greatest-weapon-against-invasion.html.

③ ［英］保罗·肯尼迪：《大国的兴衰：1500—2000年的经济变革与军事冲突》，王保存、王章辉、余昌楷译，中信出版社2013年版，第206页。

④ U.S. Census Bureau, *2020 Census*, September 16, 2021, https://www.census.gov/programs-surveys/decennial-census/decade/2020/2020-census-main.html.

经济和军事上的领先地位，也将深刻影响未来的地缘政治格局。① 美国对全球高层次移民的吸引力则进一步增加了美国在科技创新上的优势。美国在不同时期吸引了大量高科技和管理人才，成为美国自身创新和实力增长的重要来源。美国对移民的强大吸引力贯穿于美国历史的各个时期，至今仍方兴未艾。在20世纪初尤其是两次世界大战期间，美国通过各种手段从国外获得了大量的科技人才，为其科技实力的快速提高奠定了人力基础。正如著名美国问题专家资中筠先生曾指出的："世界上没有哪个民族的人口构成如此复杂，没有哪一方土地是这样的'万国殖民地'，也没有哪一个国家几百年来总能博采各民族之精华为己所用，而且这一情况还在继续。"②

美国的经济实力。在内战结束后的几十年里，美国的工农业获得了快速发展，并在1894年超过英国，成为世界第一工业大国。二战结束后，美国的经济总体上保持稳定的增长，且在大部分时期保持了低失业率和低通胀率。21世纪以来，随着以中国为代表的新兴国家的迅速崛起，美国在经济上的领先优势大大缩小，但依然为世界第一大经济体。2021年，美国的经济规模超过23万亿美元，远高于中国。当年，美国人均GDP超过7万美元，依然位居世界前列。③ 在对外贸易上，美国目前是全球最大的进口国和第二大出口国（出口规模仅次于中国）。2022年，美国商品和服务进出口总额达到近7万亿美元。其中，出口超过3万亿美元，进口近4万亿美元。④ 由于拥有巨大的国内消费市场，美国长期以来一直是许多经济体的主要出口目的地，这也为美国利用其进口国的地位来影响相关国家的政策立场提供了基础。在货币领域，美元长期以来充当国际储备、定价和交易货币，拥有名副其实的美元霸权地位。美元霸权不仅给美国带来了大量铸币税，也使美国较容易地应对国际收支失衡问题，以及帮助美国企业更容易地在国际市场获得各类资源。美元在国际货币体系中的主导地位成为美国取得全球经济和政治地位的重要基础。也正因为此，有分析指出美元的国际地位与美国的跨国公司和美国的核优势是二战结束之后美国全球霸权的三大基石。⑤

---

① Eric Schmidt, "Innovation Power: Why Technology Will Define the Future of Geopolitics," *Foreign Affairs*, March/April 2023.

② 资中筠：《20世纪的美国》（修订版），商务印书馆2018年版，第22页。

③ World Bank, *World Development Indicators*, March 1, 2023, https://databank.worldbank.org/source/world-development-indicators.

④ U.S. Census Bureau, *U.S. International Trade in Goods and Services*, February 7, 2023, https://www.census.gov/foreign-trade/data/index.html.

⑤ ［美］罗伯特·吉尔平：《跨国公司与美国霸权》，钟飞腾译，东方出版社2011年版，第112页。

美国的军事实力。早在19世纪80年代后期，美国就开始参与军备竞赛，投入巨额财力重建美国海军舰队。1890年，美国海军费用只占美国联邦政府开支的6.9%。到1914年，该比例大幅提高到19%。当时，美国的海军实力已经位居世界第三位，仅次于英国和德国。① 该时期，由于在夏威夷、萨摩亚群岛、菲律宾和加勒比海地区获得了新的海军基地，美国的军事实力进一步增强。强大的军事实力，成为支撑美国在拉丁美洲、太平洋地区和其他地区开展外交和经商的强有力工具。两次世界大战后，美国一跃成为世界头号军事强国，拥有全球最强大的军事力量，并保持至今。在过去几十年来，美国常年保持远超其他国家的巨额军事开支，并一直延续至今。2021年，美国的军事开支达到8 000亿美元，占当年全球军事开支总额（约2.1万亿美元）的38%。不仅远高于同期第二大军事开支国的中国（军费开支仅为2 930亿美元），也高于美国之后10个国家军事开支之和。② 巨额的军费开支为美国招募大规模军事人员、采购数量庞大的先进军事装备以及维持大量的海外驻军提供了资金支持。截至2022年年中，美国拥有超过130万人的现役军人（包括46.5万陆军、34.4万海军、33.3万空军、17.4万海军陆战队），③ 拥有世界上最先进的战机和军舰，以及数千枚核弹头。在海外军事部署上，截至2021年7月，美国在全球至少80个国家拥有约750个军事基地，其军事触角遍布世界各地。④

鉴于美国在全球力量格局中的核心地位，美国实力地位的变化及其前景受到了国内外的极大关注，相关的争论也由来已久。例如，由美国领导的世界是否正在让位于一个新的时代？大国战略竞争和中国的经济与地缘政治崛起是否意味着世界将进入"后美国时代"或"后西方时代"？

一种观点认为，美国在很多方面类似于老式的帝国，美国及其主导的国际秩序就像历史上的其他帝国一样，处于衰落的过程中。历史的车轮无法阻挡，现在是美国逐

① ［英］保罗·肯尼迪：《大国的兴衰：1500—2000年的经济变革与军事冲突》，王保存、王章辉、余昌楷译，中信出版社2013年版，第256页。

② Stockholm International Peace Research Institute, *SIPRI Yearbook 2022: Armaments, Disarmament and International Security*, Oxford University Press, 2022, pp.10—11.

③ Congressional Research Service, *FY 2023 NDAA: Active Component End-Strength*, August 23, 2022. 此外，美国还有40多万国民警卫队（包括陆军国民警卫队和空军国民警卫队）和数万海岸警卫队。

④ David Vine, "Lists of U.S. Military Bases Abroad, 1776—2021," *American University Digital Research Archive*, July 4, 2021, https://dra.american.edu/islandora/object/auislandora%3A94927.

渐衰落的时候了。[①] 在全球权力分配中，美国正在缓慢地失去它的主导地位，东方国家目前在经济实力和地缘政治影响力上已经能够与西方国家匹敌，“全球南方”正在快速成长并在国际舞台上扮演更大的角色；由于国内在政治上陷入分裂，在经济上陷入困境，美国正在失去光环，“美国世纪”已经结束。

另一种观点则认为，美国与历史上的帝国并不相同，美国所缔造的国际秩序具有内在的持续性，美国的实力并没有受到实质性的挑战。例如，以约瑟夫·奈（Joseph Nye）为代表的学者认为，由于具有无与伦比的经济、技术和军事能力，美国在很长一段时期内仍将会继续处于世界体系的中心。此外，在他们看来，美国在国际舞台上仍将继续发挥核心作用的另一个重要原因是美国具有其他国家所不具有的软实力，即美国的理念、制度的吸引力以及美国建立伙伴关系和联盟的能力。[②] 美国普林斯顿大学的约翰·伊肯伯里（G. John Ikenberry）教授认为美国并没有衰落，美国所领导的自由主义世界秩序依然强大，美国实力和影响力的深层次来源将会持续存在，很难被撼动。在他看来，“现有秩序中的大量支持者与美国保持活跃并参与维护该秩序存在利害关系。即使美国的物质实力相对于中国不断增长的能力有所减弱，但美国建立的秩序也会继续加强其实力和领导地位。权力可以创造秩序，但华盛顿主持的秩序也可以巩固美国的权力”[③]。

虽然学界关于未来美国实力和影响力的争论依然存在，但可以预见，由于美国在科技、人力资源、经济和军事等领域的优势与基础，美国在很长一段时间内仍将保持超强的综合国力，其作为唯一超级大国的地位在短期内将很难被取代。考虑到科技已经成为影响国家实力的核心变量，未来国际力量格局的变迁将在很大程度上取决于主要大国能否抓住新一轮科技革命带来的红利。由于在科技创新上拥有坚实的基础并处于各种技术进步的前沿，美国在未来大概率保持在科技发展水平上的领先地位，进而为其国力提供强大支撑。

---

① ［挪威］约翰·加尔通：《美帝国的崩溃：过去、现在与未来》，阮岳湘译，人民出版社2013年版；［美］伊曼纽尔·沃勒斯坦：《美国实力的衰落》，谭荣根译，社会科学文献出版社2003年版；Alfred W. McCoy, *In the Shadows of the American Century: The Rise and Decline of U.S. Global Power*, Haymarket Books, 2017。

② Joseph S. Nye, “Soft Power: The Evolution of a Concept,” *Journal of Political Power*, Vol.14, No.1, February 2021, pp.196—208.

③ G. John Ikenberry, “Why American Power Endures: The U.S.-Led Order Isn’t in Decline,” November/December, 2022.

从长期来看，美国的相对实力一方面将面临来自中国等新兴大国的赶超，另一方面也将取决于美国是否能够有效解决其国内存在的一系列问题，尤其是巨额债务问题和不断激化的国内社会矛盾。

从 20 世纪 80 年代开始，美国联邦政府的公共债务就已迅速增加，从里根政府初期的 3.2 万亿美元，增加到克林顿政府后期的 10 万亿美元。进入 21 世纪以来，由于阿富汗和伊拉克的两场战争、2008 年经济“大衰退”以及近两年的新冠肺炎疫情，美国联邦政府的公共债务进一步激增，从 2001 年的 9.7 万亿美元，增加到 2022 年的 30.9 万亿美元。2013 年，联邦政府的公共债务规模超过当年美国的 GDP。2022 年，这一比例已经达到了 124%。巨额的公共债务表明美国已经严重透支未来的经济潜力，这不仅会极大限制美国政府调节国内经济发展的政策空间，还会威胁美国经济发展的可持续性。

国内各种社会和政治矛盾的不断激化是美国社会稳定和国家发展面临的一个重大威胁，这些问题一旦处理不当，将会从根本上导致美国的分化和衰落。① 美国人口种族和宗教信仰的多元化一方面使得美国得以成为一个富有活力的国家，另一方面也给美国带来种族矛盾、文化冲突、身份认同等诸多社会问题。国内政治极化是削弱美国长期实力的另一重要因素。政治极化和党派对立不仅使得美国政府难以出台有利于社会经济发展的措施，还会导致美国在对外政策上缺乏一个令人信服的叙事。正如有学者指出的，美国国内社会契约逐渐被侵蚀，已经削弱了美国“将实力资源转化为国际影响力的国内政治能力（domestic political capacity）”②。2018 年，在针对近 600 名美国对外政策意见领袖的一次民调中，来自美国行政部门、国会、智库、学界、媒体、利益集团、商界领袖、宗教团体和非政府组织的美国对外政策专家将国内政治极化视为美国面临的最大威胁。③

第二节 美国国内的问题和主要矛盾

当前，美国国内的主要问题和矛盾涉及政治、经济、社会、意识形态等诸多领域。

① ［美］塞缪尔·亨廷顿：《谁是美国人？美国国民特性面临的挑战》，程克雄译，新华出版社 2010 年版。

② Peter Trubowitz and Peter Harris, “The End of the American Century? Slow Erosion of the Domestic Sources of Usable Power,” *International Affairs*, Vol.95, No.3, May 2019, p.621.

③ Dina Smeltz, et al., “Political Polarization the Critical Threat to U.S., Foreign Policy Experts Say,” *The Hill*, November 9, 2018.

具体而言，政治上高度极化，“否决政治”(veto politics)盛行；经济上，贫富差距扩大和高通货膨胀并存；社会层面，种族冲突和种族矛盾频发；意识形态方面，本土主义和全球主义的思想冲突激烈，加剧美国国内分裂。

第一，美国政治高度极化。极化是当前美国政治最重要的特征。美国政治极化形成于20世纪六七十年代，自奥巴马政府以来日益严重。政治极化主要表现为政党极化、联邦政府和州政府极化、精英极化、大众极化、国会极化、司法系统极化等。其中，政党极化是美国政治极化最为显著的特征。从政党制度而言，美国实施两党制，在政治运作方面，实行两党轮流执政。但从两党的执政理念而言，并无本质差别，因为两党之间往往存在大量中间派别的存在，形成美国政治运作中的“中间共识”。在很大程度上，“中间共识”是美国政治运作的稳定器。但是随着美国两党极化的加剧，两党之间的“中间共识”日益萎缩，甚至消亡。政党极化的问题主要涉及国内领域，具体表现为移民问题、警务政策、种族争议、枪支管控、堕胎问题、气候变化、医疗政策改革、最低工资等。根据美国南加利福尼亚大学的极化研究数据显示，移民问题的极化指数最高，达到100.3，支持移民的左派的指数是23.9，反对移民的右派的指数是76.4；警务政策的极化指数达到97.7，支持警务改革的左派指数是32.6，反对者右派的指数是65.1；支持枪支管控的左派指数是43.9，反对枪支管控的右派的指数是41.2，极化指数达到85.1。①

美国政党极化为何形成？截至目前，国内外学术界有大量的著作分析政党极化形成的原因，诸如社会结构的变化、选区重划、政党重组、贫富差距、种族主义等因素导致了政党极化的形成。② 与此同时，政党极化也导致了其他方面的极化，诸如国会极化、联邦政府和州政府极化。因为政党极化，国会的立法经常陷入僵局，立法的效率和法律数量大幅降低。以政党高度极化的移民问题为例，关于赦免年轻非法移民的《梦想法案》(The Dream Act)自2005年以来在国会多次讨论，但是因为政党极化，历经近20年一直难以变为法律。无独有偶，两党在难民安置问题上的极化也导致联邦政

① USC Annenberg, “USC Polarization Index Reveals America’s Political Divide Remains Wide,” November 3, 2021, https://annenberg.usc.edu/news/research-and-impact/usc-polarization-index-reveals-americas-political-divide-remains-wide.

② 相关文献参见节大磊：《美国的政治极化与美国民主》，《美国研究》2016年第2期；张业亮：《“极化”的美国政治：神话还是现实？》，《美国研究》2008年第3期；周琪、王欢：《值得关注的美国政治“极化”趋势》，《当代世界》2011年第4期；唐慧云：《种族主义与美国政治极化研究》，《世界民族》2019年第2期。

府和州政府之间的极化，表现为由共和党执政的联邦政府和民主党控制的州政府冲突不断，以及由民主党执政的联邦政府和共和党控制的州政府矛盾频发。在特朗普政府时期，白宫废除了难民庇护城市政策，但是民主党控制的州政府极力反对，继续实施与联邦政府相背的难民政策。到了拜登政府时期，白宫实行人道主义的边境政策，允许中南美洲难民在美国境内寻求难民身份，但是共和党控制的边境州却极力反对，并将大量中南美洲难民运输到民主党控制的州。

政治高度极化导致了两方面的结果。一方面，政治高度极化导致政治议题越来越聚焦文化领域，凸显了“文化战争”。在涉及文化意识形态领域中，美国两党的极化尤为突出。诸如在高度极化的移民问题上，表面而言是关于移民政策的制定出现高度极化，实质而言，是保守主义和自由主义之争论。类似地，两种思想也蔓延到了枪支管控、堕胎、同性婚姻等政策领域。在政治高度极化的背景下，美国政治议题越来越聚焦文化领域。在奥巴马政府时期，美国两党围绕跨性别者入厕、同性婚姻、枪支管控等问题争论不休。在特朗普政府时期，由于右翼民粹主义的兴起，导致移民问题凸显，两党在是否给予年轻非法移民合法身份、是否应该修建隔离墙问题上争吵不断。

另一方面，政治高度极化导致的直接结果是“否决政治”的产生。在政治极化，尤其是政党极化的影响下，美国政治运作的模式演变为凡是共和党支持的，民主党就极力反对，反之亦然的畸形状态。美国学者弗朗西斯·福山（Francis Fukuyama）由此认为“否决政治”将导致美国民主的衰落。[①] 虽然有美国学者认为政治极化可以让不同的意见得到充分的表现，[②] 但是政治极化导致美国政治巨大分裂的负面结果毋庸置疑。至于当前美国政治极化是否处于特定的政治周期还是意味着美国民主的终结，国内外学界存在争论。一派认为美国的政治极化具有周期性，另一派则认为当前美国政治的极化意味着美国民主的终结。[③] 但无论如何，当前美国政治极化已经呈现“常态化”的趋势，美国政治未来态势的演变也将是国内外学界长期追踪的热点。

第二，经济方面，美国国内贫富差距扩大和高通货膨胀并存。中产阶级曾经是美国经济和社会的稳定器，中产阶级所拥有的财产占美国多数。但是2008年金融危机以

① Francis Fukuyama, “The Decay of American Political Institutions,” *American Interests*, Vol.9, No.3, December 8, 2013.

② Isabel Cholbi, “The Positives of Political Polarization,” *Berkeley Political Review*, April 14, 2019.

③ 任剑涛：《周期性与终结性：美国政治极化的两种论断》，《人民论坛·学术前沿》2022年3月。

来，随着美国中产阶级的萎缩，美国社会的财富日益向少数富人手中聚集，穷人越来越穷，富人越来越富。受到金融危机的冲击，大量中产阶级尤其是以蓝领阶层为主的中产阶级收入锐减，沦为社会中下层，甚至成为社会最底层。与此相对应的是，富豪阶层的财产日益增加。1978 年，最富有的 0.1% 拥有全国约 7% 的财富；2019 年，美国最富有阶层占美国全国财富的比例增加到 20%。① 当前，美国最富有的 1% 人口拥有的财富超过了最底层的 92% 的人口所拥有的财富，而最富有的 50 位美国人所拥有的财富超过了美国社会底层的一半人口（1.65 亿人）所拥有的财富。② 根据世界银行统计，1974 年美国的基尼系数为 0.353，但是在 2019 年该数据超越临界值 0.4，达到 0.415，而其他同期的发达国家的基尼系数则在 0.35 以下。③

2019 年新冠肺炎疫情流行以来，美国的贫富差距进一步扩大。在几千万人因失业而收入锐减的同时，美国亿万富翁的财富大幅增长。在 2019 年新冠肺炎疫情期间，美国亿万富翁的财富增加了 6 370 亿美元。④ 美国最富有的富豪——杰夫·贝索斯（Jeff Bezos）和埃隆·马斯克（Elon Musk）——所拥有的财富比美国底层 40% 的人加起来还多。虽然在疫情期间美国政府为陷入贫困的人群提供了各种补偿和救济，但难以改变贫富差距扩大的现状。

2021 年以来，高通胀更是加剧了美国的贫富差距。2022 年 1 月 12 日，美国劳工统计局发布的数据显示，2021 年 12 月份的通货膨胀率比去年同期上升了 7%，达到自 1982 年以来的最快速度。2022 年以来，高通货膨胀居高不下，导致肉类、土豆、住房、汽油等各种生活成本大幅上升，美国社会中下层受到巨大冲击。随着生活成本和房租的上升，中下层无家可归的风险显著上升。根据美国政府问责局的研究人员估计，"租金中位数每增加 100 美元，预计无家可归率就会增加 9%"。在全美范围内过去 12 个月（截至 2022 年 5 月）的租金中位数增长了 15.9%，并且所有住房类型均有所增长。在某些地区，房租增长幅度更快。高房租导致拖欠房租的人数量上升。美国人口普查调查数据显示，从 2022 年 4 月 27 日至 5 月 9 日，有 880 万人拖欠了房租。其中，超过

① Bernie Sanders, "The Rich-Poor Gap in America Is Obscene, So Let's Fix It, Here's How," March 29, 2021, https://www.sanders.senate.gov/op-eds/the-rich-poor-gap-in-america-is-obscene-so-lets-fix-it-heres-how/.

② Ibid.

③ The World Bank, *Gini Index*, April 20, 2022, https://data.worldbank.org/indicator/SI.POV.GINI.

④ Taylor Gtiggs, "The Wealth Inequality Gap Is Leading to More Homelessness," *Invisible People*, January 7, 2021.

60% 的人拖欠了两个月及以下的租金，另有 30% 的人至少欠款三个月。[①] 长期拖欠房租导致的结果是随时可能沦为无家可归者。

值得指出的是，在 2008 年金融危机中，白人蓝领阶层受到重创，大量白人蓝领阶层从中产阶层沦为社会中下层，并由此引发了白人的愤怒情绪。这股愤怒情绪影响了 2008 年后美国的种族关系和政治生态。自奥巴马当选总统以来，白人的愤怒情绪引发了反对黑人总统的社会运动，之后推动了右翼民粹主义的特朗普当选美国总统。与此同时，在白人愤怒情绪的驱使下，美国的白人至上运动发展迅速，加剧了美国社会的撕裂和种族矛盾。

与此同时，无论是新冠肺炎疫情还是高通货膨胀，受到最大打击的往往是少数族裔。在疫情期间，从事运输、服务、餐饮、装修等劳动力密集型工作的以黑人、拉美裔为主。因为疫情，以上少数族裔的工作深受影响，经济收入锐减。相比白人，拉美裔和黑人更容易陷入贫困。面对社会的各种危机，少数族裔往往是深受其害的最脆弱的群体。与此同时，在美国政府不能提供行之有效的经济援助以及其他方面的援助的背景下，经济危机很容易影响种族关系，引发种族矛盾和社会危机。

第三，社会方面，种族矛盾和种族冲突频发，白人和有色人种之间的矛盾日益加剧和更加复杂。美国作为一个移民国家，种族关系尤为重要。在种族关系中，黑人和白人之间的关系、白人与其他有色人种的关系是其重要组成部分。

在种族关系方面，系统性的种族主义根深蒂固，种族矛盾因为白人警察的过度执法加剧。虽然 20 世纪六七十年代的民权运动废除了赤裸裸的种族歧视和压迫，但是黑人以及其他有色人种遭遇的隐性种族歧视仍然存在。近些年，白人警察对黑人的过度执法往往引发大规模的社会骚乱。诸如 2014 年的"弗格森骚乱"事件就是因为白人警察的过度执法所致；2020 年的黑人男子弗洛伊德因为白人警察的过度执法导致惨死的悲剧事件同样引发黑人的大规模抗议活动。虽然民主党在白人警察过度执法事件发生后积极推动警务改革，但在根深蒂固的种族主义背景下，类似惨案仍然屡见不鲜。白人警察的过度执法一方面加剧了黑白矛盾，另一方面刺激和推动了诸如"黑人的命也是命"的社会运动的产生和发展。就一定程度而言，虽然黑人社会运动有助于提高黑人的人权，但由于种族主义已经成为美国社会的顽疾，种族矛盾短时间内难以消除。

---

① Andrew Hall, "Rising Rents and Inflation Are Likely Increasing Low-Income Families' Risk of Homelessness," *Homeless*, June 17th, 2022.

在一定程度上，白人对黑人的种族歧视是结构性的。自美国建国以来，美国白人对黑人的优势地位就内嵌在美国政治、经济、法律当中。20 世纪五六十年代民权运动后，黑人虽然在法律上享有和白人同等的待遇，但是现实中却处处遭遇隐性的种族歧视。诸如在工作招聘中，用人单位的人力资源部门往往会根据姓名判断应聘者的族裔，并据此决定是否给予其面试机会。另外，白人警察对黑人的过度执法，实质是白人对黑人的大规模监禁，是一种变相的种族隔离。例如，在美国总统选举中，共和党多次强调郊区的法律和秩序，以赢得白人的支持，实质就是以打击黑人犯罪为名，对黑人进行大规模的监禁。

在白人和有色人种关系方面，二者的紧张关系也在加剧。一方面，白人至上运动日益发展。白人至上运动的发展根源于白人种族优越论。在奥巴马成为美国总统后，白人至上运动就开始躁动，因为不满意黑人总统的出现，美国国内出现了以反对奥巴马医疗改革为理由的右翼社会运动。特朗普执政后，白人至上运动发展迅速，公开宣传白人优越论，反对有色人种。在 2020 年美国总统选举中，虽然特朗普败选，但是白人至上运动并没有因此退却。在 2021 年 1 月 6 日国会山事件中，白人至上思想支持者发挥了积极作用。近期，随着特朗普宣布竞选 2024 年总统，白人至上运动又开始积极活跃起来。

另一方面，有色人种遭遇赤裸裸的歧视，种族仇恨事件不断增加，“仇恨亚裔”的事件频发。2019 年新冠肺炎疫情以来，亚裔成为种族仇恨的受害者。关于亚裔遭遇种族主义的语言侮辱、肢体伤害甚至种族仇杀的事件屡见不鲜。为此，亚裔开展了“停止仇恨亚裔运动”。值得指出的是，亚裔在美国面临两种种族关系的压力。在黑人和白人关系方面，每当黑人遭遇不公正待遇而发泄愤怒时，亚裔往往是黑人和白人紧张关系的受害者。在种族骚乱中，大量的亚裔门店遭遇破坏，经济受到损失。在白人和有色人种关系方面，亚裔由于是当前移民人口增长速度最快的族裔，其经济收入、社会地位高于黑人、拉美裔，但是政治参与积极性低于黑人和拉美裔，从而成为白人和有色人种紧张关系的受害者。例如，在照顾少数族裔高校录取的肯定性行动问题上，亚裔是最大受害者。即使分数最高，但是录取的比例却最少。

总体而言，当前美国的种族关系比过去更加复杂和紧张。从历史上看，美国白人一直处于显性或者隐性的优势地位。但是随着有色人种人口规模的增加以及维权斗争的不断开展，白人的优势地位也不断受到挑战，这也导致捍卫白人优势地位的力量和维护有色人种的力量不断较量。当前，美国社会种族紧张关系的形成和人口结构的变化密切相关。一方面，有色人种数量的不断增加，引发白人焦虑以及刺激白人至上主义者。目前，拉美裔、亚裔和黑人是美国有色人种的三大组成部分。其中，拉美裔数量最多，亚裔增长速度最快。美国人口统计局数据显示，根据目前的人口增长态势，未来有色人种人口数量大约会在2045年超越白人。另一方面，白人人口数量增长速度的放缓，导致其人口优势地位逐渐丧失。相比有色人种的人口增长速度，白人增长速度极为缓慢，甚至在2022年出现了零增长的现象。因此，只要白人和有色人种的人口增长态势不发生变化，未来二者的种族矛盾和冲突将继续存在。

第四，在意识形态领域，本土主义与全球主义的思想冲突加剧。美国历史上的本土主义运动起源于19世纪30年代至50年代反爱尔兰移民的运动。该时期，本土主义运动在美国东北部地区爆发，主要是为了应对爱尔兰天主教移民人口数量的激增。1844年，在费城本土主义者暴动之后，本土主义者于1854年公开成立“美国党”。该党特别敌视爱尔兰天主教徒的移民，并主张延长移民等待入籍的时间。

2000年以来，随着非白人移民人口数量的剧增，美国的本土主义思潮再次抬头，并最终推动了特朗普在2016年总统大选中获胜。特朗普在竞选期间以及执政后所提出的一系列主张，包括严厉打击墨西哥移民、修建隔离墙、减少来自中东和拉美裔难民数量等，均得到美国本土主义者的狂热支持。本土主义者除了反移民外，还反全球化，主张美国白人利益优先，将维护美国白人利益等同于本土利益，并在外交上采取保守的外交战略。特朗普在联合国演讲中曾公开提出：“我们要爱国主义，不要全球主义。”[①]不仅如此，特朗普执政后退出了12个国际组织和条约，不断抛弃美国传统的大国责任。

相比之下，全球主义和本土主义针锋相对。全球主义欢迎移民、支持全球化、对同性婚姻、跨性别者则采取更加宽容政策等；在外交上，主张美国外交承担更多的国际责任，进而彰显美国民主、人权国家形象。在奥巴马政府时期，本土主义和全球主义者围绕枪支管控、年轻非法移民合法身份问题、同性婚姻、跨性别者的入厕等问题展开激烈的斗争。本土主义者反对枪支管控和同性婚姻，反对给予年轻非法移民合法身份。全球主义者则持相反态度，对以上议题表示支持。纵观奥巴马两任政府时期，

① 查希：《特朗普在联合国说：我们要爱国主义　不要全球主义》，环球网，2018年9月2日，https://world.huanqiu.com/article/9CaKrnKd14o。

以上议题均是美国政治冲突的焦点。2012 年，奥巴马主张同性婚姻合法化，立即遭到本土主义者的强烈抗议。在一定程度而言，本土主义者支持保守的传统美国，即盎格鲁–撒克逊的基督教文明占优势地位，而同性婚姻、跨性别者、枪支管控均和传统美国的文化形象格格不入。相比之下，全球主义者则支持自由开放的美国，意图建立一个更加开放和包容的全新美国。

如果说奥巴马政府代表了全球主义者的利益，特朗普执政则意味着本土主义者的胜利。在竞选过程中，特朗普抓住了本土主义者尤为关注的移民问题，有效地吸引选民注意，并获得本土主义者的狂热支持。在特朗普政府时期，移民问题成为本土主义者和全球主义者尤为关注的问题，并导致美国历史上首次因为移民问题引发政府关门。在隔离墙修建、年轻非法移民是否合法化等问题上，本土主义者和全球主义者未达成妥协，最终导致美国政府在 2018 年年初关门。2020 年总统大选中，全球主义者赢得胜利，拜登执政后就忙着推翻特朗普政府时期的移民政策，包括停止修建隔离墙、增加难民数量、恢复和各种国际组织和条约的关系等。

在一定程度上，本土主义者和全球主义者斗争的实质是关于建设何种美国的问题，到底是传统的白人主导的美国还是多族裔发展的、自由开放的美国？虽然民权运动以来，主张各族裔文化并重发展的多元主义是美国社会的主流思想，但是随着非白人移民人口的增加，保守白人对多元文化主义发展的焦虑与日俱增，“白人大替代”(grand replacement) 理论在美国保守白人中逐渐流行。“白人大替代”理论认为随着非白人人口增加，非白人在政治、经济、社会、文化方面将取代白人。这种白人即将被取代和淘汰的危机和恐惧情绪在保守白人之间盛行。特朗普政府时期的国师班农就是“白人大替代”理论的支持者。与此同时，全球主义者却在种族关系上支持“批判现实主义”(critical realism) 思想，认为少数族裔仍然遭遇歧视和不公正对待，主张美国政府采取更多照顾少数族裔的政策。值得指出的是，无论是本土主义者还是全球主义者，由于选举政治的影响，二者的分裂进一步加剧，进而导致美国政治的高度极化、社会分裂程度加剧。在围绕“国家前途”争论的语境下，以及在美国非白人人口持续增加的趋势下，可以预见未来两派的斗争将更加激烈并持续不断。

总而言之，政治的高度极化、国内贫富差距扩大、种族矛盾和冲突不断、本土主义和全球主义思想日趋激烈，是当前美国国内存在的主要问题和矛盾。以上问题的进一步发展导致美国国内的分裂日益加剧，分裂和分化因此成为当前美国国内政治和社会的主要特点。由于政治的高度极化、国内贫富差距扩大、种族矛盾和冲突不断、本土主义和全球主义斗争激烈的态势在未来相当长的一段时间内将继续存在，加之美国国内虚假新闻的推波助澜，[①]美国的分裂和分化在未来也将长期存在。

至于美国的分裂和分化是否会导致内战？2020年美国总统选举之后，多数美国人认为美国国内已经处于“冷战”中。多项民意调查显示，很多美国人尤其是年轻人对美国未来的分裂持悲观态度。2021年，美国弗吉尼亚大学政治中心发布了一项民意调查，结果显示，曾在2020年投票支持前总统特朗普连任的大多数人，都希望自己所在的州脱离联邦政府。弗吉尼亚大学的数据还显示，在2020年投票给拜登的选民中，有41%的人认为现在可能是“分裂国家的时候了”。研究人员发现，这种对民主政体的悲观评价在年轻人中尤为突出。2021年底，哈佛大学肯尼迪学院政治研究所发布了一项民意调查，结果显示半数30岁以下的美国选民认为美国的民主政体“处于困境”或“失败”。三分之一的受访者还表示，他们预计在有生之年将爆发“内战”。另外，四分之一的人认为至少有一个州会脱离联邦政府。[②]拜登执政后，美国分裂和分化的趋势持续存在，随着2023年特朗普和拜登分别宣布参加2024年总统选举，可以预见美国的分裂和分化将进一步加剧。

第三节　美国的对外关系

由于位于新大陆，在地理上与传统世界中心的欧亚大陆相互隔绝，美国自建国以来便有着浓厚的孤立主义思想，孤立主义也因此成为美国各种意识形态的重要分支。孤立主义随着美国国内政治以及美国与世界关系的变化，呈现出不同的表现形式，并对美国的对外政策产生了较为深刻的影响，在不同时期塑造着美国与世界的关系。[③]在19世纪末期，美国虽已经成为经济大国，但其对外政策的重心仍然局限于北美和拉美地区，并未过多卷入国际事务当中。直到20世纪前半期，美国才开始在经济、军事和文化领域接替欧洲成为世界领袖，并逐步卷入世界各地的安全、经济和文化事务之中，

---

① Emily Gersema, “Why is America So Divided? Researchers Find Fake News About Controversial Topics Contributes to Political Polarization,” *USC News*, November 23th, 2021, https://news.usc.edu/author/emily-gersema/.

② Ron Elving, “Imagine Another American Civil War, But This Time in Every State,” *NPR News*, January 11, 2022，https://www.npr.org/people/1930203/ron-elving.

③ 宋国友：《美国孤立主义新发展及其对全球化的影响》，《人民论坛》2017年第8期。

包括参与了第一次世界大战和第二次世界大战。①

二战后，美国在经济、科技、军事等领域的实力远超其他国家，其国内生产总值占全球的比重甚至一度超过 50%。② 冷战时期，美国将遏制苏联作为其对外关系的重心。杜鲁门政府提出了遏制苏联的大战略，并据此在欧洲推行了“马歇尔计划”。从 1948 年 2 月到 1951 年底，共有 16 个国家以及德国的西占区接受了总额为 124 亿美元的援助。这一大战略为随后的几届美国政府所继承和发展，成为冷战时期美国对外战略的基石。③ 与此同时，美国精心打造了一个覆盖全球的同盟体系，主导并控制了国家交往和交易方式的国际机制网络。此外，美国还通过石油和美元挂钩以及强迫盟友签署“广场协议”等方式，巩固美元的全球货币地位。这段时期，即使在朝鲜战争中付出惨痛代价，甚至在越南战争中伤亡严重，美国仍然愿意承担领导世界的重任，而在这背后的原生动力也正是出自与苏联争霸的冷战政策。④

冷战结束后，美国成为世界上唯一的超级大国。从克林顿政府到奥巴马政府，美国对外政策的核心目标是维持美国的霸权地位，主要手段是将更多的国家纳入其主导的自由主义国际秩序当中。在这一时期，尤其是“9·11”事件发生之后，美国政府将各种非传统安全视为美国面临的最大安全威胁，打击极端恐怖主义组织以及朝鲜、伊朗等所谓“流氓国家”。与此同时，在埃及、阿尔及利亚等国，美国则支持它所称的温和派政府，阻止它眼中的伊斯兰势力上台。在处理同俄罗斯等以苏联为前身国家的关系上，美国一方面要同俄罗斯建立特殊的战略伙伴关系，支持它在本地区保持传统国际影响，另一方面又担心俄罗斯的大国民族主义复活，要保证东欧中亚地区的国家免受威胁。⑤2014 年，美国与俄罗斯的关系因乌克兰危机而迅速恶化，并在其主导下，将俄罗斯踢出八国集团（G8）。而随着中国和一批发展中国家迅速崛起，世界经济和政治的重心开始从大西洋两岸向亚太地区转移，奥巴马政府开始实施“亚太再平衡”战略，

① ［美］入江昭：《美国的全球化进程（1913—1945）》，载［美］孔华润编：《剑桥美国对外关系史》（下），张振江译，新华出版社 2004 年版，第 1—2 页。

② ［美］兹比格纽·布热津斯基：《大棋局：美国的首要地位及其地缘战略》，中国国际问题研究所译，上海世纪出版集团 2007 年版，第 19 页。

③ 潘锐：《冷战时期美国外交战略研究：从杜鲁门主义到里根主义》，《国际商务研究》2004 年第 2 期，第 52 页。

④ James Dobbins, Gabrielle Tarini, Ali Wyne, “The Lost Generation in American Foreign Policy: How American Influence Has Declined, and What Can Be Done About It,” Rand Corporation, September 2020, p.1.

⑤ 王缉思、朱文莉：《冷战后的美国》，《太平洋学报》1994 年第 2 期，第 35 页。

将美国全球战略和军事战略的重点转向亚太地区。[①]

在对外经济政策领域，克林顿政府继续推动关贸总协定“乌拉圭回合”谈判和《北美自由贸易协定》（NAFTA）谈判的完成，并支持中国加入新成立的世界贸易组织(WTO)。小布什政府也继续推动美国的自由贸易谈判议程，在8年任期内完成了大量的双边自由贸易协定(FTA)谈判。奥巴马政府最初在贸易自由化上犹豫不决，但最终还是选择继续推动自由贸易议程，与欧盟发起《跨大西洋贸易与投资伙伴关系协定》(TTIP)谈判，并在亚太地区力促达成《跨太平洋伙伴关系协定》（TPP）。

美国在冷战结束后的上述对外战略在特朗普时期发生重大调整。2017年底，美国《国家安全战略报告》提出美国处于一个“竞争的世界”，明确将美国与中国的关系界定为“战略竞争对手”(strategic competitor)，称中国与俄罗斯为“修正主义国家”(revisionist power)，并强调经济安全是国家安全四大支柱之一。[②]2017年10月，时任美国国务卿雷克斯·蒂勒森（Rex Tillerson）在其《下个世纪的美印关系》演讲中用“印太地区”替代“亚太地区”；特朗普在随后的亚洲之行中提出要保障“印太地区”的安全、稳定和繁荣；特朗普政府在2017年底发布的《国家安全战略报告》中将印太地区置于区域战略优先位置，明确表示将通过美、印、日、澳联手，重塑印太地区新秩序。[③]在该战略的指引下，美国在台海和南海问题、意识形态等领域与中国发生了激烈角力。

在对外经济政策领域，特朗普猛烈抨击20世纪90年代以来美国所奉行的全球主义政策和自由贸易政策，称其是导致国内工人失业和美国全球地位下降的根源，特朗普本人也成为自赫伯特·胡佛（Herbert C. Hoover）以来极力强调保护本国产业免受进口商品冲击必要性的首位总统。[④]在其四年任期内，特朗普政府肆意推行贸易保护主义政策，以平衡对外贸易关系为由，对部分进口商品加征关税，并挑起与中国的贸易摩擦。为推行“美国优先”的贸易政策，特朗普政府摒弃了此前的大型自贸协定谈判路径，退出了奥巴马政府签署的《跨太平洋伙伴关系协定》；瘫痪世界贸易组织争端解决机制，破坏以世贸组织为核心的多边贸易体系基础，推动以美国为轴心的双边和小区

---

① 夏立平、钟琦：《特朗普政府“印太战略构想”评析》，《现代国际关系》2018年第1期，第22页。

② The White House, *National Security Strategy of the United States of America*, December 2017.

③ Ibid., pp.45—47.

④ 特朗普曾在其就职演讲中公开表示：“（贸易）保护会使美国更加繁荣昌盛。”参见Donald Trump, “Inaugural Address,” *Congressional Record*, January 20, 2017, S364。

域自贸协定体系，施压韩国、加拿大和墨西哥重新谈判美韩自贸协定（KORUS）和北美自贸协定，并相继与日本和中国初步签署了贸易协定；2020 年 5 月 5 日，特朗普政府正式启动美英自由贸易协定谈判；①2020 年 7 月 8 日，正式启动与肯尼亚双边自由贸易协定谈判，并计划以此为模版，与其他非洲国家谈判双边自贸协定，意图将双边自贸协定作为参与非洲区域一体化进程的重要补充。②

整体而言，特朗普时期的美国对外政策明显偏离了第二次世界大战后美国历届政府形成的自由主义传统，严重削弱了美国与盟友和伙伴之间的关系，破坏了美国民主价值观，推卸了美国的国际责任。③ 在特朗普任职期间，美国先后退出联合国教科文组织、万国邮政联盟、联合国人权理事会、世界卫生组织、《巴黎协定》等多个国际组织和条约，致使美国全球领导地位显著下降。

2021 年执政后，拜登政府延续了特朗普政府时期将中国作为美国战略竞争对手的定位并视中国为美国最大的地缘政治对手，中国因此被置于其对外政策的核心。2021 年 8 月，拜登宣布美国将于 8 月 31 日前完成从深陷 20 年之久的阿富汗撤军。拜登在关于撤军的演讲中声称，美国正与中国展开激烈竞争，并面对来自俄罗斯、网络攻击与核扩散等多领域的挑战，美国必须通过提高自身的竞争力来应对 21 世纪竞争中的新挑战。④ 与此同时，在反思特朗普政府缺乏战略一致性的做法给世界秩序制造无数混乱、给盟友关系造成巨大破坏、给自身信誉带来显著伤害之后，拜登政府试图打造一种富有战略远见、对盟友和伙伴具有可靠性、对竞争对手具有威慑性的对外政策，注重提升政策的稳定性和可预期性，以期在减少激烈冲突的同时，通过加强“竞争”和“制衡”来实现政策目标。⑤

为了聚焦对华战略竞争，拜登政府在上台伊始就着手修复盟友关系，重振美国的国际领导角色。拜登政府表示不再采取损害盟友关系的举措，致力于“回归”而非破

① “China, USMCA Issues to Dominate in Early 2020, but Other Possible Deals Abound,” *Inside US Trade Daily Report*, December 26, 2019.

② “Kenyan official: Trade Deal with U.S. Needed in Case AGOA Ends,” *Inside US Trade Daily Report*, March 4, 2020.

③ Joseph R. Biden Jr., “Why America Must Lead Again: Rescuing American Foreign Policy After Trump,” *Foreign Affairs*, Vol.99, No.2, 2020, pp.64—76.

④ The White House, “Remarks by President Biden on the End of the War in Afghanistan,” August 31, 2021, https://www.whitehouse.gov/briefing-room/speeches-remarks/2021/08/31/remarks-by-president-biden-on-the-end-of-the-war-in-afghanistan/.

⑤ 柯静：《美国拜登政府对外经济政策目标、路径及制约因素》，《太平洋学报》2021 年第 10 期，第 19 页。

坏国际秩序。拜登政府将盟友和伙伴关系视为美国独特的实力来源，是赢得与对手之间战略竞争的关键。① 同时，拜登政府认为"以规则为基础的国际体系"有利于美国人民的利益和价值观。② 在这种截然不同于前任政府的认知下，拜登政府将恢复盟友之间的互信关系、回归并维护"以规则为基础"的国际秩序视为当务之急。

一方面，拜登政府接连宣布重返《巴黎协议》、停止退出世界卫生组织的进程、重返联合国人权理事会、领导经济合作与发展组织有关国际税改的讨论、支持曾被特朗普政府阻挠的尼日利亚籍世贸组织新任总干事人选，以此展示美国正在回归"多边主义"，并将此作为恢复美国全球影响力的第一步。

另一方面，立即搁置与盟友之间的经贸争端，为建立对华统一战线奠定基础。拜登在执政首周便将"恢复美国的世界地位"确立为优先事项，密集开展修复盟友关系的外交工作并着手处理美国和盟友的争端。迄今，拜登政府已接连决定暂停美英因航空补贴争端而互征关税、暂停对奥地利等六国因实施数字服务税而加征其关税的计划，并通过协商结束了美欧长达 16 年的航空补贴争端。此外，拜登政府还主导促成经合组织通过了全球税改协议，废除导致美国近期与他国频繁发生摩擦的单边数字服务税措施。③

在此基础上，拜登政府开始大力推进和升级各种联盟网络与合作倡议，包括在基础设施、供应链和技术领域打造排他性的小多边倡议，在军事协调、军事技术转让和军事情报共享层面创设竞争型的小多边机制。④ 例如，在印太地区，首次举行美日印澳"四边机制"（QUAD）领导人峰会，并将该机制从"安全对话"升级到"共识型联盟"的高度；2021 年 9 月，美国、英国和澳大利亚建立美英澳三边安全伙伴关系（AUKUS），并在不久后签署《海军核动力信息交换协议》，帮助澳大利亚打造核动力潜艇舰队；⑤ 在中东和印度洋地区，拉拢印度、以色列、阿联酋组建四方组织（I2-U2），

---

① U.S. State Department, Press Briefing, March 4, 2021, https://www.rev.com/blog/transcripts/state-department-ned-price-press-conference-transcript-march-4.

② U.S. House of Representative, "House Foreign Affairs Committee Hearing on Biden Administration Foreign Policy Priorities," C-SPAN, March 10, 2021, https://www.c-span.org/video/?509633-1/secretary-state-blinken-testifies-house-foreign-affairs-committee.

③ 柯静：《美国拜登政府对外经济政策目标、路径及制约因素》，《太平洋学报》2021 年第 10 期，第 15—26 页。

④ 赵祺、罗圣荣：《拜登政府"印太战略"的集团化研究：基于小多边主义理论视角》，《东北亚论坛》2023 年第 2 期，第 65—79 页。

⑤ 张家栋、王祥宇：《美日印澳四国机制的实质、由来和发展趋势》，《国际观察》2022 年第 4 期，第 59—87 页。

聚焦水资源、能源、交通、卫生和粮食安全问题。其中，四方组织也被视为美日印澳“四边机制”的“配套项目”，意在整合印太地区和中东地区，在亚洲和中东遏制中国的影响力。①

鉴于国际力量格局的演变以及美国国内战略界的共识，对华战略竞争料将成为未来很长一段时期内美国对外战略的主轴，只是不同政府在是否承担以及承担何种国际领导角色上有所差异，并在推进对华战略竞争的方式上有所不同。因此，当前不少关于未来美国对外政策走向的分析将关注点集中到美国的国内层面，尤其是分析国内政治极化问题以及国内经济对美国对外政策走向的影响。②

在国内政治对未来美国对外政策的影响上，有分析指出政治极化已经并将继续损害美国民主党与共和党关于自由国际主义大战略上的共识，而该战略在二战结束以来一直指导着美国的对外政策。③但也有研究认为，美国对自由国际主义的支持具有很强的韧性，国内机构和国际现实会限制民族主义的领导人完全制度化“美国优先”政策，在一个相互联系的世界，美国的领导人将会具有继续推进国际主义政策的动机。④

事实上，美国政治和社会的极化自 20 世纪 70 年代开始就是一种普遍存在的现象。近些年来，国内政治和社会的极化对美国对外政策的影响越来越显著。正如在国内事务上一样，民主党和共和党在国际议题上的立场也在不断分离，两党在优先关注的议题和主张采取的措施上呈现出巨大差异。总的来看，在处理对外关系和国际事务上，民主党人倾向于国际主义的路径，包括与其他国家合作、扩大美国对国际组织和国际协定的参与以及向其他国家提供援助等，而共和党人倾向于民族主义的路径，包括将美国的利益置于其他国家的利益至上、实现经济自给自足、采取单边主义外交等。⑤

---

① Patrick Kingsley, “What Is the I2U2?” *The New York Times*, July 14, 2022.

② Charles A. Kupchan and Peter L. Trubowitz, “The Home Front: Why an Internationalist Foreign Policy Needs a Stronger Domestic Foundation,” *Foreign Affairs*, Vol.100, No.3, 2021, pp.92—101.

③ Charles A. Kupchan and Peter L. Trubowitz, “Dead Center: The Demise of Liberal Internationalism in the United States,” *International Security*, Vol.32, No.2, Fall 2007, pp.7—44; Michelle Murray, “America First? The Erosion of American Status Under Trump,” in Robert Jervis, et al., eds., *Chaos Reconsidered: The Liberal Order and the Future of International Politics*, New York, NY: Columbia University Press, 2023.

④ G. John Ikenberry, *A World Safe for Democracy: Liberal Internationalism and the Crises of Global Order*, New Haven & London: Yale University Press, 2020; Stephen Chaudoin, Helen V. Milner, and Dustin Tingley, “‘America First’ Meets Liberal Internationalism,” in Robert Jervis, et al., eds., *Chaos Reconsidered: The Liberal Order and the Future of International Politics*, New York, NY: Columbia University Press, 2023.

⑤ Dina Smeltz, et al., *Divided We Stand: Democrats and Republicans Diverge on U.S. Foreign Policy*, Chicago, Illinois: Chicago Council on Global Affairs, 2020.

近年来的民调显示，在关于美国最重要的对外政策议题上，多数民主党人关注诸如新冠肺炎疫情和气候变化等全球性问题，共和党人则倾向于将传统的安全挑战视为美国面临的最为核心的威胁，包括中国崛起为世界大国、国际恐怖主义、伊朗核计划等。[①] 此外，大部分共和党人也关心外来移民对美国的安全威胁。

在实现美国外交政策目标的具体措施上，美国两党的立场也十分迥异。[②] 民主党人强调外交与国际合作。大部分民主党人认为新冠肺炎疫情的暴发增加了美国与其他国家进行协调与合作、共同应对全球问题的重要性。民主党人强烈支持通过国际组织来解决国际问题，认为美国并不比其他国家伟大。民主党人同样强烈支持在国际共同体内部来解决全球问题，包括增加美国对国际组织的参与，提供人道主义援助，谈判国际协定，积极参加诸如世界卫生组织、联合国和世界贸易组织等国际组织。与共和党不同，民主党人强烈认为，气候变化和疫情是如此的广泛，单个国家无法解决，国际合作是解决这些问题的唯一路径。在贸易问题上，多数民主党人支持生产的全球分工，希望通过多个国家的合作来确保全球供应链不被疫情等突发事件破坏。

共和党人更倾向于坚持美国在国际事务中的独立性和主权，主张自给自足的对外政策。与民主党人不同，大多数共和党人认为新冠肺炎疫情的暴发表明美国作为一个自给自足的国家的重要性。多数共和党人认为美国是世界上最伟大的国家，并且由于足够强大和富裕，美国能够单干，不需要介入其他国家的问题中。多数共和党人反对美国在联合国内部做出决定，如果这意味着该政策不是美国的首选，多数共和党人都不支持通过更多地参与国际组织来解决世界性问题。为应对外部安全威胁，包括恐怖主义，多数共和党人主张通过武力的方式。在贸易上，共和党人倾向于支持保护主义政策，希望美国自己生产而不是进口关键产品。

美国两党在对外政策上的分歧，尤其体现在特朗普政府时期所采取的一系列政策上。例如，特朗普政府上台后，宣布退出气候变化《巴黎协定》和伊朗核协议，引起了美国两党之间关于对外政策的激烈争论。几乎所有的民主党意见领袖都支持美国参加这两个协定；相反，只有少数共和党意见领袖支持美国加入这两个协定。[③] 美国两党

① Dina Smeltz, et al., *Divided We Stand: Democrats and Republicans Diverge on U.S. Foreign Policy*, Chicago, Illinois: Chicago Council on Global Affairs, 2020.

② Ibid.

③ Dina Smeltz, et al., "Political Polarization the Critical Threat to U.S., Foreign Policy Experts Say," *The Hill*, November 9, 2018.

在对外政策上的对立还体现在2020年总统大选期间总统候选人的公开声明上。例如，特朗普在2019年第74届联合国大会上明确表达了支持民族主义而非多边主义的立场。他认为未来不属于“全球主义者”，而是属于“爱国者”。在他看来，“未来属于保护本国公民、尊重邻国并尊重使每个国家与众不同的主权和独立国家”①。而民主党总统候选人拜登则表示，他的外交政策将支持美国几十年来为加强国家安全和自由而建立的伙伴关系和联盟网络。在拜登看来，“与其他国家合作将增强我们自己的力量，扩大我们在全球的影响力，同时与愿意合作的伙伴分担全球责任”②。

鉴于美国的政治极化以及两党在对外政策上的巨大分歧，美国对外政策的走向将在很大程度上取决于白宫和国会是由共和党还是民主党掌控。如果共和党掌控联邦政府，那么美国在对外政策上将会更加强调美国面临的军事和国防安全威胁，并主张维持美国的经济和军事优势，利用军事力量来威慑和应对外部威胁；相反，如果民主党执政，那么美国政府对国家安全的界定将会更为宽泛，价值观和气候变化等会受到更多关注，美国政府也更倾向于通过领导多边合作来应对这些安全挑战，主张维持与盟友之间的关系和积极参与国际组织。

近两年，新冠肺炎疫情导致供应链中断和通货膨胀高居不下，美国民众更加关注国内经济事务，不论民主党人还是共和党人，对美国外交政策的支持度都大幅下降。根据美国芝加哥全球事务委员会(The Chicago Council on Global Affairs)的最新民调，近两年美国民众对美国对外政策的立场发生了重大变化。在是否支持美国积极参与世界事务的问题上，仅有60%的美国民众持肯定立场，为2014年以来的最低点。其中，55%的共和党人持肯定立场，为20世纪70年代初以来的最低点；持肯定立场的民主党人所占比例也从两年前的78%下降为68%。③因此，除了国内政治因素外，美国对外政策的未来走向将会受到其国内经济的影响。可以预期，在美国经济持续走强的情况下，美国政府在对外政策上将会更为强势，会更积极地参与到各类国际事务当中，更愿意承担相应的国际责任；在国内经济陷入低迷的情况下，美国政府会更倾向于专

① Donald J. Trump, “Remarks by President Trump to the 74th Session of the United Nations General Assembly,” White House, September 24, 2019.

② Joseph R. Biden Jr., “Why America Must Lead Again: Rescuing U.S. Foreign Policy After Trump,” *Foreign Affairs*, March/April 2020.

③ Dina Smeltz, et al., *Pivot to Europe: U.S. Public Opinion in a Time of War*, Chicago, Illinois: Chicago Council on Global Affairs, 2022.

注国内事务，降低对国际事务的参与，减少甚至放弃履行相应的国际义务。

作为一个“年轻”的移民国家和具有典型实用主义特征的国家，美国非常善于把国外理念和本土经验、以及把原则与灵活性相结合。美国自然资源禀赋的优势和对移民的吸引力，使得美国在 19 世纪后期快速获得了强大的经济、科技和军事实力，并在 20 世纪前期取代欧洲强国，成为能够影响甚至左右全球事务的超级大国。

二战结束之后，美国一方面通过建立各类自由主义国际经济制度，打造以其为核心的“美国治下的和平”；另一方面在通过联合盟友展开了与苏联的争霸竞赛。冷战结束后，美国成为唯一的超级大国。由于在科技、人力资源、经济和军事等领域的优势与基础，美国在很长一段时间内仍将保持超强的综合国力，其作为唯一超级大国的地位在短期内也将无法被取代。从长期来看，美国的相对国力一方面将面临来自中国等新兴大国的赶超，另一方面也将取决于美国是否能够有效解决其国内存在的一系列问题，尤其是巨额债务问题和不断激化的国内社会矛盾。

从克林顿政府到奥巴马政府，美国对外政策的核心目标是维持美国的霸权地位，主要手段是将更多的国家纳入其主导的自由主义国际秩序当中。特朗普政府上台后，对美国的对外政策进行了巨大调整，在政治和安全领域重新启动了“大国竞争”的战略框架，在经贸领域推行了去全球化的措施。拜登政府执政后，对特朗普政府的政策进行了调整，寻求重塑美国的国际领导角色，但在经贸领域等领域依然延续了上届政府的“美国优先”政策。美国对外政策的调整在近些年已经对中美关系造成了较大冲击，严重损害了两国之间的军事、经贸、科技和文化交流。鉴于中美之间的结构性矛盾和美国战略界的对华认知偏见，竞争料将长期成为美国对华政策的主基调，并将逐步渗透到中美关系的各个领域。能否管控好中美摩擦，避免双边关系陷入大国冲突的“自我实现的预言”，将是影响未来数十年内世界和平与发展的重要变量。

第十章 俄罗斯研究

俄罗斯联邦（Российская Федерация）横跨欧亚两大洲，是世界上领土面积最大的国家。这奠定了其大国身份的物质基础。俄罗斯总人口约1.46亿，民族共194个，是典型的多民族国家。俄罗斯实行联邦制，共有80余个联邦主体，首都是莫斯科。乌拉尔山是亚洲和欧洲的分界线，也将俄罗斯领土划分为东西两个部分。乌拉尔山以西的俄罗斯领土属于东欧平原，聚集了大部分人口和生产经济活动，乌拉尔山以东的俄罗斯领土属于亚洲，广袤的西伯利亚地区气候寒冷，冻土带地质条件严苛，人口数量较少，但蕴藏了丰富的资源。

1991年苏联解体后，俄罗斯继承了苏联的大多数国际身份，保持着大国地位，并进入转型发展的新阶段。至1999年末，叶利钦担任俄罗斯总统，这一时期是艰难探索并逐步建立各项制度的过渡阶段。20世纪的最后一天，叶利钦宣布辞职，普京成为俄罗斯代总统，开启了21世纪的普京时代。2000年至2008年，普京在前两个任期里采取了许多整肃和改革措施，扭转了俄罗斯国内的部分混乱局面，并在高油价的刺激和推动下，实现了较为亮眼的经济增长。2008年至2012年，梅德韦杰夫担任俄罗斯总统，普京任总理，梅普组合顶住了金融危机的冲击，继续推动俄罗斯的发展。2012年至今，普京再次担任俄罗斯总统，继续推进国内外政策的调整。

整体上看，地理位置、资源禀赋、历史传承、民族性格和外部环境等因素，共同塑造了俄罗斯的国际地位和发展历程。

第一节 俄罗斯的国际地位、影响力和未来趋势

无论我们将冷战后的国际体系定义为单极世界、“一超多强”还是多极世界，俄罗斯都已经不再具有冷战时期的超级大国地位。针对“俄罗斯是否可以作为大国或一极”

的问题，存在诸多争论。[①] 这是因为俄罗斯的国际地位和影响力确实发生了许多变化。

一、俄罗斯国际地位和影响力的变化

苏联解体给俄罗斯带来的冲击和变化非常明显。首先，俄罗斯的面积缩小，边界后退。俄罗斯的领土面积相较苏联减少了五分之一，除了东部边界没有变化外，俄罗斯南部和西部的边界都明显后退，更重要的影响是大部分边界都不安全，有的边界存在划界分歧或领土争议，有的边界无法阻止恐怖主义等跨界活动。人口也明显缩减，失去中亚使俄罗斯损失了很多劳动人口。其次，周边外交的复杂性明显增加。俄罗斯现在毗邻的国家比 1991 年多了三倍，邻国的增多意味着矛盾和摩擦的增加，外交的复杂性也随之提高，俄罗斯的周边外交从格局到思路都需要调整。再次，关键地区的丧失和产业链的断裂。苏联解体后，俄罗斯在经济生产、国家安全和社会发展方面丧失了许多重要地区。航天发射基地在哈萨克斯坦，重要的粮仓在乌克兰，原有的国内生产链变成了国际生产链，计划经济规则让位于市场经济和国际规则，也需要重新组织生产方式。

虽然俄罗斯的整体实力遭到削弱，但因承继了苏联的许多国际身份以及庞大的领土、丰富的资源和数量众多的核武器，俄罗斯依然保留着大国地位。拉长时间的纬度，在苏联解体后的三十余年间，可以将俄罗斯国家发展的历程划分为 3 个阶段。第一阶段是 1992 年至 1999 年，俄罗斯痛苦地完成独立过程。休克疗法带来的社会镇痛、制度转型制造的混乱，都让俄罗斯出现了严重的货币贬值、物价飞涨，百姓生活艰难。1997 年亚洲金融危机，很快蔓延至俄罗斯，进一步加剧了经济的下行，甚至使国家面临进一步丧失主权并再度解体的风险。第二阶段是 2000 年至 2010 年，普京成为俄罗斯总统后，对内整肃，加强主权和国内团结，对外积极活跃，参与全球化进程。同时，石油价格高速增长，为依靠能源出口的俄罗斯带来了较多的外汇收入，对经济增长的贡献率在三分之一到五成。[②] 在这一黄金期，俄罗斯实现了难得的恢复性发展，顶住了

---

① A. Kokoshin, “What is Russia: a Superpower, a Great Power or a Regional Power,” *International Affairs: A Russian Journal*, No.6, 2002, https://ciaotest.cc.columbia.edu/olj/iarj/iarj_02_06a.html; Daniel R. DePetris, “Is Russia Still a Great Power?” Sep. 30, 2022, https://www.newsweek.com/russia-still-great-power-opinion-1747602; Daniel W. Drezner, “Is Russia Still a Great Power?” March 15, 2022, https://www.washingtonpost.com/outlook/2022/03/15/is-russia-still-great-power/.

② Сергей Гуриев, “20 лет Владимира Путина: трансформация экономики,” 09 августа 2019, https://www.vedomosti.ru/opinion/articles/2019/08/09/808435-20-vladimira-putina.

2008年全球金融危机的冲击，成为西方国家赞许的新兴经济体和金砖国家。第三阶段是2011年后至今，油价的低迷和俄罗斯缺乏竞争力的产业链分工地位，使其经济处在低位徘徊的状态，不得不寻求更紧密的地区合作，发展欧亚经济联盟。2014年乌克兰危机后，俄罗斯遭受西方制裁，经济压力继续增大，尽管进口替代战略的实施帮助俄罗斯定住了压力，但新冠肺炎疫情、2022年乌克兰危机所引发的巨量新制裁，使俄罗斯经济面临着更加严峻的挑战，需要展现出韧性才能克服困难。

从统计数据上看，俄罗斯尽管已经摆脱20世纪90年代的颓势，也曾在21世纪之初有过较快的恢复性增长，但进入21世纪第二个十年后，俄罗斯确实遇到了困难。特别是2014年乌克兰危机后，外部制裁加剧了俄罗斯的低位徘徊。研究表明，俄罗斯经济增长的低谷对应着2008年金融危机和2014年西方制裁，表明其经济受外部影响较为明显。特别是2009年反弹后，其实际经济增长率已经开始落后于新兴市场国家。① 横向对比，俄罗斯不进则退的表现非常明显，俄罗斯不仅长期落后于日本、德国，更被中美两大国远远拉开。2020年，俄罗斯甚至跌出世界前十，落后于韩国。

二、俄罗斯国际地位的影响因素和未来趋势

国家实力是决定国际地位的基础，但也不是全部。从定性角度看，与冷战时期相比，俄罗斯不再是超级大国，其国际地位是明显降低的。后冷战时代的三十余年间，四种力量之间的角力影响着俄罗斯的国际地位。

从俄罗斯自身看，两种相对应的力量发挥影响。第一种力量是俄罗斯融入全球体系的意愿。俄罗斯融入全球体系的意愿在冷战后时代是持续存在的，但在融入的对象、方式和程度等问题上存在争论和调整。苏联解体之初，俄罗斯试图融入的对象是西方世界，但随着西方的轻视和失望情绪的增加，俄罗斯融入的对象变为现有的国际体系。加入世界贸易组织等国际制度，是俄罗斯融入全球体系的努力。但融入方式也在逐渐变化，从俄罗斯作为个体的融入逐步转变为俄罗斯作为一极融入，组建欧亚经济联盟并作为地区主导国家参与全球治理，作为新兴经济体和金砖国家之一参与全球体系，都是俄罗斯在融入方式上的调整。与融入相对应的第二种力量是俄罗斯的孤立主义。横跨欧亚的地理位置和文化传统，意味着俄罗斯既不是传统的欧洲国家，也

---

① 余南平、夏菁：《俄罗斯经济：结构现状及在全球价值链中的角色》，《俄罗斯东欧中亚研究》2021年第1期，第23页。

不是典型的亚洲国家。这种独特的意识和身份又进一步塑造了俄罗斯的孤立主义，它在全球是独特的存在，需要走独立自主的发展道路。特别是在没有受到尊重甚至是受到不公平待遇时，俄罗斯会选择退出已经加入的国际制度。2022 年乌克兰危机激化后，俄罗斯采取竞争策略，退出了部分国际制度，[①] 显示了孤立主义思潮上升对俄罗斯的影响。在俄罗斯的观念中，俄罗斯应是一个全球性大国，推动世界多极化的潜台词是“俄罗斯也是世界一极”。如果仅仅把俄罗斯看作一个地区大国，那么显然未能准确理解俄罗斯的国家利益所在。全球性大国才是俄罗斯的国家定位。如果不能作为一个全球性大国，那么俄罗斯宁愿选择部分脱离全球体系。而制造业的落后和远离国际体系构成俄罗斯经济非常重要的“软肋”，并成为一个世界权力性大国的明显短板和脆弱点。[②]

从俄罗斯的外部环境看，同样存在两种相对应的力量对俄罗斯施加影响。一种力量是接纳俄罗斯融入国际体系的力量。1997 年，俄罗斯参与七国集团，并使后者转变为影响全球大趋势的八国集团。2010 年，俄罗斯成为东亚峰会成员，拥有更多机会参与东亚地区事务，增强了本国在东亚地区的影响力。2011 年，俄罗斯加入世界贸易组织，不仅推动本国经济发展，更扩大了世贸组织的覆盖面。与之相对的另一种力量是排除俄罗斯的国际意愿。2014 年乌克兰危机后，发达国家将俄罗斯从八国集团中剔除，重新变为七国集团。2022 年乌克兰危机后，俄罗斯在诸多国际组织中的成员身份、观察员地位等被终止或暂停，显示了排除俄罗斯的意愿。

这四种力量之间相互角力。从纵向的时间维度看，俄罗斯的融入意愿在 30 余年间有所降低，孤立主义思潮逐渐增强，2014 年后，排除俄罗斯的力量在增强，接纳俄罗斯的力量减弱。2022 年俄乌冲突爆发后，俄罗斯的短板明显暴露，正在难以抑制的衰落。[③] 这使得各国对俄罗斯的重视程度继续降低。俄罗斯的孤立意愿与排除俄罗斯的力量相结合，使俄罗斯进一步退出现有的国际体系和全球治理，其国际地位和影响力将呈现进一步下降的趋势。

---

① 顾炜：《乌克兰危机与俄罗斯国际制度竞争策略的调整》，《俄罗斯东欧中亚研究》2022 年第 1 期，第 33—55 页。

② 余南平、夏菁：《俄罗斯经济：结构现状及在全球价值链中的角色》，《俄罗斯东欧中亚研究》2021 年第 1 期，第 46—47 页。

③ Daniel R. DePetris, “Is Russia Still a Great Power?” Sep. 30, 2022, https://www.newsweek.com/russia-still-great-power-opinion-1747602.

从当前的发展态势看，尽管俄罗斯保持了在上海合作组织、金砖国家、亚信会议、欧亚经济联盟等地区性制度中的领导或参与，但在四种相互角力的影响力量中，强烈自主引发的孤立主义和排除俄罗斯的力量占了主流。这种趋势与俄罗斯国家实力的低位徘徊相结合，会继续加剧俄罗斯国际地位的下降趋势。

第二节　俄罗斯的国内问题和主要矛盾

俄罗斯国际地位和影响力的下降，虽然与外部承受压力存在紧密联系，但更主要是内部问题未能及时解决引起的。如果不能从根本上扭转这些长期困扰俄罗斯发展的症结，那么将难以改变俄罗斯当前的发展逻辑，低水平维持的态势只能使俄罗斯继续不进则退。

一、经济结构单一的问题难以解决

从资源禀赋来说，庞大的国土面积为俄罗斯提供了雄厚的基础，使其成为世界上资源最丰富的国家之一。这不仅指传统的油气等化石能源，也包括各类要素性资源。整体上看，俄罗斯拥有的资源种类多，储量大，自给程度高。俄罗斯天然气的已探明蕴藏量占世界探明储量的25%，居世界第一位，供应欧洲、亚洲等诸多国家。石油探明储量占世界探明储量的9%，这使俄罗斯虽然不是石油输出国组织（OPEC）的成员，也可以像沙特等部分中东国家一样影响油价，左右世界石油市场的走势。煤蕴藏量居世界第五位。俄罗斯的森林覆盖面积占国土面积的65.8%，居世界第一位，所以俄罗斯对气候变化、能源转型等全球治理议程具有重要影响。俄罗斯的木材蓄积量居世界第一位，铁、镍、锡蕴藏量居世界第一位，黄金储量居世界第三位，铀蕴藏量居世界第七位。对这些关键性资源的占有，赋予了俄罗斯参与世界市场活动的能力，却也让俄罗斯的发展面临惯性和惰性的负面影响。

所谓惯性，指俄罗斯对既有发展模式的路径依赖。苏联在冷战时期积累的重视重工业忽视轻工业发展的问题，在冷战后的俄罗斯被惯性影响而保持。受资源丰富和长期气候寒冷等因素的影响，俄罗斯人求变的意识明显不足，不仅是日常生活，尤其在国家发展方面，惰性比较强。俄罗斯对资源的依赖非常明显，石油气及其相关产品收入占俄罗斯总收入的5成以上。售卖资源或初级产品就可以帮助俄罗斯保持外汇收入，21世纪第一个十年间油气价格的高企就对俄罗斯国内生产总值的增长贡献巨大，这又进一步加剧了俄罗斯对资源的依赖，错失了改变经济结构、转变发展思路和调整发展模式的黄金时期。错失的改革机遇使俄罗斯在新兴经济体中的表现差强人意，成为了金砖国家中发展较为黯淡的国家。2014 年乌克兰危机后，西方对俄罗斯采取严厉制裁，进一步影响了俄罗斯的经济发展。但更关键的问题是俄罗斯未能实施提高经济生产率的政策。① 俄罗斯发展模式的问题和惯性与惰性的负面影响都掣肘了俄罗斯对外部制裁的应对能力。

归结起来，独立后的三十余年间，经济结构单一的问题始终困扰着俄罗斯。混乱应对的十年和看上去美好的十年后，俄罗斯发展的根本问题没有解决。待到地缘政治矛盾影响国家发展后，俄罗斯实施进口替代战略，开始谋求从根本上改变问题。进口替代战略虽然帮助俄罗斯抵御了 2022 年西方制裁的强烈冲击，但经济自主建设和结构性调整需要时间，且进口替代并不能完全解决经济结构单一的问题。所以，在俄乌冲突引发的多轮严厉制裁下，表现出一定韧性的俄罗斯仍将随着时间的推移和规模的积累面临较大的挑战和严峻的问题。

2022 年 12 月 6 日，欧盟对俄罗斯海运石油出口实施的“限价令”正式生效，将继续打击俄罗斯的石油收入，进一步削弱俄罗斯的经济实力。俄罗斯不得不积极推进其转向东方战略。但转向东方需要很多配套措施的落地，例如石油气资源的管道建设、航道的开辟和维护等，所以，亚太地区国家虽然在购买俄罗斯资源型产品方面具有较高的积极性，但当前只能部分消化从欧洲转移过来的产品份额，很难发挥替代作用。况且，如果对这些地方的出口比对欧洲更有利可图，那么这种转变早就发生了。② 所以，在制裁重压下，俄罗斯整体收入的维持将面临更多困难。

此外，俄乌冲突的长期影响不能忽略。应对战场需要的迫切性，可能进一步推动俄罗斯经济向战时经济过渡。即便整体上能够保持现状，也会有更多的资金和资源份额倾向于投注重工业和军事工业的生产中，很难对民用工业提供更多的支持。外部压力的巨大影响或许能够迫使俄罗斯下决心改变惰性和惯性，但改变经济结构的长远议程必然让位于短期应对的急迫需要，这又进一步延迟了对关键问题的解决。

① John West, “Russia’s Empty Great Power Ambitions,” Dec. 4, 2022, https://unravel.ink/russias-empty-great-power-ambitions-2/.

② Robert Farley, “Putin’s war in Ukraine is Endangering Russia’s Centuries of Great-power Status,” March 6, 2023, https://www.businessinsider.com/putin-ukraine-war-endangers-russian-great-power-status-2023-3.

因此，在2022年俄乌冲突爆发并呈现中长期发展后，俄罗斯聚焦于提升经济安全和自主性，经济结构单一的问题难以从根本上快速解决。这也就进一步限制了俄罗斯经济的发展和国力的持续提升，对俄罗斯维护大国地位构成最根本的负面影响。

二、地区发展的不平衡性仍然突出

历史积累形成了俄罗斯东西部分发展严重不平衡的问题。两座最大城市莫斯科和圣彼得堡都位于俄罗斯西部的东欧平原上，大多数人口和主要经济活动也都集中在西部，而面积广大的属于亚洲的远东地区，虽然资源丰富，但气候恶劣，人口流出规模大，整体发展较为滞后。21世纪以来，俄罗斯着力推动远东开发，特别在2010年后实行向东看政策，与亚太地区国家加强经贸合作。位于国土最东端的城市符拉迪沃斯托克，不仅主办了亚太经合组织峰会，还多年主办东方经济论坛。这些举措都意在改变俄罗斯东西部不平衡的发展态势。

但十余年的努力并未取得积极效果。位于远东地区的超前发展区建设进展缓慢，未能实现预期的跨越式发展。人口流出的现象没有得到缓解，也继续加剧地区发展的迟缓。地区发展的不平衡性还表现在少数民族地区的发展不充分。普京曾在国情咨文中将俄罗斯定位为一个拥有广阔的领土、多元的文化、复杂的联邦结构、断裂的历史和艰难考验历史记忆的多民族国家。[①] 远东地区的一些联邦主体都是少数民族聚居区，这导致地区发展的不平衡性与民族聚居区发展的不平衡性相重合，对联邦制的稳定性和国家的统一性构成负面影响。

三、稳定性强与创新能力有限并存

20世纪最后十年间，转型中的俄罗斯处于动荡期和混乱期，除了社会经济问题，叶利钦在90年代末频繁更换总理，也侧面显示了俄罗斯内部的不稳定。普京2000年执政后，整顿中央与地方关系，强化垂直体系，遏制了俄罗斯主权弱化的趋势，防止了国家的进一步分裂。

1999年形成的“团结”竞选联盟在吸收了相关力量后，于2001年改组为“团结—

① В.В. Путин, “Послание президента федеральному собранию,” 1 марта 2018 г., http://www.kremlin.ru/events/president/news/56957.

祖国”党，即此后发挥重要作用的统一俄罗斯党。时任内务部部长格雷兹洛夫、总理普京（2008—2012 年）和总理梅德韦杰夫（2012—2020 年）先后担任统俄党主席，目前担任俄联邦安全会议副主席的梅德韦杰夫仍然兼任统俄党主席。统一俄罗斯党在支持总统的同时，吸纳了诸多地方官员，促进了俄罗斯联邦制的稳定。

2012 年总统选举受到了外部干扰，也让政权安全问题越加受到关注。普京重回总统职务，在其推动的各项改革措施中有相当一部分是强化国家权力。“权力再集中”在政治权力本身和政治行动两个方面推进，强调集中性的权力和排他性的规则。[①]2014 年乌克兰危机后，外部制裁加剧了对国家安全的担忧，集中权力应对制裁有了更加合理的逻辑，这促使俄罗斯的国家权力继续强化和集中。人数有限的精英参与决策，虽然可以带来稳定性和效率，但参与者数目的减少意味着无法贡献更多的思路，视野变窄的最后是缺乏有效的新方法和新措施。政治精英的服从性参与，而非主动性参与，削弱了参与者的积极性，也进一步削弱了俄罗斯国家创新能力。

权力集中延伸到经济领域就是国家资本主义和大量国有企业掌握着国家经济命脉。俄罗斯经济过于依赖资源，导致“去工业化”，个人和中小企业难以参与资源开采，所以资源依赖型经济的出现导致大型国企左右着国家经济的发展。在重新国有化的过程中，政治精英关注“瓜分蛋糕”而不是“做大蛋糕”，导致国有企业效率低下。[②]这种状况又使社会继续萎缩，中小型企业、社会团体都不够发达，且社会承担了更多的向下功能，帮助国家完成行动，但并未承担向上表达的功能，[③]对国家掌握个人的意愿未能起到积极作用。国家与个人在一定程度上的脱节，在制造表面稳定的同时，也孕育了危机。俄罗斯虽然出台了一系列创新发展战略，但国家的单向刺激很难使个人和中小企业投入创新领域，从而固化了创新能力有限的现实。

从当前俄罗斯的发展趋势看，经济结构单一的现实难以很快改变，创新能力又继续受到限制，地区发展的不平衡性暗流涌动，对现有的稳定性构成冲击。三大问题将困扰俄罗斯的长期发展，特别是在外部压力增强的影响下，将成为俄罗斯发展的障碍。

---

① 费海汀：《“权力再集中”：俄罗斯政治趋势分析》，《俄罗斯研究》2022 年第 5 期，第 148—169 页。

② 冯玉军：《俄罗斯经济的政治社会根源及国家发展前景》，《欧亚经济》2022 年第 1 期，第 4—5 页。

③ 费海汀：《“权力再集中”：俄罗斯政治趋势分析》，《俄罗斯研究》2022 年第 5 期，第 152 页。

第三节　俄罗斯的对外关系

横跨欧亚两大洲的地理位置和曾经作为超级大国的历史积累，使俄罗斯的对外关系层次丰富、领域多样，在纷繁复杂中贯穿着维护俄罗斯大国地位的主线。从时间维度来看，可以将从1992年至今的俄罗斯外交划分为5个阶段，每个阶段外交风格发生相应的变化。2000年之前，叶利钦是俄罗斯总统，其外交更多是应对性的，处理苏联解体后遗留的问题，其中也经历过一个非常明显的变化，就是放弃亲西方的外交政策。2000年之后的20年时间，普京作为总统和总理对俄罗斯外交产生了非常大的影响。以2008年为界，2008年之前的俄罗斯外交相对更温和，2008年8月俄格冲突后，俄罗斯外交更加积极作为，也更为强硬和独立；2013年乌克兰危机爆发，俄罗斯遭遇西方制裁，之后的外交主题变成了如何突破外交困境以及如何战胜由外交困境带来的经济和社会发展困难；2022年乌克兰危机激化，俄罗斯外交开启新的巨大调整阶段。整体上看，从1992年至今的30余年间，俄罗斯外交呈现越加独立的发展过程，更加明确自己的目标和利益所在，在应对各种复杂局面的同时，也更加积极进取。

一、俄罗斯与美国的关系

与美国的关系是俄罗斯最为重视的双边关系，不仅是在激烈对抗的冷战年代，也在独立后的转型岁月，俄罗斯都对美国投入了最多的关注。然而，俄美关系却在经历了多次循环起伏后不断下行。①2022年俄乌冲突爆发，俄美之间的对抗性已经远远超过冷战时期，合作领域和沟通渠道也大大减少，双方关系濒临破裂的边缘。

对于俄美关系不断下行的原因，许多学者都喜欢使用一个意涵较为严重的词汇——结构性矛盾加以解释。然而，却鲜有文献阐释清楚俄美关系中的结构性矛盾是什么。以纵向视野看，国家实力虽有起伏，但国际地位和影响力不断下降的俄罗斯，被西方国家越加认为“没有资格”作为美国的对手。虽可以成为有限伙伴，②但并不是真正的伙伴，所以俄罗斯不会得到美国足够的重视和尊重。而从横向比较来看，不断崛起的中国已经逐步成为美国的主要竞争对手。俄罗斯越来越像是一个地区性强国而不是全球性大国，不可能对美国的全球性霸权构成实质性挑战，自然难以吸引关注。

① 陶文钊：《后冷战时期美俄关系的三个循环》，《和平与发展》2020年第4期，第1—19页。
② ［美］斯登特：《有限伙伴：21世纪美俄关系新常态》，欧阳瑾、宋和坤译，石油工业出版社2016年版。

但俄罗斯却始终珍视自己的大国地位，期待美国平等相待。因此，俄美关系中的结构性矛盾是两国在认知方面的错位，根本原因是双方日益拉大的差距，表现在实力、地位、影响力等诸多方面。

纵观三十余年的历程，俄罗斯与美国的关系交织着三对矛盾性要素。

第一对要素是失望与希望。独立之初，俄罗斯希望与美国并驾齐驱，追随美国的脚步融入西方，却没有得到美国与欧洲发达国家承诺的援助。失望情绪的逐渐累积和增强，促使俄罗斯转变了外交政策。与美国关系的每次高起，都是俄罗斯燃起了对美国的希望，而最终不得不以失望收场。这使得俄罗斯更加孤立于世界，更加倾向于采取一种激进的方式应对挑战。因此，在失望与希望交织的过程中，俄美关系跌宕起伏，并不断下行。

第二对要素是尊重与忽视。俄罗斯追求全球性大国地位，希望得到其他国家的尊重。然而，一方面，美国没有尊重俄罗斯的地位和影响力，反而步步紧逼，推动欧盟和北约的东扩，使俄罗斯与西方斗争的焦点不断东移，从南斯拉夫联盟到格鲁吉亚、乌克兰，双方对中小国家展开激烈争夺。另一方面，美国也没有尊重俄罗斯对自己道路的选择，时常指责俄罗斯的人权问题，干涉俄罗斯内政。这种俄罗斯求尊重与美国的不尊重和忽视相互矛盾，成为影响俄美关系的重要观念性因素。当美国忽视俄罗斯时，俄罗斯就更有可能采取激进行动，这也会反过来导致俄美关系的起伏。

第三对要素是防守与进攻。冷战后的三十余年间，美国和西方国家绝大多数时间都处于进攻状态，俄罗斯则整体上处于防守状态。北约与欧盟先是将原来社会主义阵营内的东欧国家吸纳为成员，又将原来属于苏联的波罗的海三国接纳，还与欧亚地区的格鲁吉亚、乌克兰等建立了紧密合作，美国与西方阵营不断向东进攻，挤压了俄罗斯的战略空间。俄罗斯虽然整体上采取防守策略，但也会抓住不可多得的时机，反守为攻。2008 年俄格冲突、2014 年收回克里米亚和 2022 年乌克兰危机，都是俄罗斯在整体防守中采取的进攻性举措。

整体上看，在每位美国总统的任期内，美俄关系都是高开低走，在循环中不断下行。在轻视俄罗斯的目光下，美国在很多问题上不愿意与俄罗斯交流，而且俄美在经济、人文等领域的合作也非常少，所以双方可以讨论的议题越加减少。实力差距难以很快缩小，认知错位同样难以短期弥合，加上双方在地缘政治、战略稳定、核心利益等领域上的矛盾，俄美关系难以在短期内实现逆转。尤其是 2022 年俄乌冲突的爆发，美国更加认为将美俄关系置于坚实稳定的基础上没有任何好处。[①] 俄美关系实现低水平维持而不破裂，已经需要耐心和智慧。

二、俄罗斯与欧洲的关系

自沙皇彼得一世发起改革并带领俄罗斯向欧洲全面学习以来，俄罗斯始终重视欧洲。俄罗斯与欧洲的关系，主要涉及三个方面。

第一，俄罗斯对欧洲的高度认同。俄罗斯领土的重要部分位于东欧平原上，政治经济文化的主要活动和大多数人口都聚集在莫斯科和圣彼得堡所在的属于欧洲的领土上。所以俄罗斯把自己视作欧洲国家，在地理上和心理上，也更亲近于欧洲。向西看是俄罗斯的某种“心结”，融入欧洲是深入骨髓和记忆的追求和偏好。待到 2016 年俄罗斯提出构建“大欧亚伙伴关系”的设想时，融入欧洲变成了“包裹”欧洲，让欧盟参与到俄罗斯主导构建的大欧亚伙伴关系中来，这种提法显示了融入欧洲思想的新变化。

第二，俄罗斯难以融入欧洲。广袤的领土面积和相对庞大的人口，使俄罗斯很难融入欧洲，所以加入欧盟不具有现实可行性。对欧洲人来说，俄罗斯是一种落后的、差异化的存在，19 世纪仍在实行农奴制，20 世纪的苏联是社会主义国家，是与资本主义严重对立的。尽管俄罗斯是俄罗斯，苏联是苏联，但俄罗斯仍然块头很大，如果进入欧洲，欧盟难以消化。就像大象进入瓷器店，随便一个转身，就有可能制造破坏。所以欧盟以及包括美国在内的北约，都无法将俄罗斯纳入其中，尽管曾经考虑过这样的可能性，但要吞下庞大的俄罗斯实在非常困难。

第三，俄罗斯与欧洲存在竞争关系。从冷战后三十余年的发展历程上看，俄罗斯与欧洲国家一直在争夺属于共同周边的中小国家。俄罗斯步步退缩，处在防守的状态上，因为中东欧国家倒向了北约，加入了欧盟，成为欧洲的重要组成部分。乌克兰、波罗的海三国等这些原苏联加盟共和国，也与欧洲亲近。

在 2022 年乌克兰危机的影响下，当前的俄欧关系面临四个主要问题。第一是欧盟东扩。欧盟已经于 2022 年 6 月批准乌克兰和摩尔多瓦获得候选国地位，这意味着欧盟仍在与俄罗斯争夺中小国家，欧盟东扩仍将是俄欧关系的主要矛盾点。第二是能源问

① Judah Grunstein, “When It Comes to Strategic Rivalries, History Doesn’t Take Sides,” Jan. 10, 2022, https://www.worldpoliticsreview.com/history-won-t-take-sides-on-the-russia-us-relationship/.

题。欧洲的很大一部分能源需要俄罗斯供给，这成为俄罗斯影响欧洲政策的一个主要途径。但俄乌冲突不仅导致欧洲国家严厉制裁俄罗斯，也加速与俄罗斯“脱钩”，欧洲愿意承担巨大的经济成本来削弱俄罗斯。[①] 能源作为俄罗斯对欧洲政策工具的影响明显降低。第三是美国对俄欧关系的影响非常明显。当拜登总统 2021 年执政后，美国着重改善特朗普时期被损害的跨大西洋伙伴关系，与美欧关系密切相伴随的是俄欧关系重新恶化。第四是欧洲地区的一致性，随着欧盟的逐渐扩大，新老欧洲的利益诉求存在差别，欧洲想要统一对俄罗斯的政策越加困难，这给俄罗斯施展外交手段提供了空间。

整体上看，俄罗斯与欧洲在历史与文化上最为亲近，但彼此都有矛盾心理。现实利益的存在使俄罗斯与欧洲既有竞争，也有合作，但欧洲在对待俄罗斯的问题上既受美国影响而缺乏自主性，也因为欧盟包含了太多国家，而难以实施统一的对俄政策。俄乌冲突使欧洲比预期更早地摆脱了对俄罗斯能源的依赖，[②] 但俄罗斯不可能真正离开欧洲，也无法与欧洲建立期待中的关系。

三、俄罗斯与欧亚地区的关系

在最常用的概念上，欧亚地区位于亚洲和欧洲的结合部，由除去立陶宛、爱沙尼亚和拉脱维亚这三个波罗的海国家之外的 12 个原苏联加盟共和国组成。当有意强调历史与现实的关联性时，俄文语境中通常又会使用“后苏联空间”这一概念指代欧亚地区，表明该地区与曾经的超级大国苏联关系密切。在怀旧以外的现实中，“后苏联空间”意味着该地区仍被俄罗斯视为具有重要战略意义的地理范围。因为这 12 个国家在独立后组成了独立国家联合体，所以在某些语境中，“欧亚地区”又可以等同于“独联体地区”。但独联体经历过成员国变动，当前的影响力有限，所以，欧亚地区为更加常用的概念。

苏联数十年的历史意味着俄罗斯在欧亚地区具有重要影响。俄罗斯把欧亚地区视作其外交的核心区域，欧亚地区是俄罗斯的周边地区，属于俄罗斯周边外交的范畴。尽管独立之初俄罗斯采取了抛弃“小伙伴”的政策，但随着融入西方的希望破灭，俄

---

① Max Bergmann, “Russia’s Coming Great Power Struggle,” May 12, 2022, https://www.csis.org/analysis/russias-coming-great-power-struggle.

② Taras Kuzio, “Putin’s Failing Ukraine Invasion Proves Russia is no Superpower,” November 1, 2022, https://www.atlanticcouncil.org/blogs/ukrainealert/putins-failing-ukraine-invasion-proves-russia-is-no-superpower/.

罗斯又重新重视本国在欧亚地区的地位和影响力，作为地区领导者，推动欧亚地区的安全与经济合作。

在经济方面，俄罗斯不仅在独联体框架下推动经济合作，也在21世纪初，建立欧亚经济共同体，加强地区内部的经济联系。2011年，俄罗斯提出建立欧亚经济联盟的设想，并与白哈两国加快关税同盟建设。2015年1月1日，欧亚经济联盟正式启动，吉尔吉斯斯坦和亚美尼亚随即加入欧亚经济联盟，欧亚经济联盟成为欧亚地区开展一体化的主要框架。2016年，俄罗斯又提出构建大欧亚伙伴关系的计划，意在引领欧亚国家与区域外国家和国际组织开展经济合作，提升欧亚地区的经济活力。

在安全方面，欧亚地区的中小国家在国防方面本就缺乏经验，对解体缺乏准备的现实也使它们难以快速应对变化的新形势。由此，俄罗斯凭借军事优势和未能及时撤出的驻军成为部分中亚国家边界的守卫者，并帮助部分国家组建民族军队。而欧亚地区的诸多热点问题，需要俄罗斯参与才能解决。2020年下半年的纳卡冲突，就是俄罗斯发挥地区调解作用的鲜明例证。此外，俄罗斯建立集体安全条约组织，与中国共同推动上海合作组织的发展，通过地区机制和地区组织的架构开展安全合作。

然而，俄罗斯与欧亚地区在文化领域的联系却出现弱化的趋势。这一方面是因为很多俄罗斯族从欧亚地区国家迁回俄罗斯，讲俄语的人口比重有所降低，另一方面是因为俄罗斯国家实力弱化，无法吸引中小国家继续追随。欧亚地区的中小国家，为拓展合作空间，在外交方面采取多元政策的同时，在文化上采取“去俄罗斯化”的政策。所以，欧亚地区的文化联系日益弱化，并对俄罗斯开展外交形成负面影响。

归结起来，俄罗斯与欧亚地区关系的核心问题是固守与分化。俄罗斯把欧亚地区作为自己的传统势力范围，固守着本国的地区主导国身份。但经过三十余年的发展，欧亚地区已经不可避免地分化。中亚峰会和中亚合作的推进，强化了中亚地区的独立地位。高加索地区与中东地区的联系更加紧密。乌克兰危机使欧亚地区的东欧部分处于动荡，乌克兰和摩尔多瓦成为欧盟候选国。在自身实力和国际地位下降的影响下，俄罗斯对欧亚地区的影响力也呈现降低趋势，俄罗斯的欧亚地区外交和地区观念都需要革新和转变。固守难以取得成效，而且会进一步激化矛盾。

四、俄罗斯与世界主要地区的关系

除了欧亚地区和欧洲地区外，幅员辽阔、实力基础和历史积累使俄罗斯在全球诸多地区具有一定的活跃度和影响力。俄罗斯也会结合本国的战略布局和利益需要调整对相关地区的关注度和参与度。

（一）俄罗斯与亚太地区的关系

俄乌冲突的爆发，使俄罗斯更加重视亚太地区，“向东看”的价值得到明显提升。随着亚太地区国家的快速发展和主要大国的活跃参与，亚太地区在经济领域的吸引力越加突出。但很长一段时间，俄罗斯把与亚太国家发展关系作为工具性和应急性措施，“向东看”是为“向西看”提供空间和资源。2014 年乌克兰危机后，俄罗斯与西方关系再度恶化，面临经济制裁，“向东看”增加了应对外交困境的新功能，因为“向西看”不好走也走不通。然而，由于俄罗斯国内东西发展的不平衡，使得俄罗斯没有能力和精力积极参与亚太事务，俄罗斯时常被视作亚太地区的边缘者。

拉长时间的维度，我们可以看到整个三十余年间，俄罗斯在亚太地区的影响呈现逐渐上升的趋势。一方面，俄罗斯需要亚太国家参与远东开发，帮助它解决东西发展不平衡的问题；另一方面，俄罗斯通过举办东方经济论坛，以经济促政治合作，加强与亚太国家的互动。中美在亚太地区的竞争在 2010 年后越加激烈，俄罗斯在某种程度上成为双方共同争取的力量。中美竞争缩小了亚太国家的战略空间，部分亚太国家与俄罗斯密切了相互关系。在亚太地区，俄罗斯不仅要发展经济，在政治和安全领域的影响也越加突出。

（二）俄罗斯与中东地区的关系

冷战结束后，俄罗斯对中东地区的态度经历了一个由消极被动向积极主动的转变过程。中东变局发生后，俄罗斯提升了对中东地区的重视，调整了本国的中东战略，从之前的“努力与所有有意愿的人交朋友”的全面重返战略转为更具平衡性、实用性和差别化特点的介入战略，即在同每个国家发展关系的基础上，根据本国利益需要，实用性地确定差别化对待的政策。2014 年乌克兰危机后，俄罗斯越加重视中东地区作为突破口的价值。

中东地区自 2010 年“阿拉伯之春”后，地区格局发生了明显变化，美国在相对意义上战略收缩，“伊斯兰国”等极端组织的行动威胁着中东的安全与稳定。俄罗斯在中东扩大武器销售，不仅带来实际的经济收益，也在一定程度上维持了俄罗斯对中东局势的影响力。2015 年 9 月俄罗斯在叙利亚采取的直接军事干预行动，不仅帮助巴沙尔政府稳定了局面，也巩固了其在叙利亚的军事基地，使自己在中东成为被严肃对待的玩家。目前，在中东地区，俄罗斯主要同三个国家开展合作。

叙利亚是俄罗斯的传统盟友，冷战后俄罗斯在中东仅存的军事基地就位于叙利亚塔尔图斯港。守住俄罗斯在中东拓展的据点和基地——叙利亚，是俄罗斯的核心利益所在。土耳其自2017年以来与俄罗斯密切了相互关系，不仅购买了俄式防空系统，还在叙利亚利比亚、能源等问题上与俄罗斯开展密切合作，两国共同拓展在中东的战略空间。俄伊双方尽管在高加索、中亚和里海等地区存在潜在的战略竞争，但美国的制裁和压力使两国努力管控彼此之间的分歧，发展双边伙伴关系。此外，伊朗、土耳其与俄罗斯开展的土俄伊三方合作，也是近年来中东地区的一个明显变化。但是，中东地区相当复杂，俄罗斯外交虽然取得了积极成效，但也面临着巨大挑战，如何平衡各方利益，防止土耳其挑战俄罗斯在其他地区的影响，都是俄罗斯中东外交需要解决的重要问题。

除上述重点国家和地区外，俄罗斯在北极、非洲、拉美等地区也具有一定的影响和活跃度。但限于国家实力的掣肘，俄罗斯对外部事务的参与只能有选择地进行。

从当前的国际形势和俄罗斯的目标诉求看，2022年乌克兰危机激化并引发俄乌冲突后，俄罗斯进入了新的变动期。

这种巨大变动在两个方面展开。从内部层面看，由于西方制裁导致的零部件、工业制成品等生产生活资料的供应紧张，俄罗斯必须加快经济结构转型，推进自主能力的提升，特别是完善产业链，实现再工业化。俄罗斯2022年8月发布的“到2035年汽车发展规划”，其核心内容是推动技术主权，提升国产车在俄罗斯市场上的份额。然而，积重难返又成为俄罗斯必须面临的重要课题，如果不能激发社会的活力和创造性、改变内部发展的不平衡性并扭转单一经济结构的负面影响，自主能力很难得到真正提升。且时间并不眷顾俄罗斯，世界科技飞速发展，产品更新迭代的速度非常快，俄罗斯需要进行赶超型发展，否则仍将继续被甩在世界最主要大国的后面。所以，提升自主能力的思路是正确的，但俄罗斯必须付出艰苦卓绝的努力并下定决心改变才能实现目标。

从外部层面看，俄罗斯正在被动地切断同外部世界的部分联系，特别是与欧洲和美国等西方国家的联系。欧洲国家努力摆脱对俄罗斯的能源依赖，与俄罗斯的经济联系、人员往来、文化交流等都正在不同程度地中断。尽管这一趋势会给俄罗斯与亚太地区国家发展关系提供推动力，但建立新的紧密联系并非可以速成之事，且在西方严厉制裁的背景下，担忧被连带制裁的亚太、中东、非洲等地区的国家在发展对俄关系时将更为谨慎。与“全球东方”和“全球南方”国家发展关系是否真的能替代俄罗斯与西方的关系，也是值得思考的重要问题。

当前，自我孤立和被孤立的两种力量占据主流，共同推动俄罗斯内外政策调整。如果无法扭转这一局面，俄罗斯试图维护世界大国地位的目标必然需要更多的努力和付出才能实现。然而，逆水行舟，不进则退，在主要大国竞相发展的背景下，自我孤立的俄罗斯需要更多时间和更大幅度的调整。作为横跨欧亚两大洲的国家，俄罗斯被孤立必然将影响世界的互联互通和整个国际格局的稳定。综合来看，俄罗斯已经进入了一段内外形势剧烈变动的时期，其走向值得密切关注。

第十一章　英国研究

英国全称大不列颠及北爱尔兰联合王国（United Kingdom），地处欧洲西部的不列颠群岛，东临北海、南隔英吉利海峡同欧洲大陆相望，以西隔大西洋同北美大陆隔洋相望。国土面积24.41万平方公里（包括内陆水域）。截至2023年初，总人口约为6 767万人。① 英国是议会制的君主立宪制国家，② 首都伦敦。不列颠岛上的英格兰（England）、苏格兰（Scotland）、威尔士（Wales）和地处爱尔兰岛的北爱尔兰（Northern Ireland）是联合王国的四个政治实体（constituent states）。③ 中央政府统管联合王国的外交、国防和其他全国性政治经济事务。威尔士、苏格兰、北爱尔兰都有各自的地方议会和地方（自治）政府负责其他事务，在立法、司法、宗教、教育、行政管理等领域有一定的自治权。④

---

① 相对实时的数据来自https://worldpopulationreview.com/countries/united-kingdom-population，访问时间：2023年3月20日，人口数四舍五入取整。具体的人口普查数据和分类报告则可查阅英国国家统计局网站，https://www.ons.gov.uk/releases/overviewoftheukpopulation，访问时间：2023年3月20日。前次于2020年进行的普查数据和详细的《英国人口概览》报告已于2022年2月25日公布，从人口学与社会经济统计的角度出发，公布了一系列描述性统计数据和趋势分析，参见https://www.ons.gov.uk/peoplepopulationandcommunity/populationandmigration/populationestimates/articles/overviewoftheukpopulation/2020，访问时间：2023年3月20日。英国政府网站基于同一次普查发布的描述性统计概要则多从决策依据的视角关注社会群体特征性分布，参见https://www.ethnicity-facts-figures.service.gov.uk/uk-population-by-ethnicity/national-and-regional-populations/population-of-england-and-wales/latest，访问时间：2023年3月20日。

② 英国议会的历史可以追溯至13世纪。是年金雀花王朝国王约翰一世在封建领主、教士、骑士和市民的联合压力下签署《大宪章》(Magna Carta)，将王权限制在法律之下；并确立了不得随意侵犯私人财产和人身自由的原则。1688年的光荣革命和1689年的《权利法案》(the Bills of Rights)确立了英国的君主立宪制政体。

③ https://www.britannica.com/place/United-Kingdom, 访问时间：2023年3月20日。另外，严格来说，联合王国的领土还包括海外领地和皇家属地。不过因为后两者属性特殊，英国研究一般不对其单独作特别的关注和讨论。

④ 13世纪英格兰征服威尔士后，盎格鲁–撒克逊人为践行对威尔士的承诺，同时又不使权力旁落于凯尔特人，历代英国王储均被封为威尔士亲王。因此虽然拥有相当自治权，但相比苏格兰和北爱尔兰，威尔士同英格兰的关系更近一些。例如要检阅英国人口普查分地区数据和报告，英国国家统计局直接入口仅包括英格兰和威尔士分页面（https://www.ons.gov.uk/visualisations/areas，访问时间：（转下页）

英国是第一波开启现代化进程的国家。凭借改革同盟与相对开明制度的良性互动，加之深度参与大西洋贸易的优势，英国成为早期现代化国家中少有甚或唯一的成功者。① 此后，国内政治社会领域持续渐进的改革同技术创新引领下的两次工业革命一道，成为很长一个时期内英国发展的动力。对外殖民亦从开拓资源产地和产品市场两方面为英帝国的长期经济增长作出了相当的贡献。

虽然在 20 世纪上半叶的两次世界大战中都取得了胜利，但战争极大地消耗了英国的国力。英国在国际贸易领域不再拥有国际经济霸主地位，英镑的国际通行货币地位也被美元所取代。② 战后国际局势的变迁进一步挑战了英国在国际政治和贸易领域固有的行事模式。英国在二战时期的自顾不暇和民族主义思潮在世界范围内的广泛传播，加速了亚非拉地区的帝国殖民地的独立进程。加之战后复苏艰难、产业升级乏力，困于发展与增长问题的英国曾在很长的一个时期内以审慎、合作的战略处世，③ 最终比较顺利且体面地实现了转型。

此后，保守党撒切尔政府推行争议巨大的改革，力图在改变经济长期低迷状态的同时，能在对外战略上更加游刃有余。这一时期的英国对外政策既有遵从国际条约、顺应国际局势变迁的举动，也不乏霸权主义、强权政治逻辑下的战略行为。而在冷战结束之后，很长一个时期内保守党和工党政府似乎都无意改变英国中等强国的定位。但无论是同欧盟若即若离的关系，还是英美两国有关“第三条道路”的探索，都指向通过改变和改革寻求出路的信息。

退出欧盟作为近十年来英国政府和选民最关键的战略选择，或将进一步扰动英国内政治经济变迁。这也是英国在世界未有之大变局背景下调整对外政策与战略的起点之一。若要认识变迁中的英国，有必要从区域国别研究视角出发，在不同层面上进行考察。

第一节　英国的国际地位、国际影响和未来趋势

尽管不复大英帝国鼎盛时的一骑绝尘，英国仍是国际政治经济领域重要的大国。

（接上页）2023 年 3 月 20 日），北爱尔兰（https://www.ninis2.nisra.gov.uk/public/AreaProfile.aspx?Menu=True，访问时间：2023 年 3 月 20 日）和苏格兰（https://statistics.gov.scot/home，访问时间：2023 年 3 月 20 日），相关数据和报告都由地方政府统计和调查部自行发布。

① 黄振乾、唐世平：《现代化的“入场券”：现代欧洲国家崛起的定性比较分析》，《政治学研究》2018 年第 6 期，第 26—41 页。

② 张振江：《从英镑到美元：国际经济霸权的转移》，人民出版社 2006 年版。

③ 具体的内政外交战略、行动及其影响，将在后文相应章节中进行详细讨论。

在国际政治与安全领域，英国是联合国创始成员国和常任理事国（1945—　）、北大西洋公约组织（1949—　）和欧洲安全与合作组织（1995—　，前身为欧洲安全与合作会议，1975—1995）创始成员。在政治经济领域，英国是经济合作与发展组织（OECD）（1960—　）、七国集团（G7）（1973—　）和二十国集团（G20）（1999—　）成员。

一、深受国际政治经济格局变动挑战的重要经济体

按当前市场价格计算，2022 年英国名义国内生产总值（GDP）为 24 912.38 亿英镑（约合 30 862.71 亿美元）。[①] 年度 GDP 实际增长率位列世界第二，[②] 但人均 GDP（45 390 美元）同发达经济体平均水平的差距持续加大。[③] 这一方面是因为英镑—美元汇率自 2022 年初起便一路下跌，11 月起才稍有上升；另一方面则是因为英国受新冠肺炎疫情流行和脱欧所导致的自 2021 年 3 月以来便陷入通货膨胀高企 [④] 和居民消费支出快速上升。英国家庭实际可支配收入在连续四个季度下降后才在 2022 年第四季度有所增长，经济尚未回到新冠肺炎疫情流行前水平，[⑤] 且 2023 年增长预期不容乐观。[⑥] 不过尽管经济增长尚未恢复至新冠肺炎疫情大流行之前的水平，英国仍是世界经济结构中的重要一环，在世界经济结构和运行中充当重要角色。随着新冠肺炎疫情影响的过峰，英国的跨国投资和进出口也在受其影响剧烈动荡之后有所恢复。

---

① 实际 GDP 为 22 306.25 亿英镑，参见"Gross Domestic Product and Components Select Indicators: United Kingdom," Source: International Financial Statistics (IFS) Meta Data by Countries: https://data.imf.org/regular.aspx?key=61545852，国别筛选"United Kingdom"，访问时间：2023 年 4 月 1 日。

② *WORLD ECONOMIC OUTLOOK: A Rocky Recovery, April 2023*, https://www.imf.org/en/Publications/WEO/Issues/2023/04/11/world-economic-outlook-april-2023, 访问时间：2023 年 4 月 10 日。

③ https://www.imf.org/external/datamapper/NGDPDPC@WEO/OEMDC/ADVEC/WEOWORLD/GBR/CHN/BRA/CAN/FRA/IND/ITA/JPN/ZAF/DEU/HKG/MAC/USA, 访问时间：2023 年 4 月 1 日。

④ CPIH ANNUAL RATE 00: ALL ITEMS 2015=100, Source dataset: Consumer price inflation time series (MM23), https://www.ons.gov.uk/economy/inflationandpriceindices/timeseries/l55o/mm23, 访问时间：2023 年 3 月 20 日。不过按照 IMF 的统计，以 2010 年为基准、扣除通货膨胀因素，英国 GDP 指数较 2021 年的停滞，还是小幅上涨了 6 个单位，参见上引"Gross Domestic Product and Components Select Indicators: United Kingdom"数据集。

⑤ GDP quarterly national accounts, UK: October to December 2022, https://www.ons.gov.uk/economy/grossdomesticproductgdp/bulletins/quarterlynationalaccounts/octobertodecember2022, 访问时间：2023 年 3 月 20 日。

⑥ 据国际货币基金组织世界经济展望项目评估预计，英国 2023 年 GDP 增长率约为 –0.3%，在发达经济体和新兴经济体中或列倒数第一，参见上引 *WORLD ECONOMIC OUTLOOK: A Rocky Recovery, April 2023*。

同时，随着2021年全球范围内跨国投资的强势反弹，① 英国对外直接投资也从2021年下半年起逐渐摆脱疫情影响迅速增长。年度对外直接投资位列世界第五，次于中国。②2021年获得外国直接投资较2020年增长了51%，总额位列世界第12。③2022年前三季度获得外来投资额都位列世界第二，仅次于美国。④ 结合2021—2022年所获项目的三分之二是对既有项目追加投资，且新增岗位数量创五年内新高的情况，外国对英直接投资已恢复至良性轨道。其中美国对英投资项目最多，将近四倍于位列第二的印度。而受中美关系和中英关系降温的影响，中国对英投资项目数下降到第14位。⑤

随着新冠肺炎疫情的直接影响逐渐淡去，英国的贸易与投资格局仍主要取决于国际政治经济格局本身，主要有二点原因。

（一）国际局势变动影响英国贸易与投资格局

国际政治经济格局变动对英国贸易与投资的影响主要体现在制度、程序、产业结构与产业链的调整，以及资金流向、投资领域和投资形式上。⑥ 在欧洲，经济合作与发展组织2022年5月的报告对俄乌冲突对跨国投资的长期影响表达了不乐观的态度。⑦ 在亚

① OECD Investment Insights: “BUILDING A COMPETITIVE AND RESPONSIBLE INVESTMENT ENVIRONMENT IN INDONESIA TO SUPPORT A RESILIENT COVID-19 RECOVERY, December 2020” , https://www.oecd.org/daf/inv/investment-policy/Building-a-competitive-and-responsible-investment-environment-in-Indonesia-to-support-a-resilient-COVID-19-recovery.pdf, 访问时间：2023年3月25日。

② OECD, “FDI in Figures, April 2022,” p.1, https://www.oecd.org/investment/investment-policy/FDI-in-Figures-April-2022.pdf, 访问时间：2023年3月25日。OECD, “Most Recent FDI Statistics for OECD and G20 Countries, updated on 15 April 2022,” Table 1 - FDI outward flows (in USD million), https://www.oecd.org/investment/investment-policy/FDI-in-Figures-April-2022.xlsx, 访问时间：2023年3月25日。

③ OECD, “Most Recent FDI Statistics for OECD and G20 Countries, updated on 15 April 2022,” Table 2 - FDI inward flows (in USD million); OECD, “OECD: FDI in Figures, April 2022” .

④ OECD, “FDI in Figures, October 2022,” https://www.oecd.org/investment/investment-policy/FDI-in-Figures-October-2022.pdf, p.5, 访问时间：2023年3月25日。OECD, “Foreign Direct Investment Statistics: Data, Analysis and Forecasts,” FDI in the first 9 months of 2022, https://www.oecd.org/daf/inv/investment-policy/FDI-in-Figures-January-2023.xlsx, 访问时间：2023年3月25日。这一涨势到年末有所放缓，2022年12月又跌回第三季度之前水平，参见“United Kingdom Foreign Direct Investment”。数据集综述参见https://www.ceicdata.com/en/indicator/united-kingdom/foreign-direct-investment, 访问时间：2023年3月25日。

⑤ UK Department of International Trade, “Foreign direct investment (FDI) 2021 to 2022 highlights,” 29 June 2022, https://www.gov.uk/government/statistics/department-for-international-trade-inward-investment-results-2021-to-2022/department-for-international-trade-inward-investment-results-2021-to-2022-html-version, 访问时间：2023年3月26日。

⑥ OECD, “FDI in Figures, April 2022” .

⑦ OECD, *International Investment Implications of Russia's War Against Ukraine*, 4th May 2022, OECD Publishing, Paris, https://doi.org/10.1787/a24af3d7-en, 访问时间：2023年3月26日。

太，随着2019年以来中美摩擦日益频繁且不断升级，中英关系也在美国对英施压和中英分歧陷入僵局的背景下长期停滞不前，双边跨国投资缺乏活力。同时为“应对”中国，英国在亚太地区其他国家积极布局，在印度、东盟国家、日本等国的投资有所增长。

在新技术领域，引领技术转型、促进技术进步是英国参与和布局跨国投资的重点。以各国关注的“碳中和”目标和绿色能源相关技术为例，英国政府借助自身技术和政策优势，将开拓以传统石油能源为主国家的市场作为对外投资重点之一。英国还积极接受针对该领域的外来投资，以期同国内资本与技术合力，实现相关领域的产业升级。在野的工党提出了系统的《绿色繁荣计划》(Green Prosperity Plan)。①

此外，在大国竞争与合作日益激烈的背景下，“共同价值观”成为英国高技术领域跨国投资与合作的基本依据。例如在拥有人力资源和技术优势，但研发成本高昂、供应链有欠完整的军工领域，英国有意通过合作研发机制，规划赶超方案，加快技术迭代。2022年12月，英国、意大利、日本三国领导人发表了三国联合研发第六代喷气式战机的声明，计划于2035年完成研发。声明强调深化军事工业协同、促进跨地区科技合作、产业链融合、军工产业实力、经济发展与就业机会等一系列益处，②也是英国期望在印太地区事务、欧洲乃至全球事务上实现一举多得的战略行为。③

（二）英国借由“印太倾向”平衡“脱欧”对营商环境的影响

脱欧从规章制度、立法环境和竞争环境等方面深刻影响了英国营商环境。④在国际贸易领域，2023年3月英国对外贸易统计简报显示，当月进出口额同比下降明显，主要是因为英国同非欧盟国家之间货物贸易的下降。⑤同时，第一季度英国对外贸易

---

① Keir Starmer, “Keir Starmer speech at GMB Congress 2023,” 6th June 2023, https://labour.org.uk/press/keir-starmer-speech-at-gmb-congress-2023/, 访问时间：2023年6月7日。

② UK Ministry of Defence and Prime Minister’s Office, 10 Downing Street Policy Paper, “Joint Statement from Prime Ministers of UK, Italy and Japan: 9 December 2022,” 9th December 2022, https://www.gov.uk/government/publications/joint-leaders-statement-uk-italy-japan-9-december-2022/joint-statement-from-prime-ministers-of-uk-italy-and-japan-9-december-2022, 访问时间：2023年3月10日。

③ 美国方面默认了这一“全球作战空中计划”(GCAP)，先前德国、法国、西班牙联合开展的第六代喷气式战机计划则受制于部分技术合作协议未达成而陷于停滞，三国合作既与英欧安全合作相关，又借由日本的渠道介入印太安全事务，客观上又同欧盟其他军工合作项目、英国在印太地区的其他军事同盟项目（AUKUS）形成了相互制约。

④ 程永林、陈丹仪：《外生冲击、移民政策嬗变对英国营商环境的影响评估》，载毛国民、刘齐生主编：《欧洲移民蓝皮书：欧洲移民发展报告2021：新冠疫情与移民管理》，社科文献出版社2022年版，第266—270页。

⑤ Office for National Statistics, “UK trade: March 2023,” released 12 May 2023, https://www.ons.gov.uk/economy/nationalaccounts/balanceofpayments/bulletins/uktrade/march2023, 访问时间：2023年5月15日。

统计数据显示，总额稳中有升（环比增长 3.37%），但货物贸易下降明显（环比下降 13.93%）。[①] 这是因为一方面，“脱欧”重置英国作为独立的国际行为体，同其他行为体重新谈判并签署双边自由贸易协定的模式和进程；另一方面，“脱欧”后的“全球化英国”雄心勃勃，期望重振在亚太地区的影响。

在密集的自由贸易协定谈判中，英国以两条不尽相同的路径为优先要务。其一，在同欧盟（成员国）的谈判中，双方在商品、技术、人力资源流动等方面有共同诉求，因而双方都选择了边做边谈边改的路线。其二，受“全球化英国”和“印太倾向”战略影响，近两年英国无论是高官出访还是双边自由贸易协定的谈判顺序，都以《全面与进步跨太平洋伙伴关系协定》（CPTPP）成员国 / 国际组织优先，相关公报和新闻发布也都给予东道国“世界和地区主要经济体”的美誉。

在这些国家的支持下，英国于 2023 年 3 月 31 日宣布已达成“脱欧以来最大的贸易协定”，并于 7 月 16 日签约正式加入这一“印太地区最大的自贸区”。[②] 英国政府新闻发布认为，CPTPP 既是优化其同环太平洋各国的双边贸易协定的一揽子方案，也是联结“印太倾向”执行层面基础、一举两得的做法。一方面可以由此加深同协定成员国的贸易联系，深入产业链上端，在经济利益上形成更紧密的联结；另一方面贸易协定和军事安全同盟的交织，亦有利于通过关联管理和推进联盟。

不过英国本土、欧洲和美国对外政策智库大多认为，脱欧后“成为全球化英国”的战略目标既是顺应国际政治经济重心东移的自然趋势，也是约翰逊和特拉斯（Liz Truss）政府触发“全球化英国”“印太倾向”惯性的必然结果。[③] 英国加入 CPTPP 虽然

---

① Ibid. 而且英国本身也是世界第二大服务贸易进出口国。

② UK Government Press release, “UK Strikes Biggest Trade Deal since Brexit to Join Major Free Trade Bloc in Indo-Pacific,” https://www.gov.uk/government/news/uk-strikes-biggest-trade-deal-since-brexit-to-join-major-free-trade-bloc-in-indo-pacific; UK Government Policy paper, “Comprehensive and Progressive Agreement for Trans-Pacific Partnership (CPTPP): conclusion of negotiations,” https://www.gov.uk/government/publications/comprehensive-and-progressive-agreement-for-trans-pacific-partnershipcptpp-conclusion-of-negotiations; UK Government Promotional material, “Comprehensive and Progressive Agreement for Trans-Pacific Partnership (CPTPP): Benefits for the UK,” https://www.gov.uk/government/publications/comprehensive-and-progressive-agreement-for-trans-pacific-partnership-cptpp-benr-the-uk, 访问时间：2023 年 4 月 2 日。

③ James Crabtree, “Britain’s Surprisingly Enduring Tilt to Asia,” FP Analysis, https://foreignpolicy.com/2023/04/11/uk-britain-tilt-indo-pacific-asia-strategy-review-aukus-cptpp-geopolitics/; Aidan Arasasingham, Emily Benson, Matthew P. Goodman, and William Alan Reinsch, “The United Kingdom Is Joining the CPTPP, What Comes Next?” CSIS Analysis, https://www.csis.org/analysis/united-kingdom-joining-cptpp-what-comes-next, 访问时间：2023 年 4 月 15 日。

从短期来看利弊参半，不过若能够专注经济与贸易领域的战略目标，将长期利好。但若对此赋予通过贸易与产业政策应对中国崛起之外的战略雄心，则很难不顾此失彼，继而引发国内其他党派、利益群体以及欧盟国家和美国的不满。①

因此，未来英国在国际经济贸易领域的地位与影响趋势取决于各方对两类问题的认识、决策和行动。第一，对于全球经济结构性调整中所表现出的增长乏力、社会分层固化等问题而言，尽管公众不直接影响对外战略的决策，但若经济长期低迷，贸易保护主义在民粹思想和行业利益驱动下抬头，或使英国的贸易和投资政策转向保守，从而引发有关国内经济政策的党派之争和党内分歧。同时，经济政策的分歧不仅会由此及彼推及贸易政策和对外政策分歧，也会使“脱欧派”和“留欧派”的自信心都发生微妙的变化。第二，在跨大西洋关系、英欧关系和“印太倾向”三个面向上，英国从政策到战略行为，都明显最关照“印太倾向”。而欧美国家智库也多认为英国尚无法平衡三方面战略关照。② 随着大选年的临近，现任首相苏纳克（Rishi Sunak）调整了有关“印太倾向”的表述，传达了保守党政府从此前激进“脱欧派”路线回撤的信息。在野的工党也审慎地表达了类似的立场。③

英国是否会因此分出精力，在扫除制度障碍后进一步挖掘与欧盟国家的经贸潜力，还要看英国政商两界对欧洲政治经济趋势研判。它们对印太政治经济格局风险与趋势的研判，将影响以贸易促共识，以 CPTPP 融入跨太平洋自由贸易体系和产业链促进联盟管理的观念落实为行动的尺度。毕竟英国“印太倾向”的雄心不仅是在自由贸易协定和国际安全联盟内部掌握成员国相互制约的主动权，也有意通过加深英国与印太地区国家在贸易与安全两个层面的相互依赖，获得制约中国的抓手。

二、从“三环外交”到“全球化英国”

英国在国际政治经济领域的大国地位一方面来源于大英帝国的历史遗产，另一方面来源于其联合国五大常任理事国之一的地位。二战结束后，尽管从英帝国到英联邦

① James Crabtree, Ibid., 实际上在 2022 年晚些时候，英国军方智库就提出过这一点，参见 Jack Watling, “The Military is the Fourth Instrument of UK Power in the Indo-Pacific,” RUSI Commentary, Oct. 13rd, 2022, https://rusi.org/explore-our-research/publications/commentary/military-fourth-instrument-uk-power-indo-pacific，访问时间：2023 年 4 月 15 日。

② James Crabtree, Ibid.; Jack Watling, Ibid.

③ 在野的工党在对外政策上也转向对“全球化英国”战略提出建设性批评，认为英国应平衡对英美关系、英欧关系和“印太倾向”的关照。参见 James Crabtree, Ibid.。

较为平稳的过渡在一定程度上缓解了英国 20 世纪以来国力下降带来的危机感，但其仍很难情愿接受欧洲认同和与之相关的欧洲一体化实践，因而自早年起就在战后欧洲安全与生产合作问题上同西欧其他国家若即若离。① 其日后大多数时候在欧洲共同体、欧盟事务上也首先考虑自身权利。其中既有英国对自己作为欧洲一体化框架下的净支出国，勉强承担相当义务不满；也有很难在相对自洽的"三环外交"体系内再为欧盟安置一个协调—执行机制的原因。

英国一直抱有提高战略自主性、发挥更大国际影响的雄心。2020 年初正式退出欧盟加速了英国落实 2018 年提出的"全球化英国"理念、建构对外战略的进程。受新冠肺炎疫情全球大流行的影响，英国政府迟至 2021 年 3 月发布了《竞争时代的全球化英国：安全、防务、发展与对外政策》(Global Britain in a Competitive Age: the Integrated Review of Security, Defence, Development and Foreign Policy) 政府文件，② 正式将"全球化英国"作为未来 20 年英国对外战略的核心目标，并将之嵌入战略规划、政策设计、动员话语和结盟行动。自此之后，英国外交部的对外政策和外交活动一再强调"全球化英国"战略的发展目标，新闻发布也再三传达英国外交决策与活动的价值观意义。

"全球化英国"理念揭示了英国在综合国力不占优势的情况下，尝试以价值观为切入点面对"全球南方"开拓共识伙伴关系、联合盟国深入合作的雄心：一方面，英国积极参与和组织区域性小多边同盟，这在对欧关系和亚太战略中尤为明显；另一方面，尽管本质上仍是意识形态因素，但价值观外交既是英国会同盟国行动，并拓展战略伙伴关系的话语，也是其致力寻求英国式"第三条道路"的雄心。

然而，除了英国政府自身，其他大国 / 国际关系领域主要智库的学者，甚至前任英国政府官员似乎都认为"全球化英国"过于雄心勃勃，英国很难同时实现各大战略目标。③ 此外，尽管名为"全球化英国"，但无论从 2021 年以来英国以印太区域为中心积

---

① ［英］托尼·朱特：《战后欧洲史·上》，林骧华、唐敏等译，新星出版社 2010 年版，第 268—269、290—291 页。

② UK Government, "Global Britain in a Competitive Age: the Integrated Review of Security, Defence, Development and Foreign Policy," 16th March 2021, https://www.gov.uk/government/publications/global-britain-in-a-competitive-age-the-integrated-review-of-security-defence-development-and-foreign-policy, 访问时间：2023 年 3 月 26 日。

③ 曲兵、王朔：《后脱欧时代"全球英国"外交战略及其前景》，《现代国际关系》2021 年第 1 期，第 21—28、63—64 页；Nick Witney, "Britain's global pipe dream," ECFR commentary, 19th March 2021, https://ecfr.eu/article/britains-global-pipe-dream/, 访问时间：2023 年 3 月 26 日。

极布局并运作多个小多边同盟、建立针对亚太安全议题的安全联盟、合作与独立研发多管齐下地推进军备更新换代等一系列战略行为来看，还是英国和其他大国的智库研究报告，① 都佐证了“印太倾斜”在英国对外战略布局中的核心地位，在其他地区、其他领域的实践则同双边关系的一般优化无异。未来英国能否按自身“全球化英国”的理想预设参与国际竞争与合作，仍需拭目以待。

第二节　英国的国内问题和主要矛盾

对英国而言，脱欧对国内政治经济社会问题的影响，远比卡梅伦政府决定就此问题进行全民公决时所能预料到的程度要大得多。一方面，自脱欧公投至今，“留欧派”与“脱欧派”的分歧不仅未能达成妥协，而且有加深和固化的趋势。另一方面，新冠肺炎疫情大流行和俄乌冲突也加深了英国社会经济领域的既有矛盾，导致税收、能源价格等问题雪上加霜。

一、“脱欧派”—“留欧派”矛盾和英国政党政治问题

国际环境和国内政治的变化极大地分化了公众有关政治经济议题的观感以及他们对内政外交议题的认知。部分群体的立场趋向民粹。虽然受制于英国政党政治和选举制度，民粹主义者尚未形成党派独立参与政治活动，但他们已经通过选票——大选、党内选举和公投——传达了立场，扰动了英国内政外交生态。这种情况甚至可以追溯到脱欧公投前的 2015 年。米利班德（David Miliband）在 2015 年大选失败辞职后，持激进左翼立场的科尔宾（Jeremy Corbyn）当选工党领袖。然而民粹主义者的选票支持并不能为工党带来清晰的政治立场和有力的竞选纲领。工党很难在科尔宾的领导下赢得（提前）大选。

2016 年的全民公投结果既开启了英国脱欧进程，也使“脱欧派”和“留欧派”矛盾公开化。时任首相卡梅伦（David Cameron）的辞职和梅（Teresa May）的继任便在一定程度上受到了这方面因素的影响。这一时期，一方面“扶不起”的工党很难撼动保守党的执政地位；另一方面“脱欧派”和“留欧派”分化乃至对立加剧了工党和保守党内部的分裂。英国的政党政治格局已经很难起到国内政治“泄压阀”的作用。同

① Ben Barry, Bastian Giegerich, Euan Graham and Ben Schreer, “The UK Indo-Pacific Tilt: Defence and Military Implications,” IISS Research Paper, June 2022, https://www.iiss.org/research-paper//2022/06/the-uk-indo-pacific-tilt, 访问时间：2023 年 3 月 26 日。

时，苏格兰因为反对脱欧而要求再次举行独立公投的诉求，亦是既有政治经济分歧同脱欧加剧英国社会分裂的叠加。

2019 年激进“脱欧派”立场的约翰逊（Boris Johnson）赢得大选，以及脱欧进程本身的曲折进一步扩大了“脱欧派”与“留欧派”之间的矛盾。约翰逊在脱欧问题上强硬的态度使“留欧派”更加担心英国会在同欧盟谈判不成的情况下“硬脱欧”。尽管后续英欧贸易协定框架的达成一方面实现了脱欧过渡期软着陆，另一方面也安抚了“留欧派”，为执政能力有限的约翰逊政府赢得了部分治理红利；① 但也在内政外交方面遗留了诸多激化“脱欧派”和“留欧派”分歧的问题。而在工党方面，斯塔莫（Keir Starmer）取代科尔宾担任党派领导人，对过去激进的立场有所纠偏。然而无论是公众还是研究者，都很难区分工党和保守党的政策倾向。两党意识形态趋同的事实，也显示了在英国社会进一步分化的当下，要依靠清晰、明确的立场吸引尽可能多的选民的认同并不容易。

此后，随着新冠疫情大流行影响的持续，约翰逊政府缺乏足够的能力去解决英国内政外交所面临的问题。“脱欧派”同“留欧派”的分歧并未随着 2021 年底脱欧过渡期结束而化解，而是在现实障碍的影响下更加坚定了自己的立场。苏格兰因寻求留欧而要求再开苏格兰独立公投，北爱尔兰也因对《北爱尔兰议定书》的不满而以强烈的形式反对脱欧。在国际事务方面，2022 年俄乌冲突的爆发与持续虽然在一定程度上“分担”了保守党政府无力解决英国经济长期通货膨胀问题的责任，却也强化了不同社会群体关于国际事务、国内政治经济议题的认知。②

在此背景下，“脱欧派”同“留欧派”的分歧已深入国内政治、经济、社会问题和对外政策议题。“脱欧派”和“留欧派”已经从一次公投的态度，转化为一系列关于国内外政治经济社会问题自洽的认知。英国国家社会调查中心 ③ 发布的第 39 辑“英国社会态度”（British Social Attitude）报告有关“文化战争”（Cultural War）备忘录甚至提出了“后约翰逊时代的政府能否复制再现 2019 年约翰逊对脱欧派的吸引力”的设问。报告认为：“相比‘留欧派’，大多数‘脱欧派’在社会问题上的立场都更为保守，支持传统价值、法治和秩序。”而随着各方在“所谓‘文化战争’议题上分歧的扩大，由脱

① 孙稼宝、王展鹏：《英国政党政治形势》，载王展鹏、徐瑞珂主编：《英国蓝皮书：英国发展报告（2020—2021）》，社会科学文献出版社 2022 年版，第 58—77 页。

② 夏添：《英国政党政治形势》，载王展鹏、徐瑞珂主编：《英国蓝皮书：英国发展报告（2021—2022）》，社会科学文献出版社 2023 年版，第 53—71 页。

③ National Centre of Social Research, https://www.bsa.natcen.ac.uk/.

欧引起的社会观念分歧现象或将再次出现”[①]。

2022 年 7 月约翰逊因新冠肺炎疫情约束自由流动期间“聚会门”事件引咎辞职。后续新领导人的难产和同为激进“脱欧派”的特拉斯成为“史上任期最短”首相的事实也从侧面证实了研究者的担忧。

至于现任首相苏纳克作为一个温和的“脱欧派”，是否会将前任有关“印太倾向”雄心勃勃的论述修改为相对平和的论述，并以此为起点进一步调整内政外交政策，在弥补社会分化的同时，为连任作准备，还有待进一步考察。

二、苏格兰问题和北爱尔兰问题

（一）政治经济分歧和苏格兰民族主义问题

苏格兰是英国的四个政治实体之一，首府爱丁堡。地处不列颠岛北部，南与英格兰接壤，临爱尔兰海，东临北海，西临大西洋，东北和西北同挪威、丹麦、冰岛隔海相望。主体民族是苏格兰人，通行英语和盖尔语。法律制度随大陆法系，主要宗教为天主教。

二战后英国国内经济发展的长期疲软是苏格兰同英格兰和英国政府产生政治经济分歧，进而转化为民族主义诉求的催化剂。[②] 面对苏格兰自治的诉求，工党的立场一贯宽容。从 20 世纪 70 年代苏格兰问题产生之初便主张“权力下放，成立苏格兰议会”。保守党则一贯审慎，持国家主义立场。

主导苏格兰自治和独立运动的苏格兰民族党（Scottish National Party, SNP）则深谙纵横捭阖之道。从早年传播思潮、扩大社会影响力、议会席位数量节节攀升，到主导苏格兰地方政府之后步步为营提出自治诉求，都充分利用了工党对苏格兰民族党的支持——这是苏格兰民族党对工党竞争威斯敏斯特议会席位的回报。[③]1997—2010 年成为重开苏格兰议会、重设苏格兰地方政府、大幅分权的十余年。这在缓和苏格兰同英

---

① 报告于 2022 年发布，所基于的是 2021 年进行的问卷调查。

② 在经济增长乏力的背景下，传统制造重镇苏格兰的转型升级负担沉重。20 世纪 50 年代末开始开发的北海油田位于苏格兰，但盈利中的绝大部分被要求上缴中央政府。此后撒切尔政府时期英国经济虽有好转，却再次以“人头税”改革试点惹恼了苏格兰。

③ 1978 年《苏格兰法案》（Scotland Act 1978）和 1979 年有关建立苏格兰议会并由其产生苏格兰地方政府。早年苏格兰自治的公投即出于这一背景。参见邵逸舒、王桂莲：《20 世纪后半叶苏格兰独立运动的演变、背景和影响》，《江苏科技大学学报（社会科学版）》2022 年第 1 期，第 22 页。1992 年，胜选的保守党梅杰政府一方面以关注换回应，搁置并削弱苏格兰的实质性政治诉求；另一方面积极回应了其经济发展诉求。参见杨义萍、申义怀：《苏格兰的民族独立运动及其影响》，《现代国际关系》1992 年第 5 期，第 34 页。

国政府之间政治经济分歧的同时，赋予了苏格兰民族主义思潮新的传播动力。苏格兰议会和政府的设立本身便充当了苏格兰民族党强化民族自决目标、对内实施动员、对英国政府提出诉求的动力和依据。①

随着苏格兰政治体系的完备，伦敦同爱丁堡之间的分歧已不再限于国内政治经济领域。国内政治、经济、族群、国家认同等议题都已成为苏格兰地方选举、大选和苏格兰独立公投的常规议题。2014 年苏格兰独立公投的情况即是如此。而在英国公投脱欧之后，因为人员流动和贸易便利等问题更倾向于留欧的苏格兰也再次提出了公投独立的诉求。不过随着曾领导 2014 年公投的苏格兰民族党前任党魁妮古拉·斯特金（Nicola Sturgeon）2023 年 2 月 15 日的辞职。面临大选压力的爱丁堡和伦敦似乎都有意暂时搁置相关问题。②

尽管“苏格兰民族主义问题”仍是常规的表述，但经济分歧的政治化、政治分歧同频大选的周期化才是苏格兰问题最显著的特征。前者是苏格兰问题同北爱尔兰问题最明显的差异。后者则一方面验证了近代以来英国抗争政治行动的普遍策略和演进路线，③另一方面意味着苏格兰同英国政府的博弈将继续下去。

（二）转向政治经济分歧的北爱尔兰问题

北爱尔兰是英国的四个政治实体之一。地处爱尔兰岛北部，南与爱尔兰接壤，东爱尔兰海，西临大西洋，首府贝尔法斯特。主体民族是爱尔兰人，通行英语和爱尔兰语。不同于苏格兰问题是当代政治经济矛盾激化的国内族群与文化分歧，北爱尔兰问题是历史—宗教—文化分歧杂糅的产物。

一方面，民族主义思潮是 19 世纪初至 1921 年爱尔兰争取独立的源动力。另一方面，可以追溯至英国历史上宗教改革的新教—天主教矛盾为伦敦所利用，通过向北爱尔兰大量移民，使两方影响力不相上下。1949 年，爱尔兰共和国独立，而北爱尔兰留在联合王国内，因此斗争逐渐集中于北爱尔兰。随着文化隔阂进一步被地方政治制度

① 1997 年的公投通过了苏格兰重建地方议会、英国政府保留对苏格兰主权的议案。对这一时期分权改革的深入研究还可以参见李冠杰：《危险的分权：新工党治下英国的权力下放进程》，上海人民出版社 2014 年版。李冠杰认为，一系列分权改革并未如工党所愿提高国内各民族、各地区凝聚力，反会因为刺激了新一轮民族主义动员与实践而使苏格兰问题和北爱尔兰问题久拖不决。

② 关于近年来苏格兰问题的进展，参见张蓓：《2022 年苏格兰第二次独立公投：动向与困境》，载王展鹏、徐瑞珂主编《英国蓝皮书：英国发展报告（2021—2022）》，第 129—141 页。

③ 参见 Charles Tilly, *Contentious Performances*（Cambridge University Press, 2008）中多个抗争政治案例的兴起—发展—解决过程。

所固化，天主教徒转而支持新芬党创立的爱尔兰共和军的武装斗争，这是北爱尔兰问题政治经济分歧的起点。1998 年英国和爱尔兰两国政府，以及北爱尔兰大多数党派签署的《贝尔法斯特协议 / 受难日协议》（Good Friday Agreement）标志着北爱尔兰问题的框架性解决。

然而，尽管武装斗争 / 恐怖主义行动已经很少发生，框架性和平协议签署 25 年来，北爱尔兰问题并未彻底解决，而是转向更加复杂的政治经济分歧。核心问题有二：其一是英国脱欧激活的欧盟成员国爱尔兰同北爱尔兰之间的“硬边界”问题；其二是北爱尔兰问题背后，英美欧三方的大国博弈。①

2021 年元旦生效的《北爱尔兰议定书》（Northern Ireland Protocol）并未彻底解决“硬边界”问题，反而悬置了北爱尔兰的经贸利益，加速了北爱尔兰问题的政治经济分歧转向。② 由此引发的暴力骚乱，影响了政治与社会稳定。③ 尽管拜登因受美国爱尔兰裔社群和院外集团压力，有意将北爱尔兰问题同英美贸易协定挂钩，④ 但约翰逊政府却并不以此为意。在多方不作为的情况下，围绕《北爱尔兰议定书》的争议不断加剧地区治理困境。这也成为新芬党在 2022 年 5 月北爱尔兰地方选举中成为第一大党的一个重要原因。⑤

2022 年 11 月苏纳克担任首相后英国政府对北爱尔兰问题的立场趋于缓和。这一变化也传递到了大国博弈层面，欧盟机构也从善如流，转而寻求从技术和制度层面切实解决英国“脱欧”后涉及北爱尔兰的人才与技术流动、贸易便利与贸易待遇问题。双方于 2023 年 2 月 27 日达成的修订条款“温莎框架”（The Windsor Framework）⑥

---

① 关于欧洲共同体 / 欧盟与北爱尔兰和平进程的历史，参见梁跃天：《欧盟与北爱尔兰和平进程——兼论英国“脱欧”对北爱尔兰和平进程的影响》，载罗林、涂龙德、贾烈英主编：《国别和区域研究（第五卷）》2020 年第 4 期，社科文献出版社 2021 年版，第 21—50 页。

② 张茜、王展鹏：《脱欧背景下的北爱尔兰问题》，载王展鹏、徐瑞珂主编：《英国蓝皮书：英国发展报告（2019—2020）》，社会科学文献出版社 2021 年版，第 285—305 页。

③ 张茜、王展鹏：《后脱欧时代北爱尔兰问题的新挑战》，载王展鹏、徐瑞珂主编：《英国蓝皮书：英国发展报告（2020—2021）》，第 225—244 页。

④ 徐瑞珂：《英国外交形势》，载王展鹏、徐瑞珂主编：《英国蓝皮书：英国发展报告（2020—2021）》，第 96—99 页。

⑤ 徐梓红、王展鹏：《〈北爱尔兰议定书〉争端与北爱尔兰地区治理的新发展》，载王展鹏、徐瑞珂主编：《英国蓝皮书：英国发展报告（2021—2022）》，第 142—160 页。

⑥ 英国和欧盟相关法律文件和协议文本参见英国政府网站政策文件导航页面“The Windsor Framework”：https://www.gov.uk/government/publications/the-windsor-framework，访问时间：2023 年 3 月 25 日；《温莎框架》协议文本 *The Windsor Framework: a new way forward*, CP 806, February 2023, 见 https://assets.publishing.service.gov.uk/government/uploads/system/uploads/attachment_data/file/1138989/The_Windsor_Framework_a_new_way_forward.pdf, 访问时间：2023 年 3 月 25 日。

是否能够成为英欧贸易转型甚至解开北爱尔兰问题僵局的钥匙，有待进一步观察。

三、其他经济、社会、文化问题

对英国而言，退出欧盟对英国政治经济发展、人力资源布局和对外贸易运行的影响不可避免。加之近年来新冠肺炎疫情大流行、俄乌冲突等的影响，一方面本应持续推进的公共服务和社会福利项目因为推迟而积累了大量的矛盾，本已存在的社会问题也纷纷激化。另一方面，通货膨胀加剧、能源价格上涨等问题所引发的有关个人所得税制度调整、能源补贴发放的论争扩大了不同社会群体间的分歧。保守党中的保守派日趋民粹化，务实派则寻求在成熟的政治体系、社会制度和决策—执行程序的支持下为实质性的努力赢得更大空间。在斯塔莫取代科尔宾成为党魁之后，工党转向了稳健且具有建设性的话语体系。不过批评和设想是否能转化为实际的选票，不仅同政策设想能否落实有关，而且取决于选民登记年龄范围能否如工党所愿有所扩大。

首先，尽管坐拥北海油气资源使英国相比欧盟在制裁俄罗斯能源出口问题上底气更足；但国内供需关系的变化也决定了能源供应商由此获得了更大的定价权。能源价格上涨与否，以及政府是否应当，以及针对哪些群体、如何提供能源补贴等问题，同政府应当增税还是减税问题一道，成为 2022 年 7 月 7 日约翰逊政府辞职以来，保守党内外论争的焦点。与之相关的政策之争甚至可以追溯到约翰逊同财政大臣苏纳克之间谁首先背叛了对方的问题。

因此，随着经济疲软和通货膨胀的持续，各方若无法就能源价格问题达成共识，而俄乌冲突局势又继续不明朗，那么在下一个冬天来临之前，能源补贴与能源价格之间、政府—能源公司—民用能源消费者之间的博弈只会更加激烈。政府财政预算有限，能源公司寻求与既往持平乃至更高的利润，能源价格上涨的程序和幅度也必然会受到消费者的质询。

其次，新冠肺炎大流行对社会经济活动、公共服务进程和税收的负面影响，进一步放大了英国公共服务和社会福利领域的一系列“老问题”。以住房议题为例，随着原计划于 2024 年举行的大选日益临近，执政的保守党再次注意到 2019 年大选时各党派都曾承诺过努力扩大住房供应。但新冠肺炎疫情等因素的影响导致原有计划进展缓慢。

保守党若要为下次一选举蓄力，也只有厘清头绪加速执行。但财政压力显而易见。① 蓄势待发的工党则在近期公共演说中提出了"重振本地住房保障目标"等一系列优化公共服务、重视社会福利的承诺。②

再次，尽管经济疲软并非民粹思想抬头的必要条件，却通常是滋养此类观念的温床。一方面，不同群体看待同一问题的分歧扩大不可避免。另一方面，不仅研究者在对这些分歧进行归因，持不同立场的群体也会作出类似的判断，进而根据自身日常经济生活的体验，强化各种标签。从前引英国国家社会调查中心每年发布的"英国社会态度"报告中，便可以看出英国不同社会群体在相关经济、社会问题上认知的分歧。类似地，前引英国外交政策小组的《英国公众对外交政策和"全球化英国"的态度》报告也以极大的篇幅介绍了不同群体——性别、年龄、党派倾向、经济状况——对英国外交极为不同的认知。

此外，移民问题和与之相关的族群政治问题也一直困扰着英国。一方面，同欧盟国家间人员流动规则的变动抬高了英国从欧盟国家吸引外籍劳工和服务业从业人员的门槛，高素质劳动力紧缺成为一个现实问题。另一方面，叙利亚战争的延续、俄乌冲突的爆发，以及全球经济发展乏力等因素都增加了欧盟国家接收难民 / 移民的压力。新冠肺炎疫情大流行则成为欧盟进一步管控移民的开端。③ 对此，英国一方面通过赋分甄别体系吸引高技术移民，并通过"青年流动安排"和季节性劳工签证优化人力资源的年龄和行业结构。④ 另一方面，英国虽然在难民准入问题上和欧盟同侪一样不积极，不过"全球化英国"理念对价值观的强调、较高的抵达壁垒等提高了英国为抵达难民提供庇护的比例。⑤ 同时，英国积极为战争和贫困国家与地区难民提供在地援助。这在一定程度上化解了英国的人力资源危机，但很难从根本上解决现有的移民和族群

① Cassie Barton, Wendy Wilson, Felicia Rankl, and Abbas Panjwani, "Tackling the under-supply of housing in England," House of Commons Library Research Briefing published 19 May 2023, https://commonslibrary.parliament.uk/research-briefings/cbp-7671/, 访问时间：2023 年 5 月 20 日。

② Keir Starmer, "Keir Starmer speech at the BCC Global Annual Conference 2023," delivered on Wednesday 17 May 2023, https://labour.org.uk/press/keir-starmer-speech-at-the-bcc-global-annual-conference-2023/, 访问时间：2023 年 5 月 20 日。

③ 毛国民、陈晓毅：《新冠疫情下欧洲移民与难民的治理》，《欧洲移民蓝皮书：欧洲移民发展报告 2021：新冠疫情与移民管理》，第 2—11 页。

④ 同上文，第 10 页；刘春燕、黄泽楷：《新冠疫情影响下英国移民状况与政策应对 》，第 167—174 页。程永林、陈丹仪：《外生冲击、移民政策嬗变对英国营商环境的影响评估》，第 272—275 页。

⑤ 刘春燕、黄泽楷：《新冠疫情影响下英国移民状况与政策应对》，第 173—174 页。

问题。

最后，从 2023 年 5 月 4 日英国地方选举结果看，民众显然不满当下的状况。保守党在英格兰失去了 1 060 个区议员席位和 50 个地方议会的执政权。① 保守党所丢失区议员席位中的一半略多为工党所获得，所获议席总数已反超保守党。自由民主党、绿党和其他独立候选人则获得了一定的议会议席。② 不过民粹主义思潮尚未席卷政党政治。对大多数民众而言，社会认知转向审慎，在一定程度上说明了近年来国际国内政治经济格局变迁影响下英国社会思潮的变化。

第三节　英国的对外关系

最近十年，英国的对外关系发生了极大变化。2016 年保守党卡梅伦政府脱欧公投获得通过，一方面重置了英国—欧盟关系，另一方面成为英国调整对外战略的起点。此后世界政治、军事、经济、公共卫生领域“百年未有之大变局”和英国对国际格局变迁的认识，塑造了英国的对外政策和对外关系。

2018 年提出的“全球化英国”逐渐成为后脱欧时代英国对外战略的核心理念。“全球化英国”旨在后脱欧时代重构类似早年“三环外交”，但在寻求政治、经济、安全优势的同时，更强调盟友之间的共同价值观，寻求以此为基础建立的国际秩序。对内则强调应对国内外各领域危机的韧性。③

其中，英美特殊关系仍是当前大国竞合格局下英国对外战略的核心。然而既要借力英美特殊关系，又想不受其制约地践行“全球化英国”理念，无论是出于英国自身国力，还是英美特殊关系的中东经验和联盟管理“相互制约”的核心机制 ④ 考虑，“小

---

① 数据来自 *Financial Times* 新闻，不包括 2022 年已完成地方议会选举的大伦敦地区。

② 因为选区不同，最近一次英国地方选举分散在 2022—2023 年举行，具体报告参见 Richard Tunnicliffe, Richard Cracknell, “Local Election 2022: Results and Analysis,” UK Parliament House of Common Research Briefing, published 13 May 2022, https://commonslibrary.parliament.uk/research-briefings/cbp-9545/; 及 Elise Uberio, “Local Election 2023: Results and Analysis,” UK Parliament House of Common Research Briefing, published 23 May 2023, https://commonslibrary.parliament.uk/research-briefings/cbp-9798/，访问时间：2023 年 6 月 1 日。

③ UK Government Policy Paper, “Global Britain in a Competitive Age: the Integrated Review of Security, Defence, Development and Foreign Policy,” published 16 March 2021, Last updated 2 July 2021, https://www.gov.uk/government/publications/global-britain-in-a-competitive-age-the-integrated-review-of-security-defence-development-and-foreign-policy, 访问时间：2023 年 3 月 15 日。

④ 苏若林、唐世平：《相互制约：联盟管理的核心机制》，《当代亚太》2012 年第 3 期，第 5—38 页。

多边”都是更稳妥的选择。

在欧洲，英国同欧盟机构的关系在“脱欧”之后更加理性务实。欧盟也因为英国的退出，领导权竞争从三国变为两国，法德之间的力量对比也有所变化。同时，退出欧盟的英国因为有了“局外人”的身份和自主性的加持，同欧盟机构、欧洲大国之间的关系也发生了微妙的变化。随着英国脱欧，英—美—欧三边关系也有所变动。

在印太地区，脱欧后的英国致力于落实“印太倾向”战略，这也同中美摩擦升级、中英分歧扩大密切相关。这一战略能否获得成功，取决于“返回苏伊士河以东”的决策能否为英国带来切实的安全保障和政治经济利益。

一、“全球化英国”雄心主导后脱欧时代英国对外关系

《竞争时代的全球化英国》等文件及2021年以来英国对外关系实践都表明，共同价值观不仅是英国推进安全与防务实践的核心话语，也是对外政策的持续动力。近两年英国以“印太倾向”[①]为重心的对外关系实践进一步证明了这一点。这一系列变化的原因主要有四点。

第一，随着过渡期的结束，脱欧所实现的战略自主使英国不必继续在一些问题上同欧盟貌合神离，从而互相认为是对方拖累了自己。因此英国一方面作为对等的国际行为体，开始梳理并重构同欧盟和欧洲事务的关系；另一方面开始调整同德法两国在其他国际事务上的关系与角色。2022年，英、法、德三国以欧洲三国（E3）的形式协同斡旋伊核问题和巴以问题，虽然尚未实质性推进问题解决，但也有日拱一卒之功。[②]这为脱欧之后的英欧关系奠定了积极的基调。在大国博弈背景下，英国和欧盟主要国家一方面更强调战略自主，另一方面又积极参与协同。这实质上扩大了双方实施对美战略互动的空间。

---

① 与《竞争时代的全球化英国》同步发布的防务文件《竞争时代的防务》(Defence in a Competitive Age)对“印太倾向”作了更为详尽的论述，参见https://assets.publishing.service.gov.uk/government/uploads/system/uploads/attachment_data/file/974661/CP411_-Defence_Command_Plan.pdf, 访问时间：2023年3月20日。议会综述文件对战略决策背景参见“Integrated Review 2021: The Defence tilt to the Indo-Pacific,” research briefing published Monday, 11 October 2021, https://researchbriefings.files.parliament.uk/documents/CBP-9217/CBP-9217.pdf, 访问时间：2023年3月20日。

② Hugh Lovatt, “Engage and persuade: How the E3 should deal with Israel on Iran,” commentary, 15 February 2021, https://ecfr.eu/article/engage-and-persuade-how-the-e3-should-deal-with-israel-on-iran/, 访问时间：2023年3月18日; Mark Leonard, Norbert Röttgen, Javier Solana, and Josef Janning, “E3+3 negotiations with Iran and the regional power play in the MENA region,” round Table Discussion Transcript。

第二，不同于早年英美两国对国际趋势多产生分歧，[①] 面对“百年未有之大变局”，当下两国有关国际政治经济局势和趋势的判断日渐趋同，建立了稳定的共识。主要分歧点在利益上——虽谈不上尖锐，却也就事论事削弱了互信、影响了效率。因此，英国以一再叠加“小多边”机制的形式巩固英美特殊关系，既有充分利用两国共识基础回避利益分歧、加强相应领域和议题合作的考虑，也是借力联盟中的其他成员，实现相互制约的外交策略。

第三，尽管未曾言明，英联邦仍是“全球化英国”的重要纽带之一。而在英国公众对王室作为国家象征的认同逐渐淡漠的情况下，无论是更新联结英联邦的话语，还是维系并拓展同其他国家的价值观联盟，都有必要通过强调共识强化同盟。

第四，在防务领域，二战后国力有限的现实使英国对军事实力的倾向平和，但并没有放弃先进武器的研发和生产。作为最早进行核武器研究的国家，英国在战后一直奉行最低限度核威慑战略。美英澳三边安全伙伴关系（AUKUS）所涉核潜艇计划，以及英日意新一代战斗机联合研发计划都值得关注。

二、后脱欧时代的英美特殊关系

（一）英美特殊关系共识基础稳健，但受利益分歧影响

拜登入主白宫之后致力于修复英美特殊关系，同时脱欧后的“全球化英国”对变动中国际格局的认知与美国颇为一致，外交战略相似。自 2019 年中美两国发生贸易摩擦以来，中美分歧范围扩大。中英关系也因中美博弈受到严重冲击，双方的分歧自 2020 年以来不断扩大。这既是美国借英美特殊关系施压的结果，也是英国干涉香港问题受挫后，寻求新的立足点，深度介入亚太政治经济事务的必然结果。

但英美两国的分歧同样明显，甚至因为利益矛盾而各持己见。两国有关北爱尔兰问题的分歧便是典型的例子。

美国参议院曾在拜登上任后首访英国之际通过爱尔兰裔参议员将北爱尔兰和平问题同英美自由贸易协定挂钩。[②]2021 年 8 月，美国几乎毫无预兆地决定从阿富汗撤

---

① 陈乐民主编：《战后英国外交史》，世界知识出版社 1994 年版。

② 徐瑞珂：《英国外交形势》，载王展鹏、徐瑞珂主编：《英国蓝皮书：英国发展报告（2020—2021）》，第 96—99 页。

军的做法又令作为阿富汗问题上其最亲近盟友的英国措手不及。[①] 伦敦不得不花费极大的精力去调整阿富汗政策，并通过提供战后重建、妇女与儿童权益保护等领域的援助，在塑造负责任大国形象的同时，致力于佐证“全球化英国”的阿富汗政策不同于美国。[②] 此外，自 2022 年 2 月俄乌冲突爆发以来，英国在外交、贸易、人道主义事务，以及军事等方面对乌克兰的支持尤为积极，美国的行动则相对审慎。不过两国长久以来的传统盟友关系、共同的价值观、对国际政治经济秩序的共识，以及对自身国力的认识，都指向英国应继续倚重英美特殊关系这一决策。

（二）小多边机制相对稳妥

因此，在合作与分歧交织的图景下，英国必然一方面更加倚重英美特殊关系；另一方面则有意以专精代替全面、以区域代替全球地构建新的联盟。“小多边”的形式不仅便于聚焦议题，并利用联盟管理机制事先相互制约；也能在美国（不）参与的情况下，激发“小多边”机制之间的竞争与合作，提升效率。还可以“克服‘集体行动的困境’”[③]。以“印太倾向”战略下的印太地区为例，近年来便有转型后的“五眼联盟”[④]、英国—东盟合作机制、美英澳三边安全伙伴关系、英日意三国新一代战斗机联合研发计划、英国完成加入 CPTPP 等一系列并不都有美国参与的（小）多边机制在行运作。

---

① 张元：《中东地区政治安全形势评估（2020—2021）》，载张宇燕主编：《国际形势黄皮书：全球政治与安全报告（2022）》，社会科学文献出版社 2022 年版，第 219—221、228 页。

② 关于美国从阿富汗撤军后英国或单独或同国际社会一道对阿富汗提供长期援助的具体情况，参见英国外交与联邦事务部等机构政策文件集“Conflict, Stability and Security Fund: South Asia and Afghanistan annual review summaries 2020 to 2021,” published 22nd May 2023, https://www.gov.uk/government/publications/conflict-stability-and-security-fund-south-asia-and-afghanistan-annual-review-summaries-2020-to-2021, published 19th May 2023, https://www.gov.uk/government/publications/conflict-stability-and-security-fund-programme-summaries-for-south-asia-and-afghanistan-2021-to-2022。而且无论美军撤离阿富汗之初，还是 2022 年撤军一周年之际，英国外交部相关新闻发布都传达了“事出突然，但一定会为阿富汗的和平与发展尽力而为”的意思，参见 Sir Laurie Bristow, “A year on, Britain has much to learn from the fall of Kabul: article by Sir Laurie Bristow,” UK FCDO Authored Article, published 26th August 2022, https://www.gov.uk/government/speeches/a-year-on-britain-has-much-to-learn-from-the-fall-of-kabul; Dominic Rabb, “Afghanistan response: Foreign Secretary’s statement, 6 September 2021,” Oral statement to Parliament, https://www.gov.uk/government/speeches/foreign-secretary-statement-on-afghanistan-response, 访问时间：2023 年 5 月 20 日。

③ 王鹏、颜婕：《“三边安全伙伴关系”与英国全球战略的演化》，载王展鹏、徐瑞珂主编：《英国蓝皮书：英国发展报告（2021—2022）》，第 225 页。

④ 刘江韵：《加拿大与转型中的“五眼联盟”：机遇与挑战》，载唐小松主编：《加拿大蓝皮书：加拿大发展报告（2021）》，社会科学文献出版社 2022 年版，第 212—218 页。

不过英国内也并不完全支持这样的战略实践。美国“外交政策”网站分析文章曾指出，加入 CPTPP、建立美英澳三边安全伙伴关系，以及联合意大利和日本研发新一代战机是英国战后首次将经济和安全战略重心置于同一地区。在“印太倾向”上着力颇多实际上已经引起了英国军方智库的不满。①

三、后脱欧时代的英欧关系

二战结束以来，英国同欧洲大陆的关系便一直若即若离，始终将政策自主置于“欧洲一致”之上，以保证自己在外交、金融、防务等事务上拥有灵活的政策空间。而且历任英国政府也希望对外在英—美—欧均势中获得尽量多的利益，同时对内在威斯敏斯特议会获得更大的转圜余地。②

随着 2016 年脱欧公投得以通过，英国不再受到欧盟相关制度制约。但必须在货物和人员流动、跨境资源分配，以及包括科学技术合作、理顺产业链配置等方面同欧盟和欧洲各国完成谈判，补全因为爱尔兰岛上“硬边界”的出现而必须补全的双边机制。而在对外关系领域，英国脱欧使欧洲大国（major power）关系框架从原本“欧盟的英、法、德”，转变为英国同欧盟机构、英国同欧盟大国德国、英国同欧盟大国法国，以及英—法—德小多边关系。这从根本上改变了英国—欧盟关系，以及英国同其他欧洲国家，乃至英—美—欧三边关系的运作机制。

（一）英国同欧盟机构关系更加理性务实

随着脱欧法律程序的完成，英国同欧盟机构之间的关系也松弛下来。脱欧后英国、欧盟成员国和欧盟机构都不必再强求战略一致，各自拥有了更强的战略自主性。英国同欧盟机构之间对等的关系和英国同欧洲大国之间逐渐活跃的磋商机制也逐渐进入良性循环。

不过英国同欧盟机构关系的改善并非一蹴而就。尽管双方都深知国际政治、贸易、人员流动、技术合作等领域关系与制度重构的繁复，但在整个约翰逊政府执政时期，英国一直在脱欧相关谈判上持强硬立场。直至 2021 年《北爱尔兰议定书》生效引发的北爱尔兰问题的急转直下，在贸易权益和国家统一双双受到挑战的情况下，英国政府才转向积极、理性、务实地处理同欧盟机构之间的关系。并非强硬“脱欧派”的苏纳

---

① James Crabtree, opt. cit.

② 参见前引陈乐民主编：《英国外交史》、托尼·朱特：《战后欧洲史》相关章节。

克担任首相和英国大选年临近等国内政治因素亦起到了重要的作用。

2021 年元旦生效的《北爱尔兰议定书》规定“自大不列颠岛进入北爱尔兰的商品需接受欧盟检查”的做法虽然将北爱尔兰保留在欧盟单一市场和关税同盟内，避免了其同爱尔兰的陆上边界成为英国和欧盟之间的“硬边界”；但也产生了北爱尔兰地区法律适用、零售许可和贸易准入合规通道等问题。为化解内部新生硬区隔对内外贸两方面的负面影响，经过谈判，英国和欧盟机构同意简化英国其他地区到北爱尔兰的货物运输流程，并在北爱尔兰境内继续保留必要的欧盟法规。谈判各方还同意引入斯托蒙特刹车机制（Stormont Brake），赋予北爱尔兰议会和自治政府自主决定日后新生效的货物贸易规定是否适用的权利。① 上述条款已于 2023 年 3 月 24 日在英国和欧盟就北爱尔兰贸易问题正式签署的《温莎框架》中体现，② 协议的签署为解决英国内部货物贸易流通、推进英国同欧盟在其他非贸易领域的深入合作扫除了些许障碍。同时，此举能否在北爱尔兰民众和企业心目中加分，保障北爱尔兰自治政府顺利运作，润滑伦敦同贝尔法斯特之间的关系，仍有待时间检验。

不过从英欧关系的制度化历程来看，这只是英国同欧盟机构关系全面转向理性务实的起点。后续双方能否依据 2021 年签署的双边贸易合作框架协定 ③ 促进其他重点领域，如英国参与欧盟科学与研究项目、安全、贸易和能源领域的合作 ④ 还有待时间检验。

此外，英国近期公布的同意大利和日本合作研发第六代战机的“全球空战计划”（Global Combat Air Programme）⑤ 除了是落实“印太倾斜”战略考量，或许也包含了同欧盟国家保持技术合作、平衡法德两国在欧洲安全事务上绝对影响力的考虑。而其他争议领域如渔业资源分配、难民处置义务分配、实体经济和金融领域竞合的制度安排，更待进一步博弈。

① “UK and EU to formally adopt the Windsor Framework,” https://www.gov.uk/government/news/uk-and-eu-to-formally-adopt-the-windsor-framework, published 24 March 2023, 访问时间：2023 年 3 月 25 日。

② “UK and EU to Formally Adopt the Windsor Framework”.

③ “UK/EU and EAEC: Trade and Cooperation Agreement [TS No.8/2021],” https://www.gov.uk/government/news/uk-and-eu-to-formally-adopt-the-windsor-framework, 访问时间：2023 年 3 月 26 日。

④ “UK and EU to Formally Adopt the Windsor Framework”.

⑤ “Global Combat Air Programme takes centre stage at DSEI Japan,” https://www.gov.uk/government/news/global-combat-air-programme-takes-centre-stage-at-dsei-japan, published 6 March 2023, 访问时间：2023 年 3 月 30 日。

（二）英国同欧盟大国关系更趋灵活，但英美关系仍优先于英欧关系

英国的脱欧在一定程度上润滑了英国同德国和法国的关系。英国脱欧使各方有关欧洲一体化进程的认识趋向平和。欧盟委员会已将“多速欧洲”视为欧盟前景的可行选项。[①] 英、法、德三边关系也因为减少了在欧盟机构框架内的竞争与内耗而更加灵活高效。法国和德国也不再视英国为欧盟领导权竞争对手。英、法、德欧洲三国（E3）的小多边机制趋于活跃，2022 年在伊朗核问题上共同出面斡旋[②]便是一个颇为积极的信号。

但若涉及英国自身利益，伦敦还是把英国利益作为处理英德关系、英法关系的首要原则。在有能力竞争欧盟领导权的英、法、德三国中，英国保守党政府同德国默克尔政府对 2014 年乌克兰危机和 2015 年欧洲难民危机等问题的立场截然相反。后者甚至成为英国脱欧的导火索之一。因而尽管在推动欧盟内部市场自由化、打击跨国犯罪、促进环境治理、推动社会福利政策和劳动力市场改革等方面共识颇多，但两国外交战略上的巨大差异，决定了它们在欧盟机构和地区事务等本质性问题上存在分歧。[③] 而在退出欧盟之后，英德两国领导人的更替并未拉近两国关系，两国在俄乌冲突相关问题上的立场也不尽相同。审慎友好或许是用以形当下英德关系的得当表述。

英国脱欧后的英法关系则一贯平和。不过因为英国退出欧盟统一市场，制度的变革使法国农产品出口和英国对法投资都受到了极大的影响。这对英法两个重商主义国

---

① 李倩媛：《欧盟框架内德英分歧与博弈（1991—2019）》，社科文献出版社 2001 年版，第 29—31 页。对两国对外战略差异的分析，参见此书，第 92—119 页。

② UK FCDO Press Release, “E3 statement on Iran: 9 June 2022,” https://www.gov.uk/government/news/e3-statement-on-iran-9-june—2022; 晚近的进展可以进一步参考 UK FCDO UK Speech, “E3 statement to the IAEA Board of Governors on the Joint Comprehensive Plan of Action, March 2023,” published 8th March 2023, https://www.gov.uk/government/speeches/e3-statement-to-the-iaea-board-of-governors-on-the-joint-comprehensive-plan-of-action-march-2023; FCDO and Corinne Kitsell OBE Speech, “Non-Proliferation Treaty Safeguards Agreement with Iran: E3 Statement to the IAEA, March 2023,” published 8th March 2023, https://www.gov.uk/government/speeches/non-proliferation-treaty-safeguards-agreement-with-iran-e3-statement-to-the-iaea-march-2023; UK FCDO and E3 Permanent Representatives to the IAEA Speech, “Safeguards Agreement with Iran: E3 statement to the International Atomic Energy Agency,” published 7 June 2023, https://www.gov.uk/government/speeches/safeguards-agreement-with-iran-e3-statement-to-the-iaea; UK FCDO Speech, “E3 statement at IAEA Board of Governors on the JCPoA - June 2023,” published 6th June 2023, https://www.gov.uk/government/speeches/e3-statement-at-iaea-board-of-governors-on-the-jcpoa-june-2023 等，访问时间：2023 年 6 月 8 日。

③ 李倩媛：《欧盟框架内德英分歧与博弈（1991—2019）》，第 87—90 页。

家来说，说重创不为过。[①] 英法军工合作的突然崩盘也不是无迹可寻。英国在脱欧后继续以特殊局外人的身份参与欧洲航天计划和导弹计划难免同法国发生龃龉。[②] 在这种情况下，英国终止同法国合作为澳大利亚提供核潜艇技术，转而整合“英美特殊关系”和自身“印太倾向”战略实为必然。这一合作也成为美英澳三边安全伙伴关系的实质性开端。

英国脱欧还改变了英美欧三边关系的权重。一方面，美欧关系虽有改善，但在经济和安全领域的竞争热度并未退去；另一方面，英国同欧盟主要成员国之间的竞争，以及在地区和国际事务上对美国的信赖，使其有意充分根据自己的意愿——甚至同美国也不甚一致——布局“全球化英国”相关事务。[③]

（三）英国同欧洲其他国家关系

深厚的历史渊源使英国一直保持着同中东欧国家的良好关系。而随着同欧盟之间达成相关协议，得以有序脱欧，英国同中东欧国家的政治盟友和经贸伙伴关系也顺利转型。[④] 此外，尽管英国的退出使中东欧国家在欧盟内部失去了重要的盟友，[⑤] 但随着“多速欧洲”渐成事实、欧盟“战略自主”的设想受制于俄乌冲突的爆发和延续，脱欧后的英国反而能够更加自如地处理同中东欧国家的关系。英国对俄罗斯战略威胁的强调及其对乌克兰实质性的援助和支持，巩固了其同中东欧国家政治联盟。[⑥]

同时，英国也同南欧和北欧国家保持了长期友好关系，在俄乌冲突、乌克兰战后重建、清洁能源合作等议题上多有共识和多边集体行动，以应对安全威胁、促进经济

① 曹慧：《英国脱欧背景下的英法关系》，载丁一凡、戴冬梅主编：《法国蓝皮书：法国发展报告（2020）》，社会科学文献出版社 2021 年版，第 187—189 页。

② 曹慧：《英国脱欧背景下的英法关系》，第 189—190 页。

③ 忻华：《英国在美国与欧盟的战略竞争关系中的位置与角色的新发展》，载王展鹏、徐瑞珂主编：《英国蓝皮书：英国发展报告（2020—2021）》，第 257—272 页。

④ 姜琍、张海燕：《英国与欧盟达成协议“脱欧”对中东欧国家的影响》，《欧亚经济》2021 年第 3 期，第 28—39 页。

⑤ 姜琍：《英国脱欧对欧盟和中东欧国家的政治影响》，《俄罗斯东欧中亚研究》2017 年第 5 期，第 109—125 页。

⑥ 例如为解决接收和安顿乌克兰难民，英国向波兰提供了可观的专项资金支持，参见 UK FCDO and The Rt Hon James Cleverly MP, Press release, “UK-Poland partnership to provide homes and power to Ukraine,” published 28 March 2023, https://www.gov.uk/government/news/uk-poland-partnership-to-provide-homes-and-power-to-ukraine; UK FCDO and The Rt Hon James Cleverly MP, Press release, “UK-Poland Humanitarian Shelter Project: joint statement,” published 28 March 2023, https://www.gov.uk/government/news/joint-statement-on-the-uk-poland-humanitarian-shelter-project, 访问时间：2023 年 3 月 30 日。

发展、维护共同价值观等。晚近，英国还表达了对瑞典加入北约的支持。①

四、“印太倾向”与英国的亚太政策

在英国参与的印太地区小多边同盟中，五眼联盟（Five Eyes, FVEY）作为可以追溯至二战时期的英、美、澳、新、加五国情报联盟，在2019年中美关系因贸易摩擦而急剧降温之后重新活跃起来。

此后，中英关系也因中美分歧加剧而遇冷。已进入“脱欧”快车道的英国为了自身经济利益不会因此受损，不得不重新考虑其在亚太金融市场和贸易供应链上的立足点。美国也从印太地区战略竞争、英美特殊关系和自身战略利益出发，力邀英国加入印太地区的小多边安全体系。2021年底，澳大利亚同法国断绝了原有合作制造核潜艇的计划，转而在英国的牵线下接受美国方面的技术支持，开发建造核潜艇。同时，美英澳三边安全伙伴关系，也可以被视为“全球化英国”和“印太倾向”的安全战略实践。② 英国、意大利和日本联合研发第六代战斗机的计划虽未进一步设立小多边同盟，但也包含了类似的意味。

而在经济与贸易领域，英国则主要通过提升同域内国际组织和共同价值观国家经贸关系的层级平衡中英贸易在英国对亚太地区贸易中的首要地位。英国积极同东盟和日本在经贸领域的合作还包含加入CPTPP的战略考量。英国旨在由此扩大对亚太地区影响、借道获得影响亚太安全事务和产业链架构的渠道。伦敦的安全与防务智库英国皇家三军联合国防研究所（RUSI）评论文章认为，CPTPP成员身份的意义在于它将成为英国在经济贸易领域落实“印太倾向”的安全考虑和利益诉求、实现“全球化英国”战略和全球治理雄心的抓手。加入CPTPP在经济利益上固然会有得有失，但通过传达制度规范、参与制度设计、主导价值观竞争等战略行为产生影响，从而对冲中国在外交和经贸领域的强势地位，才是这一决策的真正诉求。③ 对外政策智库英国皇家国际问

---

① UK FCDO and The Rt Hon James Cleverly MP Press Release, “Foreign Secretary in Sweden to endorse NATO accession and bolster security cooperation,” published 27 June 2023, https://www.gov.uk/government/news/foreign-secretary-in-sweden-to-endorse-nato-accession-and-bolster-security-cooperation, 访问时间：2023年6月28日。

② 王鹏、颜婕：《“三边安全伙伴关系”与英国全球战略的演化》，第225—238页。

③ Andrew Cainey, “The UK and the CPTPP: From Asian Option to Asian Asset,” RUSI Commentary, April 6th, 2023, https://www.rusi.org/explore-our-research/publications/commentary/uk-and-cptpp-asian-option-asian-asset, 访问时间：2023年4月10日。

题研究所（Chathamhouse）的专家评论也作出了类似的论断。①

也正因如此，英国政府②、学院派经济学家③、业界分析师④和对外政策智库⑤分析报告都认为英国加入 CPTPP 对英国经济利弊参半。实业界有必要充分认识，CPTPP 或许无法在短期内为英国带来直接的贸易收益。但他们也认为，未来 CPTPP 成员达成的贸易结构、供应链、资源与销售战略目标制度化共识将成为长期利好。

五、“全球化英国”战略下英国其他区域政策

相比前述或雄心勃勃或淡然回应的区域国别政策，英国在其他区域的政策通常会依据大国博弈的态势，一边以“全球化英国”理念的话语进行阐释，一边进行密切的经贸联系，旨在实现可预期的政治经济利益最大化。

以中东政策为例，保守党政府顺着“全球化英国”的对外战略，提出了“回到苏伊士运河以东”的口号，着力虽不及“印太倾向”，却也是有针对性地深耕细作。英国在这一地区的政策自西向东、自南而北主要有五点。第一，扩大同北非和其他地中海沿岸国家在绿色能源、新技术等领域的合作。在经贸合作领域也频频伸出橄榄枝。第二，同欧洲同侪合作，致力于伊朗核问题的和平解决，并致力于通过相关国际机制保持同伊朗的贸易。第三，注意到近年来中国和俄罗斯越来越积极地参与到中东地区的大国竞争与合作中，因而有意推动英国同海湾国家的合作深度与广度。⑥第四，积极援助阿富汗重建，尤其强调妇女儿童权益等人权议题。第五，在确定脱欧后积极推动重启同非洲国家的伙伴关系，加大对非投资和援助，并在反恐等领域同部分非洲国家积

---

① Marianne Schneider-Petsinger, “Real Value for the UK in Joining CPTPP is Strategic,” Chathamhouse Expert Comment, 31st March 2023, https://www.chathamhouse.org/2023/03/real-value-uk-joining-cptpp-strategic, 访问时间：2023 年 4 月 10 日。

② UK Department of International Trade, “UK Accession to CPTPP: The UK’s Strategic Apporach,” published in April 2023, https://assets.publishing.service.gov.uk/government/uploads/system/uploads/attachment_data/file/1027860/dit-cptpp-uk-accession-strategic-approach.pdf, 访问时间：2023 年 4 月 30 日。

③ Terence Huw Edwards, Mustapha Douch, “Why Britain’s New CPTPP Trade Deal will not Make Up for Brexit,” The Conversation, https://theconversation.com/why-britains-new-cptpp-trade-deal-will-not-make-up-for-brexit-203195, 访问时间：2023 年 4 月 15 日。

④ Deloitte Article, “The UK in CPTPP,” 31st March 2023, https://www2.deloitte.com/uk/en/pages/tax/articles/the-uk-in-cptpp-our-analysis.html, 访问时间：2023 年 4 月 10 日。

⑤ Marianne Schneider-Petsinger, opt. cit.

⑥ Camille Lons, “British Policy in the Gulf in the Wake of Brexit,” Research Report of Foundation pour la Researche Strateguque, https://www.frstrategie.org/en/programs/observatoire-du-monde-arabo-musulman-et-du-sahel/british-policy-gulf-wake-brexit-2019, 访问时间：2022 年 5 月 5 日。

极开展合作。①

站在国际局势风云变幻的当下，反观近年来英国的内政外交变迁，英国、“旧欧洲”、“新欧洲”，甚至整个世界，都同卡梅伦当年决定举行“脱欧”公投时截然不同。

脱欧公投作为二战以来英国内政外交领域最重要的战略行为很难说是“巧合”多于“必然”。2015 年卡梅伦决定将“英国是否退出欧盟”公投和自己的连任捆绑在一起时，只是认为自己和保守党为英国——和英国的四个组成部分——提供了对欧盟机构政策和欧洲议会决议表达不满的选项。甚至在 2016 年 6 月 23 日之前，英国的“脱欧派”和“留欧派”都未曾意识到公投已是破釜沉舟“跨过卢比肯河”（Cross the Rubicon）的做法。

然而，保守党政治精英还是高估了英国在大国博弈背景下同时参与多个其他地区事务的能力。如果说“全球化英国”是脱欧后英国对外政策的理想状态，那么“印太倾向”就是当下英国对外政策的困境所在。其中的难点不在于应该做什么、如何做，而是投入多少、做到什么程度才能满足“全球化英国”在印太的实现。

此外，保守党精英也低估了苏格兰和北爱尔兰希望留在欧盟体系的意愿，以及脱欧对重构英国性（Britishness）难以估计的影响。当下，公众、利益群体、政治精英面对“百年未有之大变局”和远非理想的国内政治经济状况，各方如何看待脱欧，这又将如何影响英国内政？地方选举已经给出了一部分答案。但这远非最终的结论，甚至接下来的大选也不是。

① 李靖堃：《“全球英国”理念与英国的非洲政策走向》，载周弘、李新峰主编：《变化中的世界与非洲》，社会科学文献出版社 2021 年版，第 34—50 页。

第十二章　欧盟研究

拥有27个成员国的欧洲联盟（以下简称“欧盟”）是当前国际社会中影响最大的国家间组织，它既拥有类似于主权国家的一些功能，又展现出国家与国家之间合作的特征，因而被视为同时体现了超国家与政府间的双重属性。① 欧盟起源于第二次世界大战之后一些欧洲国家之间的经济合作（煤钢联营），并逐步形成了成员国之间的单一市场，使得商品、服务、人员和资本可以自由流动，并创立了自己的货币——欧元。与此同时，成员国之间的政治合作也随之不断加强，欧盟从一个纯粹的经济联盟发展至一个跨越诸多不同政策领域的国家间组织，如外交与安全、气候与环境、司法与内务等。从组织构架来看，所谓欧盟主要是指它的四大主要机构：欧洲理事会，由欧盟成员国的政府首脑组成，是欧盟在重大问题上的最高决策机构；欧盟理事会（部长理事会），是欧盟的立法与政策制定机构；欧盟委员会，执行欧盟理事会的意志，向其提供政策建议和指导，是欧盟主要的执行机构；欧洲议会则是由欧盟公民直接选举，具有政策的建议权和法案的审议权。

第一节　欧盟的国际地位、国际影响和未来趋势

一、全球重要经济体

欧盟（其前身欧洲经济共同体，以下简称“欧共体”）作为全球范围内一体化程度最高的经济联盟，具有以下几个鲜明的特点。首先，它是世界上最大的内部市场。1986年，欧共体成员国签订了《欧洲单一法案》成为了单一市场的基础，为实现区域的“四大自由”即商品、人员、服务、资本的自由流动进行了法律框架的搭建。2011年和2012年欧委会又分别提出了《单一市场法案》和《单一市场法案二期》，这两个

① ［德］贝娅特·科勒–科赫、托马斯·康策尔曼等：《欧洲一体化与欧盟治理》，顾俊礼等译，中国社会科学出版社2004年版。

提案聚焦于完善内部网络整合、推动人员与商业的跨境流动、建立全欧数字经济、加强社会商业的凝聚力与消费者信心，以此进一步整合内部市场。① 内部单一市场保证了欧盟的经济活力，是欧盟的经济增长、就业、商业信心的基础。

其次，欧盟是世界上最大、最重要的外向型经济体之一，自由贸易既是其构建内部市场的基础性原则，也是欧盟参与世界经济与贸易体系奉行的根本原则。从贸易总量上来看，欧盟是世界贸易的重要力量之一。2021 年欧盟 27 国全球贸易份额占比排名全球第二（14.7%），仅次于中国（19.1%），而高于美国（10%）。欧盟对外商品出口总额高达 21 810 亿欧元，商品进口额为 21 250 亿欧元。② 在对外贸易领域，欧盟已经具有超国家的专属权力，能够代表欧盟成员去同第三方国家协商、谈判贸易协定。目前，欧盟已显示出其在世界范围内建立双边自由贸易区的雄心，并在为实现这一目标而努力推进谈判。这些国家和地区囊括了几乎所有重要的经济体，如美国、加拿大、印度、东盟、日本。③

欧盟在全球贸易体系中举足轻重的地位还体现为，其在以世界贸易组织（以下简称 WTO）为代表的多边贸易体系中的领导力。在经济领域高度的一体化使得欧盟获得了主权国家式的身份，能够参与国际经济规则的谈判。加上其与美国之间的特殊关系，欧盟在规则制定与谈判过程中拥有了天然的议价优势。历史上，欧盟在 WTO 乌拉圭回合、多哈回合的谈判中均产生了较大的影响，对贸易便利化、取消农业出口补贴等问题作出过积极的贡献。此外，欧盟还追求在全球贸易体系的规则制定中嵌入可持续的特性，这反映为欧盟在 WTO 改革方案中对劳工标准、贸易与环境之间联系等问题的关注。大多数发展中国家对欧盟这一立场抱有疑虑，认为此乃发达国家市场保护的一种形式，这也成为困扰 WTO 改革的重要问题之一。④

---

① European Commission, Communication from the Commission to the European Parliament, the Council, the European economic and social Committee and the Committee of the Regions Single Market Act II Together for new growth, COM/2012/0573 final/.

② 数据来自欧盟统计局，Trade in goods, by main World traders-EU27 (from 2020), https://ec.europa.eu/eurostat/databrowser/view/TET00071/default/table?lang=en&category=ext_go.ext_go_agg.ext_go_lti.ext_go_lti_int, 访问时间：2023 年 3 月 10 日。

③ 欧盟自贸区的相关信息可以参见 European Commission, Overview of FTA and Other Trade Negotiations, https://policy.trade.ec.europa.eu/eu-trade-relationships-country-and-region/negotiations-and-agreements_en.

④ Charlotte Bretherton and John Vogler, *The European Union as a Global Actor (2nd edition)*, Routledge, London and New York, 2006, p.81.

二、全球气候治理的领导者

在欧盟创立之初，环境和气候问题并没有获得关注，欧盟未将其囊括进政策领域。但从 20 世纪 80 年代中后期开始，随着全球气候与环境问题的日益突出，特别是 1992 年《联合国气候变化框架公约》的问世，欧盟成为环境治理问题上的重要国际角色。欧盟通过内部和外部的一系列行动，逐渐演变为一个环境外交的重要国际行为体，并在气候与治理问题上获得了国际领导力。具体而言，欧盟的领导力体现在两个方面。

首先，欧盟在温室气体减排的相关立法问题上走在世界前列。从 2005 年开始，在现实 GDP 增长 45% 的情况下，欧盟早在 2013 年就已经实现并超额完成了《京都议定书》中对 2020 年二氧化碳排放量削减所作的承诺。2019 年 12 月，冯・德莱恩领导的新一届欧盟委员会提出了“欧洲绿色协议”的设想，旨在使欧洲在 2050 年时率先在全球范围内实现“碳中和”。为此，欧盟委员会在 2020 年 9 月出台了“2030 气候与能源”框架，计划在 2030 年将二氧化碳排放量减少至 1990 年水平的至少 40%，可再生能源在全欧的使用率至少达到 32%，并至少提高 32.5% 的能源使用效率。① 为实现这一目标，欧盟即将于 2023 年 10 月正式实施碳边境调节机制（CBAM），将对钢铁、水泥、化肥等诸多领域的进口商品加征碳边境税。CBAM 是一个具有里程碑意义的气候变化协议，欧盟从而成为世界范围内首个实行碳边境税的贸易区。

其次，欧盟在全球气候治理中的国际领导力还体现为其在国际气候谈判中发挥了积极乃至核心的作用。在美国小布什政府退出《京都议定书》之后，欧盟开展了一系列积极的外交行动来推动《京都议定书》在各国的生效。正是通过欧盟的积极游说和斡旋，日本、俄罗斯等国加快了批准《京都议定书》的进程。② 在经历了哥本哈根气候大会的挫折之后，欧盟调整了气候政策，适度地降低了减排目标，并为提高发展中国家以及不发达国家积极参与的政治意愿采取了一系列行动。在欧盟的带领下，欧盟与 79 个非加太发展中国家就气候治理问题的目标、形式等内容达成一致，组成了雄心联

---

① European Commission, Communication from the Commission to the European Parliament, the Council, the European Economic and Social Committee and the Committee of the Regions: Stepping up Europe’s 2030 climate ambition, Brussels, Sep. 17, 2020, COM (2020) 562 final.

② Wybe Th.Douma, “The European Union, Russia and the Kyoto Protocol,” in *EU Climate Change Policy: Challenge of New Regulatory Initiatives*, edited by Marjan Peeters and Kurt Deketelaere, Edward Elgar, Cheltenham and Northampton, MA, 2006, pp.51—68.

盟（High Ambition Coalition），这被认为是《巴黎协定》成功的关键因素。① 在特朗普政府宣布退出《巴黎协定》之后，欧盟更是积极利用双边外交以及多边国际机制来对冲美国退出引发的消极影响。在美国宣布的第二天，欧盟和雄心联盟成员国共同呼吁国际社会在气候问题上保持积极行动；欧盟分别与中国、印度发表了有关气候变化的联合声明，坚决维护《巴黎协定》中的承诺。

三、全球发展援助最大的贡献者

发展援助是欧盟对外政策中的一项重要领域，欧盟希望通过该项政策促进受援国的经济、社会、环境的可持续增长，实现削减乃至消除贫困的最终目标。目前，欧盟及其成员国是世界范围内发展援助资金最大的贡献者。根据经济合作与发展组织（OECD）的数据，2021 年官方发展援助的总额为 1 859 亿美元，欧盟机构及其成员国贡献了超过 1 090 亿美元，占总额的 56%。② 欧盟的发展援助政策有着明显的从周边向全球扩散的趋势。冷战期间，欧共体就与非洲、加勒比海、太平洋地区的 46 个发展中国家签订了四次《洛美协定》（2000 年之后该协定被《科托努协定》替代，成员也扩展至 103 个），向这些目标国家提供了超过 400 亿欧元的经济援助。随着冷战的结束，欧盟在消除了与俄罗斯及东欧国家的对立状态之后，其发展政策也随之扩大至上述对象，最后直至扩展到世界范围内的所有欠发达和发展中国家。欧盟的政策工具主要有两个。一是在欧盟预算内的发展合作工具（DCI），2017 年之后又加入了可持续发展欧洲基金（EFSD）。二是在欧盟预算之外由欧盟成员国自愿捐款，向欧盟的联系国或海外领土提供支持的欧盟发展基金（European Development Fund, EDF）。

欧盟的发展援助政策有着鲜明特征。首先，它是一种包含多个目标的援助政策。欧盟官方一般使用"发展与合作"政策的提法，来指代欧盟的发展援助政策。2000 年 12 月，欧盟发布了第一份关于发展政策的正式官方文件——《发展政策声明》，2005 年 12 月又发布了"欧洲发展共识"文件，为欧盟与受援国的合作提供了政策指导框架。在这些文件中，除了将减少贫困作为发展援助的首要目标之外，欧盟援助政策所

① Charles F. Parker, Christer Karlsson and Mattias Hjerpe, "Assessing the European Union's Global Climate Change Leadership: from Copenhagen to the Paris Agreement", *Journal of European Integration*, Vol.39, No.2, 2017, pp.239—252.

② Official Development Assistance in 2021, https://www.oecd.org/dac/financing-sustainable-development/development-finance-standards/official-development-assistance.htm, 访问时间：2023 年 3 月 10 日。

关注的内容还包括环境保护、人类发展、社会融合、就业、受援国的政治发展等九个方面。[①] 因此，从技术上而言，欧盟发展援助政策既是一项议题性政策，也是地区性政策的一个组成部分。

其次，欧盟的发展援助政策带有强烈的政治规范色彩，其对外援助附带了政治限制性条件，这被认为是欧盟展现规范性力量的一个重要标志。[②] 欧盟的援助包含了与目标国家的人权、民主、公民社会等因素挂钩的内容。这种方式被称为采用“政治限制条件”来实现规范目的：以支持换取强制、以奖励换取强制、以惩罚换取强制。[③] 比如，在欧盟的扩大政策、睦邻政策以及东部伙伴计划中，欧盟通过设置这些机制来试图引导政策对象国家能够遵守欧盟在市场经济、政治自由、人权等方面的标准。2017 年欧盟出台了“欧洲发展新共识”声明。这份声明一方面是欧盟对联合国“2030 年可持续发展议程”的回应，另一方面是其下一阶段发展援助政策的指导框架。文件特别指出，“2030 议程”必须是作为一个整体去实施，欧盟及其成员国因而会致力于一系列跨领域议题来实现可持续发展，如流通性与移民、新能源与气候变化、投资与贸易、良治、民主法制与人权等。

四、迈向一个地缘政治行为体的欧盟

长期以来，欧盟在国际体系中所发挥的影响大多通过“软实力”的方式予以展现。欧盟追求将自己塑造成为一种规范的力量、道德的力量，故而其与注重硬实力的美国之间的差异被称为“火星”与“金星”的区别。[④] 但从 2016 年以来，欧盟在内外交困的情况下，认为权力政治、安全、秩序这些主题开始重返国际政治的核心话语体系，因而在“有原则的务实主义”的行动原则下开始有意追求发展硬实力，使欧盟具备更加平衡的软实力和硬实力，作为利益保障的基石。随着中美摩擦的加剧、乌东地区动

① European Commission, “The European Consensus on Development,” Luxembourg, 2006, p.12.

② Vicki L. Birchfield, “The EU’s Development Policy: Empirical Evidence of ‘Normative Power Europe?’,” in Sonia Lucarelli, Ian Manners, ed., *Values and Principles in European Union Foreign Policy*, Routledge, London and New York, 2006, pp.140—160.

③ Ulrich Sedelmeier, “The EU’s Role as a Promoter of Human Rights and Democracy: Enlargement Policy Practice and Role Formation”, in Elgstrom, Ole and Michael Smith, ed., *The European Union’s Roles in International Politics Concepts and Analysis*, London and New York, Routledge, 2006, p.120.

④ ［美］罗伯特·卡根：《天堂于实力：世界新秩序下的美国与欧洲》，肖蒙、魏红霞译，新华出版社 2004 年版，第 63 页。

荡不断升级、美国不断挑起贸易摩擦和冲击多边主义国际机制，国际体系回归大国竞争和地缘政治竞争，多边自由主义遭到严重挑战成为欧洲智识界的共识。在这一背景下欧洲也在承受着变成“大国竞争竞技场的风险”①，因而提出了建设“主权欧洲”“欧洲战略自主”“地缘政治行为体”的概念，并开始着手加强这一方向的实力建构。

首先，欧盟加强安全与防务力量建设，推动成员国在这一领域的合作。2017年欧盟启动了三个具体措施。一是建立欧洲防务基金（European Defence Fund, EDF），通过欧盟预算加大对成员国防务能力提升的资助。欧洲防务基金在2021—2027年的预算超过80亿欧元，其中27亿用于资助国防技术研发，53亿用于资助军事能力，该基金作为对成员国在军事研发上的补充，对欧盟成员国，以及欧盟内各种规模的公司、科研机构开放，以促进它们在尖端国防技术和设备研发方面的合作。二是建立协调防务年度审查机制（CARD）对防务计划进行审查、优化。三是建立永久结构性合作(PESCO)，推动成员国之间的军事科技研发合作，以及加强军事能力合作。2022年3月，欧盟又出台了《安全与防务战略指南》对进一步提升欧盟安全与防务能力的具体方向和措施给出建议。这些建议包括提升决策灵活性，加强军演，建立五千人员的快速反应部队等。此外，2021年欧盟还设立了欧洲和平基金（EPF），这一欧盟预算外的财政工具，用于加强欧盟阻止冲突、建设和平、加强国家安全的行动。截至2023年2月2日，在俄乌冲突中，欧盟通过这一工具向乌克兰提供了36亿欧元的军事援助。

其次，欧盟认识到当下大国竞争的核心环节是高科技领域的竞争。欧盟要作为一个全球行为体和一个地缘政治力量，就必须具备参与这场竞争的能力，特别是其在网络和数字技术上的能力。②掌握数字技术的国家拥有越来越大的能力影响经济、社会、政治的结果。欧盟委员会出台了一系列提升欧洲的“经济与技术”主权的报告，如《欧洲新产业战略》、《欧洲数据战略》、《欧盟人工智能白皮书》等，强调产业与科技对于欧盟在对外关系与地缘政治中的重要战略意义。欧盟强化其在数字科技领域的竞争力有两个着力点。一是通过确立数字技术的标准来确保其对规则制定与技术监管的主导。通过率先出台一系列数字领域的法律法规，欧盟确立了其在跨境数据管理与监管方面的优势，通过立法手段制定了数字监管的规则和程序，在世界范围内推行。如

① European Parliamentary Research Service, *On the Path to "Strategic Autonomy": The EU in an Evolving Geopolitical Environment*, September 2022, p.1.

② European Political Strategy Centre, Rethinking Strategic Autonomy in the Digital Age, Issue 30, July 2019.

《欧洲数据战略》旨在确立关于数字经济、大数据等方面的欧盟立法在欧盟市场拥有最高的法律地位。[①] 二是着力提升欧盟数字技术的自主能力，特别是人工智能、云技术、物联网等领域的研发能力。

第二节　欧盟的问题和主要矛盾

从 1957 年成立欧共体以来，欧洲一体化发展已经超过 65 个年头。一体化的不断扩大和深化也引发了一系列的问题，如欧债危机、难民危机、英国脱欧、民粹主义回潮等，造成了欧盟内部的一次次危机。从本质上而言，当前欧盟面临的一系列危机的根源主要是由内部成员国的经济与社会发展水平、政治与社会文化差异所造成的。

一、南北矛盾：欧盟的预算之争

随着欧元的诞生，欧元区国家实现了货币一体化和统一的货币政策。因此，当一个成员国出现严重债务危机之时，其造成的影响就会波及所有欧元区国家，并对欧元的稳定和信誉产生冲击。虽然欧盟对成员国的财政赤字和债务占比设有一些限制，但实际上自 2008 年全球金融危机之后，这一限制往往被某些成员国打破。造成这一局面的根本原因在于，虽然欧盟拥有统一的货币政策，却无统一的财政政策，这也就造成了在制定欧盟预算时，成员国常常会产生较大的分歧。这成为欧盟的一个顽疾。

在预算制定问题上，德国、法国、荷兰、奥地利、瑞典等北方国家作为欧盟预算的净出资国，主张将预算控制在国民收入总额（GNI）的 1% 以下，这些国家倾向于在预算分配问题上优先考虑绿色能源、数字科技等新兴领域；而大部分南欧与中东欧成员国对上述立场持反对态度，特别是反对削减欧盟共同农业政策和凝聚政策的预算，主张维持和加大欧盟预算对农业、地区发展等领域的投入。这些国家被冠之“凝聚集团”的称号，与前述主张控制预算的“节俭集团”形成了对立。

比如，为讨论欧盟 2021—2027 年财政预算所召开的 2020 年欧盟特别峰会，就因为各方争执而经历了四天四夜马拉松式的谈判，最终才形成了刺激疫情后经济恢复的“复苏基金”分配方案，这是在欧盟预算制定历史上绝无仅有的一次艰难谈判。在这次峰会上，“节俭集团”主张控制复苏基金规模，救助方式采用借款而非无偿拨款的方

① European Commission, A European Strategy for Data, COM (2020) 64 final, Brussels, 19 February 2020.

式。同时，它们要求受益国家必须进行经济改革，加强财政纪律，控制政府债务水平。以意大利、西班牙为代表的“凝聚集团”国家则要求提高复苏基金总规模，加大对成员国的无偿补贴。经过漫长而艰苦卓绝的谈判，最终的分配方案是各方折中与妥协的产物：欧盟将“复苏基金”从 5 000 亿欧元提高到 7 500 亿欧元，但同时将无偿补贴的份额下降到 3 900 亿欧元。[①] 虽然，2020 年由于新冠肺炎疫情的冲击，预算谈判尤为艰难，但历史上欧盟多年预算的诞生过程总是与这种争执结伴而行，各国分歧、特别是南北分歧短期之内难以化解。

二、东西矛盾：欧盟的法治之争

欧盟完成东扩之后，新加入的中东欧国家纷纷在欧盟的要求下，进行了包括立法、司法、行政在内的全方面政治制度改革。改革虽然促进了民主转型，但同时也带来了诸多问题，激化了这些国家的内部矛盾。比如，高度自由化的市场作为一项考察改革的指标而被强制植入，从而造成了中东欧国家对外资的高度依赖，以及单一的外向型经济体制。在欧债危机的作用下，这些国家由于经济韧性不足，发展陷入衰退，从而引发了诸如失业率飙升、社会福利缩减等社会问题。再加上 2015 年爆发的中东难民危机，欧盟为了彰显其作为人权保护标杆的规范形象，强行推进难民分配政策，大量难民的涌入触发了中东欧国家强烈的抵触情绪，反对欧盟的声音高涨，排外主义、民粹主义情绪在大众中迅速蔓延。

在这样的背景下，一些中右翼政党开始在中东欧国家上台执政，其推行的带有强烈民族主义和保守主义倾向的法律改革，被认为有悖于欧洲的价值观和标准，从而进一步加大了欧盟的裂痕。总体上看，虽然以波兰和匈牙利为代表的中东欧国家在农业政策、能源转移与气候变化、对俄罗斯的政策立场、与美国及北约的关系等问题上都存在着与核心欧洲的广泛差异与分歧，但其影响远远不及法治之争对欧盟团结造成的重创。2015 年波兰法律与公正党上台后推行的一系列司法改革，遭到了欧盟委员会和欧洲议会的强烈批评，认为其是对欧盟民主、法治、人权的严重破坏。为了维护欧盟的价值观，欧盟委员会启动针对波兰的法律行动，于 2021 年正式向欧洲法院提起诉讼，并拒绝批准波兰疫情后的复苏计划，冻结复苏基金分配给波兰的配额。相似的情

① The 2021—2027 EU budget—What’s new?, https://commission.europa.eu/strategy-and-policy/eu-budget/long-term-eu-budget/2021—2027/whats-new_en, 访问时间：2023 年 3 月 10 日。

况也出现在匈牙利与欧盟之间。2018 年以来，青民盟执掌的匈牙利政府在非法移民、非政府组织、反同性恋等议题上推行的一系列法律修正案被欧盟认定为违反了法治原则，被欧委会起诉至欧洲法院。2022 年 11 月欧盟委员会向成员国提议，由于匈牙利在司法改革、反腐败措施等方面未实现其承诺，建议冻结原计划向其提供的 130 亿复苏基金。最终，匈牙利以同意欧盟向乌克兰提供 180 亿欧元补贴、同意 15% 的全球最低企业税率作为筹码，换回欧盟同意支付 58 亿欧元的复苏基金。这一举措虽然暂时缓和了欧盟与匈牙利之间的法治之争，但并未从根本上解决问题。这一问题仍然是影响欧盟未来凝聚力的一颗定时炸弹。

三、泛欧阴云：疑欧主义

2016 年 6 月 23 日，英国脱欧公投最终以 52% 的民众支持退欧的结果尘埃落定，英国正式开启脱欧之路，从而将 21 世纪“疑欧主义”运动推向又一次的新高潮。英国脱欧使得反欧洲一体化、逆欧洲一体化的现象再次进入公众视野。实际上，伴随着欧洲一体化的发展，疑欧主义一直存在，它体现为反对欧洲一体化的某种表现形式，既可以是一种思潮，也可以是一种政治主张，又可以转化为一种具体的政治实践（运动）。在欧洲一体化的历史上，疑欧主义的高潮时期大致有三段。

第一段是 20 世纪 70 年代中期，主要表现为英国就加入欧共体问题的反复，并在加入之后与欧共体在诸多事务上有着严重分歧，与欧共体呈现一种“若即若离”的关系。当时的英国保守党政府为了维护英镑的地位，反对建立统一的欧洲货币计划，并拒绝加入。此外，在欧洲议会选举制度设计和预算分摊问题上，英国与欧共体产生了严重分歧从而导致内部反对一体化声音的高涨。

第二段是 20 世纪 90 年代中后期至 2007 年。这一段时期的疑欧主义主要表现为欧盟成员国在欧洲一体化建设的重要节点上的抵触。比如，2001 年爱尔兰全民公投否决《尼斯条约》，丹麦和瑞典全民公投否决加入欧元区。2004 年欧盟各国签署了《欧盟宪法条约》，但在随后欧盟各国批准的过程中，《欧盟宪法》被法国和荷兰的全民公决而否决，使欧盟制宪运动进入长达两年的停滞期。最后为了解决这场危机，新的宪法草案中删去了大多数象征国家主权的内容，并对一些成员国保留例外权的要求进行了妥协。简化版的欧盟宪法《里斯本条约》也差点夭折，2008 年 6 月爱尔兰第一次全民公投否决了这一条约，为了换取爱尔兰的支持，欧盟对其作出一系列让步，对其作出不干预税收政策、允许其军事中立、允许其维持反对堕胎政策等承诺，爱尔兰第二次全民公投通过了《条约》。

第三段为2010年欧债危机以来的民粹主义回潮。在难民危机的推波助澜下，欧洲各国的政治生态发生了重大变化，右翼民粹主义势力在各国政坛上纷纷重新崛起。在法国，提出“法国国民优先”、退出申根区的“国民联盟”（前身为“国民阵线”）党魁勒庞在2017年、2020年的总统选举中表现抢眼，对马克龙领导的自由派、中间派形成了冲击。在德国，选择党成为二战后首个进入议会的极右翼民粹政党。2018年，意大利民粹主义政党联盟党在议会选举中获胜、2022年乔治亚·梅洛尼所领导的保守派联盟在大选中获胜，成立了意大利自二战以来最右翼的政府。此外，波兰的法律与正义党、匈牙利的青民盟也在各自国家获得了长期执政的地位。政党的民粹化同样也是当前北欧政治的整体变化趋势，如瑞典民主党、挪威进步党、丹麦进步党都在各自国内得到了壮大。2019年欧洲议会选举中，民粹主义政党虽然没有实现控制欧洲议会的目标，但深刻改变了欧洲议会内部的力量结构，打破了由中左、中右两大党团掌控欧洲议会的传统政治格局。

从经济角度来看，疑欧主义复燃的第一个深层原因在于欧洲一体化、经济全球化使得资本的自由流动更加便利，发达国家的制造业流入劳动力成本较低的国家，从而造成了发达国家的产业空心化，由此产生了就业率低、国家财政赤字居高不下等一系列问题，欧洲的普通民众并没有充分享受欧洲一体化发展的收益。第二，从文化认同的角度来看，虽然欧洲国家存在着重叠的文化与历史传统，在欧洲一体化发展中，欧洲精英也有意识地培养民众的欧洲认同，但从整体上来看，这种努力的收效甚微。“与法国、苏格兰、加泰罗尼亚、波兰或者希腊那些确定无疑、令人震撼的文化和民族传统相比，欧洲认同显得空洞无物、毫无特征，更像是对整个大陆所有民众与各种文化的一种有气无力的总括，对已经存在的东西没有做任何补充。”① 欧洲认同难以替代业已存在的民族认同与国家认同。欧盟内部的一系列问题和危机造成了成员国的公民对欧盟的认同感降低。根据欧洲晴雨表2020年的问卷调查结果，56%的受访者认为自己具有欧洲认同，而73%的受访者认可国家认同。② 相比较2014年的调查，欧洲民众中的

---

① ［英］安东尼·史密斯：《全球化时代的民族与民族主义》，龚维斌等译，中央编译出版社2002年版，第155页。

② Special Eurobarometer 508: Values and Identities of Eu citizens October—November 2020, p.29.

欧洲认同感出现了一定程度的下降，当时有 65% 的受访者认可他们的欧盟公民身份。① 每当一体化的红利下降、欧盟内部出现各种危机之时，排外主义、民族主义就会迅速崛起。大众对收入水平、生活成本、社会福利预期的不满，加上膨胀的民族主义情绪为民粹主义复苏提供了温床。疑欧主义是欧洲政治生态的一种特征，它反映出欧洲内部关于欧洲发展方向和前途的路线冲突，即精英与普通大众的认知冲突、主流政党和少数党派的立场冲突、欧盟核心国家和欧盟边缘国家的政策冲突。

第三节　欧盟的对外关系

一、美欧关系

从历史上来看，欧洲一体化的起源很大程度是美国在二战后初期的外交成果，马歇尔计划对欧洲经济一体化起到了关键的推动作用。这种特殊的联系决定了欧盟与美国的关系（跨大西洋关系）是其他双边关系难以比拟的。冷战结束之后，美欧双方通过一系列协议将跨大西洋关系制度化。如 1990 年的《跨大西洋宣言》、1998 年的《跨大西洋经济伙伴关系》、2016 年的《北约华沙峰会宣言》、2022 年的《北约马德里峰会宣言》等。这些宣言或协议为双边关系构筑了一个各种议题相互交织的框架，创立了上至最高领导人的峰会、部长级会议，下至具体问题的工作组、论坛的一套网格化的制度体系。

除了安全、防务、政治、经济的密切联系之外，美欧关系还有一个重要特点是双方基于共享的政治制度、历史渊源、文化传统形成了近似的价值观。② 在处理国际事务时双方都表现出对于自由、民主、人权等自由主义价值的肯定和追求。③ 前欧盟外交与安全事务代表索拉纳（Javier Solana de Madariaga）曾说过，欧盟与美国都希望促进世界范围内民主国家数量的增长，美国和欧洲的方式方法可能不同，但是都是为了增进自由、民主、人权、善治。美欧在安全或对外战略文件中，都将自由主义价值观视为构成美欧关系的重要基础或重要纽带。④ 因此，美欧关系的基本结构可以被概括为“嵌

---

① Standard Eurobarometer 81 European Citizen Report Spring 2014, p.5.

② Beatrice Heuser, *Transatlantic Relations: Sharing Ideals and Costs*, London, Royal Institute of International Affairs, 1996.

③ Geir Lundestad, *The United States and Western Europe since 1945: From Empire by Invitation to Transatlantic Drift*, Oxford, Oxford University Press, 2003, pp.30—35.

④ White House, *National Security Strategy of the United States of America*, December 2017, p.47; European Commission, *Joint Communication to the European Parliament, the European Council and the Council: A new EU-US agenda for global change*, Brussels, Dec. 2nd, 2020, JOIN (2020) 22 final, p.8.

于价值观同盟中的安全共同体”——双方在安全与价值两个层面同时表现出一种亲密关系。

但是，即便美欧关系拥有如此的特殊性，美欧在许多问题上还存在着广泛的分歧，如气候变化、转基因食品、航空补贴、WTO 改革、数字产业等。冷战之后美欧关系经历过三次较为严重的波折：克林顿时期波黑战争的武装干涉、小布什时期欧洲反对美国发动伊拉克战争，以及特朗普政府退出多个多边国际机制的“退群行动”。波黑战争暴露了美国保卫欧洲免受新安全威胁的意志不坚决；伊拉克战争则反映了跨大西洋联盟在安全战略目标、政策工具、处理方式上的矛盾；特朗普政府则凸显了美国的单边主义外交传统。进入 21 世纪以来，美欧双方在经济领域的摩擦呈现出加大的趋势。自 2013 年开启的《跨大西洋贸易与投资伙伴关系协定》谈判（TTIP）历经十多轮谈判仍然未果。2022 年 8 月，美国国会通过《削减通胀法案》，加大对新能源汽车、发电设施的补贴，向在美国本土和北美地区生产、销售的新能源汽车生产商提供税收优惠。美国此举立即遭到欧盟的抗议，认为该法案实则为一种“绿色贸易保护”，构成了对欧洲新能源汽车、可再生能源产业的歧视。美欧之间的这些分歧构成了欧盟追求“战略自主”的一个重要原因，欧盟在安全、经济、数字、气候等多个领域追求作为一个重要国际行为体的实力地位，成为美国更加平等的伙伴关系，而非美国政策的追随者。

但近年来，欧盟与美国的关系得到了加强，欧盟与美国在上述问题上的分歧得以暂时搁置，跨大西洋联盟的凝聚力明显增强。促成这一变化的主要原因是欧盟与美国在对外战略上的协调。首先，在面对中国崛起问题上，美欧持有非常相近的观点与立场，它们共同认为中国对现有的自由主义国际秩序造成了冲击。在北约、跨大西洋对话、G7 等双边、多边机制中，欧盟与美国加强了对华政策的协调。其次，2022 年爆发的俄乌冲突推动了美欧加强跨大西洋同盟的紧密合作。美国、欧盟以及欧洲国家在制裁俄罗斯、援助乌克兰问题上展现了近年来少有的默契与团结，显现出大西洋联盟在维护国际秩序问题上的一致立场，以及美欧协调发挥出的强大影响力。

二、俄欧关系

冷战时期的美苏对峙是欧洲各国发展政治、外交、安全合作的重要外部因素。从地缘政治的角度来说，来自苏联的威胁始终是欧洲安全的结构性挑战。冷战终结和苏联解体，为俄欧关系的改善打开了窗口。1994 年，俄欧签署了确定双边关系性质的

《俄欧伙伴关系与合作协定》，欧盟将俄罗斯定义为伙伴国家，并明确了双方合作包括贸易、投资、能源、地区安全等多个领域。1999 年 6 月的欧盟科隆峰会上，欧盟提出了对俄的共同战略，目标是要将俄罗斯融入“欧洲的共同经济与社会区域”中。欧盟对俄欧关系的追求由此上升为建立一种“战略性的关系”，这意味欧盟有意同俄罗斯发展一种全方位的联系，也包括建立一种双边的防务与安全合作的关系。2003 年俄欧双方同意就双边关系的发展设立一个“路线图”，确定了双方合作存在四个“共同空间”：共同的经济空间，自由、安全和司法空间、外部安全空间，科技、教育和文化空间。“四大空间”的建立标志着俄欧关系进入了一个短暂的蜜月期。

但在 2007 年之后俄欧关系的温度开始下降。新的俄欧关系条约谈判由于欧盟个别成员国的反对和格鲁吉亚与俄罗斯之间的战争而数次被搁置。但影响俄欧关系走向的根本因素是俄欧在地缘政治上的结构性矛盾。随着欧盟东扩的完成，以及欧盟通过睦邻政策不断强化与欧亚地区国家的政治与经济联系，欧盟实际上已经削弱了俄罗斯在这一地区的影响力。尽管俄欧双方还保持了持续的常规对话和经贸与能源的互动，但俄罗斯越来越不满其被不断蚕食的安全和政治空间，认为这是欧盟对自己传统势力范围发起的挑战。

2014 年爆发的乌克兰危机是俄欧关系恶化的开端。欧盟也不再视俄罗斯为“对安全和繁荣需要紧密合作”① 的对象，取而代之的认知是“俄罗斯违反国际法，破坏乌克兰的稳定，在黑海地区造成的长期冲突，对欧洲安全秩序的核心构成了挑战”②。2015 年，欧洲议会认定，俄罗斯不再是欧盟的战略伙伴。2022 年 2 月 24 日爆发的俄罗斯与乌克兰的冲突将俄欧关系推入了冰点。欧盟指责俄罗斯的行为是“侵略”和对国际秩序、欧洲安全的破坏。为了应对这场影响欧洲安全格局的战争，欧盟和其成员国一方面给予了乌克兰大量的军事、民事援助；另一方面为了惩罚俄罗斯，自冲突爆发以来至 2023 年 3 月 1 日，欧盟已经出台了十个针对俄罗斯的一揽子制裁措施。这些措施从禁止进口俄原油和石化产品、停止向其提供国际金融服务、禁止向俄投资，到禁止军民两用产品以及科技产品的出口等，内容广泛而全面，并且制裁也针对相关俄罗斯个人和实体。欧盟认为，俄乌冲突令其必须重新评估俄欧关系，暂停俄欧之间高层对话和相关合作。

---

① A Secure Europe in a Better World: European Security Strategy, 2003, p.14.

② A Global Strategy for the European Union’s Foreign and Security Policy, 2016, p.33.

欧盟对俄罗斯的制裁使得双边的经济联系大幅度削弱，2022 年俄罗斯在欧盟的进口份额中的比重从 9.5% 降至 5.3%，在欧盟出口中的比重从 4% 降至 2% 左右。欧盟从俄罗斯进口的六大类关键产品中，煤炭、天然气、石油、钢铁等显著下降。在投资领域，欧盟更是进一步收紧俄罗斯在欧盟的投资渠道。此外，俄乌冲突还加剧了欧盟减少对俄能源依赖的决心。2022 年 5 月，欧盟出台了 REPowerEU 计划，旨在到 2030 年之前让欧洲摆脱对俄罗斯化石燃料的依赖。该计划制定了一系列措施以期实现这一目的，包括寻找其他的国际伙伴合作以替代俄罗斯作为能源供应的来源，加强能源节约，加速清洁能源和可再生能源的使用等。①

三、欧盟同其他国家与地区的关系

在欧洲—大西洋体系之外，欧盟也在积极发展同一些新兴国家与地区的双边关系。首先，亚洲是欧盟当前关注的一个重点战略地区，其在亚洲的主要目标是推动该地区的政治与社会的稳定，以及经济的稳速增长，以此来促进欧盟在该地区的利益。目前，欧盟已经与亚洲的其他一些国家和国家组织，如印度、日本、东盟建立起了“伙伴关系”，并分别与一些国家，如日本、韩国、新加坡、越南达成了自由贸易协定，或就协定启动了谈判（如印度）。2019 年欧盟出台了首份《印太战略报告》，作为当前欧盟在印太地区的行动指南。该战略提出了欧盟关注的 7 个优先领域，如可持续的繁荣、绿色转型、海洋治理、人的安全等。② 通过实施印太战略，欧盟希望加强自身在这一区域的存在，作为对中国崛起，以及美国印太战略的对冲。具体而言，欧盟将通过强化该区域的地区性合作机制，如亚欧首脑会议、欧盟—东盟峰会，加大向该地区的资金和技术支持，以及在多边主义框架下与该区域内国家就海洋环境保护、打击海盗与有组织犯罪、医疗与卫生等多个问题开展治理合作。

相对亚洲，欧盟在发展同非洲关系时所考虑的地缘政治因素更突出。非洲作为欧洲的后院，与欧盟成员国具有历史、文化、地理上的紧密联系。欧盟与非洲的关系有两个正式框架。第一个框架是欧盟与非盟的伙伴关系框架。这一框架创立于 2000 年，

---

① REPowerEU: Affordable, Secure and Sustainable Energy for Europe, https://commission.europa.eu/strategy-and-policy/priorities-2019-2024/european-green-deal/repowereu-affordable-secure-and-sustainable-energy-europe_en, 访问时间：2023 年 3 月 15 日。

② European Commission, Joint Communication to the European Parliament and the Council: The EU Strategy for Cooperation in the Indo-Pacific, Brussels, Sep. 16, 2021, JOIN (2021) 24 final.

分为首脑峰会、委员会会议，以及部长会议机制。最近的一届欧盟—非盟峰会于2022年2月举行，双方发表了《2030共同愿景》的声明，提出“两个联盟，同一愿景”的口号来巩固双方的伙伴关系。在这份声明中，欧盟承诺通过预算向非洲提供1 500亿欧元的赠款与投资，并要加强与非盟在和平与安全、移民与人口流动，以及对以联合国为核心的多边主义承诺等问题上的合作。欧盟与非洲关系的第二个框架是欧盟与非、加、太国家组织的伙伴关系协定。2000年欧盟与由77个国家组成的非加太集团签订了《科托努协定》来替代《洛美协定》。2021年4月，欧盟与非加太集团就《后科托努协定》的磋商达成一致，就未来二十年的欧盟与非加太集团的政治、经济关系以及合作内容建立了一个双方认可的框架。这份新的伙伴关系协议强化了欧盟对非经贸与援助协议的规范性色彩，提出将双方关系置于一个“共同的基础”之上，这一基础正是欧洲所定义的民主、人权、法制和良治等价值观。

欧盟发展对外关系的另一个重心是毗邻其南部的地中海南岸地区，以及其东部的欧亚国家。从20世纪90年代中期开始，欧洲开始逐步扩大在上述地区的影响，谋求建构一种全面战略伙伴关系。1995年，欧盟通过开启“巴塞罗那进程”这一多边合作机制，与阿尔及利亚、摩洛哥、突尼斯等地中海南岸国家分别签订联系协定。除了加强经贸联系之外，这些协定还旨在推动欧盟与上述国家在政治、安全、司法、社会等领域的合作。2003年欧盟推出了睦邻计划（2011年又推出新睦邻计划，将保障地区稳定作为计划的核心内容），除了地中海南岸地区国家之外，还将欧盟东部邻国乌克兰、摩尔多瓦、格鲁吉亚、亚美尼亚、阿塞拜疆包括其中。欧盟实施这一政策的目的在于，在无法通过赋予上述成员国欧盟成员国身份的情况下，寻求另一种可替代的方法来加强其与这些国家在政治和经济上的联系。睦邻政策的另一个特征是差异化，根据向对象国家提供双边关系的不同愿景，欧盟针对各个国家制定了不同的联系计划，这种做法使得睦邻政策有了很大的灵活性与弹性。欧盟睦邻政策的最终目标是要加强这些国家对欧盟的向心力，培养其对欧盟价值观与规范的认同，引导其接纳欧盟的标准。

欧盟是国际政治格局中的一支重要力量，是支持以联合国为核心的多边主义国际体系的主要力量之一，其在国际贸易、全球气候治理、发展援助、地区安全等领域均具有举足轻重的影响力。自欧债危机以来，内外交困的欧盟受到了一系列冲击与挑战，以至于出现了一些对其前景的担忧与质疑欧洲一体化的声音。然而，欧盟在面对各种危机时表现出了强大的适应能力和一体化制度的韧性，也正在进行积极调整和改革以应对内外危机和形势的发展。近年来，随着大国竞争、地缘政治的回潮，将自己建构为一支“民事性力量欧洲”“规范性力量欧洲”的欧盟也在积极谋求转变为“地缘政治力量欧洲”。从欧盟的诞生、发展、近况来看，其作为一个国际行为体深度地参与了国际体系的建立、运作、维护、改革的过程，其所发挥的影响力是广泛和深远的。在大国竞争的时代背景中，欧盟必将继续追求作为国际体系中重要一极与核心力量的定位，因而欧盟的这种影响将持续下去，甚至继续扩大。

第十三章　法国研究

法国既是欧盟的创始成员国，也是迄今为止欧盟内部唯一的联合国安理会常任理事国和拥有核武器的国家。毋庸置疑，法国不仅在欧盟拥有举足轻重的实力和领导地位，还具备在欧洲之外发挥全球影响的能力。面对日趋激烈的大国战略竞争，法国在马克龙总统的领导下，于2022年更新的《国家战略评估报告》中再度明确了追求大国地位的战略雄心：法国寻求到2030年成为一个平衡的、团结的、具有全球影响力的大国，不仅是欧洲自主的引擎，也是欧洲—大西洋区域内的典范盟友（exemplary ally），并为维护基于国际法的多边机制作出贡献。[①] 然而，法国在实现这一战略抱负的征途上，能否应对和解决一系列日积月累的内外挑战，仍然有待时间的检验和实践的证明。

第一节　法国的国际地位、国际影响和未来趋势

由戴高乐总统奠定的法兰西第五共和国，以建立强大国家为目标，对内实行半总统制——总统由全民直接选举产生并主持内阁会议，由国民议会多数党派推选的总理组阁并向议会负责；对外坚持独立自主的外交政策，始终将“法兰西如果不伟大，就不成其为法兰西”[②] 这一豪言壮语奉为圭臬，对大国地位的追求是其一以贯之的“大战略”。但自20世纪90年代末以来，法国能否被视为“大国”、如何衡量法国的国际地位，就不时在法国内外引发争论。

美国学者布热津斯基将法国和德国视为欧洲的“主要和积极的地缘战略旗手”，而且法国“更是有自己的欧洲地缘战略观念”，此外法国和德国“都有足够的力量和自信在更大的地区范围发挥影响”。[③] 法国前外长韦德里纳（Hubert Védrine）则将美国视

---

① 《国家战略评估报告2022年》，法国国防和国家安全总秘书处，2022年。

② ［法］夏尔·戴高乐：《战争回忆录》第一卷，中国人民大学出版社2015年版，第3页。

③ ［美］兹比格纽·布热津斯基：《大棋局：美国的首要地位及其地缘战略》，上海人民出版社1998年版，第56页。

为“超级大国”，而法国因其海外领土和历史背景，发挥着全球性的作用，“是一个全球性的中等强国”。[①] 法国学者帕斯卡·博尼法斯（Pascal Boniface）认为，法国虽然没有称霸世界也算不上是第一大国，但也并非一个仅在物质能力方面的“中等强国”，而是一个完全意义上的“大国”，“是在所有国际事务上都具有重要观点的国家集团的一部分”。[②] 简言之，法国不仅抱有成为大国的强烈意愿，也具备发挥大国作用的实力和手段。

首先，法国的大国地位有其历史合法性，在参与地区和全球事务上占有天然的政治优势。

作为第二次世界大战的战胜国，法国在战后初期的实力虽然相对弱小，但仍能被其他大国接受并作为大国对待，因为“地位既是主观的，也是历史参照的社会结构”，法国的全球角色具有历史合法性。[③] 法国是联合国、北约、欧盟、经济合作与发展组织、七国集团等多边国际组织和机制的创始成员，能够借助多边主义追求超出其能力范围的目标，将权力最大化。在欧洲之内，法国将欧盟视为“实力倍增器”，通过和德国共同领导和推进欧洲一体化，寻求将欧盟打造为多极世界中的一极。马克龙就任法国总统后，提出建立一个“主权的、团结的和民主的欧洲”，其欧洲主权的概念经不断扩展完善，已涵盖了包括防务、科技、医疗和卫生、欧元和预算以及对外政策六大关键领域的主权。在欧洲之外，法国则将联合国视为发挥全球影响的重要舞台，并借此获得一定的国际合法性。目前法国缴纳的联合国会费排名第六，在欧盟中仅次于德国。法国驻联合国代表团也被认为是安理会中最具影响力的代表团之一，一个重要原因是法国为驻联合国大使提供了更多的自主权，而且法国在安理会中使用否决权也更为谨慎，仅多于中国。[④]

其次，法国仍然具备支撑其大国地位的物质基础。

法国是欧盟内面积最大的成员国，在人口规模和经济总量上仅次于德国。同时，法国还是欧盟内唯一有海外领土的国家，保留了 5 个海外省、7 个海外行政单位和 3 个

---

① Hilda Veress, “France as a Middle Power in the Shadow of Great Powers after the Pandemic,” *Foreign Policy Review*, 14 (3), pp.112—126.

② Pascal Boniface, *Is France Still a Great Power?*, Centre for International Relations, Queen’s University, 2000.

③ Pernille Rieker, “French Status Seeking in a Changing World: Taking on the Role as the Guardian of the Liberal Order,” *French Politics*, Oct 2018, pp.419—438.

④ Ibid.

特别海外领地，使其“触角”从欧洲大陆延伸到大西洋、印度洋和太平洋，拥有仅次于美国的世界第二大专属经济区。

在军事上，法国一直将发展独立的核威慑能力视为维持大国地位和外交独立的基石。法国拥有仅次于俄罗斯和美国的第三大核武库，同时在常规军力方面也处于欧盟国家前列。据美国兰德公司的评估，“法国致力于保持尽可能广泛的军事能力，以及处理任何类型冲突的能力，并满足参与高强度常规战争的某些需求”①。在军队规模上，2020 年法国现役军人达 26.9 万，其中陆军占 55.7%、空军和航天部队占 19.5%、海军占 16.5%，另有 1.3% 的宪兵。在防务开支方面，虽然法国在 2021 年尚未达到北约所要求的占国内生产总值的 2% 基准线，但仍是北约中仅次于美国、英国和德国的第四大支出国。② 此外，法国的防务能力还有强大的军工业支撑。据斯德哥尔摩国际和平研究所的统计，法国在全球武器出口中的比重由 2013—2017 年的 7.1% 上升到 2018—2022 年的 11%，保持第三大武器出口国地位，并有赶超俄罗斯的势头。其中阵风战斗机和航空器的销售额占其武器出口总额的四分之三。③

在经济上，法国是老牌发达国家，其经济总量在世界排名第七。法国是欧盟最大的农业生产国、世界第六大农业生产国和仅次于美国的第二大农产品出口国。法国的工业基础雄厚，其核能、航空、航天和铁路等产业位居世界领先地位，是仅次于美国的第二大核能生产国，仅次于美国和俄罗斯的第三大航空和航天大国，也是全球第二个拥有完整高铁系统的国家。法国在贸易和投资方面的排名也位居欧洲和世界前列，法国是世界第六大出口国，并且自 2019 年以来已连续四年成为欧洲最具吸引力的国家。据 2023 年 5 月安永会计事务所发布的最新《法国吸引力晴雨表》，法国于 2022 年共吸收 1 259 个外商投资项目。④

再次，法国掌握着遍布全球的影响力投射工具。

法国的海外驻军和干预行动将其军事力量投射到远离本土数千公里之外的广大地域。法国在其海外省、海外领地设有 5 个司令部，驻有“宣誓主权部队”。法国与 8

① Sthephanie Pezard, Michael Shurkin, David Ochmanek, *A Strong Ally Stretched Thin*, Rand Cooperation, 2021.

② Sam Bradpiece, “How powerful is the French military?” *The Local*, Mar. 16, 2022.

③ Siemon T, Wezeman, Pieter D. Wezeman and Justine Gadon, *Trends in International Arms Transfers*, SIPRI, Mar. 2023.

④ 法国驻华大使馆：《法国连续第四年成为欧洲最具吸引力的国家》，2023 年 5 月 12 日。

个非洲国家和3个中东国家签订防务协定，在塞内加尔、科特迪瓦、加蓬、吉布提和阿联酋部署“预先存在部队”，其中法国在吉布提拥有最大的海外军事基地，部署约1 500名士兵。[①] 根据协定，法国为海外驻军的驻在国及其所在地区国家的军队提供培训。法国还经常牵头对非洲和中东地区进行军事干预，自2010年“阿拉伯之春”以来，已先后出兵利比亚、伊拉克、叙利亚、马里等国。法国也通过积极参加联合国、北约和欧盟框架下的维和、反恐、打击海盗等军事任务，维护法国在中东、地中海、西非、印度洋等地区的利益，并借此显示其与北约和欧盟国家之间的团结。

同时，法国还通过发达的外交、援助、贸易、文化和教育网络将其影响力渗透到世界各个角落。据2021年法国外交部统计，法国拥有仅次于中国和美国的第三大外交网络，共设立了163个大使馆、16个代表处和办事处、89个总领事馆。法国是经合组织中第五大官方发展援助提供国。法国发展署（AFD）每年融资规模达120亿欧元，致力于促进国际稳定、应对气候变化、教育、性别平等和健康，其中非洲是法国发展援助的重点投入对象。法国发展署还通过新并入的国际技术合作局向100个国家提供技术援助。法国商务部设立了75个海外代表处覆盖110个国家。此外，法国还拥有世界第一大的文化和教育网络。目前世界上有3亿人使用法语，法语是联合国等国际机构的官方工作语言之一。1970年成立的法语国家组织现有57个正式成员和23个观察员。法国在全球138个国家中设立了125个法国研究院（Intituts français）和830个法语联盟（Alliance français），在545所高中开设了法语课程。在向外投射影响力的同时，法国也具有强大的吸引力。2019年，法国的软实力世界排名位居榜首。在新冠肺炎疫情冲击之下，法国仍在2020年保持了世界第一大旅游目的地的地位。法国也是欧洲第一大留学目的地，2019—2020年期间吸收了37万名留学生。[②]

尽管法国一直是公认的欧洲大国，但在参与地区和全球事务上总是“担心权力不够”。[③] 在欧盟内部，法德轴心是欧洲一体化的引擎，法国曾凭其在安全和外交领域的战略自主制衡德国在经济、工业和货币方面的优势。但是，欧盟的持续扩大稀释了法国的相对影响力，而欧债危机进一步将法德轴心的力量平衡推向了德国，法国在奥朗

---

① 参见张初林：《法国海外驻军情况汇编》，丁一凡、戴冬梅主编：《法国蓝皮书：法国发展报告（2022）》，社会科学文献出版社2022年版，第268—281页。

② Ministère de l'Europe et Des Affaires étrangères, *Fuille de Route de L'Influence*, Décembre 2021.

③ Pascal Boniface, *Is France Still a Great Power?*, Centre for International Relations, Queen's University, 2000.

德执政时期曾被质疑在应对欧盟的诸多危机上缺乏领导力。由于德国在2015年处理难民危机不当使其领导地位下降，而2016年英国脱欧使得欧盟中的大西洋主义者失去了带头人，欧盟内部出现了有利于法国重新提升影响力的权力空白。2017年马克龙上台后力推欧盟围绕战略自主加强联合。然而，突如其来的新冠肺炎疫情和俄乌冲突进一步拉大了法国追求“欧洲主权”的雄心与其相对收缩的国力之间的落差。在欧洲之外，法国则面临着美国和中国的战略竞争带来的巨大压力，并且随着非洲和中东的地区大国崛起，法国和欧盟在其传统“后院”影响地区事务的能力也受到牵制。

第二节　法国国内的问题和主要矛盾

2017年马克龙当选为法国史上最年轻的总统时曾被寄予厚望，期待他能够领导法国走出经济增长乏力、恐怖袭击频发、社会撕裂的困境，在欧洲和国际舞台上重振大国雄风。虽然马克龙在2022年获得连任，但并未能扭转法国政治碎片化的态势，选举动荡可能成为未来的政治常态。同时，马克龙的锐意改革尽管取得了不错的经济成效，却加深了社会对立，反过来掣肘了政府的施政空间。因此，法国如何在凝聚政治共识、提振经济增长和弥合社会裂痕三者之间实现动态平衡和正向循环是其在欧洲和全球发挥大国作用的基本前提。

首先，法国政治分化重组的动能未消，传统左右之争的两极格局正在向以全球主义与民族主义之争、新自由主义与反新自由主义之争、精英建制派与民粹反建制派之争为主要矛盾的三极或四极格局演变。

长期以来，法国政坛由右翼共和党和左翼社会党主导，呈“轮流坐庄”或“左右共治”的两极格局。但在2017年总统大选中，马克龙打出“不左不右”旗号在主流政党的中间派支持下获胜，同时勒庞领导的极右翼“国民联盟”（原“国民阵线”）日益壮大，梅朗雄领导的极左翼“不屈法国”也乘势而起。在2022年的总统大选中，马克龙虽实现连任，但与勒庞的得票率差距大幅缩小，而在国民议会选举中，马克龙领导的“复兴党”（即“共和前进党”）组建的中右翼“在一起”联盟获得席位最多但未达到绝对多数，“不屈法国”与社会党、共产党、绿党组建的左翼联盟紧随其后，“国民联盟”位居第三。可见，主流大党在国家选举中已然式微，两极格局向中间派、极右翼和极左翼三足鼎立之势转变。但在法国的地方政治中，2020年市政选举结果表明，社会党和共和党虽然受到一定削弱，却仍能维持在大中城市的执政地位，而“共和前进党”

在大中城市一无所获，异军突起的绿党则与社会党、“不屈法国”联合控制了 30 多个大中城市，“国民联盟”在东北部的“铁锈带”和移民问题突出的南部地中海沿岸获得支持。因此，当前法国政治不仅存在着新老政党之间的横向重组，还存在着国家和地方之间的纵向分离，从左右、上下同时拉扯和切割着原有的政治格局，出现政治断层。

造成这一局面的原因错综复杂。一方面，主流政党内部在如何对待新自由主义和全球化上一再分裂，选民日渐流失。社会党自冷战结束之后不断向新自由主义妥协，提出了“要市场经济不要市场社会”的口号，引发党内分歧并脱离了传统的中下层选民基础，而共和党则在如何回应极右翼政党崛起引入的反移民和反全球化议题上发生了分化。梅朗雄高举反自由主义、反资本主义、保障社会公平和倡导多元文化的大旗，吸引了社会党的左翼选民。勒庞排斥移民的同时谴责新自由主义的全球化和不爱国的跨国公司，吸引了在全球化中失利的工薪阶层。更为激进的极右翼知识精英泽穆尔则吸引了共和党的部分中上层选民。马克龙在 2017 年吸引了大量社会党的中左翼选民，而在 2022 年其主要支持者则变成了共和党的中右翼选民。①

另一方面，马克龙注重精英治国的技术官僚执政方式与民粹主义政党立足底层的草根政治之间存在尖锐的对立，但同时三大阵营又都过于依赖领导人的个人魅力，而政党本身的组织结构较为脆弱。马克龙力图通过“去意识形态化”的施政纲领摆脱传统政客的政治干预，但是其力推的诸多改革过分注重经济效率，忽略中下层民众关切的社会民生议题，被打上了“富人总统”的标签。反之，勒庞和梅朗雄在移民议题上针锋相对，但都以人民尤其是下层民众的代言人自居，将自己塑造为反建制的领导者。同时，马克龙与勒庞、梅朗雄所领导的政党“组织更像是一场社会运动，而非传统政党”，而且是“自上而下创造的社会运动”，抱有明确的选举目的来支持个别候选人，使其特别脆弱。② 因此，马克龙卸任总统后，“复兴党”能否继续存在令人存疑，共和党和社会党仍有重新夺回中间建制派的机会。同样，“不屈法国”和“国民联盟”也面临着离开梅朗雄和勒庞家族之后如何维持组织结构和选民基础的问题。

---

① 参见彭姝祎：《法国大选及格局变化》，载丁一凡、戴冬梅主编：《法国蓝皮书：法国发展报告（2022）》，社会科学文献出版社 2022 年版，第 12—23 页。Emile Chabal, Michael C. Behrent, “Between Neo-Liberalism and the Nation: France’s political landscape in 2022,” *Modern & Contemporary France*, Vol. 30, Issue 4, 2022.

② Emile Chabal, Michael C. Behrent, “Between Neo-Liberalism and the Nation: France’s Political Landscape in 2022,” *Modern & Contemporary France*, Vol. 30, Issue 4, 2022.

其次，法国寻求改变经济增长方式和增强经济、技术自主，致力于推动再工业化、绿色化与数字化，但结构性阻力重重。

法国是继英国之后第二个经历工业革命的西方工业大国，在二战后实现了“辉煌三十年”的高速发展，但从1975年起经济增速逐步下滑。在2008年国际金融危机及后续欧债危机的空前冲击下，法国经济增速一度趋近于零，而失业率和公共债务不断攀升，面临着与南欧国家相似的经济困境。在世界经济格局中，法国不仅在经济总量上已先后被新兴经济体中国和印度赶超，而且2008—2018年期间在全球竞争力的排名下滑了8位，在全球创新指数排名中也落后于瑞士、美国、英国、德国和北欧国家，在2022年还被中国赶超。马克龙认为法国的经济疲软是犯了两个错误所致：“第一个错误是20世纪90年代放弃产业政策，幻想服务业和金融业能够创造奇迹；第二个错误是认为可以通过精准的科贝尔主义政策干预某些经济领域，而不顾及宏观经济条件。”①

为此，马克龙采取了一系列推行“社会自由主义”的改革，其核心是以缩减公共开支和降低税负为杠杆来刺激经济活力。但是，2020年新冠肺炎疫情的暴发将法国拖入了第五共和国史上最严重的经济衰退，并暴露出其在关键领域产能不足的缺陷，防疫物资匮乏、供应链断裂威胁法国的经济和技术自主。在此背景下，马克龙以提升法国的供应链韧性和经济竞争力为目标，在2020—2021年相继推出“法国振兴”计划和“法国2030”投资计划，推进本土的再工业化。“法国振兴”计划确立了鼓励产业回迁的五大类别，包括医药健康、农食产品、电子信息、制造业关键投入和5G。②“法国2030”投资计划进一步明确了确保再工业化成功的五大条件：原材料的获取、电子元件的获得、数字环境的安全、人才的供应及对颠覆性技术产业化的投资。③

与以往的再工业化政策相比，马克龙在原有的刺激工具基础上加大了公共投资的力度，并嵌入了欧盟自2019年以来推进的“绿色协议”和数字化目标。“绿色协议”是法国落实《巴黎协定》、领导欧盟开展全球气候治理的经济和技术支柱。为此，法国在2021年出台《气候与韧性法》，将450亿欧元的欧盟复苏基金中的50%用于经济的

---

① “科贝尔主义”是指法国路易十四时期的经济改革家科贝尔所主张的国家对经济进行干预和集中控制的“重商主义”模式。转引自洪晖：《法国制造业的未来》，载丁一凡、戴冬梅主编：《法国蓝皮书：法国发展报告（2017—2018）》，社会科学文献出版社2018年版，第141页。

② France Diplomacy, “France Relance recovery plan: building the France of 2030,” Sep. 2020.

③ Business France, “Presentation of the ‘France 2030’ Plan,” Oct. 2021.

绿色转型，寻求在保障能源自主的前提下，使法国在 2030 年将可再生能源消费占比提升到 32% 的水平。在数字化方面，法国陆续推出《人工智能战略》《5G 发展路线图》《利用数字技术促进工业转型的方案》等举措，从网络基础设施、数字技术创新和工业应用、数字技术与绿色转型融合等方面提供政策支持和经济激励。新冠肺炎疫情暴发后，法国意识到互联网平台在维持经济和社会运转上的巨大作用，提出欧洲在技术方面应维护自身的“数字主权”，寻求通过加强网络安全、创新手段、监管工具和预先规划开发数字公共产品来推动欧洲的技术自主。

通过上述努力，法国在新冠肺炎疫情中展现出了经济韧性。2021 年法国经济强劲反弹增长 7%，为马克龙获得连任奠定了经济基础。但是，马克龙致力于打造的“新的增长方式”仍面临诸多考验。俄乌冲突导致欧洲国家普遍面临能源危机和物价通胀，存在衰退风险。2022 年法国的经济增速仅为 2.6%，低于欧盟平均水平的 3.5%。法国央行预计 2023 年经济增速将进一步下探到 0.6%，其主导的一系列经济刺激举措面临财政压力。同时，2022 年大选后产生的悬峙议会也在挤压马克龙推进结构性改革的政治空间，中下层民众对一系列重增长而轻公平的改革举措颇为抵触，2023 年重启的养老金改革已触发多轮大规模抗议示威。

再次，法国日益加剧的社会不平等成为激发街头抗议和恐怖暴力活动的温床，助推民粹主义壮大。

不平等的经济根源是新自由主义主导的全球化，加深了法国社会阶层之间的贫富分化，中心和边缘的地区发展差距，以及主流社会和外来移民之间的族群对立，进而造成政治领域的碎片化和极端化。

在阶层分化上，去工业化进程使法国出现结构性失业，同时财富分配过于集中。随着传统制造业向海外转移，法国转向发展高端服务业和高新技术产业，大量中低端劳动力因此出现结构性失业，失业率长期在 15%—20% 上下徘徊，高于全国平均水平。同时，法国的财富集中度却持续上升，社会贫富差距日益显著。法国在 2018 年进行的一项研究表明，最富裕的 10% 人口占有了 46% 的社会总资产，与最贫困的 10% 人口的生活水平差达到了 3.5。富裕人口主要是金融业从业者、自由职业者和管理阶层，贫困人口主要是工人和雇员，而从族群和性别来看，外来移民和女性更为贫困。[①]

---

① 参见彭姝祎：《移民折射下的法国社会不平等》，《世界社会主义研究》2021 年第 8 期，第 67—77 页。

在地区分化上，去工业化进程拉大了中心和边缘的发展差距。大量从事金融高端服务业和高技术产业的人口聚集在首都巴黎所在的法兰西岛大区，其人均国内生产总值超过全国水平，而传统重工业聚集的东北部“铁锈带”和移民聚集的南部地中海沿岸都存在严重的失业问题。同时，高学历、高收入人口大多聚集在大城市中心区从事新兴产业，而中低端制造业向远离大城市中心的郊区和小城镇聚集，导致法国三分之一大城市的郊区贫困率超过了19%，形成了生活水平低下、公共基础设施落后、治安恶劣的“边缘法国”。①

伴随着这一过程的还有外来移民融入问题造成的族群矛盾和恐怖袭击。法国在“辉煌三十年”期间出现了第三次移民潮。与前两次吸收周边国家的欧洲移民不同，这一时期吸引了大量穆斯林移民进入法国从事中低端工作，目前已接近法国总人口的8%—10%左右。穆斯林移民及其后代在文化和宗教上的“异质性”使之在教育和就业上长期面临隐性歧视，难以像此前的欧洲移民那样通过正常的阶级跃升融入法国主流社会，而是陷入了贫困代际传递—政治参与无门—非法暴力抗争的恶性循环之中，极端化倾向日益严重。2010年“阿拉伯之春”爆发后，法国前往中东参与“圣战”的“外籍战士”一度高达1 910名，此后又随着大量中东难民进入欧洲，转而在法国本土策划和实施恐怖袭击。②2015年以来，巴黎、尼斯等大中城市恐怖暴力事件频发，进一步激发了法国主流社会对穆斯林移民的恐惧心理。

在上述因素的共同作用下，当前法国同时存在着阶层下滑的民众对抗精英、部分白人主流群体又排斥外来移民两种相互交缠的社会情绪，为民粹主义壮大提供土壤。前者不信任主流政党和工会，而是选择通过自发性的街头政治发泄对精英建制派的不满。2018年马克龙为落实《巴黎协定》决定加征燃油税，刺激工薪阶层借助社交媒体自发地走上街头抗议，迅速发展为声势浩大的“黄背心”运动，并在极右和极左民粹主义的推波助澜下走向极端化和暴力化。后者则使原本对中下层民众更有吸引力的“移民威胁论”向主流社会扩散。为与极右翼争夺选民，共和党候选人佩雷克斯在2022年总统大选中也公开提出严格控制移民的主张，以保护法国的身份和凝聚力，并得到

---

① Jon Henley, “Twilight of the Elites by Christophe Guilluy Review- France and a New Class Conflict,” *The Guardian*, Jan. 17, 2019.

② Richard Barrett, *Beyond The Caliphate: Foreign Fighters and the Threat of Returness*, The Soufan Center, Oct. 2017.

诸多中间选民的支持。此外，新冠肺炎疫情也助推了法国社会的排外情绪。移民尤其是非裔移民在疫情期间的确诊率、感染率和死亡率均居榜首，但同时移民受到的歧视加深。2022 年法国的一项研究表明，撒哈拉以南非洲移民后裔中有 41% 认为遭受歧视，北非移民后裔中有 37%，土耳其和中东后裔中有 33%，亚洲后裔中有 31% 认为遭受歧视。①

因此，正如法国有识之士所言，法国在国际舞台上获得新的领导地位，首先必须重获经济和工业自主。经济自主是法国黏合内部社会裂痕的基本要素，也是发挥政治领导力的实力基础。②

第三节　法国的对外关系

进入 21 世纪以来，法国在对外关系上呈现出在"戴高乐—密特朗共识"（consensus gaullo-mitterandien）和"大西洋主义"之间游走的特征。一方面，追求大国地位已成为法国政治精英的外交信条，由戴高乐开创的"独立自主的外交模式"经密特朗、希拉克的充实和发展而更为平衡和灵活，马克龙高调宣布自己是"戴高乐—密特朗主义"的信奉者；另一方面，法国始终自视为西方阵营的一员，并没有脱离跨大西洋联盟的意愿也不具备相应的实力，法国仍是以维护西方对国际秩序的主导地位为框架开展独立的大国外交。

第一，在法欧关系上，法国始终追求建设"欧洲人的欧洲"，欧洲自主成为法国发挥大国作用的战略依托。

自二战结束以来，法国一直力推欧洲联合以成为"第三极"，并在法德轴心之间形成了法国提出倡议、德国支持落实的领导分工。然而，法国长期对欧洲一体化持政府间主义立场，出于维护国家的主权和利益，法国曾经在 1965 年制造"空椅子危机"来捍卫自己在欧共体中的否决权。冷战结束后，德国统一和欧盟扩大将"欧洲的德国"还是"德国的欧洲"问题再度推向欧洲政治舞台，疑欧主义开始在法国抬头。2005 年，由时任法国总统希拉克倡议、前总统德斯坦领导起草的《欧盟宪法条约》在法国遭到全民公投否决，欧洲舆论哗然。此后，萨科齐和奥朗德两任总统都意识到法国的大国

---

① Yann Thompson, "Racisme, Sexism, Islamophobie ... Le Sentiment de Discrimination Augmente en France, Surtout Chez les Femmes," *Franceinfo*, July 5, 2022.

② Pascal Lorot, *La France dans le grand jeu mondial: Pour un nouveau leadership*, Paris: Herman, 2022.

地位与欧洲一体化紧密相连，欧洲一体化倒退有引发欧盟分裂甚至解体的风险，将加速法国的衰落。法国国民议会的一份评估报告则指出，法国在欧盟的影响力削弱，除了有欧盟扩大的因素之外，“主要是法国的经济和预算表现不佳”所致。①

在民粹主义和疑欧主义高涨的背景下，马克龙上台后高调宣布“法国回到欧洲的中心”，并在就任次日会见德国总理默克尔，显示出力挺欧盟团结的坚定姿态。为把欧洲打造为一个“经济上、社会上、生态上和科学上的强大力量”，马克龙提出了一系列雄心勃勃的“重建欧洲”倡议，其核心是：在安全上，增加欧盟的共同防务开支和建立战略文化以确保防务自主，提升欧盟应对大规模难民潮的能力，加强情报和反恐合作；在经济上，对内深化欧元区改革，对外强化欧盟应对全球化竞争的保护性工具，促进欧洲的可持续发展和数字创新；在机构设置上，缩小欧盟委员会规模和改革欧洲议会选举方式，提升欧盟的决策效率和消除“民主赤字”。

与历任法国总统相比，马克龙的一体化愿景已不再局限于建设一个“民族国家的欧盟”，而是寻求推动以欧盟委员会为核心的超国家机构扩权，从而将欧盟打造为一个可以“掌控自己命运”的地缘政治和外交强权。欧洲内外均认为，当前法国在欧盟的影响力明显提升，甚至出现了欧盟的“法国化”。② 马克龙提出的“欧洲主权”或“战略自主”已被德国和欧盟机构所接纳。法德在 2019 年签订《亚琛条约》以深化两国关系，提出构建欧洲自主行动能力。此后，德国防长冯德莱恩在马克龙的提议下出任欧盟委员会主席，并致力于打造一个“地缘政治委员会”。2021 年德国新成立的三党联合政府也将“增加欧洲的战略主权”视为执政目标之一。同时，法国联合德国在一体化的机制和能力建设上也取得了诸多突破。在法国最为关切的安全和防务领域，法国联合德国推动欧盟设立欧洲防务基金，启动永久结构性合作，并于法国在 2022 年担任欧盟轮值主席国期间批准《安全与防务战略指南》，将在 2025 年前建立“成熟的欧洲防务联盟”提上正式议事日程。在德国占有传统优势的经济领域，法国说服德国推动欧盟制定欧元区共同预算方案，并在新冠肺炎疫情暴发后迅速设立欧洲复苏基金，实

① Pernille Rieker, “French Status Seeking in a Changing World: Taking on the Role as the Guardian of the Liberal Order,” *French Politics*, Oct. 2018, pp.419—438.

② 相关讨论参见张健：《欧盟的法国化趋向及其影响》，《现代国际关系》2022 年第 2 期，第 1—11 页。王彩霞：《法国战略自主的演变、当代特点与调整趋向》，《法国研究》2022 年第 3 期，第 35—52 页。Salih Isik Bora & Lucas Schramm, “Toward a more ‘Sovereign’ Europe? Domestic, Bilateral and European Factors to Explain France’s (growing) Influence on EU Politics, 2017—2022,” *French Politics*, Jan. 2023.

现首次在欧元区共同发债，推进财政一体化。法国还联合德国推动欧盟调整竞争政策，为欧洲企业的并购重组开绿灯以打造“欧洲冠军”。法国舆论认为，目前欧盟在法国的推动下已在诸多议题领域取得了进展，但俄乌冲突削弱了法国的领导力。马克龙“不羞辱”俄罗斯的主张遭到中东欧国家的强烈批评，其为重塑欧洲安全秩序提出的“欧洲政治共同体”倡议，虽然得到了德国和欧盟领导人的响应，但如何在欧盟与乌克兰等候选国之间建立真正的联系仍面临考验，同时如何避免欧洲经济衰退也尚未在欧盟达成共识。

其次，在法美关系上，法国从挑战美国单边主义霸权的“不情愿的盟友”逐步转向充当“典范盟友”，以独立自主的外交追求在跨大西洋联盟中的地位平等。

戴高乐创立第五共和国的初衷就是要打破两极体系的权力垄断，作为西方阵营中的独立盟友与美苏两极平起平坐，其最具代表性的举动之一就是在 1966 年退出北约的军事一体化结构。冷战结束后，法国失去了在东西方之间的回旋空间和充当桥梁的作用，并且和美国的相对实力对比差距日益拉大。因此，法国虽然多次公开指责美国凭借“超级大国”地位推行单边主义，但无力阻止美国发动 2003 年伊拉克战争，双边关系跌入谷底。萨科齐上台后强调法国是美国的“独立的朋友和盟友”，在对美关系上的“大西洋主义”倾向日益突出。法国不仅接受了其国力下降的现实和美国的霸主地位，而且面对新兴大国的崛起，法国意识到西方世界已不再是“战略和经济倡议的唯一持有者”，其作为守成大国维护西方主导的国际秩序的迫切性上升。同时，美国奥巴马政府推行的多边主义也为法美关系回暖创造了政治条件。法国于 2009 年重返北约军事一体化机构，此后还加入了美国推动的《跨大西洋贸易与投资伙伴关系协定》（TTIP）谈判。

特朗普和马克龙相继就任美国和法国总统后，法美关系的升温态势中断。特朗普出于追求“美国优先”的孤立主义、单边主义和保护主义立场，在国际事务上推行粗暴的“退出外交”，使得法国和欧盟所倚重的“以规则为基础的国际秩序”岌岌可危。马克龙在执政初期曾试图通过频繁的法美元首双边会晤和特朗普发展良好的个人关系，使法国在美国和欧洲盟友尤其是德国之间发挥沟通作用，缓和美欧关系。但是，法美之间南辕北辙的外交注定“蜜月期”只是昙花一现。马克龙愤怒谴责特朗普退出《巴黎协定》是“犯下了一个错误”，并通过召开巴黎气候峰会、发起巴黎和平论坛、联合德国在联合国建立“多边主义联盟”等举措，推动欧洲在重建有效的多边主义上发挥领导作用，填补美国退出留下的空白。同时，法美两国在跨大西洋联盟和双边关系上的矛盾也日趋尖锐。在经济上，法美围绕对美国互联网巨头征收数字税、美国对欧盟发动贸易战等议题频繁摩擦。在安全上，马克龙公开批评北约正在经历“脑死亡”，认为美国已经表现出背弃欧洲的迹象，和欧洲之间缺少战略协调，欧洲国家在防务安全上不能再依赖美国。

美国在拜登当选后重新转向多边主义，欧盟也主动抛出《全球变局下的欧美新议程》呼吁重建紧密、开放的跨大西洋关系。法国对此态度矛盾：一方面马克龙称赞拜登当选是“让地球再次伟大”的机会，另一方面马克龙又明确表示美国与欧洲的利益不可能完全相同，欧洲的战略自主需要美国合作，但绝不是陷入依赖美国决定的境地。① 拜登就任后频繁访欧，但并未放弃“美国优先”的做法，美欧经贸争端继续，美国从阿富汗仓促撤军也让其欧洲盟友措手不及。更加激起法国强烈愤怒的是，2021 年 9 月，澳大利亚单方面宣布退出采购法国的潜艇协议，转而由美、英为其制造核动力潜艇，并成立美英澳三边安全伙伴关系（AUKUS）。法国视此为“背后插刀”之举，进一步强化了对美国的不信任感，认识到拜登政府借多边主义之名行单边主义之实。因此，俄乌冲突爆发后，马克龙承认这是对北约的“一个电击，一个觉醒”，但坚称不会收回“脑死亡”之论。同时，马克龙在多个场合向欧盟国家重申“建立一个更加强大和享有更多主权的欧洲”，“现在是确立欧洲优先权的时候了”。2022 年 12 月，马克龙对美国进行第二次国事访问并发表法美联合声明，双方在为乌克兰提供财政支持、扩大在印太地区的接触、促进双边贸易和投资、气候治理和清洁能源等议题上达成一致。但马克龙代表欧盟寻求美国在《通胀削减法案》上豁免欧盟部分行业，未获得拜登的实质性让步，法美关系仍面临考验。

再次，在法俄关系上，法国一直寻求借重俄罗斯来制衡美国的单边主义，但法俄之间又存在深刻的相互不信任，双边关系深受外部环境的影响。

冷战时期，法国将苏联视为挑战美国霸权、制衡德国的“一张牌”而推动东西方缓和，但在柏林危机等危及欧洲安全的重大问题上仍坚定不移地支持跨大西洋联盟。冷战结束后，法国认为俄罗斯不再是“潜在的敌人”，寻求建立法俄“特殊伙伴关系”，但是随着法国在外交上倒向“大西洋主义”，法俄双方渐行渐远。法国一方面将俄罗斯

① Atlantic Council, “President Macron on his Vision for Europe and the Future of Transatlantic Relations,” Feb. 5, 2021.

视为“相对大国”，是多极世界中的一极，寻求维持并加强与俄罗斯在经济、军事和文化领域的特殊联系，在国际危机和全球治理上开展合作；另一方面，法国和俄罗斯在北约和欧盟东扩、科索沃问题、伊朗核问题、中东局势等一系列热点问题上的立场和政策分歧日渐显著。2014 年乌克兰危机爆发促使法国出于欧洲团结，取消对俄罗斯的军售合同并支持欧盟对俄罗斯实施制裁，但仍然联合德国通过“诺曼底模式”推动俄乌谈判，并达成《明斯克协议》。

特朗普上台后一意孤行推行单边主义，迫使法国在国际事务上借重俄罗斯的战略需求再度上升。马克龙多次公开表示，俄罗斯仍然是欧洲的一部分，解决欧洲安全困境离不开俄罗斯，欧洲应当与俄罗斯建立战略伙伴关系，重启对话。为此，马克龙与普京开展了频繁互动，甚至在没有与德国等欧洲盟友事先商议的情况下，在 2019 年七国集团巴黎峰会前一周邀请普京访问法国，寻求重塑欧盟和俄罗斯之间的安全和信任架构。法国还迅速恢复了和俄罗斯之间的国防和外交“2+2”对话，主动抛出了重启双边关系的路线图。法国寻求在乌克兰问题上，利用泽连斯基上台的契机缓和俄乌关系，恢复“诺曼底模式”；在叙利亚问题上，法国调整了坚持阿萨德下台的强硬立场，在为叙利亚提供人道主义援助和战后重建问题上与俄罗斯达成合作共识；在伊核问题上，法国和俄罗斯分头劝说美国和伊朗回到谈判桌前；此外，法国也寻求在非洲地区的反恐问题上与俄罗斯开展对话。

但在外界看来，马克龙重启对俄关系的诸多努力是徒劳之举，俄罗斯在上述国际热点问题中掌握着主动，而法国只是顺势而为，实质收益有限。同时，法国重启对俄关系不仅受制于美国的压力，也遭到北欧和中东欧国家的质疑。此外，法俄在双边关系中也有深刻的不信任，法国舆论质疑俄罗斯支持极右翼政党以干预法国大选，法国也不是俄罗斯在欧盟最主要的贸易伙伴，缺乏影响俄罗斯的经济杠杆。因此，尽管在俄乌冲突爆发后，马克龙是少数与普京保持对话的西方领导人，而且一再告诫美国和欧洲盟友，欧洲的持久和平不可能不考虑俄罗斯，但是法国无法独自成为调停俄乌冲突的决定性力量。目前，法国在寻求继续充当调停人的同时也做好了消极的预期，提出未来法国与俄罗斯将走向“竞争—挑战—对抗”并存模式，需要预判从地中海、黑海、波罗的海、巴尔干、北大西洋到中东和非洲的广大地域发生长期对抗和局势升级的潜在风险。①

① 《国家战略评估报告 2022 年》，法国国防和国家安全总秘书处，2022 年。

最后，法国在对重点地区的关系上，以维护其在非洲和中东的传统影响力为基础，推进战略重心东移，出台印太战略以制衡中国和美国。

在非洲，法国长期通过发展援助、驻军、金融管控与货币关联三大政策工具以及领导人之间的私交来形成法非“特殊关系”。但法国的殖民历史、萎缩的经济实力以及严峻的非法移民及随之而来的安全问题，使法国在介入非洲事务上日益有得不偿失之感，并认为其在非洲的主导地位正面临来自中国、俄罗斯和土耳其的挑战。马克龙上台后，试图通过改革法国对非政策的决策机制、放松对西非国家的金融管制来实现法非关系去特殊化。同时，法国推动欧盟参与在非洲萨赫勒地区的反恐行动，以弥补法国自身的实力不足并提升欧盟的防务自主能力，但法国仍然无力兑现其在非洲的反恐承诺，于 2022 年 8 月从马里撤军。此外，法国加大了对非洲的发展援助力度，并发起融资峰会帮助非洲国家应对新冠肺炎疫情，推动经济发展。2023 年 2 月，法国宣布了新的非洲战略，希望通过将法国在非洲军事基地进行转型、归还非洲文化资产等举措来改善法非关系。

在中东和北非，法国由于其历史渊源、文化联系和现实利益而自视为在塑造地区秩序上有天然优势，长期实行“实用主义平衡”政策。但在 2010 年之后，法国在中东政策上追随美国，联合英国空袭利比亚、叙利亚，并加强与海湾国家和以色列的关系，不仅助推了中东地区的政治动荡，而且随着中东难民的到来恶化了法国的本土安全。马克龙执政后，认为美国战略重心已转向与中国的大国竞争，导致中东地区出现权力真空，而地区大国之间发生力量重组的同时存在不稳定的脆弱国家，将挑战法国的利益。为此，法国从与中东各国反恐合作切入以求“重返中东”，通过支持希腊、塞浦路斯在东地中海的能源开发来牵制土耳其，并主动斡旋海合会国家的外交危机及推动其能源转型来提升法国对海湾阿拉伯国家的影响力。

在印太地区，法国视之为重振全球大国地位、投射影响力的重要平台。法国在该地区不仅拥有海外领地、专属经济区和驻军，还有 12 个主要武器出口国，法国与该地区的贸易额已占到欧盟之外贸易总额的三分之一以上。中美摩擦加剧使处于海陆交通要道的印太地区成为大国争夺的焦点，法国也不甘落后。2018 年马克龙首次提出“印太战略”构想，强调法国是个印太大国，印太地区居于法国外交的核心，并在 2021 年正式出台《法国印太战略》，主要举措有：加大在印太地区的军事演习力度，并在南海开展“自由巡航”来加强在该地区的军事存在；建立以法、印、澳为轴心的印太安全伙伴网络，在此基础上将日本纳入印太合作；提升在地区治理中的议程设置能力，通过加入环印度洋联盟等区域性多边组织和法国发展署提供的援助和贷款，将法国关切的气候变化、蓝色经济和治理等议题纳入地区合作之中。法国在印太地区有制衡中国的一面，但避免激烈对抗，并加强与印太国家的经济合作来促进法国海外市场和供应链的多元化。此外，法国也有摆脱依赖美国的目的，寻求加大对印太地区的投入以为地区国家提供一个中美之外的选择。但是，英美澳军事同盟的成立严重打击了法国在印太地区的战略雄心，能力与抱负之间的差距将是掣肘法国发挥全球影响的关键。

法国作为历史悠久的欧洲强国，追求大国地位已深嵌于其政治传统之中。尽管在内外多重危机的冲击之下，法国的国力已今非昔比，但其领导人仍致力于以欧盟为战略依托开展独立自主的大国外交，避免在美国和中国之间选边站队，而是带领欧洲发出自己的声音。对于法国而言，其追求独立自主的抱负既面临着来自跨大西洋联盟的外部制约，但更主要的还是受累于法国自身内在的结构性矛盾，政治碎片化、经济不振和社会分裂造成法国无法为其战略雄心提供相匹配的实力，而难以在欧盟持续发挥可靠的领导力，实现所谓“欧洲自主”。在可见的未来，法国在发挥全球大国影响上长期存在着的能力—期望差距将更为显著，其对外关系仍将在制衡美国单边霸权和防范新兴大国之间来回摆荡。

第十四章　德国研究

德国是欧洲最大的经济体，与法国并列为欧盟最具影响力的大国。德国共由 16 个联邦州组成，面积约 35.76 万平方公里，约有 8 430 万居民。德国人口最多的城市是首都柏林，其他人口超过一百万的大都市是汉堡、慕尼黑和科隆，最大的城市群是鲁尔区，法兰克福作为欧洲的金融中心，在全球都具有重要地位。德国是一个“议会共和制”的发达资本主义国家，以国内生产总值衡量，德国是世界第四大经济体、第三大贸易国。德国还是全球多边主义的重要维护者，是多个国际组织的主要出资方。

德国统一至今三十年来，以安吉拉·默克尔（Angela Merkel）的总理任期为界限，德国当代发展可以清晰地分为三个阶段。第一阶段，自 1990 年两德统一以来，德国进入了国家复兴的新时期。进入新千年以后，德国的经济发展势头良好，国际地位不断提升。“统一总理”赫尔穆特·科尔（Helmut Kohl）与其继任者格哈德·施罗德（Gerhard Schröder）的治国理念虽存在不同，但总体目标却如出一辙，那就是恢复德国昔日的大国地位。他们的对外政策为德国的民族复兴打下良好基础。第二阶段，自 2005 年默克尔上任以来，德国在这位女总理的领导下又进入了新阶段。在默克尔的带领下，德国成功跨越全球经济危机、欧债危机和难民危机等急难险重的障碍，在欧洲政治中的领导力一枝独秀。德国的复兴进程大大加速。第三阶段，2021 年岁末，奥拉夫·朔尔茨（Olaf Scholz）领导社民党获得大选胜利，与绿党、自民党组成“交通灯联盟”，德国里程碑式地出现三党内阁。三党内阁关注社会公平、气候变化、数字变革，誓将德国变得更好。但是，伴随着国际权力格局的急剧变化，俄乌冲突深刻改变欧洲的未来，德国的内政外交面临新的挑战。

第一节　德国的国际地位、国际影响和未来趋势

冷战结束以来，德国以国家利益为基础，融合多边主义和国际主义，打击国内的极端民族主义，保留国家复兴的民族热情作为动力。通过以价值观为准绳塑造国际秩

序，积极推动国际制度，借势拓展自身的权力，最终实现德国崛起。德国依然需要依赖于开放的世界，依赖于盟友的安全合作，并且德国意识到其国际责任的增加，维护世界秩序是实现大国崛起所必须承担的义务。随着全球化的深入发展，资本主义带来若干负面影响，如地区发展不平衡的现象进一步发展、地区风险迅速演变为全球危机、严峻的市场竞争激发排外主义等。成功抵御多场危机的德国对国际社会的作用越来越大，承担的国际社会的期待也越来越多。在这一背景下，德国对外身份定位出现了新的变化。2009—2013 年，在基多 · 韦斯特韦尔（Guido Westerwelle）任外长的时期，外交部规划办公室主任托马斯 · 巴格（Thomas Bagger）提出了"塑造型力量"（Gestaltungsmacht）的概念，成为德国新对外战略的核心，它是指有权塑造结果和事件的一种能力或状态。① 这一概念反映了美国单极时代的终结和多中心世界的崛起，被视为德国在国际决策中发挥重要影响力的机会。它表明德国越发基于国家利益而务实展开自主外交，通过强化自己的偏好，塑造交往对象与对外关系。在政治学中，"塑造型力量"通常用来描述个体对社会、文化、经济或政治领域的影响力。这种影响力来自其所拥有的资源、权力、技能或知识等方面，也包括能够引导或塑造他国行为、思想或文化价值观的能力。因此，除努力维护有效运作的传统机制之外，德国还需要重新建立以其自身为中心的机制，应对全球化新挑战，甚至打造符合德国要求、德国标准、德国审美的全球治理结构。

全球治理问题专家安德鲁 · 库珀（Andrew Cooper）表示："除美国和中国之外，德国由于其经济表现，其珍贵的社会模式及作为先驱者的角色，目前可能是世界政治上最具潜在影响力的国家。"这一评价代表了各界对德国统一三十年的充分肯定，使德国重新审视其在国际关系中的角色。德国学者指出，塑造型力量类似于一种霸权形象，有四个特征。第一，主要是通过地缘经济利益，较少通过地缘政治利益，以对解决全球问题作出贡献。第二，偏好通过区域和全球层面的多边合作维护德国的政治、经济与军事利益。第三，谨慎运用现有权力及潜在权力，对于外界期待积极反馈，不推动权力政治。第四，在利益面前可选择使用否决权，向某些不合利益的事情说不。② 这一新的定位要求德国不再是国际体系中具有平等身份的国家，而是一个领头者，是一个

---

① 国际政治的"塑造性力量"在 20 世纪末就已经被学者提出，直到最近十年在欧洲和德国才又受到重视。

② Eberhard Sandschneider, "Deutschland: Gestaltungsmacht in der Kontinuitätsfalle," *Aus Politik und Zeitgeschichte*, 2012, Bd. 5, S. 3—9.

塑造其他成员国价值观念与发展模式、主导国际秩序和多边机制的形象。

第一，对贸易、援助等经济手段的综合应用。

德国是仅次于美国、中国和日本的全球第四大经济体，根据国际货币基金组织（IMF）的统计，2022年德国国内生产总值为4.12万亿美元。德国经济的重要行业是服务业（69%），工业（24%）和建筑业（6%）。汽车、电气、机械和化工等重要领域是德国经济最具竞争力的方面。由于德国本国的原料、能源、资源较为贫乏，且德国国内市场也日趋饱和，因此德国的经济发展离不开对外贸易。在德国的贸易出口中，汽车及汽车零部件、机械与机器、化工产品、数据处理设备、电气和光学产品等占到总出口额的一半以上。大众、宝马、戴姆勒、西门子、博世等德国公司在全球具有极高的影响力。因此，德国经济是德国国家形象的一个标志，是被全球公认的经济强国。从模式上看，德国是社会市场经济国家（soziale Marktwirtschaft），强调国家在市场经济中的调节作用，在主张市场有序竞争的同时强调社会责任，主张高税收、高福利。

自两德统一以来，德国一方面借助贸易等对外经济活动继续维持发展的良好势头，另一方面，德国发现，对外经济活动不仅在单纯的经济领域能够产生良好结果，在超越经济的政治层面也可以带来巨大的效益。进入新千年之后，德国对发展中国家频繁开展对外援助，实现了国际权力与国际地位的极大增长。德国的对外援助主要包括发展援助与人道主义援助两类，援助的对象基本都为欠发达的第三世界国家。其中，发展援助因具有潜在改变受援国政治与社会制度的能力，被德国所重视，成为德国对外援助的重点领域。德国目前是仅次于美国的第二大援助国，根据2019年经济合作与发展组织发布的数据，德国的援助高达230亿美元。① 德国的发展援助主要由联邦经济合作与发展部承担，其他联邦部委与德国复兴信贷银行（KFW）等金融机构，以及德国企业、社会组织、大学或个人积极参与，形成了一个完善的援助链条，使德国获得了良好的国际声誉。

第二，社会与文化领域着重传播国家“软实力”。

冷战结束后，相较于传统武力手段，文化吸引力的作用越来越显著。德国的对外文化政策是为其政治和经济利益所服务的，通过文化政策创造“开放的、世界主义的、

① 参见经济合作与发展组织数据，https://www.oecd.org/dac/financing-sustainable-development/development-finance-data/ODA-2019-detailed-summary.pdf。

有信誉的、可靠的，以及不可或缺的政治经济合作网络”①。在文化的推动中，德国软实力得到加强，提升了国际声誉。通过在电影、舞蹈、音乐、戏剧、展览、文学和翻译等领域的文化活动和节日庆典，德国积极促进国际文化合作。语言和教育是德国对外文化政策的核心。歌德学院（Goethe Institut）和德国学术交流中心（DAAD）扮演了十分重要的角色。截至2020年，歌德学院遍布全球98个国家，共设157所，每年约25万人参加歌德学院的德语课程。截至2019年，德国学术交流中心已为德国和国外的260万名学者提供了支持。目前德国学术交流中心在全球有250个项目，主要是各类奖学金和交流项目。德国对通过对外文化政策影响他国民众始终保有积极态度。

在社会领域，随着西方拓展影响、维系霸权的战略目标越发清晰，德国支持非政府组织在第三世界国家展开“民主发展”等活动越来越频繁。跨国非政府组织往往听命于西方精英的安排，西方的政府、企业、基金会是跨国非政府组织的幕后金主。德国最顶尖的非政府组织或基金会都与主要政党都有松散的联系。而德国各部委也以资金方式支持非政府组织运用。一方面，由于种种先天条件，非政府组织能够到达政府部门难以覆盖的区域。例如在冲突或战乱地区，德国政府介入的难度较大，社会组织则具有灵活性，能够潜在施加影响力，同时还能规避所谓直接“干预国内政治”的指控。另一方面，德国社会本身对于传播民主价值有较高的热情，民众与政府的合作顺理成章。向海外推广西方的制度，是一种使他们认为不文明的世界“文明化”的重大使命。非政府组织已然成为德国在国际社会推广价值和制度的方式。

第三，政治上对多边制度的融入与超越。

加顿·阿什（Garton Ash）指出，德国外交已经惯于采用耐心、谨慎的多边主义机制，以实现国家利益。在总体治理模式上，德国采取社会制度主义（social institutionalism）原则，从全球文化模式探讨一国政策制定的合法性，认为国际制度有许多普适的观念，如男女平等、大众教育等。这些观念能够深深地影响政府的相关决策。②政府的决策自然也包括对外政策。在国际规范下，国家“主权”原则得到认可与尊重。联合国、区域共同体及其他政府间国际组织不仅是国家谈判与协商的平台，而且还就共同的原则、价值观提供了达成共识的平台。在德国目前加入的多边机制中，既有联合国、欧盟这类国际治理的综合性组织，又有世界贸易组织、北约、国际刑警

① 参见德国外交部文件，*Auswärtige Kulturpolitik-Konzeption 2000*。

② John W. Meyer, “World Society Nation- State,” *AJS*, Vol.103, No.1, 1997, pp.144—181.

组织（Interpol）等领域性或地区性的治理组织，涉及经贸、安全、能源、司法、人权等若干领域。随着非传统议题的拓展，德国也积极融入新领域的多边合作。

然而在德国国家利益中，始终存在“大国化”的愿望。这种民族崛起的意识虽从未公开言说，但隐藏于德国的对外行动中。这种自由制度主义与现实政治的对立统一使德国成为一个独特的国际社会成员。特朗普上台后，美国减少了对若干国际机制的承诺，德国旋即推出“欧洲战略自主性”的政策，推进欧洲的战略自主，加强欧洲独立防务。2020 年 7 月任欧盟轮值主席国以后，德国对欧盟事务进行了许多改革，如推动 1.8 万亿欧元的多年度财政框架、设立基金帮助欧洲经济复苏，将 2030 年的温室气体排放量从减少 40% 改为减少 55% 等，还成功推动并达成了《英国—欧盟贸易与合作协议》（EU-UK TCA）及完成《中欧全面投资协定》（CAI）谈判。德国对多边制度的“超越”并非美国式的以一己之私践踏制度，而是充分利用多边主义，善于把握时机，以实现大国理想。德国在多边机制内的行动符合伙伴的实际需要，也符合德国的战略利益，是具有远见的利益权衡术。

第四，参与联合国维和及海外军事行动的常态化。

德国国防军的海外行动是德国实现大国理想的最重要手段之一，国防军大步走向海外也标志着自 1990 年东西德合并后新德国对外政策的根本性转变。这一转变首先使德国成为一个“正常国家”，通过维和行动越发展现出负责任国家的良好形象。在维护国际道义之余，德国还通过军事行动体现“大国”的全球治理抱负。二战结束后，纳粹德国解除武装。1955 年，重整后的联邦国防军成立，在冷战期间主要承担人道主义任务。到 1991 年，国防军共进行了 133 次人道主义行动的任务。冷战结束后，国防军加大海外行动，德国既能够承担更大的安全义务，也可以使美国减轻负担，这便是美国所期望的。[①] 德国先前不愿将军事部署到联盟边界之外的观念，因此在缓慢发生变化。1993 年，国防军协助联合国重建索马里，成为德国冷战后国际维和的首次尝试。1994 年，德国议会解禁国防军的海外军事行动。1998 年科索沃危机是德国二战后的首次参战。

这种变化是由“价值观”带来的，被包裹在国际道义的外衣之下。卢旺达大屠杀发生后，在种族灭绝这种对文明社会极大挑衅和“永不再战”的和平主义立场之间，

① Hanns W. Maull, “Germany and the Use of Force: Still a Civilian Power? ” *Survival*, Vol.42, No.2, 2000, S. 56—80.

德国进行了权衡与博弈。德国最终认为，非暴力虽然是美好愿景，但如何帮助人们度过生存危机，这一难解的困境只能通过派遣军事力量来实现。但总的来看，德国的军事行动始终是克制且谨慎的。根据国防部的数据，2019 年，德国在全球军事部署人数为 3 350 人，相较于美、英等国，德国主要还是以维和与救援为主。2022 年俄乌冲突爆发后，德国对乌克兰的军事援助也体现了其谨慎与克制的一面，仍然希望通过经济制裁手段施压，进而为谈判创造空间。德国意图以规范手段在国际社会承担更多责任，但这不意味着放弃传统的权力政治，特别是军事手段。德国认为，这不过是在现代条件下对传统军事手段进行调整，和平主义的立场将逐渐适应于每一次军事行动。

第二节　德国国内的问题和主要矛盾

从欧洲来看，德国国内的矛盾相较于其他国家并不突出，国家发展始终处在稳定的轨道。但随着全球化走向深入及随之而来的逆全球化潮流，近年来德国国内也出现崭新的现象，对德国曾经平稳的发展模式带来挑战。

第一，民粹主义在德国兴起，政治极化进一步加剧。

民粹主义强调，“人民大众”和“精英建制”是完全对立的两个群体。政府的行动应当回应社会公众的普遍意愿，当主流建制不能代表民众的时候，民粹主义就会趁虚而入。2017 年 9 月，成立仅四年的德国“另一种选择党”获得 12.6% 的选票，成为二战后首个进入议会的极右翼民粹政党。在联盟党与社民党联合组阁成立后，选择党成为议会最大反对党。选择党能取得如此成绩绝对是德国政治的里程碑事件。选择党以欧盟改革为前提条件，声称如果欧盟不改革，将带领德国脱欧。选择党通过保守、排外的煽动性的语言笼络底层民众。如在鲁尔等工业区、原社民党与工会的地盘，选择党当时逐渐取代了社民党的位置。选择党大力抨击德国的难民政策是“出卖德国利益”。查尔斯・里斯（Charles Lees）敏锐地指出，选择党的成功不只引发系统性震荡，还是德国政党体系发展的一个关键节点，并在德国引发对一体化的巨大争论。① 民粹对德国主流政治造成巨大挑战。

在政党格局的激烈变化中，德国的民意越来越分散，主流两大党的选票被小党瓜分，形成六个政党竞争的格局。小党作为选举中的“造王者”，有能力选择合作的大

---

① Charles Lees, “The ‘Alternative for Germany’: the Rise of Right-wing Populism at the Heart of Europe,” *Politics*, Vol.38, No.3, 2018, pp.295—310.

党，通过自身权重使某一联盟的议席过半以完成组阁。这增加了德国选举的激烈程度及德国社会走向极化对立的风险。此外，即便组阁成功，政府内部的摩擦和冲突也掣肘国家的内外治理，从而降低执政联盟的民意。目前的三党联盟中，自民党越发与另外两党不睦，除政策理念不合外，也有自民党选举形势不佳的因素。联合组阁至2022年末，自民党已输掉四次州选举，从两个州的政府中退出，两度失去进入州议会的机会。自民党对联盟不满，甚至认为联盟的合法性已不存在，故在若干问题上有意破坏三党团结。此外，绿党与社民党在对外政策中也存在差异，在特定问题上，社民党甚至更愿主动与自民党合作。党派冲突加剧，德国政党结构不断碎片化，危及政治稳定。民粹风潮推动执政者采取迎合底层的政策，忽视逻辑与合理性。

第二，人口老龄化严重，移民融入难题影响社会稳定。

在社会领域，德国面临老龄化的严重问题。根据联合国的数据，德国的老龄化指数在2020年达到了33%，65岁以上的人口占总人口的比例已经超过了三分之一，20—64岁适龄劳动力人口仅为61%，且逐年下滑。德国联邦统计局的数据显示，1991—2019年，65岁以上人口数量从1 200万增至1 800万，占总人口的比例由15%升至22%。老龄化给德国带来的挑战包括社会保障负担的增加、劳动力市场的不稳定，以及医疗保健系统的压力等。政府虽一直在采取措施应对挑战，例如鼓励年轻人生育、推动延迟退休、引进外籍劳动力、加强老年人的互利和福利保障等，但德国的老龄化是一个长期的趋势。诸如延迟退休的政策还给德国社会带来不稳定。此外，德国人的生育率仅有1.4，不仅远低于正常2.1的水平，连欧盟的平均1.6的水平也没有达到。德国人口结构的负面变化对国家的可持续发展造成威胁。

2015年欧洲难民危机爆发，外来移民大量涌入德国，短时间造成社会矛盾加剧的现象，并在随后几年持续产生影响。然而从经济层面看，难民危机带来了劳动力市场的转变。至少从目前来看，并没有引发严峻的国内社会危机，甚至还在德国劳动力市场中发挥了一些积极的价值。劳动力不足困扰着德国，政府因此对于移民的态度也越来越开放。联邦和地方政府制定了诸如“早期介入”在内的一系列计划，为的是让移民更好地融入德国，但仍存在如下困难。对于许多移民来说存在语言障碍，这导致他们在工作、学习和社交方面遇到困难。而德国的文化和价值观在很大程度上与第三世界国家移民的文化及信仰背景冲突，使移民很难适应德国的社会环境，甚至走向极端暴力。受文化冲突的影响，部分移民可能会聚居在特定的社区，与德国社会的其他成员隔绝。德国的穆斯林社群就是个非常鲜明的例子。德国政府仍需要推动更大的社会改革。

第三，德国财富不平等现象加剧，经济转型压力巨大。

自 2003 年开始，为应对经济停滞、失业严重、社会福利体系负担沉重等经济沉疴，施罗德政府推动“哈茨改革”（Hartz reforms），采取一系列旨在推动劳动力市场改革的政策措施。改革虽然促进了经济增长、降低了失业率、提高了人们的就业技能，还率先帮助德国走出金融危机泥潭。然而改革带来的问题仍然困扰今天的德国社会，包括部分低收入人群失去社会保障、加剧社会不平等、增大了年轻人和老年人之间的就业差距等。1998 年德国贫困人口比例为 10.3%，而 2019 年创纪录地达到 15.9%。德国经济研究所 2020 年 7 月发布数据，显示德国 10% 的最富有人口拥有的社会总财富约为 67%，这一数据在 2017 年为 55.4%，最富有的 1% 的人占有总财富的 35%，最贫穷的 5% 的人只占有总财富的 1.4%。[①] 经济分配差异增强，加剧社会矛盾、种族歧视等现象，引发社会安全危机。新冠肺炎疫情之下，这些社会经济矛盾进一步加大。德国经济需要尽快进行适应性转型。

但德国经济转型的难度也不小。首先，德国传统的制造业优势面临着来自新兴市场的挑战，德国生产成本较高，中国等国家的制造业能力的提升，挤压德国企业的国际空间。此外，德国的技术革新也面临困难，德国企业不愿放弃传统优势技术，例如汽车行业这一德国经济命门，电气化一直是其短板。德国各主要厂商曾不看好的电动汽车领域，被美、中等国迅速占领国际市场。在气候变化的大背景下，德国对环保和可持续发展的要求越来越高，加之油气资源短缺，使一些传统工业不得不转向海外，而环境友好的新兴产业又没能普遍兴起，给德国经济造成一定程度的产业真空。最后，德国在高速宽带网络部署、信息通信技术应用等数字化方面长期居后，德国仍是数字化的发展中国家。截至 2019 年，德国光纤网络仅覆盖了 6.6% 的家庭，乡村地区仅有 1.4%，且网络速率相对较低。在数字时代大潮中，德国相关的法规、人才、技术、资本等都处于不足的情况。

第四，德国的保守政策外溢，引发与欧盟成员国的矛盾。

进入 21 世纪以来，为降低财政赤字和债务水平，提高经济竞争力，德国在国内实

① 杨解朴：《新冠肺炎疫情下德国社会不平等加剧的表现、原因及影响》，《世界社会主义研究》2021 年第 6 期，第 57—67 页。

施了一系列紧缩措施，如削减公共开支、改革福利制度和增加税收等。德国认为，欧元区的债务危机主要是由于一些国家的过度开支和公共债务问题所导致的。这些国家的债务危机将危及整个欧元区的经济稳定性，德国主张采取紧缩政策，实现财政平衡。而德国在欧盟中的地位也使其在推动紧缩政策方面扮演了重要角色。德国是欧元区最大的经济体之一，也是欧盟最大的贡献国之一。由于德国承担了欧盟预算的大部分负担，德国也希望确保欧元区的稳定和可持续性。2008 年全球金融危机以来，德国不断向欧盟推销这一紧缩政策，要求成员国紧缩财政、节省开支，关注成员国的预算纪律，增加必要的监管，反对债务一体化，甚至将这些要求作为援救债务国的必要条件，由此引发希腊等国的不满。对于财政问题的矛盾也成为“法德轴心”的一个不稳定因素。

此外，与“紧缩”具有相似逻辑的“节制”“纪律”“控制”“责任”等德国式观念也有强加于欧盟诸国的趋势。例如难民危机中，德国要求其他成员国接受难民强制配额，匈牙利总理欧尔班指责德国政府在难民政策上要求他国一道分摊难民，完全是“道义帝国主义”(moralischer Imperialismus)。[①] 2020 年，新冠肺炎疫情肆虐欧洲，意大利、西班牙、法国等国家强烈要求引入新冠债券，以抵御疫情，但德国对共同负债倡议表现冷淡。在此后欧洲提出 5 000 亿欧元的新冠肺炎疫情复苏基金中，德国也表示只愿承担 27% 的份额，与其在欧盟中的预算比例相同。此举与以往德国的表现并无不同，德国要么不愿意承担责任，要么对欧元区成员国提出难以商议的要求，作为提供各种援助的前提。德国巨大的经济影响力已使其成为欧洲的政治支点，但在很多时候，德国依然践行国家利益优先的保守主义原则。德国怀疑与拖延的态度，使得德国自身在欧盟的领导力出现缺失，威望下降，作为领导者未能团结欧盟成员国，使当前的欧洲一体化出现停滞。

第三节　德国的对外关系

德国在对外关系中努力实现国家利益。随着国际格局急速变化，地缘政治竞争加剧，德国的国家利益越来越被看作“欧洲和西方的民主利益”[②]。因此，德国要在推进国际秩序方面发挥作用，对民主盟友提供支持，对危害国际民主秩序的行为采取反制措

① “Orbán wirft Deutschland moralischen Imperialismus vor,” *Zeit*, September 23, 2015, http://www.welt.de/politik/deutschland/article146754780/Orban-wirft-Deutschland-moralischen-Imperialismus-vor.html.

② Hans-Peter Bartels, “Plenarprotokoll 16/60,” Oktober 26, 2006, Deutscher Bundestag, Berlin.

施。这是德国在对外关系中主要的考量。

第一，德国与欧洲国家的关系。

二战结束后，通过欧洲一体化的方式，德国与欧洲国家达成和解，德国稳定发展的区域环境得以实现。根据2020年的数据，德国前十大贸易伙伴中，欧洲邻国占据六席，其中荷兰排名第二，法国第四，波兰第五，瑞士第七，奥地利第九，捷克则位居第十。① 因此，保障欧盟区域的安全稳定，就能稳住德国经济与社会发展的基本盘。冷战结束后，德国还积极拓展欧盟的势力范围。如果说前三轮欧盟东扩是欧洲整体推动的结果，那最新一轮向西巴尔干的进发可以说是德国主导的。为促进入盟进展，德国还启动了“柏林进程”，与西巴尔干国家进行合作，以实现德国和欧盟更大的政治与经济利益。但另一方面，德国对于向中东欧成员国扩展欧元区却是小心谨慎的，认为欧元区需要改革才能成为一个容纳脆弱的新成员的最佳货币区。同时，“多速欧洲”的原则也表明欧盟成员国不处在相同发展阶段，使用同一套标准可能会带来负面效应。

从与法国和英国这两个欧洲大国的关系来看，“法德轴心”一直是欧洲一体化的发动机。2017年9月，马克龙在索邦大学发表著名的演讲，表达了法国意图建立一个主权欧洲的愿景。法国显然有主导欧盟改革之势，但德国在经济上依然是推动欧盟的实质性动力。无论是向欧盟的预算支付、生产总值、债务水平等，法国都明显地劣于德国。如果德法之间不能有效互动，欧盟今后的改革将不可能实现。2019年，法德签订《亚琛条约》，再度强化“法德轴心”，表达了两国渴望欧洲安全与繁荣的愿望。英国脱欧给英国造成经济上的拖累，以及国际政治上地位的下降。2021年1月，就在英国与欧盟达成新贸易协定的首月里，英国与德国的贸易出现大幅度下降。德国从英国的进口同比下降了56%以上，相当于损失了21亿欧元，而德国对英国的出口也下降了29%。② 英国现需要与德国达成的新的框架来确保商品通关及人员往来的顺畅，重构彼此的关系。

第二，德美关系。

冷战结束后，美国鼓励德国在跨大西洋关系中肩负更大的安全责任，以此减少自身对欧洲的防务负担。这对德国而言是一个重要的契机，既有机会使其走向国家身份正常化，又在与美国的对等关系中实现大国化夙愿。但美国希望把德国拖入战争，要

① 参见德国联邦统计局网站，https://www.destatis.de。

② 参见德国联邦统计局数据，https://www.destatis.de/EN/Press/2021/03/PE21_107_51.html。

求德国增兵，分担战略责任。而德国当时的立场是，德国应在跨大西洋联盟内部寻求欧洲与美国的平衡，使欧洲逐渐走向自主。小布什时期的美国单边主义严重破坏了世界秩序，同时严重损害了德美互信。默克尔上台后，虽然修复了德美关系，但对美采取“认同但不跟随”的策略，以求欧洲的自主。特朗普时期，德美关系再度陷入低谷。一方面，德国对美国常年处于贸易顺差，顺差额约600亿—700亿美元，美国深感不满。[①] 另一方面，在北约军费问题上，德美之间的矛盾持续了数十年。美国自认为长期为德国提供安全保障，但拥有巨大财力的德国却在分担防务费方面斤斤计较。

在任何一个民主党执政的时期，德美关系都要明显好于共和党执政下的德美关系，价值观是其中的关键因素。2021年拜登上台以来，“重振价值观同盟”等口号不绝于耳。拜登也频频表示出善意，如频繁与德国高层互动、取消从德国撤回1.2万名美军的决定、亲自参加德国慕尼黑安全峰会等。俄乌冲突的爆发使德美两国更紧密地联系在一起，即便内阁中存在绿党这一传统亲美政党，但总的来看，相比于英国、澳大利亚、加拿大等与美国同宗同源的英语国家，德国对美国并未亦步亦趋。美国历届政府几乎都践行“美国优先”的外交政策，只是程度上存在差异。这与德国的外交理念是严重冲突的，矛盾不可避免。未来德美关系的走向并不明朗，中国、俄罗斯等大国已经成为德国决定以何种方式开展对美关系的重要因素。越来越多分析人士看到，德国虽然欢迎加强跨大西洋关系，但德美在政策上已经无法保持一致。

第三，德俄关系。

理解德国与俄罗斯的外交关系，并不只是单纯的双边问题，而是一个涉及美国、欧洲在内的多主体互动的系统。除德国本身的国家利益外，跨大西洋关系在很大程度上决定了德国对俄罗斯的外交。德国对俄罗斯外交中有三大议题，一是以能源为首的对俄贸易，二是涉及北约施压与俄罗斯生存的安全议题，三是由价值观对立带来的政治议题。同时，德国与俄罗斯的外交关系还有不同于德美关系的独具特色的地方，特别是领导人之间的私交扮演重要角色。冷战结束后，德国不愿看到俄罗斯安全空间受到挤压，这不符合德国的战略利益，不符合希望将俄罗斯视为欧洲成员的利益。一方面，欧洲被迫与俄罗斯割裂，并潜在处于对抗风险，德国将处在为难的境地。另一方面，这会逆转俄罗斯的西方化进程，使其再度走向威权化。默克尔上台后，德俄关系

① 王威：《德美贸易摩擦的新特征、成因与趋势》，《德国研究》2020年第1期，第115—132页。

出现波折。默克尔既不同意对抗，也不同意全方位的战略合作，只想在能源等关键领域继续保持德俄关系。

德国对俄罗斯油气资源依赖度高，北溪 2 号曾被寄予厚望，也因此成为美国针对的目标。随着俄乌冲突爆发，北溪 2 号遭到破坏，西方集团加大对俄制裁力度，德国再度转向俄罗斯能源的可能性微乎其微，双边贸易短期内难以恢复。环境与气候日益成为德国的显著议题，德国对新能源的研发与利用需求变得更加活跃，未来德国对化石燃料的需求总体会下降，未来能源问题将不再成为牵制德国对俄外交的关键因素。在西方集团集体对抗俄罗斯的背景下，德国也不得不调整防务政策，提高军费开支，向乌克兰运送武器，以兑现对西方盟友的承诺。美西方对俄罗斯长期持有敌意，不断妖魔化俄罗斯，使整个德国社会处在极端反俄的氛围中。然而，在经济不佳的现实背景下，德国部分民众开始呼吁理性看待与俄罗斯的关系。可以预测的是，随着俄乌冲突逐渐化解、德俄国内政治的变化，长期来看德俄关系还是有望回归正轨。

第四，德国对其他国家的关系。

进入 21 世纪，德国在全球治理中的行动越来越多，对国际政治的参与越来越深入。2020 年，德国外交部发布了一份德国的印太政策文件，表明德国对印太地区的兴趣不断增加。除了南亚、东南亚国家已然成为全球经济增长热土这一原因外，对抗中国也是一点重要的原因。德国认为，印太地区的经济和政治重要性在增加，与此用时，印太地区的战略竞争也日益激烈，成为塑造 21 世纪国际秩序的关键，地缘政治权力结构的变化对德国产生了直接影响。德国与东南亚和印度的合作倡议是面向未来的，德国虽然看到了印太地区的潜力，也愿意投入精力布局，但东南亚与印度自身矛盾缠身，德国获得的回报远不如预期。在与日本合作方面，两国在政治、经济与社会文化方面的关系都不是特别凸显的领域。最近几年来，德国和日本的军事合作关系出现了新的飞跃，这是值得关注的两国动向。此外，德国在印太的动向也可理解为试图增加与中国议价的筹码。

2014 年后，德国提出要向“积极的外交政策”转变，在非洲的战略步伐因而加快。德国看到了非洲的增长潜力，加大对非洲投资力度。此外，非洲是贫困的大陆，也是滋生恐怖主义、输出移民的大陆，德国力求在移民的源头创造发展的机遇，减少去往欧洲的移民。德国还将非洲视为实现大国梦的关键区域，试图增加政治与安全存在。2017 年 1 月，德国发布《新的非洲—欧洲关系：发展、安全和更美好的未来——

非洲马歇尔计划》，这一战略包括三根重要支柱：贸易与就业、和平与安全、民主与法治。在中东地区，一方面，德国对相关国家的交往总体上是基于国家利益原则，例如经贸与能源关系、发展援助、文化交流等，都有助于德国获得其所预期能够实现的收益。另一方面，德国与伊斯兰国家的关系在很大程度上受到德国国内穆斯林群体的影响，故也关注移民、反恐等问题。作为大国争夺权力的关键区域，德国对中东的兴趣也在不断增加。

地缘政治最早起源于二战时期的德国。现在德国重新重视地缘政治，这是由德国在国家利益实践中面临的对象和要解决的问题所决定的。总体来看，在周边区域，德国努力保障邻近地区的稳定与安宁，使本国经济社会处于良性运转的状态，不至于受到直接冲击；在区域层面，德国努力维持欧盟层面与跨大西洋区域的规范与认同，虽然与美国在政策上存在一定差异，但意识形态与价值观念基本相同，这有助于西方形成并逐步强化一致的对外立场；在全球层面，德国积极拓展国家战略利益，一方面在全球性国际组织中保持“守制者”的形象，另一方面又积极筹谋超越既有制度的战略实践，期望在“无政府状态”下的国际社会实现本国更大程度的政治经济利益。然而，未来德国国际地位的提升，必然需要独立于美国的战略自主，又要谨慎维持同盟关系，但这一条件的达成或存在诸多现实难题。

第十五章　日本研究

岛国日本位于欧亚大陆东端的远东和东亚沿海，沿着西北太平洋向南整体形成弧形群岛。日本国土四周环海，由数千岛屿组成，主岛为本州、北海道、九州和四国及其附属岛屿，国土总面积约为37.8万平方公里，多为山区森林，资源匮乏。日本人口在1.25亿左右，长期面临少子老龄化的情况。

日本是议会内阁制政体国家，政党众多。战后日本政党虽处民主政治发展时代，但依然保留许多日本传统政治的色彩。1955年，日本形成以保守与革新为代表的“五五体制”，标志着战后日本政党政治基本格局的形成，同时确立自民党在日本社会、政坛的领导权威。[①] 尽管冷战后有过两次政党轮替，但日本政治基本由以自民党为首的保守政党掌控，自民党内派阀林立，对自民党内政治安排、政坛走势和国家发展方向形成重要影响。

战后日本走的是一条“重经济、轻军事”的“吉田主义”路线。1955—1970年间，日本经济年均增长率高达9.7%。20世纪70年代，日本作为世界经济第二大经济体，参加西方七国首脑会议跻身于西方主要发达国家行列。80年代，日本在同西方签署“广场协议”之后，开始大举进军海外收购并推进日元国际化，但90年代初经济泡沫破灭，日本陷入“失去的三十年”。至今，日本经济始终处于低水平增长，其世界第三大经济体地位面临挑战。

同时，日本战后进行非军事化改革，安全上秉持和平宪法，坚持“美主日从”的“专守防卫”政策。1967年，佐藤荣作首相发表“不持有、不制造和不运进”的“无核三原则”声明。1976年，日本三木武夫内阁确定防卫费不超过GDP 1%的方针，以及扩大“武器出口三原则”禁止范围等。这些构成日本战后防卫体制的基本内容。进入21世纪，日本国内政治保守化、右倾化加剧，政治家加速摆脱战后体制束缚，推动修

① 林尚立：《日本政党政治》，上海人民出版社2016年版，“序言”。

改和平宪法走军事强国之路。日本和平发展道路进入十字路口。

随着战后日本“贸易立国”战略的发展，1980 年日本产业结构审议会提出“技术立国”的设想，并将其作为 80 年代通商产业政策加以推进。截至 2021 年，日本诺贝奖得主共计达到 28 名。2022 年日本文部省下属科技学术政策研究所发布的科技指标显示，日本在研发经费和研究人员人数方面远落后于中、美两国，但在专利申请数方面则以 64 000 件位列第一。这体现出日本依然具有较强的基础研发能力。① 目前，在电子 / 计算机设备企业、化学 / 材料、汽车、半导体和能源电力企业方面，日本的国际竞争力仍占据前沿。②

第一节　日本的国际地位、影响力和未来趋势

进入 21 世纪，无论是前几十年全球化进程高歌猛进，还是最近数年来逆全球化思潮涌动，日本在追求“正常国家”（normal state）化的道路上从未停歇，它对国际局势变化有着高度敏锐性，不断灵活调整外交安全政策参与国际事务，在国际舞台上有着不容忽视的国际地位和影响力，具体表现为四点。

一、在联合国事务中拥有较高的参与度和影响力

第一，日本多次当选安理会非常任理事国。1956 年 12 月，日本正式加入联合国，“日本的国际地位迎来战后外交史上最大的转机”，“在国际社会上成为平等的一员”。③ 日本就此将联合国外交作为其外交政策三大支柱之一，积极通过联合国平台发挥作用。其中之一就是争取当选安理会非常任理事国，以在联合国追求更高的国际地位。1957 年，日本当选为联合国安理会非常任理事国。截至 2022 年 6 月，日本第 12 次当选为安理会非常任理事国，成为当选该席位次数最多的国家。

日本通过非常任理事国席位“直接参与决议案和议长声明的制定，期待主导安理会交涉出台具有实效性的举措”④，追求日本的本国利益，并展示其国际领导力。冷战结束后，日本将追求安理会常任理事国地位作为其目标，虽然多次推动入常失败，但日

① 日本科学技術・学術政策研究所、『科学技術指標 2022 概要』、2022 年 8 月 9 日。

② Top 100 Global Innovators 2023, Clarivate, Feb. 17, 2023.

③ 日本外務書：『わが国の外交』、東京：大藏省印刷局、1957 年第 5 巻。

④ 日本、「安保理の非常任理事国に選出　5 年ぶり最多 12 回目」、『日本経済新聞』、2022 年 6 月 10 日。

本从未放弃入常的政治目标。未来两年内，日本将利用该任期推动安理会改革，谋求对国际事务发挥影响力。

第二，在联合国下属机构工作的人员呈增加趋势。根据日本外务省的调查结果，2001 年日本人在联合国相关机构（共计 42 个）中的任职人数为 485 名，截至 2021 年末已经达到 956 名（其中女性 588 人，占总数的 61.5%），政府还提出 2025 年日本职员将达到 1 000 人的目标。①

为实现该目标，日本政府一方面将录用日籍职员与提供预算相挂钩，优先为日本职员掌管的国际机构项目提供预算，河野太郎出任外相时就反复向联合国官员强调录用日籍职员的想法；另一方面则通过初级专业官员项目（Junior Professional Officer Programme, JPO）测试选拔合格人才，派至国际机构工作 2 年，外务省承担其工资、差旅费和研修费，以及向国际机构输送具有工作经验和专业能力的骨干职员和高层官员。② 日本的目的就是要提高日本在联合国的影响力和信息收集能力，在联合国决策时充分反映日本的想法。

日本是联合国第三大会费交纳国。20 世纪 80 年代，日本凭借强大的经济实力向联合国交纳会费，并首次超过苏联成为仅次于美国的第二大会费贡献国。然而，随着中国上升为世界第二大经济体，日本在推动联合国改革、加入常任理事国难有成效的情况下，日本国内开始出现要求减少分摊额度的声音，并在 2019 年日本分摊会费份额从 9.68% 缩减至 8.564%。 2022 年分摊比例进一步下降至 8.033%，承担会费净额为 230.8 万美元，是仅次于美国和中国的会费交纳国。③

尽管日本交纳会费对于维持联合国正常运转起到积极作用，但它也以此为工具谋求私利，干扰联合国相关机构工作的正常开展。2016 年，日本政府就将“世界记忆遗产”用于政治目的，拖延向联合国教科文组织（UNESCO）缴纳会费。在该组织采取相应的改善措施之后，日本政府才决定缴纳约为 38.5 亿日元的会费。当时日本媒体指出，这种行为恐将伤及日本的国际地位，弱化日本在联合国相关机构中的话语权和影响力。随着日本对联合国资金贡献率的下降，日本内阁考虑改变在联合国发挥影响力

① 日本外務省、「国連関係機関における日本人職員数（2021 年末）」、2022 年 8 月 30 日。https://www.mofa.go.jp/mofaj/files/100387073.pdf。

② 《联合国的“日本面孔”在增加》，《日经中文网》，2018 年 7 月 6 日。

③ 日本外務省、「2020 ～ 2022 年国連通常予算分担率・分担金」、2022 年 2 月 18 日。https://www.mofa.go.jp/mofaj/gaiko/jp_un/yosan.html。

的方式，将日本的贡献从“资金提供国”向“人才输出国”转变。

第三，日本是实施政府开发援助（以下简称 ODA）的主要国家。1954 年，日本首次参与多边组织“科伦坡计划”，为发展中国家提供技术援助。1955 年，政府以战争赔偿与振兴出口为目的，展开对东南亚国家的“政府开发援助”。1961 年，日本加入经济合作与发展组织及其所属开发援助委员会。1989 年，日本超越美国成为世界最大的 ODA 援助国。20 世纪 90 年代，由于日本经济泡沫破灭和财政状况恶化，以及欧美等国增加 ODA 金额等因素影响，日本 ODA 金额于 2009 年跌落至世界第 5 位。此后日本在全球的占比不断减少，2015 年后出现逐年增加趋势，但相较于 1990 年的 17%，2020 年全球占比仅为 8%，但在主要发达国家中仍仅次于美、德两国占据第三位。

据统计，自 1954—2021 年间，日本 ODA 支出金额达到 5 505 亿美元，其中日元贷款约为 2 500 亿，赠与资金为 1 200 亿，技术援助为 700 亿，为国际组织提供的 ODA 达到 1 100 亿。[①] 日本“官民一体式”海外援助成为战后支持他国经济发展和本国企业走出去、建立日本同他国紧密外交联系、提升日本在国际社会声誉与影响力的重要工具。2015 年后，更名后的《开发合作大纲》更强调战略性利用开发援助实现“印太构想”目标，援助领域从基础设施、人才培育扩展至和平建构、政府治理、人权推进和人道援助等，赋予开发援助更多的政治、安全和意识形态等意涵，特别是通过能力援助提升受援国与地区大国相抗衡，维护其所谓“自由、开放的印太地区”。

二、经济实力下降与经贸规则制定引领作用提升并行

第一，在世界经济格局中存在感呈现弱化趋势。1975 年，日本加入西方发达国家首脑俱乐部，标志着日本经济大国地位正式得到西方国家的承认。此后其经济规模在最高峰时（1995 年）曾达到美国国内生产总值的 70%，但在历经“失去的三十年”后，2021 年经济总量则只有美国的 23%。2022 年，日本实际国内生产总值只有 1.1% 的增长水平，国内生产总值约为 546 万亿日元。根据国际货币基金组织发布的《全球经济展望》报告，日本 2023 年实际增长率有望升到 1.8%。

根据日本财务省今年初发布的统计速报，2022 年日本收支贸易逆差高达 19.9 万亿日元，创下 1979 年有可比数据以来的最大逆差。这是日本连续两年出现贸易逆差，而

① 外務省国際協力局 (2021),『政府開発援助（ODA）Q & A 集』, https://www.mofa.go.jp/mofaj/gaiko/oda/files/100205666.pdf。

日元大幅贬值也没有能够挽救其出口不振的现状。目前，由于常年的通货紧缩和日元贬值，日本第三大世界经济体的地位正面临其后的德国和印度赶超。日本对世界经济的贡献度比值也比较低，据2018年联合国《世界经济形势与展望》的数据，日本贡献率仅为2.1%。这与中、美、欧高达30%、23%、7.9%相差甚远。

第二，日元国际化成效无法支撑其全球金融中心地位建设。自20世纪80年代至今，日本政府推进日元国际化经历消极到积极再被迫收缩的过程。1980年日本出口商品按日元结算已经达30%。在美元霸权体系和美国不断施压下，东京在金融市场自由化改革、金融监管制度、市场化汇率机制、发展离岸日元市场等方面推动日元国际化。根据2023年3月国际资金清算系统（SWIFT）数据显示，日元在国际贸易金融中支付份额超越英镑，排在美元（约50.61%）、欧元（约22.36%）之后的第3位（8.04%），此前基本维持在3%—5%之间，排在英镑之后的第4位。①目前，在国际货币基金组织特别提款权份额占比中，日本占总份额的6.47%，仅次于美国（17.43%）位列第2位。②2022年国际货币基金组织完成SDR定值审查后，日元在SDR货币篮子中的权重由8.33%下调至7.59%，处于五大货币构成中的第4位。③

日本长期致力于打造东京全球金融中心地位，但无法与纽约、伦敦和香港相比。表面原因是“东京不具有伦敦等地市场欧元兑美元的便利性、可接受性，亚洲各国基于历史原因对日本发挥主导作用存在反感，美国对日元作为亚洲基础货币动摇美元地位有所担忧，以及日本主要企业长期经营中已经形成以美元为主的风险管理体系”④。深层次原因还是日本“激进的金融改革和汇率政策造成金融投机现象严重；国际游资涌入加剧日元汇率波动，经济转型难以支撑日元国际化；科技革命与产业升级过程中掉队；政府缺乏国际化战略统筹规划等”⑤。这些均造成日元国际化和金融中心地位建设的受阻。

第三，日本是世界最大净资产债权国。20世纪80年代中期以来，日本一直是经常

---

① Most used Currency in the World for International Payments in SWIFT from January 2019 to March 2023, based on share in total transaction value, *Statista*, https://www.statista.com/statistics/1189498/share -of-global -payments-by-currency/.

② 中华人民共和国外交部：《中国同国际货币基金组织的关系》，2022年6月。

③ 彭扬：《新特别提款权货币篮子生效　人民币权重升至12.28%》，《中国证券报》，2022年8月1日。

④ 陳昌洙：「円の国際化政策：規制緩和から対外経済政策へ」、『日本の政治経済とアジア諸国』[下巻]、2003.030-B、第71—89頁。

⑤ 邓宇：《日元国际化的经验教训》，《大公报》，2022年7月7日。

项目收支顺差国，这成为其外汇储备的主要来源。随着日本不断增加的对外投资回报，日本外汇储备规模多年稳居世界第一，直至 2006 年被中国超过后居于第二位。同时，冷战结束以来，日本大规模开展海外投资，连续 31 年成为世界最大的净债权国。2022 年 5 月，日本财务省宣布其对外净资产余额截至 2021 年底增至 411.184 1 万亿日元，[①] 而这些资产还没有统计在国内 GDP 之中。

此外，日本投资者还大量购买美国国债，始终是全球最大的美国国债买家之一，以此寻求比国内更好的回报率。2022 年 11 月，日本增持美债至 1.082 2 万亿美元，保持着美国国债最大的海外债主地位。可以说，日本对美国债券的态度足以影响全球投资者对于美债的信心。去年，美元升值提高买入美债成本，日元持续贬值后出现减持美债，就引发华尔街担忧的声音。尽管外资持有美国国债在美国债务规模中比例并不高，但外资对于美国国内企业、消费者和国际投资市场仍具有相当的影响力。

第四，推行小多边主义构筑排他性自由贸易规则体制。日本正是通过“贸易立国”战略实现战后经济的崛起与繁荣，为此在推动贸易自由化方面较为积极。截至 2022 年 2 月，日本签署生效的双边自贸协定（FTA）/ 经济伙伴关系协定（EPA）及相关倡议共计 21 个，正在谈判中的有 3 个，还有些处于谈判搁置中。[②] 此前，日本主张的贸易自由主要着眼于促进贸易、投资、人员等生产要素的自由流动，通过双边谈判方式最大限度取消对本国出口商品的关税壁垒、市场准入限制等，促进双方贸易的自由流通与公平竞争等。

纵观过去数年来的情况，日本更加重视“巨型 FTA 战略”作为其自由贸易战略的新方向。[③] 从《中日韩自由贸易协定》（谈判中）、《全面与进步跨太平洋伙伴关系协定》（TPP/CPTPP）、《日欧经济伙伴关系协定》到《区域全面经济伙伴关系协定》（RCEP），以及未来可能加入的《数字经济伙伴关系协定》（DEPA）等。在亚太新一轮经贸规则的建章立制过程中，日本注重通过多边谈判博弈，以高水平经贸规则约束各方，促使对方作出更多让步，扩大日本的国家利益空间，以确立其自身对亚太经济的主导权和规则制定权。日本展示出强大的外交协调领导能力，推动全球竞争版图朝着有利于本国

① 日本外務省、『本邦対外資産負債残高の概要』、2022 年 5 月 27 日。https://www.mof.go.jp/policy/international_policy/reference/iip/data/2021_g.htm。

② Ministry of Foreign Affairs of Japan, Free Trade Agreement (FTA) / Economic Partnership Agreement (EPA) and Related Initiatives, February 21, 2022. https://www.mofa.go.jp/policy/economy/fta/index.html.

③ 高文胜、张永涛：《日本“巨型 FTA”战略的评估、影响、走向及应对》，《日本学刊》2021 年第 5 期。

国家利益的方向转变。日本不仅从中获取最大的规则收益，还构筑起相对于地区内其他大国的制度优势。

三、重视科创能力建设以维持科技强国地位

由于日本经济持续低迷，大学研究部门和企业的研发费用增长缓慢，造成日本大学研究能力下降，日本企业在全球市值总额排行榜中的排名亦有所下滑。不过，日本在全球的科技创新能力仍位居前列。在全球产业链、价值链的上游某些领域，日本甚至处于绝对性优势地位。

第一，日本科研基础实力下滑。根据日本科技政策研究所发布的《科学技术指标2022》，日本大学研发经费（2011—2020年）始终维持在2万亿日元。日本的研究人员和博士学位获得者数量都在下降，这造成日本论文数量（2018—2020年的3年平均值）维持在全球第5位，排在中国、美国、德国和印度之后。在被引次数占Top10%的论文排名中，日本的排名由第6位下降至第12位。在关注度更高的Top1%论文排名中，日本的排名由第7位降至第10位。日本国际科技存在感出现下降趋势。从Top10%各领域的论文数量占比看，日本在物理学、临床医学和化学领域的占比高于其他领域。①

第二，全球技术创新能力强劲。根据世界产权组织发布的《2022年全球创新指数》排名，日本在132个经济体中排名第13位。在48个高收入经济体中位列第12名，而在东南亚、东亚和大洋洲17个经济体中排在第4位。相较于日本创新投入水平，其创新产出更大。日本在商业成熟度方面表现最好，在制度、人力资本和研发方面表现最差。② 同时，2022年全球创新指数还公布了世界上最大的科技中心，它们集聚大量的发明家和科学工作者，东京—横滨位列世界科技中心第一位。③

第三，未来科创发展方向有泛安全化趋势。2022年6月，日本内阁会议通过《振兴科技创新白皮书》《综合创新战略2022》，形成以岸田内阁的增长战略为支柱，提出注重科研人才的培育，战略性推进新的人工智能和量子战略、经济安全计划和先进技术的研发，构筑成果应用于社会的创新生态系统三大支柱。这体现出日本政府对于科

① 日本科学技術・学術政策研究所、『科学技術指標2022概要』、2022年8月9日。

② World Intellectual Property Organization, *Global Innovation Index 2022: Japan*, https://www.wipo.int/edocs/pubdocs/en/wipo_pub_2000_2022/jp.pdf.

③ The GII 2022 Top 100 Science and Technology Clusters, https://www.wipo.int/edocs/pubdocs/en/wipo-pub-2000-2022-section4-en-cluster-ranking-global-innovation-index-2022-15th-edition.pdf.

技创新政策的统筹运作，试图通过跨域合作提升科技创新，实现成果转化与社会应用，但日本未来科创发展也呈现与经济、军事安全相结合的消极态势。

四、日本总体军事实力世界排名靠前

第一，军队规模不大但其军力水平全球排名前列。根据日本防卫省统计，2022 年 3 月 31 日，日本现役自卫队人数为 230 754 人，兵员充足率为 93.4%，加上准军事人员规模达 261 500，排名世界第 13 位。其中，陆上自卫队为 139 620 万，占自卫队总数的 65%，海上自卫队和航空自卫队则维持在 4.3 万左右，各占总数的 19% 左右。① 在 2023 年“环球火力”（global firepower）军事排行中，日本在 145 个国家中以 0.171 1 火力指数名列第 8 位。② 根据澳大利亚洛伊研究所发布的“2023 亚洲力量指数”，日本常规军力世界排名以 27.4 分位列第 6 位，其中武器作战平台第 5 位，训练备战能力位列第 7，指挥控制能力排名第 9 位，作战经验第 13 位。③ 未来，日本注重进攻性反击能力的发展和太空、网络等新型领域作战能力的强化等，这可能会提升其在全球军力排名的位置。

第二，军事预算与研发比例规模呈逐年上升趋势。尽管日本防卫预算长期保持在国内生产总值占比 1% 左右，但其实际军费规模并不小，且处于连续增长状态，目前排在世界第 9 位。2022 年底，日本岸田政府在争议声中作出决定，未来五年防卫费用 GDP 占比将由 1% 升至 2%，达到创纪录的 43 万亿日元。届时，日本防卫费规模将升至全球第 3 位。同时，日本用于防卫的研发投入比例没有随着防卫费增加而大幅增长，相较于 20 世纪 90 年代最高时达到 6.18% 的比例，21 世纪以来始终维持在 4%—5% 之间。2011—2020 年间，多数年份研发比例在 3% 左右，2018 年甚至低至 2.71%。随着新版安全战略越加重视装备技术水平提升与国际安全合作，今后日本军事研发比例有望不断增加。

第三，外军事采购金额大幅增加与对外军售难有成效。根据 2023 年 3 月德国 Statista 发布的统计数据，2017—2021 年间，日本在世界武器进口商中排名第 10 位，占据全球市场份额的 2.6%。④ 日本高达 97% 的防御系统进口来自美国。2009—2018 年，

① 日本防衛省、自衛官の定員及び現員、https://www.mod.go.jp/j/profile/mod_sdf/kousei/。

② Global Fire Power, 2023 Military Strength Ranking, https://www.globalfirepower.com/countries-listing. php.

③ Lowy Institute Asia Power Index 2023 Edition, https://power.lowyinstitute.org/countries/japan/.

④ “Market Share in the Import of Major Arms between 2017 and 2021, by Country”, Statista 2022, https://www.statista.com/statistics/267134/share-of-individual-nations-in-the-import-of-conventional-weapons/.

日本通过对外有偿军事援助（FMS）对美采购金额增长近 10 倍多。①2016—2020 年日本先进战机与导弹的海外采购额占采购总额的 30%。② 海外军事采购影响到本土企业防务生产的可持续性，出现越来越多企业退出防务领域的情况。

2014 年日本政府制定“防卫装备与技术转移三原则”，大幅放宽武器出口限制，将其作为“加强与盟国美国及其他国家安全合作，维护强化本国防卫产业基础”的外交工具。迄今，日本政府同美国、澳大利亚等 12 个国家签订了《防卫装备品与技术转移协定》，但由于日本企业制造成本和对外售价偏高，“在装备性能表现、物流后勤保障、零部件稳定供应和操作培训支持等售后服务方面的劣势凸显”③。目前，日本武器装备成品出口成功的仅有一例，就是 2020 年出售给菲律宾的预警控制雷达系统。

第四，参与国际多边合作实现自卫队海外派遣。1992 年，日本通过《联合国维持和平活动合作法》(PKO)，为自卫队参与国际维和行动打开大门。此后，日本通过派遣“设施部队”“文职警察”“停战监督、军事监督人员”和“司令部人员”等方式参与联合国维和任务，涉及国家柬埔寨、东帝汶、海地和南苏丹等国，共计派出 12 671 人次。2017 年之后，日本维和重点转向提供人道救援和资金，派遣司令部人员或军事观察团等。④2022—2024 年，日本支持联合国维和行动预算分担率为 8.033%，仅次于美国（26.949 3%）和中国（18.685 7%）。

2009 年，日本派遣海上自卫队赴非洲东部索马里近海亚丁湾，开展打击海盗活动和维护地区航道安全行动，并于 2011 年在非洲吉布提设置首个海外据点，驻扎 P-3C 巡逻机和护卫舰等，2020 年又向波斯湾派兵执行为期一年的巡航任务。在阿富汗战争和伊拉克战争中，日本先后通过《反恐特措法》《伊拉克复兴支援特别措施法》等法案，派出自卫队为美军领导的联军行动提供后勤支持，并在阿富汗、伊拉克展开人道主义行动，帮助两国战后经济重建等。这些海外派遣提升了日本为国际和平作贡献的声誉，

① Chuck Jones and Masashi Marano: Resolved: Japan Should Focus on Increasing Indigenous Defense Production, *CSIS Debating Japan*, Volume 5, Issue 1, March 10, 2022.

② lucie béraud-sudreau, xiao liang, Siemon T. Wezeman and Ming Sun, “Arms-Production Capabilities in the Indo-Pacific Region”, Stockholm International Peace Research Institute, October 2022, p.22, https://www.sipri.org/sites/default/files/2022-10/1022_indopacific_arms_production.pdf.

③ Gabriel Dominguez, “Between a Rock and a Hard Place: Why Japan’s Defense Industry is Struggling”, *Japan Times*, Sep. 25, 2022.

④ 日本外務省、『国際平和協力法に基づく我が国の国際平和協力業務等の実績』、2023 年 2 月 3 日。https://www.mofa.go.jp/mofaj/gaiko/pko/kyoryokuhou.html。

同时强化了日美海外合作的同盟关系。

综上所述，作为典型的世界大国，未来支撑日本国际地位的积极因素体现为：第一，科技革命引发的新一轮现代化，日本正加大推进人工智能、量子技术、无人装置和6G技术等领域的开发与国际合作，这些技术创新成果与商业化应用，在解决日本国内社会问题的同时，助力日本维持全球科技强国地位；第二，区域一体化加速整合和供应链的重塑，日本更加重视外交协调与高水平、开放性经济规则制定，日本的地区领导力、主导权和话语权不同程度扩大，足以稳固其世界经济强国地位；第三，日本战后作为和平国家的形象，日本企业在全球具有较强的国际竞争力，日本文化更是在世界范围内得到普遍认可，日本人坚韧、有序、守时、礼貌等品格受到国际赞誉。这些都形成日本“值得信赖”① 的国家软实力。即便硬实力有所下降，软实力也能够对日本的国际地位起到很好的护持。

另一方面，除上述不同指标方面表现出弱化态势和韧性不足的情况外，影响其未来发展的不利因素还包括：第一，在俄乌冲突、朝核危机与中美战略竞争态势长期化等地缘政治背景下，国际权力格局发生重大变化，国际秩序面临深刻转型，这对日本应对变局时的政策调整注入不确定性；第二，全球经济前景不明、各国通胀水平高位运行、欧美央行货币政策、汇率走向等各种不稳定因素交织，世界经济形势的不确定性上升，日本财政货币政策和经济增长面临持续性压力；第三，日本加快国家安全战略调整，发展“攻击敌方基地”的对外进攻性防卫能力，扩大对地区重要事态和存亡危机事态的介入，日本卷入国际冲突的风险上升。这将损害其作为国际和平贡献者与缔造者的国际形象和影响力。

第二节　日本国内的问题和主要矛盾

战后发展至今，日本的政党政治在促进经济、社会发展的同时，自身也面临着政坛右倾化、政治改革推进不力，经济持续增长动力不足，且对外依存度较大，社会面临着严峻的少子老龄化，突破战后防卫体制重走军事大国，摧毁战后日本社会的和平主义共识等。这些问题正在加剧日本国内政治社会矛盾。

---

① 2022年由新加坡东南亚研究所发布的《东南亚形势》（The State of Southeast Asia）报告，在对东南亚国家政府、学术机构、智库和商界共计1 600余人进行调查后，超过54.2%的回答认为日本“值得信赖”，高于中美印欧盟。ISEAS Yusof Ishak Institute, *The State of Southeast Asia* 2022, p.8.

一、国内政坛右倾化与政治改革的矛盾张力拉大

第一，自民党长期执政，政党轮替机制失灵。二战后，日本重新走上西式民主发展道路，确立政党政治在经济与社会发展中的主导性作用。各大政党经过分化重组，1955 年基本形成以自民党与社会党两大政党相竞争的“保革体制”，自民党维持着长达 38 年的执政党地位，1993 年自民党分裂首次出现政党轮替，但时隔一年多后自民党重新夺回政权，再次长期执政至 2009 年众议院选举失败。民主党取代自民党上台，完成战后政党的第二次轮替。此后，民主党在应对内外问题方面的执政能力不断遭到质疑，2012 年底民主党在众议院选举失败后，自民党再次上台执政。民主党下台随后分裂为立宪民主党和国民民主党，造成日本在野党林立，力量分散的情况。从多年来日本媒体的政党民调看，自民党社会支持度平均保持在 30% 以上，而在野党则仅维持在 10% 上下。这种严重不均衡态势显示，中短期内看不出政党轮替的可能性，也影响了民主政党轮替机制的健全发展。

第二，在野党长期在野，议会政治空洞化。尽管自民党执政期间有过首相频繁更替的现象，但总体维持了自民党的执政党地位。这也使得日本政党政治的特征表现为，多党制下的自民党一党长期支配，议会政治中的政党轮流执政的民主机制停滞，议会政治趋向一党独裁。2013—2021 年间，在议会政治中由议员发起议案并成立的比例仅为 17.2% 左右，内阁发起成立的法案则高达 91.3%。① 在野党长期在野无法提升执政能力，政策形成能力弱化，无法对执政党形成有效制约，客观上助长了执政党对议会政治的操纵。② 这些都导致日本政党政治权威的衰落，表现为政党社会支持度和内阁支持率的不断降低，大众对政治的信任度和参与度随之下降。

第三，派阀政治林立，政坛保守化、右倾化态势加剧。派阀政治 ③ 是日本政党政治的最大特点，也被舆论批判为“长老统治”“密室政治”“金权政治”。自民党内长期形成不同利益主张的派阀，尽管经过选举制度、人事制度等行政改革呈现弱化趋势，但派阀势力依然强盛，左右着政党和内阁的重要职位人选。总裁兼总理大臣会平衡派阀

---

① 根据日本内阁法制局 2013—2021 年间的数据统计而成。内閣法制局、「過去の法律案の提出・成立件数一覧」、https://www.clb.go.jp/recent-laws/number/。

② 林尚立：《日本政党政治》，上海人民出版社 2016 年版，第 372、373、403 页。

③ 日本派阀政治派生于不同利益主张的派别，他们共同处于同一政党之下，以某个具有重要影响的人物为核心，结成具有一定组织形式的小团体，进而影响该政党的政策走向。

势力确定党内和内阁的人事安排。目前，自民党由安倍派（安倍去世后没有选出新的派阀领袖）、茂木派、麻生派、岸田派、二阶派、森山派六大派阀及无派阀议员组成。其中，安倍派是自民党最大派阀力量，政策主张总体保守偏右。安倍多年执政致使安倍派成为日本政坛主流派阀，也牵制着日本的内政外交走向。

二、国内经济增长乏力、泛安全化与对外依存度高之间的矛盾凸显

第一，经济增长恢复乏力。二战后，日本经历持续二十年的经济高速增长，20 世纪 70 年代后，受美元冲击和石油危机等因素影响，1974—1990 年日本平均实际国内生产总值增长率降为 4% 左右。90 年代，在泡沫经济崩溃和亚洲金融危机冲击下，日本经济年均国内生产总值增速仅为 1.5%。2000 年后，日本经济进入缓慢复苏期，但 2008 年美国次贷危机引发的全球金融危机再次影响日本经济。2010—2019 年，日本经济平均增速下降至 1.21%。2019 年以来，受到新冠肺炎疫情蔓延和美国贸易保护主义等因素叠加，2020 年日本经济出现 –4.5% 的增长，2021 年才恢复至 1.7%。① 不过，2022 年实际国内生产总值增速仅为 1.1%，日本经济正从新冠肺炎疫情向正常化缓慢推进。②

关于今后日本经济发展预测，日本三菱 MUFG 咨询公司预测，随着劳动生产率的提高和工作方式的改革，供给能力将继续扩大，经济增长有望保持正增长，但增长比例则降至 1% 以下。2023—2025 年日本实际国内生产总值增长为 0.5%，2026—2030 年则会增至 0.7%。③ 根据 2023 年 4 月国际货币基金组织发布的《世界经济展望》报告，日本当前就业率达 67.65%，失业率为 2.3%，在预测全球经济增速下调的情况下，日本经济今明两年将分别为 1.3% 和 1%。④ 这意味着，日本经济未来将保持低水平增长。

第二，经济“泛安全化”扰乱全球产业链。近年来，在逆全球化思潮加剧、贸易保护主义升级、多边主义合作遭遇冲击、新冠肺炎疫情造成全球产业链中断风险加大、中美战略竞争常态化等大背景下，日本在关键技术、供应链和战略性物资等方面的脆

---

① 根据世界银行网站发布的数据，日本国内生产总值增长率过去十多年平均维持在 0%—2% 区间，2019—2020 年间一度下滑处于负增长区间，https://data.worldbank.org.cn/indicator/NY.GDP.MKTP.KD.ZG?Locations=JP&most_recent_year_desc=true。

② 《日本 2022 年 GDP 增长 1.1%》，《日本经济新闻》，2023 年 2 月 14 日。

③ 日本経済の中期見通し（2021 ～ 2030 年度）、三菱 UFJ リサーチ & コンサルティング株式会社、2021 年 10 月 13 日，https://www.murc.jp/wp-content/uploads/2021/10/news_release_211013.pdf。

④ International Monetary Fund, *World Economic Outlook: A Rocky Recovery*, April 2023.

弱性越发显现。为确保本国经济韧性，抵御外部风险和不确定性，日本转而谋求战略自主性，并加强美欧协调采取“泛安全化”政策，在经济合作领域注入更多安全要素，不断强化经济安全保障，“谋求科技优势，维持产业竞争力，增强经济自主性，参与和引领国际规则、重塑国际秩序，提高自身的存在感”①。

2020年，日本首次提出供应链韧性概念，推出补贴机制和海外供应链多元化项目，鼓励企业将部分业务回迁，或转移至东南亚市场。2021年6月，日本政府公布半导体产业战略，决定加大投资重建生产体制，以增强供应链韧性。2022年5月，日本出台《经济安全保障推进法案》②将经济问题“安全化”。一方面，日本国内主要企业出资设立新公司Rapidus，旨在重振日本在半导体领域的竞争力，政府也为该公司提供总额3 300亿日元的补贴。另一方面，日本利用在半导体制造设备和材料方面的优势，吸引海外半导体企业台积电和三星赴日投资并与日企合作。这种人为式操纵产业链破坏了全球分工市场的开放性，实则也助长全球贸易保护主义。

第三，出口外向型经济模式难解对外依存度高的难题。日本是对外贸易依存度较高的国家。二战后，日本经济快速恢复并发展为世界第二大经济体，就是通过其不断扩大对外关系，加强同世界的投资、贸易、人员往来等实现的。日本出口外向型经济模式有赖于自由开放的外部市场与和平稳定的安全环境。日本经济泡沫破灭后，正是全球化和地区国家经济的现代化，为日本外资走出去提供广阔市场和赚取较高的收益率，并可以大量廉价消费来自世界的劳动力、资料和制造产品。也就是说，日本经济外交就是在国际层面追求经济的复兴与发展的。国际层面的变化会影响日本经济模式的存续发展。这种依存性反而增加了日本经济的脆弱性。

以中日经济为例，2020年日本从中国进口额占其进口总额的26%。2022年，日本早稻田大学教授户堂康之等人通过超级计算机测算，如果日本进口中国80%的零部件等产品中断两个月，日本将无法生产家电、汽车、树脂，以及衣服和食品等，日本将遭受53万亿日元生产值的损失。这相当于日本每年国内生产总值的10%。同年，日本“猫头鹰咨询集团”发布数据，如果停止从中国进口家电和汽车等80种主要商品，采取国产化替代或从其他地区采购，日本每年的成本将增加13.7万亿日元，相当于东京

① 徐梅：《新形势下日本强化经济安全保障的影响》，《日本学刊》2022年第1期。

② 经济安保法案包括强化重要物资供应链、确保基础设施安全运行、官民合作研究尖端技术，以及特定专利不公开四大部分。

证券交易所上市的制造业企业利润总额的70%。[①] 中日战略竞争加剧和政治安全关系紧张，会使得日本经济依存性形成的困境更加突出。

三、社会面临少子老龄化问题突出与创建积极生育社会的矛盾

日本人口呈现持续减少的局面没有得到根本性解决。尽管近年来日本各级政府在加强少子化对策方面出台不少政策，通过育儿援助金和增加保育员等措施遏制少子化初见成效，2016—2021年在124个市区町村出现年轻人增加的情况，但少子化对策涉及诸多层面，真正解决并不容易。根据日本厚生劳动省的数据，2022年包括外国人在内的出生人数速报值为799 728人，比上年减少5.1%，日本出生人数跌破80万，这是1899年有可比数据以来的最低值。日本出生人数连续7年创历史新低。低生育率已经影响日本经济增长和社会保障的持续性，[②] 甚至被日本社会视为“国难”。

同时，人口减少与社会老龄化加剧，导致劳动力不足和制度的不可持续性。据总务省人口推算数据显示，截至2022年9月15日，日本老龄化水平达到历史最高水平，65岁以上人口占比29.1%，高居全球老龄化率程度最高的区间。另据厚生劳动省推测，2065年日本人口将减少至9 000万，老龄化率将高达38%。2025年，婴儿潮一代年龄将达到75岁，占总人口的18%。2040年，人口将减少至1亿1 092万人，届时65岁以上人口约占总人口的35%。[③] 这种情况下，日本的社会保障制度的可持续性面临挑战。目前，社会保障相关费用逐年增加，约占一般支出的54%。要解决少子老龄化现象，亟须“进行养老金、医疗制度的改革，以及重组各项制度以防止世代不均衡的情况”[④]。

四、“专守防卫”政策趋向积极进攻性引发诸多矛盾

第一，强化防卫能力与防卫费来源的矛盾。2022年底日本内阁通过新版安全战略相关文件，对日本的战略安全环境表现出极大的不安，提出大幅增加防卫预算，根本性强化防卫力，推进新的战法确保威慑力。根据新的国家防卫战略，日本要有“拒止

① 《如果日本脱离中国有多大代价?》,《日本经济新闻》，2022年10月18日。
② 22年の出生数、初の80万人割れ　想定より11年早く、『日本経済新聞』、2023年2月28日。
③ 日本厚生労働省、我が国の人口について、https://www.mhlw.go.jp/stf/newpage_21481.html。
④ 日本経済の中期見通し（2021～2030年度）、三菱 UFJ リサーチ＆コンサルティング株式会社、2021年10月13日，https://www.murc.jp/wp-content/uploads/2021/10/news_release_211013.pdf。

战略”应对对方的作战能力，通过构筑具有远程进攻的“防区外能力”威慑针对日本的外部威胁。在威慑失败的情况下，确保太空、网络、电磁波领域的跨域作战形成非对称性优势，通过持续作战能力快速、强有力的行动阻断对手进攻的意图。

对此，强化日本防卫能力得到多数国民的支持，但是当论及大幅增加防卫费用涉及的财源问题时，政府考虑增税方式解决激起日本社会和政坛的强烈不满。2023年，日本国会通过政府新财年预算案，包括创纪录的6.8万亿国防开支。国防预算同比增加20%，而且将动用2 113亿日元采购美制战斧巡航导弹，用于强化攻击敌方基地的能力。在野党议员再次发起抨击，指责政府将军费开支置于其他民生项目之上，而不是应对人口萎缩和老龄化挑战等。

第二，防卫自主与同盟依赖之间的平衡。二战后日本将日美同盟作为其外交基轴，获取“免遭美国的猜疑与威胁、得到美国的安全保护和经济便利、保持对非同盟国家的战略优势”三重利益，但结盟也使得日本处于“被抛弃”和“被卷入”的两难困境。2010年以来，安倍再次执政加剧国内政治保守化倾向，突破专守防卫体制提升防卫能力势头强劲，强化日美同盟确保美国履行对亚太地区的安全承诺，日本甘愿被“纳入美国领导的地区安全框架，进一步增加对于华盛顿在武器供应、训练和情报等方面的依赖性”①。

殊不知，日本根本性强化防卫能力，实质是将日本的安全与美国高度勾连，其所谓攻击敌方基地的“反击能力”极为有赖于美国卫星提供情报信息，没有美国的军事支持，在发生军事冲突时，日本根本无法使用这种能力。这种同盟依赖路径反而进一步侵蚀其防卫自主，也将日本安全推向更加危险的境地。

第三，专守防卫与积极防卫之间的矛盾张力。二战后，日本始终秉持和平宪法精神，坚守“专守防卫”政策，坚持“无核三原则”和“武器出口三原则”，防卫预算控制在1%左右。21世纪初以来，这种防卫政策遭到新保守主义政治势力的抨击，认为基于现行和平宪法的防卫政策是“消极和平主义”的体现，无助于维护日本的国家安全与为国际和平作贡献，日本应转向“积极和平主义”②的防卫政策。于是，积极和平

① Huang Jing, “Japan’s New Security Strategy will Make China More Mistrustful,” *Nikkei Asia*, January 17, 2023.

② 北冈伸一：《转向积极和平主义的日本安全保障政策》，2014年4月22日，https://www.nippon.com/cn/currents/d00108/；日本外務省、『日本の安全保障政策　積極的平和主義』、2021年7月14日，https://www.mofa.go.jp/mofaj/p_pd/dpr/page1w_000072.html。

主义就成为前首相安倍晋三，及其此后内阁推行国家安全保障及外交战略的基本理念。

在该理念指导下，日本已转向积极防御政策，“专守防卫”政策严重被侵蚀。新版国家安全战略之下，日本将根本性强化防卫能力，发展针对敌方的“反击能力”，但是日本政府“却没有解释清楚拥有这种能力的意图，而是假装继续坚持其长期防卫政策路线，以避免被认为逾越和平宪法规定的界限。日本政府未能提出一个新的负责任军事大国的国家身份，并以此为基础构建新的大战略”[①]。为此，执政党与在野党之间的争论不断。[②]

因此，日本国内面临着复杂的政治、经济、社会和安全等问题。导致这些问题内在矛盾结构与张力的原因中短期内难以有效解决，有些问题在新的时代变局和政治社会极化的环境下，反而会越发严重酿成为更棘手的情况。自 2021 年岸田政府执政以来，其就因内政问题应对不当而出现支持率不断下滑的情况，于是转而利用外部冲突和矛盾来转移国内视线，成功实现支持率的逆势翻盘。对此，国际社会理应高度关注。

第三节　日本的对外关系

自 2016 年提出“自由、开放的印太战略”构想以来，日本将其作为外交安全战略加以推进。该战略主张日本应在印太地区发挥领导作用，宣称维持和强化支配该地区自由、开放、基于规则的国际秩序，最终实现地区的安全与稳定。[③]2022 年，俄乌冲突推动日本的外交安保认知和政策发生根本性转变。

一、日本对于外部安全环境认知趋于消极负面

多年来，日本对于国际安全环境认知总体趋向消极。安倍执政时期，就依据积极和平主义理念，大幅推进防卫体制改革。俄罗斯对乌克兰的军事行动，更是加剧日本对于国际秩序深刻变动的急迫感，认为这“动摇了冷战结束以来自由、开放的国际秩序根基，国际社会处于重要历史转折期”[④]。日本越发体现出重回大国竞争时代的冷战思

① Masahiro Matsumura, “Japan’s New Defense Vision is Halfhearted,” *Nikkei Asia*, January 24, 2023.

② 争论主要表现为“存亡危急事态之际是否发动摧毁他国导弹基地”，“若台湾出现突发事态，围绕驻日美军出击与美军事先磋商如何应对”，“若为其他防卫而使用是否会变成先发制人攻击”等。

③ Japan Ministry of Foreign Affairs, Towards Free and Open Indo-Pacific, https://www.mofa.go.jp/files/000407643.pdf.

④ 日本防衛省、『国家安全保障戦略について』、2022 年 12 月 16 日，https://www.mod.go.jp/j/policy/agenda/guideline/pdf/security_strategy.pdf。

维，来制定本国的外交安全政策，处理本国的对外关系。

第一，国际协调弱化、全球性课题涌现凸显全球治理难度上升。随着诸多新兴国家的群体性崛起，国家间为实现本国利益竞相追求国际影响力，而以联合国为首的国际机构难以发挥有效职能。各国利益的复杂化加剧国家间形成共识的困难，也导致国际社会协调能力弱化、离心力增强的情况，全球治理今后恐将进入紧张与对立的时代。气候变化、环境污染、传染性疾病、核裁军与恐怖主义等全球性课题涌现，一国无法利用自身力量解决所有问题，需要加强同其他国家间的协作。目前，世界经济全球化与相互依存关系继续推进，不可能实现完全式的经济脱钩。国际关系将呈现对立、竞争与协作交织的复杂景象。①

第二，“全球南方”国家崛起成为国际社会重要的政治力量。多年来，新兴和发展中国家为代表的“全球南方”国家作为整体没有得到大量国际关注，直至去年俄乌冲突爆发后围绕俄罗斯相关制裁的国际决议争论时，诸多“全球南方”国家在投票时选择弃权票，且继续同俄罗斯维持经济贸易关系，反对西方针对俄罗斯发起的制裁措施。他们在推动政治解决俄乌冲突方面秉持中立立场，依据国家利益而非意识形态进行决策，国际存在感迅速上升，促使发达国家意识到必须重视同南方国家的接触与合作，才能解决国际社会面临的诸多课题。2023 年 3 月，岸田首相访问印度，邀请印度总理莫迪参加七国集团会议，并提出投入超过 9.8 万亿日元支持印太国家发展基础设施的“印太新行动计划”②，其目的就是要在南北方两大力量间居中协调拉拢“全球南方”主要国家。

第三，日本朝野认为其周边安全环境日趋严峻。俄乌冲突爆发以后，日本以“今天的乌克兰就是明天的东亚”为命题，修订国家安全战略等三文件。其中，日本不断渲染朝鲜、中国与俄罗斯的安全“威胁”。在此次修订的国家安全战略中，日本将朝鲜列为“重大的紧迫性安全威胁”，中国则被定位为“前所未有的最大战略挑战”。俄罗斯在远东东亚的军事活动，特别是中俄战略合作，也成为日本强烈的安全担忧事项。日本岸田政府以地缘政治环境急剧变化为由，摒弃战后坚持的和平主义理念，走以邻为壑的外交路线，重走军事大国的道路。

---

① 日本外務省、『外交青書 2023』、2023 年 4 月 11 日，https://www.mofa.go.jp/mofaj/files/100488910.pdf。

② 日本外務省、「自由で開かれたインド太平洋（FOIP）」のための新たなプラン、2023 年 3 月 20 日。

二、利用"延伸威慑"与"核裁军机制"追求现实国家利益

第一，"延伸威慑"可信度与"核共享"舆论冲击"无核三原则"。近年来，日本国内不断渲染朝鲜核导能力和中国核武库规模，国内保守派开始质疑美国承诺的"延伸威慑"的可信度，认为核保护伞不足以确保日本和地区的安全，出现挑战"无核三原则"要求与美国实现"核共享"①、增强核威慑力的舆论。尽管岸田政府秉持"无核三原则"不动摇，但随着未来地区安全态势的恶化，日本国内保守势力的鼓动，突破"核限制"实现"核共享"将可能只是时间问题。

第二，推进国际核裁军机制建设。从日本是人类史上唯一核爆受害国角度，日本将坚持基于"无核三原则"精神建设无核世界，积极参与国际核裁军机制建设，作为其重要的外交政策工具和资源加以推进利用。2009 年，时任外相中曾根弘文发表"世界核裁军的 11 个指标"演讲。② 日本和澳大利亚发起成立"核不扩散、核裁军国际委员会"（ICNND），邀请世界各国的首脑和部长级人士参加，为走向无核世界提出具体发展蓝图。岸田文雄执政以来，重申"无核三原则"政府立场，在国际场合强调核裁军的重要性，要求所有核武国家公开其核力量信息，支持核大国间进行有关核裁军的对话。2023 年 5 月在日本召开的七国集团首脑会议上，各方就应对俄罗斯使用核武威胁和占领乌克兰核电站等议题进行了讨论。日本利用其在核问题上的特殊地位，塑造其推进核裁军维护国际和平的形象。

第三，选择性加入现有的国际核裁军机制。基于日本周边有包括核力量在内的军事存在现实，日本政府又选择不加入 2022 年生效的《禁止核武器条约》，该条约首次以国际法的形式宣布核武器为非法，禁止一切开发、持有和使用核武器的行为。对于来自国内外的舆论批判，日本外务省相关人士辩解道："中国的霸权主义动向、朝鲜不断进行核导开发等，日本安全环境趋于严峻，拥核国现在不会放弃核武。此时要求废核也就会否定美国为扩大威慑而拥有的核力量，这不是现实的选择。"③ 日本在国际核裁

① 古森義久、『「核シェアリングの議論を」安倍氏の提起に米国で歓迎の声』、2022 年 3 月 9 日，https://jbpress.ismedia.jp/articles/-/69188。

② 中曽根外務大臣政策演説、『ゼロへの条件—世界的核軍縮のための「11 の指標」』、日本外務省、2009 年 4 月 27 日，https://www.mofa.go.jp/mofaj/press/enzetsu/21/enks_0427.html。

③ ＮＨＫ政治マガジン、「核兵器禁止条約になぜ日本不参加？ 危機感強める被爆者たち」、2022 年 6 月 16 日，https://www.nhk.or.jp/politics/articles/feature/84384.html。

军上表现出相互矛盾立场，反而暴露其支持国际核裁军机制建设的虚伪性。

三、利用话语叙事将大国关系简单化割裂为两大对立阵营

俄乌冲突爆发后，日本坚定站在美欧为首的西方阵营，谴责俄罗斯的行为，在国际多边场合支持对俄罗斯的国际制裁，在国内层面采取冻结资产等方式对俄罗斯政府和个人进行制裁，并为乌克兰提供超过70亿美元的人道主义物资等财政援助。首相岸田文雄作为七国集团首脑最后突访乌克兰，会谈中双方就确认“坚决反对俄罗斯的侵略和不接受世界任何地方以武力单方面改变现状”①。七国集团峰会期间岸田再次对泽连斯基传达对俄罗斯进行制裁和对乌克兰进行支援的方针，致力于恢复乌克兰的和平与重建支援。

日本大幅转变先前对俄协调的外交政策，转向对俄采取强硬外交。岸田首相的理由是，如果不能采取有效措施制止俄罗斯，这种通过“力量单方面改变现状”的做法将会在印太地区复制。近年来，日本利用双边、多边外交构建话语叙事，将中俄表述为具有单方面以武力改变现状企图的国家，联合其他国家为其政策主张进行背书，塑造国际舆论夺取话语权。

四、运用“小多边主义”构筑排他性经济、安全网络

第一，力推“四国安全对话机制”构筑排他性经济产业链。这些年，美日印澳四国将合作由最初的防务安全、地区治理等领域向经济层面扩展。从2020年开始供应链安全合作首次被纳入四国合作议程。同年7月，日本提出强化“供应链韧性倡议”，日印澳举行经济部长会议同意在印太地区强化供应链合作。2021年3月，美日印澳召开“关键技术供应链对话”。4月，正式宣布启动“供应链弹性倡议”，加强在医疗、汽车和其他领域的供应链安全。2022年提出5年内向印太投资500亿美元，打造四国在半导体等关键技术领域合作的产业链。至今，四方在疫苗生产供应、半导体与5G技术标准、稀土采购等方面合作取得一些成果。

从国际层面看，日本参与四国推动具有排它性质的供应链安全合作，将影响国际供应链稳定，驱动全球供应链重构加速，必然会产生经济、技术、政治等多方面影

---

① 日本外務省、『日・ウクライナ首脳会談』、2023年3月22日，https://www.mofa.go.jp/mofaj/erp/c_see/ua/page4_005820.html。

响。[①] 经济上会影响供应链企业的贸易投资，扰乱世界经济正常运行秩序，制造新的政策壁垒和不确定性，增加全球经济复苏进程的困难；技术上加大审查力度和出口限制等干预供应链安全，无疑将抑制国家间正常的科技交流合作，阻碍人类科技的共同进步；政治上会由于四国强推的“经济脱钩”和“选边站”方式而突出国际政治分歧，给最具活力的亚太地区合作注入不利影响。

第二，加强日本与北约安全合作形成排他性安全网络。自 2022 年乌克兰危机激化以来，日本同北约之间的互动由此前“务虚”向“务实”层面突破。2022 年 6 月，岸田成为日本首个出席北约峰会的首相。11 月，日本宣布正式加入北约“合作网络防御卓越中心”（CCDCOE）。日本防卫省与北约之间建立起“网络防御相关职员会谈机制”，日本还成为该中心年度“锁盾”网络演习成员。日本利用北约网络强大力量增强自身网络进攻能力，深度参与该中心组织的活动，深化同组织成员间合作，体现日本的利益主张和话语权，实现同北约在网络安全领域的利益捆绑。同时，日本还参与北约组织的联合军事演习，参加北约外长会议和参谋长级会议等，防卫经费比例向北约靠拢，呼吁北约军事更多向亚洲倾斜。

2023 年初，北约秘书长斯托尔滕贝格访日。5 月，日本驻美大使富田浩司表示，北约正就 2024 年于日本开设联络办事处展开讨论，具体相关细节仍在商议之中。外长林芳正在接受美媒采访时予以证实，称设立联络办事处是在地缘政治冲突导致国际秩序不稳的背景下进行的，并非针对某些国家。日媒日经亚洲就此评论道，这是为了应对中国挑战而加强盟友之间的合作。日本誓要充当北约“亚太化”的急先锋。北约作为区域性联盟，将触角伸向亚太，违背其不寻求地理突破的承诺，东进亚太干预地区事务，只会对当下地区矛盾形成冲击，挑动阵营对抗破坏地区和平稳定。

无论是经济、科技、军事还是国际参与度等方面，当前日本的国际政治地位和影响力在世界上还是名副其实的大国。尽管日本已经走过二战后发展最辉煌的时期，在多项指标中相较于过往呈现下降的趋势，但都没有改变其作为发达国家的国际地位。长期以来，日本囿于国内战败体制束缚和政治体制革新能力弱化等因素影响，日本给国际社会的印象始终是“经济巨人、政治侏儒”。此后，不同时期涌现出一些政治家，

---

① 张立、罗瑶：《美日印澳供应链安全合作的进展、前景及影响分析》，《印度洋经济体研究》2022 年第 3 期。

逐步在政治、安全等领域进行渐进式突破，试图将日本改造为同经济实力相匹配的政治、军事大国。

总体来说，“重经济、轻军事”的“吉田主义”路线影响了日本战后发展道路数十年，直至21世纪第二个十年推崇“基于国际协调的积极和平主义”理念的“安倍主义”路线出现，标志着日本政府决意与战后体制彻底告别，但也就此决定着日本战后和平发展道路走到新的十字路口。日本国内的政治、经济、社会和防卫层面均存在着诸多问题和矛盾。这些问题会对日本政府的战略抱负形成重要掣肘。

未来，如果日本政府不能有效解决这些问题，伴随其他新兴经济体的赶超，日本国际地位的相对衰落趋势也将不可避免。目前，日本政府更多是利用本国有限的优势资源，通过积极开展对外交往，重视国际议题设置与话语建构，参与国际事务增强存在感，并发挥在部分领域的领导力作用，去维系日本的国际地位，但其大国外交也出现失衡现象，特别是应对中国崛起方面，表现出牵制对抗中国的色彩，将新时代的中日关系推向不确定的方向。

第十六章　印度研究

印度地处南亚次大陆，南临印度洋，是中国西南方向的一个重要邻国。印度大多属热带季风气候，高温时间较多，旱涝等自然灾害较为频繁。在印度定居的有印度斯坦人、孟加拉人、锡克人、阿萨姆人等，历史上这些不同民族间虽然有过多次利益纷争，甚至曾兵戈相向，但大多数时间里还是能够和平相处。印度还是一个多语言的国家，其中梵语为印度古代主要语言，用梵语创作的古代文学作品和撰写的文献手札不计其数。而传统的印度教种姓制度虽在法律上已经废除，但经过上千年的传承，这种严酷不平等的等级制度至今熏染着印度社会，在一些偏远山区和部分农村，种姓歧视与排斥的陋习还十分严重。联合国《2022 年世界人口展望》预测，印度人口在 2023 年将超越中国成为世界第一人口大国。① 然而印度也现实存在着教育发展水平不均衡、城镇化水平低、贫富差距过大等诸多弊端。印度能否成功将其人口优势转变为经济增长动力，从根本上说还取决于印度政府能否出台并执行正确而有效的经济、社会、教育等方面的政策。印度自身粮食产量并不稳定，人均收入水平相对也不高。近些年印度政府加大了相关改革，乃至出台一些过于激进的经济、社会等领域的法律。但毋庸讳言，今天的印度已取代中国成为全球人口最多的国家，也超过英国发展为世界第五大经济体，作为世界南方国家的主要代表之一在国际舞台上纵横捭阖、左右逢源，踌躇满志地致力于“有声有色的大国”建设，自然在当今转型中的世界政治与经济格局中占有不容忽视的特殊国际地位。

第一节　印度的国际地位、国际影响和未来趋势

作为世界四大文明古国之一，印度历史悠久，相关遗迹可追溯至公元前 2500 年前后的印度河流域文明。需特别指出的是，印度历史上较为重要的两个阶段分别为前吠陀

① United Nations Department of Economic and Social Affairs, Population Division（2022）, *World Population Prospects 2022: Summary of Results*, UN DESA/POP/2022/TR/NO. 3.

时期和吠陀时期，而这两个时期与印度哈拉巴文化的衰亡和雅利安人的到来密切关联。今天在印度影响颇为深远的印度教即兴起于吠陀时期。而对亚洲文化发展产生重要影响的佛教则发迹于阿育王时期。8 世纪时，伊斯兰教逐渐影响到印度次大陆。到 11 世纪德里苏丹国的建立以及后来莫卧儿王朝的传承，伊斯兰教已作为一股重要力量在印度站住了脚跟。17 世纪欧洲殖民势力东来，历经葡萄牙、荷兰、法国与英国数百年的霸权角逐，19 世纪印度最终被纳入英帝国的势力范围，成为"英国女王皇冠上的明珠"。经过近一个世纪的民族独立运动，1947 年 8 月印度摆脱殖民统治而独立，并在 1950 年 1 月成立共和国，同时仍为英联邦成员。印度实现国家独立后，政体为多党民主制，议会为两院制，即联邦院和人民院。从 20 世纪 50 年代以来的半个多世纪实践来看，印度政体模式和组织架构得到了民众较为普遍的认同。如印度政策研究中心主任帕南迪卡所言："无论以何种标准来衡量，印度的议会民主制度都不是最有效率的，然而它却具有内在的稳定性。"① 进入 21 世纪以来，印度的国际地位不断提高，不仅对冷战期间与美国等西方国家的冷却关系进行了修复，而且在发展中世界的口碑也保持上升势头，国际影响力不断扩大。近年来在莫迪总理领导下，印度已逐渐成为发展中国家中"最具活力的新兴经济体"之一。虽然在新冠肺炎疫情的冲击下，2020 年印度经济萎缩 7.7%，创下了数十年来最严重的衰退记录，但这两年印度经济还是显示出令人羡慕的亮色，2022—2023 财年印度国内生产总值增长率超预期达 7.2%，成为"正在苏醒的亚洲强国"。

一、世界经济体的新兴领先者

国际地位是指一个国家在国际体系中所处的位置，是该国与其他国际行为体相互联系、相互作用而形成的国际力量对比结构中的状态。衡量和评估一国国际地位主要看两方面因素：一是综合国力或说综合实力，二是该国当时所处的国际环境以及该国在该环境下展现出的影响力与认可力。当然，如何看待当前印度的国际地位特别是关于其经济的崛起也是仁者见仁、智者见智，但笔者认为，以下几个因素有必要提及。一是关于人力资源方面，印度不但拥有很大比例的年轻人口，而且拥有全球第二大掌握流利英语的人群。二是在企业家精神担当方面，印度一些企业家为印度经济发展起到了关键作用。如拉坦・塔塔（Ratan Tata）、纳拉扬・穆尔蒂（Narayan Murthy）、德鲁

① Panandiker, V.A. Pai, ed., *Fifty Years of Swaraj Highlights and Shadows*, New Delhi: Konark, 1998, p.3.

拜·安巴尼（Dhirubhai Ambani）等人不仅为印度青年创造了就业机会，而且使印度能够在世界市场竞争中占有一席之地。三是抓住了数字经济发展的契机。为推动印度互联网发展，莫迪当局于2015年发起“数字印度”倡议，重视高端服务业发展。四是针对行政效率与国家职能部门改革方面，莫迪当局也加大了力度，进行直接干预并制定了一套程序，定期主持内阁会议，就具体项目和政策问题进行决策，简化企业许可审批手续等。这些努力使得印度在世界银行“经商便利度”排名从2014年的第140名跃升至2018年的第100名。与此同时，印度政府还采取了一些便民措施，比如相关学历和文凭认证服务，向4 000万农村特贫困家庭提供使用液化石油气的炉子，解除汽柴油价格管制等。总体上讲，印度目前国内的营商环境有了极大改善。

根据印度统计局数据，按2011年12月不变价格核算，2021—2022财政年度印度国内生产总值总额为1 473 551.5亿卢比（约18 059.749 5亿美元），实际同比增长8.7%。综合国力的增长不仅为莫迪当局推动大国外交提供了新的动能，也为印度参与全球层面的各类治理包括气候谈判等奠定了财力基础，并且在国际规则制定和国际机制构建等方面有了发声的底气。印度作为新兴经济体中的一员，其发展进程备受世人关注。由于在南亚国家中，印度相较其他国家有着明显国力优势，故印度在南亚事务上的立场往往具有风向标的价值。在世界军力排名方面，印度号称世界第六大军事强国。当然如果更全面来看，一方面，印度有着庞大的人口基数和幅员辽阔的土地，以及得天独厚的印度洋水域环境，让世人容易高看印度的军事实力；另一方面，其实际军力还有待评估，如在高端武器自足、三军战略战术协调以及适应高科技战争等方面还存在能力不足的明显制约。斯德哥尔摩国际和平研究所（SIPRI）追踪国防开支趋势的最新报告指出，印度是2018年至2022年间世界上最大的武器进口国，占全球进口量的11%。① 这恰如学界所热议的，印度能否进一步提升其国际地位，从根本上讲取决于其持久取得多方面成就的能力，比如高端武器方面的自给，维持高水平的经济增长，在高科技领域包括太空探索占有一席之地等。换言之，印度能否在国际事务中进一步发挥独特作用，关键还是要看其经济快速发展能否具有可持续性，取决于其掌握创新周期的能力。问题在于，印度在今后能否持续保持7%或更高的增长率，目前来看还难

① Snehesh Alex Philip, “India ‘Largest Arms Importer’ in 2018—2022, but Defence Exports Hit ‘All-time High’ of Rs 13,399 cr in 2022—23”, *The Print*, Mar. 27, 2023, https://theprint.in/defence/india-largest-arms-importer-in-2018-2022-but-defence-exports-hit-all-time-high-of-rs-13399-cr-in-2022-23/1475142/.

言乐观。根据当代经济增长理论，资本积累、人才汇聚和全要素生产率提高等对于保持较高的增长水平至关重要。但这些方面印度目前面临的挑战不容小觑，如与投资需求相比，印度的储蓄仍然非常低，而且印度政府对来到印度的外资多持怀疑态度。印度人口虽然众多，但整体上受教育程度较低，广大农民阶层和低种姓者就业面临困难，不少人也难获得体面的公共医疗服务。与此同时，面对生产的技术密集度不断提高以及印度自身严重的基础设施限制等现实挑战，印度雇用人数最多的农业和非正规工业部门的生产率仍然很低，这些表明印度经济的全要素生产率仍较微弱。

二、全球治理领域的重要参与方

从当前世界政治环境变迁来看，从亚太到印度洋的广袤地区已被视为世界主要大国进行“大博弈”的新兴竞技场。在全球权力转移、大国竞争加剧、区域层面竞争复杂化，以及美国对既得利益秩序受损的担忧情势下，美国国家安全战略将印度定位于美国“印太战略”关键的支点。美国支持印度来分担其在“印太地区”面临的压力，而印度也希望拉住美国来平衡中国发展带来的挑战。目前美印间包括联合军事演习在内的各类合作无疑还会进一步扩大，而印度在保持与美合作质量和频次的同时，还积极与欧洲国家以及日本、印度尼西亚等亚洲国家展开合作，在各类国际组织层面充分表达其利益诉求，由此不难判断其有意保持一定战略自主的谋算。

印度目前积极参与全球和区域层面的各类合作，已成为全球治理领域公共品供给重要的一方。如印度作为南亚区域合作联盟（以下简称“南盟”）、上海合作组织、金砖国家和二十国集团等多个国际多边合作机制成员，在反恐、防扩散、气候合作、打击海盗等国际事务方面发挥出越来越重要作用。近些年来，印度外交更加注重宣传“倡导一种促进全球和平和共同繁荣的‘真正的国际主义’”，旨在确保自身安全与经济社会发展的基础上，在国际上宣传印度的“经验”。印度通过建立发展伙伴基金和实施对外援助等措施，帮助贫穷国家改善经济发展条件。尤其在对非洲的帮助中，印度以赠款、贸易、信贷以及技术、金融和知识共享来促进非洲贫穷国家的可持续发展，赢得了国际社会较多肯定。① 此外，印度还通过公私伙伴关系（PPP）支持非洲的基础

① Renu Modi, “South-South Cooperation between India and Africa: Advancing the 2030 Agenda for Sustainable Development,” December 22, 2016, https://www.unssc.org/news-andinsights/blog/south-south-cooperation-between-india-and-africa-advancing-2030-agenda.

设施建设。① 在新冠肺炎疫情期间，印度也曾保证不会过早撤回对这些“最脆弱群体”的支持。② 印度在加入《区域全面经济伙伴关系协定》谈判中，其追求目标之一是意在把自己的制造业与亚洲工厂对接起来，实现亚洲成员制造方生产高度一体化与高效协调，乃至强调在分享亚洲制造业发展成果的同时，务求最终促成“印度制造”目标的实现。③ 面对当前全球层面新的挑战，印度认识到一个稳定的南亚次大陆对印度持续发展至关重要，由此莫迪当局加强了与邻国交流合作，有心通过“邻里外交”进一步巩固其在南亚地缘政治的地位。如目前印度与孟加拉国关系“新高度”，谢赫·哈西娜总理明确表示现在孟印两国关系比历史上的任何时候都更加牢固。再如印度与斯里兰卡两国在经贸、防务安全、文化教育以及卫生等领域合作关系也有较多提升，特别是自2022年7月斯里兰卡陷入经济政治危机后，其对印度的依赖更加明显。

近些年，印度还加大了与世界各大国间的穿梭外交和跨国合作。如与日本建立了一种新型合作关系，双方在科技投资和金融贸易等方面加强了合作协调，双方围绕第三方援助合作以及军事合作等有了新的进展，而这种关系有助于帮助印度在更快发展自身经济的同时，强化印度在全球与地区事务上的责任担当。俄乌冲突后，印度与俄罗斯关系发展继续保持平稳。印度与中国也保持接触，中印经贸合作不断加强。在跨国合作推进方面，印度既大力强化与美国的合作，也没有忽视法国、德国、英国等重要欧洲伙伴合作。此外，印度还在中东开展了引人注目的外交，不仅继续加强与以色列的交往，还与伊朗和阿联酋加强联系，并正在制定与沙特阿拉伯加强合作的计划。印度也参与了与美国、以色列、阿联酋的新四方合作机制。同时，莫迪当局还将早先侧重于重建与东亚和东南亚关系的“向东看”政策推进为与后者密切合作的合乎逻辑的“向东行动”。

三、人类文明发展的积极进取者

印度作为当今世界各国增长排名名列前茅的新兴经济体，有望在跨国技术服务、

---

① Chandrajit Banerjee, “A Makeover for the India-Africa Economic Partnership,” The New Indian Express, August 17, 2021, https://www.newindianexpress.com/opinions/columns/2021/aug/17/a-makeover-for-the-india-africa-economic-partnership-2345542.html.

② “PM Narendra Modi Pitches India as Partner for G20 Economic Revival”.

③ Bibek Ray Chaudhuri, Debashis Chakraborty, “India’s Withdrawal from RCEP,” https://www.epw.in/journal/2021/48/commentary/indias-withdrawal-rcep.html.

数字科技研发和高端制造业等领域的发展推进中继续显示耀眼亮色，与发达国家进行不可小觑的竞争。而且从当前世界经济发展呈现出的新趋势来看，全球离岸外包、数字化和能源转型等新经济特征也正在为这个已拥有 14 亿人口的全球第一人口大国带来前所未有的影响。具体讲，围绕互联网业务和软件业领域的高端服务，全球诸多跨国公司都有相当意愿将软件开发、客户联络和业务流程等服务外包给印度。全球劳动力市场供需紧张以及分布式工作模式的出现，正在为印度作为“世界后台办公室”的规划带来新的憧憬空间。但也要理性看到，在全球层面上，无论金融业、高端服务业还是软件开发等科技行业竞争日趋激烈，印度在这些领域并不完全具有主导优势。实际上，从生产效率视角来看，印度经济发展也存在诸多实际制约问题，如在农业发展与中端制造业方面在世界市场上印度竞争力并无明显优势。2023 年以来，印度通过加大企业减税、激励投资和改善基础设施等方式进一步改善营商环境，对此不少经济学家对印度未来的经济规模表达乐观立场。调研数据显示，预计到 2025 年世界劳动年龄人口的五分之一将是印度人，到 2030 年印度的互联网用户将超过 8.5 亿，到 2035 年印度最大的五个城市的经济规模将与当今的中等收入国家相当。

印度将在世界政治中发挥越来越重要的作用。目前，印度不仅是美日印澳“四边机制”（QUAD）的成员，也是二十国集团、上海合作组织和金砖国家的成员。此外，印度与包括英德法在内的欧洲国家也保持着良好关系。虽然印度既不是七国集团成员，也不是联合国安理会常任理事国，但在当前中美竞争加剧，俄乌冲突激化难解的复杂预期下，印度自然成为国际各方积极争取的对象。在当今竞争日趋激烈的地缘政治博弈中，印度作为快速发展的“印太地区”一员和寻求对中国进行战略影响的全球框架合作伙伴，也正在成为美西方争相拉拢的重要伙伴。虽然印度人渴望在全球事务中扮演更独立的角色和发挥更大的作用，但正如诸多观察家所指出，美国及其盟国更多地将印度视为世界大国事务中的“摇摆”力量。而且随着当前全球紧张局势的加剧和潜在不确定性风险因素的增加，印度可能会在发现自己能力受限的境况下面临选边的压力。

印度文化发展将有助于促进世界文明多样性。长期以来，印度历史发展进程中不同时段不仅吸收了大量外来文化，而且还将具有印度文化痕迹的元素传播到世界不同地区。据历史记载，印度朱罗王朝时期就与 Ilamandalam（现为斯里兰卡地区附近）、Sri Vijaya（现为苏门答腊地区附近）、Chavakam（现为爪哇地区附近）、Kamboja（现为柬埔寨地区附近）和 Kadaram（现为马来半岛地区附近）等国有不同程度的文化接触。从相关国家的艺术作品和至今残留的古建筑风貌中，不难发现早期印度文化的对外辐射。印度文化的多姿多彩为全球所瞩目。这种多样性的背后是印度文明和社会结构从远古到现今社会变迁的一种连续。而持续不断的印度移民浪潮进一步促进了印度文明在全球的扩展与衍生。经过多年文化交融与沉淀，本土与外来民族在文化上的碰撞与相互学习，促使印度的艺术、音乐、文学以及习俗和传统不断呈现出新元素，从而丰富了其文化遗产。在今天，东南亚国家的语言多多少少受到梵文的影响，印度教在尼泊尔、斯里兰卡等地影响重大是不争的事实。英国人类学家克里斯蒂娜·德罗西（Cristina de Rossi）表示，虽然西方社会对印度的文化现状及其前景持谨慎态度，认为更多是人类的一种地域文化，但印度人在建筑（泰姬陵）、数学（发明零）和医学（阿育吠陀）方面的贡献，对人类文明进步的作用不容低估。今后印度文化的发展无疑将给人类社会文明进步继续增添丰富性，有助于世界文明多样性向着积极、健康、光明的方向发展。

第二节　印度的问题和主要矛盾

围绕印度国内相关经济、政治、社会走向等的研究，一直是国际学术界重点聚焦的领域。[①] 具体而言，对印度经济的研究中，对其发展前景进行预测和评估的研究占有相当比例，这其中不少文章观点对印度的前景持乐观态度，但也有不少聚焦印度当下面临的各类挑战。需指出的是，印度目前在国民身份构建、民族矛盾化解、宗教关系和谐以及非传统安全应对等方面还存在诸多难题，其中涉及民族分离主义如“卡利斯坦运动”如何妥善解决等顽疾还要考验印度政府的智慧。由于受世界经济复苏乏力、新冠肺炎疫情等因素的影响，当前印度对外出口呈现出放缓迹象，且政府财政支出已处于较高水平，不得不采取措施以避免经济发展出现大幅波动。当前印度面临高通胀困扰，一个挑战是面临通货膨胀环境，各经营企业会增加经营成本，影响盈利能力和利润率，进而影响普通百姓的购买力。另一个挑战是不断上升的经常项目赤字和卢比对美元贬值，致使印度在国家金融安全方面面临不小的压力。虽然莫迪当局为提振经济打出多套组合拳，旨在期望通过经济发展来破解历史遗留的老问题和不断涌现的新问题，但印度国内在社会平等、教育公平、宗教和谐、民族相融等方面的各类痼疾难

① 根据 2023 年 5 月 1 日对国际期刊数据库 JSTOR 的搜索，相关文章多达 335 863 篇。

症显然难以在中短期内轻易解决，相关错综复杂的问题和矛盾不容轻视。

一、印度经济社会发展的不平衡性

近些年来，伴随其经济发展，印度在人口结构与财富分配和劳工保护等方面出现了一些新变化值得关注，具体表现在以下四个方面。一是在男女性别方面有进一步失衡迹象。根据 2022 年 9 月 9 日印度卫生部发布的最新全国家庭健康调查报告数据显示，当前印度男女比例为 1 000 ：1 020，并且城镇居民家庭更具有男性偏好。此外在识字方面，女性的识字率（68.4%）低于男性（85.7%），只有 35.7% 的女性完成了 10 年以上的学业。虽然男孩和女孩在 16 岁之前的入学率几乎相同，但到他们 18 岁时各种差异开始显现，其中超过四分之一的女孩会选择在 18 岁之前结婚（26.8%）。然而，女性婚后的状况并不乐观，包括近二分之一的未怀孕女性患有贫血（53.2%），近四分之一的女性体重过轻（22.9%），近三分之一的已婚女性面临家庭暴力（31.1%）。二是分配领域不平等现象较为普遍。根据 2018 年的调查显示，印度是世界上最不平等的国家之一，10% 的富者控制了国家总财富的 55%，而 1980 年这一比例为 31%。印度底层 50% 的人口只掌握总财富的 15.3%。相关报告显示，印度自 1980 年以来，占全国 1% 人口的最富阶层的财富一直在增加，但全国人口接近 50% 的底层民众的财富却一直在缩减，而且这些年来穆斯林和佛教徒拥有的资产份额不断下降。虽然印度推出了雄心勃勃的国家健康保护计划（Ayushman Bharat Yojana），号称为 1 亿印度家庭提供保险并提供高达 50 万卢比的健康保障，但以往的经验表明，国家保险计划的实施并不能有效防止贫困，因为它不包括门诊费用和医药费这两大医保费用。三是贫困率长期维持高位。尽管经济快速增长，但从 2014 年到 2019 年，印度的贫困率一直是国际上各类慈善组织关注的焦点。从现实情况来看，并非发展就意味着贫困问题的自然解决。印度约有 22% 的人被归类为贫困人口，特别是家庭层面的贫困长期循环，越来越多的案例不断证实代际贫困传承化，贫穷家庭的学生可能出于各种原因无法正常完成初中学业。如弗朗辛·弗兰克（Francine Frankel）所言，印度的农民里只有一小部分从现代农业耕作中获益。由于广大农民并没有很好地分享到改革成果，印度的小农经济抗风险能力严重不足，致使印度农业相关行业具有明显的脆弱性和不稳定性。[①] 四是劳工保护方面

① R.Francine Frankel, “The Politics of the Green Revolution: Shifting Patterns of Peasant Participation in India and Paki-stan,” *New York: Praeger Publishers*, 1973, p.163.

还有制度完善的空间。在今天，仍有大约 90% 的工人在社会保障方面不尽如人意。面对印度如此多的低素质劳动人口，如何进行管理也一直是印度政府的重点工作方向。

在横跨印度恒河平原的这些邦中，绝大多数人口居住在农村腹地。他们中的大多数人以农业为生。由于来自农业的收入有限，以至于当地政府为实现经济增长优化和维护社会治理的稳定性，不得不鼓励人们离开农村，支持人们从农业转向制造业和服务业。但深层次的问题在于，这些邦的人口持续增长致使社会发展面临前所未有的压力。因为人口的增加伴随人均土地持有规模的降低，它给本已紧张的社会服务增加了负担，进一步促使人们不太愿从事较具风险性但回报率可能更高一些的工作。

二、印度教育体系的现状与面临问题

在今天，印度现代学校教育体系包括英语教学等，最早是由托马斯·巴宾顿·麦考莱勋爵（Lord Thomas Babington Macaulay）在 19 世纪 30 年代引进到印度。课程设置主要侧重于现代科目，比如科学和数学，教育也主要在课堂里进行，师生之间的关系主要围绕知识理解而展开。[①] 而针对 6—14 岁儿童进行全面义务教育，一直是印度自独立以来各届政府的夙愿，但是这个目标在过了半个多世纪之后还远未实现。印度现存的教学体系里，中小学教育主要分为四个阶段：小学低年级（6 到 10 岁）、小学高年级（11 到 12 岁）、初中（13 到 15 岁）和高中（17 到 18 岁）。学生在初中结束之前都要学习公共课程。在高中阶段，教育则出现明显差异化特征。学校根据各自情况除了正常授课外，有些还设置了一些专门教育课程。

新冠肺炎疫情对印度教育系统的影响显而易见，具体表现在四点。一是不得不重视在线教育和置办相关硬件。与许多国家一样，面对疫情严峻形势，印度在一些时间段里不得不关闭面对面授课的学校并向在线教学过渡。问题在于，这种转变对广大农村和城郊并不富裕家庭的学生学习产生了极大冲击，将那些无法访问互联网和通信设备的人排除在教育之外。换句话讲，此次新冠肺炎疫情冲击下，受影响最严重的还是

① 在古代，印度的教育与知识传承主要侧重依托古汝库拉（Gurukula）体系，任何想学习的人都可以到老师（Guru）家里去请求获得教育。如果老师接受了学生，那么学生就要留在老师家里并帮助处理相关家务事宜。这样一种方式不仅可以化解学生求学时诸多因学费等带来的困扰，便于老师和学生之间建立深度的联系，而且也让学生有机会学习如何处理家务事。老师会在能力范围内教学生想学的一切，从梵文到神典，从数学到哲学。学生愿意留多久留多久，或者直到老师觉得已经把自己所知都教完了。所有的学习活动都与自然、与生活息息相关，而不局限于对信息的记忆。

农村地区，因为只有约 15% 的印度农村家庭可以上网，这导致许多学生部分或完全无法获得教育。而且这种学习硬件方面的差距还引发了不少学生心理健康问题。二是学生辍学率上升。疫情对经济的严重影响迫使许多学生中断学业，进行灵活就业和打短工来帮助家人渡过难关。疫情的发生和持续严重影响了低收入家庭，他们无力负担孩子的学费。印度目前在教育领域存在的一个普遍现象是，当失业率上升时，教育率会明显下降，因为人们不得不优先考虑家人生计问题，而不是首要追求教育。三是学校延期考试成为一种“新常态”。学校因卫生健康方面的因素而宣布停课时，也会影响到不少学生正常的学习进度和今后的就业前景。特别是临近就业季的学生，相关考试能否顺利进行和拿到理想的成绩，对其选择就业岗位尤其重要。四是对教师的负面影响主要表现在收入层面和心理层面。疫情对一些学校和培训机构的教师收入造成负面冲击，不少教师在疫情期间无法正常拿到工资；而为了维持生计，一些教师还不得不进行社会兼职，并且这种教师兼职的工作方式至今在印度的广大乡村和城郊地区普遍存在。

三、印度国民身份建构艰难前行

宗教、语言、民族和种姓等不同维度的多元性特征，是印度国民身份建构的客观现实。印度国民身份建构实践自建国以来，在国大党主导下以“多样性中的统一”为取向，而在印度人民党政府主导下则日益朝着“多元化一”的方向推进。国民身份建构在很大程度上就是“认同政治”的问题，即身份政治的认同。作为一个学术概念，其最早由蕾妮·安斯帕琪（Renee Anspach）在 1979 年提出。① 虽然在许多国家，“身份政治”这一术语已被广泛地用来描述多元文化主义、女权运动、同性恋权益运动等。② 但就印度而言，国民身份建构更多指向的是不同群体围绕政治议题表达出的态度倾向和行为表征的特定现象及过程。在印度种类与数量众多的多样性中，宗教、语言、民族和种姓构成了印度多元身份 / 认同的主要维度，成为影响印度国民身份建构的关键性元素。③ 印度为了推进国民身份建构，自 20 世纪 90 年代至今，印人党更多是打着

① Renee R. Anspach, “From Stigma to Identity Politics: Political Activism Among the Physically Disabled and Former Mental Patients,” *Social Science and Medicine Medical Psychology and Medical Sociology*, Vol.13A, No.6, 1979, pp.765—773.

② Mary Bernstein, “Identity Politics,” *Annual Review of Sociology*, Vol.31, 2005, p.48.

③ 韩敬云：《多元身份政治视角下的印度国家认同建构》，《中央社会主义学院学报》2022 年第 5 期。

“同质化的印度教民族主义”的旗号，朝着“熔炉式同化主义”的方向推进。[①] 与之相对应，印度国大党的国民身份建构实践则更多注重弱势群体声音的传递，不仅在一定程度上使印度宗教、语言、文化等方面的多元性得到了尊重和保障，避免了身份（认同）政治的极化，而且使印度共同体意识不断被强化，有助于印度国家的团结统一得到一定程度的维护。

四、克什米尔地区治理面临挑战

印度、巴基斯坦分立以来，两国围绕克什米尔领土争端冲突迭起，数度兵刃相见，而克什米尔地区错综复杂的民族宗教状况又使得当地恐怖主义、极端主义和分离主义势力与地区国家地缘政治博弈纵横交错，长期给两国脆弱的社会发展带来负面冲击。2019 年印度以中央直辖方式在印控克什米尔实施“新政”，尝试推动建立克什米尔世俗秩序并扶植当地亲印政权统治力量。但在伊斯兰文化氛围深厚的克什米尔，如若为迎合印度当局的世俗主义目标追求而策略性削减当地居民的宗教外在表达，那么克什米尔未来发展将面临难以摆脱的潜在困境：一旦当地社会发展的预期目标没有如约实现，被压抑的民族宗教力量很可能在未来还以报复性极端排斥行为。由此，需要对近半个世纪以来影响克什米尔争端的宗教文化因素展开认真审视。相应尊重和妥善处理克什米尔居民的宗教文化身份，不仅有助于缓解当地穆斯林与印度教徒之间的社会文化冲突，也是当政力量在克什米尔有效处理群体认同与世俗秩序构建的必要之举。印巴之间围绕克什米尔争端的解决不能急于求成，需要从长时段给予各方利益均衡和进行相互妥协营造一个缓冲期。[②] 作为印度强人莫迪赢得总理连任后的“新政”举措，2019 年 8 月印度当局宣布废除印控克什米尔地区查谟和克什米尔邦宪法特殊地位，并将该地区重组为两个联邦直辖区，从而让南亚最大地区热点、印度与巴基斯坦两国抗争对峙的核心问题——克什米尔争端再度激化。对于印度这一单边行为，巴基斯坦随即予以强烈谴责和反对，而包括马来西亚、伊朗、土耳其、沙特等伊斯兰国家也纷纷明确表示反对立场。值得注意的是，不同于美国所持的暧昧态度，联合国和欧盟等众多全球与

---

① Anwar Alam, “India: Political Experience of a Multi Ethnic Nation-State,” in Hans Christian Günther, ed., *Ethnic and Religious Cohabitation and Conflict*（East and West Band 4）, *Erfrt: Verlag Traugott Bautz Gmbh*, 2017, p.174.

② 余建华、刘锦前：《当前印巴“克什米尔争端”的新安全态势及其未来走向》,《国外社会科学前沿》2020 年第 4 期。

区域国际组织均对印度此举发出批评。显然，时局动荡的克什米尔争端长期悬而未决不利于印巴关系发展，也将严重影响中巴经济走廊建设和中国西部陆疆安全。

在当前环境下如何看待印度“新政”及克什米尔地区安全态势走向？如何重新认识印巴克什米尔冲突的历史背景及其宗教文化因素？如何正确理解克什米尔当地居民的宗教外在表达等？学者通过相关学理性分析，尝试就克什米尔争端问题未来合理解决得出一些有益的判断。① 印度阿里加穆斯林大学政治系比拉尔·舍格吉里（Bilal Ahmad Shergojri）教授认为，克什米尔的地缘特殊性致使印巴为争夺此地而多次陷入战争边缘。他认为，除非克什米尔争端得到有效解决，否则印巴之间关系很难获得突破性进展。② 而美国中佛罗里达大学特聘教授德比达塔·马哈帕特拉（Debidatta Aurobinda Mahapatra）博士则强调应关注非政府行为体在克什米尔争端的影响与作用。其指出，在克什米尔问题上，要突破以国家为中心的边界与安全概念，注重考察既不属中央、也非地方政府的非政府行为体的行为动机及其在塑造地区国家边界关系中的作用。由此他认为，要重视克什米尔地区这些非政府行为体的行为动机，充分注意到他们的激进主义动向。③ 美国北科罗拉多大学人类学教授阿瑟·齐亚（Ather Zia）在《印度族群民族主义困扰的幽灵：印控克什米尔新殖民发展》一文中，指出印度当局“新政”逻辑可理解为以印度教民族主义为基础，以新自由主义为动力的新国家行为。由此当下的问题是要警惕部分印度教民族主义者可能的极端行为。④ 而曼苏尔·艾哈迈德（Manzoor Ahmad）教授在《理解印巴关系：记忆持续成为历史进程的障碍》一文中分析到，印巴两国所代表的印度教徒和穆斯林两个族群分别所运用的印度教意涵与伊斯兰意象之间明显具有排斥性，其行为意图基于“他者”与“我者”的对立，这不仅挫败了两国原本应倡导的包容性民族主义愿景，而且在印巴双方间产生了更多的敌意和互疑。⑤ 由此，印巴两国对抗背后的深层次根源，颇大程度上在于，双方自 20 世纪

① Jonathan, “Freedom of Religious Expression,” *Ethnics*, University of Nottingham, January 16, 2013.

② Bilal Ahmad Shergojri, “Kashmir Dispute and its Impact on India-Pakistan Relations,” *Asian Journal of Multidimensional Research*（*AJMR*）, June 21, 2018.

③ Debidatta Aurobinda Mahapatra, “States, locals and Cross-border Cooperation in Kashmir: Is Secondary Foreign Policy in Making in South Asia?” *Regional & Federal Studies*, May 27, 2017.

④ Ather Zia, “The Haunting Specter of Hindu Ethnonationalist-Neocolonial Development in the Indian Occupied Kashmir,” *Development*, Palgrave Macmillan & Society for International Development, Mar.2020, Vol.63.

⑤ Manzoor Ahmad, “Understanding India-Pakistan Relations: Memory Keeps Getting in the Way of History,” *Jadavpur Journal of International Relations*, June 05, 2019.

中叶由殖民地独立以来，历次残酷战争厮杀及之后近半个世纪的对峙冲突所产生的仇恨记忆长期延续、固化难消，致使当今印巴关系难以找到正常化的路径。

第三节　印度的对外关系

印度建国后，其经济发展与世界经济发展之间有着密切联系和相互影响。伴随世界范围内产业转移，印度第一产业在印度经济中的地位逐渐下降，第二产业在印度经济中的地位逐渐上升，而以现代服务业为代表的第三产业在印度经济中的地位上升明显。近些年来，印度国内生产总值总量在世界占比中不断提高，印度软件业和高端服务业等在世界经济中的影响力不断扩大。当今印度在莫迪治下，更是加强了世界事务中“印度角色”的凸显，并通过穿梭外交以及重视区域组织层面的机制建构等举措，致力于印度国家利益的强力维护。

一、印度与世界主要大国关系

作为世界文明古国之一的印度，自建国以来就有着大国抱负情怀。不论是尼赫鲁时期“有声有色的大国”理想，还是在今天印人党热议的要成为21世纪的“全球超级大国”，实际折射出印度民族在不同时段对国家昌盛发展强大的一种期望。为实现印度的强国目标，印度积极推行大国外交，与世界主要大国和重要国际组织等进行互动，努力凸显印度举足轻重的国际角色。

其一，印度与美国军事合作进一步深化。2022年11月底，美印举行名为“尤德·阿比亚斯”的联合军演。此次军演作为美印军事合作史上重要的一节，表明新形势下世界大国间陆上军事竞争到了新的关口，而美印在环喜马拉雅区域以中国为潜在对手的军事博弈也将进一步推进。近年来美日印澳“四边机制”在军事防务合作上不断深化，在中国边境地区频繁挑起事端。尤其是俄乌冲突以来，美印携手谋局“印太地区”，双方以多种手段强化美印防务合作。目前美国不仅是印度重要的国防装备供应商，而且已成为印度最大的军事演习伙伴，并签署了相关协议让印度获得美国高端国防技术。关于美印最新军事合作主要有四大看点。一是双方军事演习与合作层面，两国政府明确在两国陆军和空军之间迅速建立安全通信设施的重要性，同意在军事部门之间加装安全通信设施。二是双方达成《通信互操作性和安全备忘录协议》（COMCASA），这是一项军事技术共享协议。三是推动包括太空和网络空间在内的新兴国防领域的技术合作。美国和印度将在美国太空司令部和印度国防航天局之间启动新的国防太空交流。四是支持海军高层互访与海域防务交流。此外，关于印美非安全协议合作也有不少进展，表现在以下三个方面。（1）水合作协议：印度贾尔·沙克蒂部与美国地质调查局之间新协议备忘录将扩大双方在水质和管理方面的合作。（2）美国加入抗灾基础设施联盟（CDRI）：印度于2019年9月主导创建的抗灾合作国际组织。（3）美印议会交流：美国国会定期派代表团访问印度，印度议会议员择时进行回访。

其二，印度与欧洲国家战略协调达到新高度。进入21世纪后，随着印太地区日渐成为世界政治和经济重心，欧洲国家对该地区的重视程度明显提升。2017年后，欧盟国家在该地区的基础设施建设合作开始从中国向印度和东盟成员国转移。2019年以来，法国、德国、荷兰、英国及欧盟相继出台“印太战略”文件，其重心之一便是加强与印度的合作。2022年俄乌冲突爆发后，印度逐渐成为欧洲各国努力拉拢的对象。起初欧洲国家向印度施压，期望印度与它们站到一起谴责并制裁俄罗斯，但印度一直保持“中立”。于是欧洲又开始对印度极尽拉拢之能事。2022年4月21—24日，英国时任首相约翰逊和欧盟委员会主席冯德莱恩相继访问印度，表示希望与印度建立更紧密的政治、经济和防务关系。面对欧洲国家的示好，印度政府也趁机拓展本国战略利益。2022年5月2日，莫迪启程前往德国、丹麦和法国进行访问，这也是2022年印度领导人首次外访欧洲。其间，莫迪同德国总理朔尔茨举行了双边会晤，并共同主持了第六轮印德双边磋商，随后莫迪参加了第二届印度—北欧峰会，并分别会晤丹麦、冰岛、芬兰、瑞典和挪威等北欧国家领导人，还会见了法国总统马克龙。此次印欧之间在短时间内如此高频互动表明，印度和欧洲正加紧进行对外战略协调，相互提高对方在各自对外战略布局中的地位，其目的是要在欧亚大陆和印太地区的地缘政治、经济竞争及全球秩序的重塑中占据主动地位。

其三，印度与日本经贸关系进一步拓展。从历史角度来讲，自印度建国后，印度和日本之间无重大战略利益分歧，双方交往中各自经济发展甚至还存在一定互补性，战略互信较容易构建。实际上，从20世纪50年代开始，日本和印度就逐步加强了经贸往来，当时很多日本企业也都纷纷进入印度市场，对印度进行投资，这对于刚建国的印度来言，无疑是“雪中送炭”。在今天经济全球化面临阻力、逆全球化思潮有所抬头的背景下，日本企业进一步加大对印投资，意味着带来了更多先进技术的同时，助力印度的金融业发展，对印度金融稳定产生一定的积极影响。关于印日经贸合作，因双方各自禀赋优势有明显的代差，日本在相关产业方面有着明显优势，而印度方面也期望能够引入相关技术来推动经济发展，由此印日经济合作前景较为乐观。此处，印度与日本围绕第三国的合作，特别是在经济发展援助方面也有很大的合作空间。近些年来，印度与日本在非洲地区围绕农业、环境保护和基础设施建设等方面动作不断。

二、印度在国际组织中的角色

其一，在上海合作组织（以下简称“上合组织”）框架下展现印度角色。上合组织已成为欧亚地区最重要的区域组织之一。但由于欧亚地区长期作为大国博弈之地，无论是涉及全球层面的重大议题比如如何根治国际恐怖主义活动，还是地区层面的双边关系发展如伊朗沙特关系改善等，不同国际行为体对具体问题和事件看法大不相同。坦言讲，域内有不少国家是将印度视为该地区的一个潜在制衡者（countervailing factor），但过去这些年印度并未在欧亚地缘政治博弈中肩负该有的担当。对此，中亚国家较普遍认为，这是由于印度明显缺乏对自身的角色合理定位，或者说像外部行为体一样无法明确认知自己在欧亚地区该展现的身份。对于印度而言，随着阿富汗国内局势的稳定和中国在该地区影响力的增加，中亚无疑将成为印度战略规划中重要的方向之一。而目前阿富汗作为上合组织观察员国，其国内治安能否有效改观以及经济发展能否恢复将事关包括印度在内的广大域内国家的安全。印度在2017年已成为上合组织正式成员，由此拓展了自身在欧亚地区政治、经济和安全等领域合作的空间，是其“大周边”政策中谋求“灵活多边主义”的表现。印度不少学者认为，上合组织的成员国身份将提供给印度一个新的机会，使印度在欧亚板块力量间发挥更多正面的能量。其次，加入上合组织将明显增进印度与中巴进行战略对话的机会，而展开更多对话将有助于就地缘政治分歧，特别是围绕克什米尔的领土分歧增进了解，降低误判风险。再者，印度还可以利用上合平台修复与俄罗斯的关系。印美合作的不断深化无疑将影响到印俄关系，同时印俄关系的未来顺利发展也并非美国所乐见。在当前国家间博弈日趋复杂的背景下，印度大概率将会充分借助上合平台来谨慎表达诉求，寻求在新的国际秩序平衡中实现印度国家利益的增长。

其二，推动金砖国家合作。21世纪以来，金砖五国尤其是其中的中国和印度经济发展都较为快速。特别是2008年全球金融危机后，这些国家的经济发展对世界经济格局产生了重要影响。当前随着金砖国家合作逐渐机制化，金砖国家成员作为广大发展中国家与新兴经济体的代表，显然会围绕全球治理与地区公共品供给等方面传递出更多的声音。近些年世界各大板块力量不均衡发展趋势越发明显，具体体现在发达国家更加注重在高科技领域采取霸凌策略，在舆论宣传上也更加注重法理层面的施压，意图对新兴发展中经济体的崛起进行打压。而自2014年莫迪执政以来，印度对金砖国家合作的发展是投入精力的，也充满期待。2021年，金砖国家领导人会议召开在印度国内引起了热议，印度国内各大媒体对会议进行了跟踪报道。虽然印度国内国大党和印人党向来不和，但对此次金砖国家领导人会议都表达了乐观看法。此外，印度国内民众对金砖国家领导人会议也普遍持肯定态度，认为金砖国家组织将切实引领广大发展中世界在日趋复杂的国际局势面前更好维护自身利益。

其三，印太四方机制中印度角色特殊。印度目前作为美日印澳“四边机制”（QUAD）成员之一，在配合美国对华战略以及维护印太地区美西方利益方面起着极其重要的作用。虽然印度对四方机制中的某些合作持疑虑态度，但印度确实有条件帮助美日等对中国进行战略竞争。一定程度上，印度在印太地区的商业存在可平衡中国企业在该地区日益增长的存在。印度的“东进政策”和邻国外交扩大了印度在印太地区的战略影响力。且借助四方机制，印度还可以将其影响力投射到印太以外地区，从而对外体现出中等强国地位。此外在四方机制的背景下，印度与“志同道合”国家的双边关系可以通过信息共享协议、武器交换协议、防务关系等进一步加强。当然，四方机制也对印度国家利益发展带来了一些挑战。首先，其会影响印中关系向好发展，因此印度必须确保四方机制不沦为“反华”组织。①其次，由于印度和中国都是金砖国家（巴西、俄罗斯、印度、中国和南非）和上海合作组织等国际组织的成员，因此印度在四方机制里活动太过活跃并不利于其在其他组织里的收益。再次，印度参与四方机制可能会疏远印度的两个重要朋友伊朗和缅甸，特别是伊朗还是印度确保能源安全及与中亚国家开展贸易的重要伙伴。

其四，主导南盟发展。虽然在今天，南盟的发展并没有如东盟这般在国际上产生重大的影响，但南盟在协调南亚各国经济社会发展，作为区域合作平台协调与其他经济体的联系等方面也取得了一定成果，比如在推进妇女事业和人权进步等方面获得了

① Manjari Chatterjee Miller, “The Quad, AUKUS, and India’s Dilemmas,” COUNCIL on FOREIGN RELALTIONS, October 13, 2021. https://www.cfr.org/article/quad-aukus-and-indias-dilemmas.

国际社会肯定。南盟即南亚区域合作联盟（SAARC）成立于1985年，成员包括印度、巴基斯坦、孟加拉国、斯里兰卡、尼泊尔、马尔代夫和不丹等南亚七国。冷战结束后，印度与南盟关系较之冷战期间有了较大的改变。印度从国际、地区形势的变化和国内状况的实际出发，改变了冷战期间对南盟的冷漠和阻碍态度，积极推动南盟向前发展。究其原因，无疑是印度认识到南盟作为南亚区域合作组织，印度以自身实力和体量可借助该组织，发挥对南亚事务的核心作用。关于南盟的发展时常在不同时段陷入低谷期，这与印度的外交走向有一定关系。由于印巴之间的关系发展一直面临各种问题，两者间战略互信严重不足，印度会利用南盟向巴基斯坦施压，致使南盟在一段时间内向好发展受到影响。在今天的国际环境下，鉴于疫情后的地区局势，围绕南盟机制未来发展，印度能否真正转变为一个负责任的地区公共品供给大国，还需时间来进行检验。

总体而言，当前印度正处民族复兴发展进程中极其重要的新十字路口，面临各种内外挑战。印度如若有意想成为世界多极化进程中的重要一员，以下三方面尤其需要引起执政者注意：一是采取有力措施保障经济持续稳步增长，且须确保印度中下层民众能够切实享受到经济发展带来的益处；二是同步推行行政层面改革，简化办事流程，减少官僚腐败行为，让国民获得更实惠、更方便的公共服务；三是与邻国保持稳定关系，优化自身经济社会发展的营商环境。问题难点在于，由于资源的相对缺乏，大多数印度社会公共服务无法满足广大底层民众的需求。而且，印度官僚机构的运作效率以及各个阶层之间的地位差距等因素影响，也在一定程度上阻碍了印度公共服务计划的进一步完善。印度教民族主义的情绪蔓延，印度大国沙文主义的思潮滋长，无疑对其改善邻国外交带来不利挑战。至于中印关系，中印作为世界上最大的两个发展中国家，也是新兴经济体的核心代表，两国关系如何互动将对地区秩序乃至全球政治格局产生极其重要的影响。中印关系未来发展，正如时任国务委员和外交部长王毅在谈及习近平主席金奈之行时所言，“增进中印战略互信，开拓共处共赢之道”[①]极有必要。

① 《王毅谈习近平金奈行：增进中印战略互信，开拓共处共赢之道》，中国新闻网，2019年10月14日。

第十七章　东南亚研究

东南亚地区位于亚洲东南部，包括中南半岛和马来群岛两大部分，由印度尼西亚、马来西亚、菲律宾、越南、老挝、柬埔寨、缅甸、泰国、文莱、新加坡、东帝汶11个国家组成，人口总量约6.7亿，占地面积超过450万平方公里。无论是历史上还是现实中，东南亚都是一个非常独特的地区。直到二战后期，该地区才作为一个“区域”出现于政治叙事和学术研究之中，可谓世界政治中的“后来者”。但凭借连接亚洲与大洋洲、太平洋与印度洋的重要地理位置，东南亚地区一直受到国际战略界的高度关注。

东南亚地区地理情况复杂，中南半岛北部与亚洲大陆相连，半岛上既有东南亚唯一的内陆国家——老挝，也有越南这种有着漫长海岸线和陆地边界的“海陆兼备”之国；马来群岛则更像散落在太平洋西南角的“明珠”，湛蓝的海水造就了有着“千岛之国”之称的印度尼西亚，也将马来西亚分隔为东西两部分。东南亚地区物产和资源丰富，是世界上天然橡胶、油棕、椰子等产品的最大产地，也是世界上重要的水稻产区，蕴藏着丰富的锡、石油、砂矿等自然资源，其中砂产量占世界一半以上，马来西亚的锡产量、出口量均居世界首位，印度尼西亚是东南亚最大石油生产国和输出国。地区内海陆“二元结构”带来的巨大差异性和异常丰富的多样性构成了东南亚区域研究的“长时段”前提。

东南亚涵养了丰富的民族文化和宗教信仰，儒家文化、印度文化、基督教文化、伊斯兰文化经由海、陆通道传入地区，并在此处汇合、交融、共生。东南亚也是东亚文明体系中最早、最长期接受西方文明影响的地区。从16世纪开始，西班牙、葡萄牙、荷兰、英国、法国、美国都曾占领和统治过该地区，给东南亚各国留下了不同的社会文化特点、语言文字、教育理念，甚至政治认知。近百个大小民族在这片土地上世代繁衍生息，并在外来宗教、文化冲击中传承着自己的族群特征。东南亚地区种族与宗教信仰混杂并蓄的特点对于地区安全、国家关系的历史、现状和未来影响深远。

第二次世界大战结束后，东南亚各国陆续摆脱殖民主义，实现了国家独立。虽然获得独立的时间相差不大，但由于国际环境的影响、前宗主国的不同政策、国内政治精英的认知和行动力、与周边国家的联系等种种原因，东南亚各国在独立后采取了不同的政治体制，并在应对国内外政治环境的变化过程中不断演进，构成研究东南亚地区时必须加以重视的政治前提。

鉴于东南亚各国在国土面积、资源禀赋、政治体制、经济发展、种族民族、文化传统等方面均存在巨大差异，在对该地区的研究中，长期的视角和不同学科知识体系是必不可少的。本章关注近年来东南亚区域研究中的热点与重大现实问题，从国际政治学角度，对东南亚地区的国际重要性、区域内外主要议题与矛盾进行解析，践行区域国别学所肩负的学术研究与咨政建言双重责任。

第一节　东南亚地区的国际地位、影响力和未来趋势

东南亚地区正逐步成长为当今多极化国际体系中的重要一极。尽管地区各国均为发展中国家，但依托东盟这一个地区性组织，东南亚地区不断扩大国际政治与经济影响力，在世界舞台中占据着越来越重要的地位。

一、国际地位及影响

东南亚地处亚洲边缘地带，既与广袤的亚洲大陆紧密相连，又面向宽广的太平洋，历来是全球地缘经济、政治的战略焦点，是大国必争之地。其区域内的南中国海，通常是指从台湾海峡南端到马六甲海峡之间的广阔水域，蕴藏着大量的石油、天然气等自然资源，素有“新波斯湾”之称。这片水域处于连通印度洋与太平洋的“十字路口”，是世界上最繁忙的海上商业通道之一，有近一半的世界海上贸易量和 25% 的全球石油运输必经此地，对东亚甚至整个世界的经济繁荣具有重大战略意义。

在后金融危机时代，世界经济和战略重心持续向亚太地区转移，东南亚越发成为关涉 21 世纪全球经济和政治发展的重要次区域。从地缘政治上看，冷战时期，东南亚中小国家就已经意识到，唯有联合起来，凭借集体的力量，才能增强对于地区和国际格局不稳定的抵御力，防止地区被拖入大国竞争的漩涡，在风云变幻国际舞台上维护国家利益和整个地区的安宁。1967 年东南亚国家联盟（ASEAN，以下简称“东盟”）成立，并于 1971 年宣布建立“和平、自由和中立区”（ZOPFAN），力图以将外部干涉排除出地区事务的方式获得地区的和平与稳定。

冷战结束后，东盟奉行开放的地区主义，积极拉拢域外国家参与地区事务。在政治方面，东盟先后促成 43 个国家同意并加入《东南亚友好合作条约》(the Treaty of Amity and Cooperation, TAC)，获得了域外国家对于地区和平与安全的一致承诺；在安全领域，1994 年东盟地区论坛（ ARF ）成立，把东亚的两个次区域——东南亚和东北亚——与欧洲、北美、澳大利亚和新西兰等国家结合在一起，形成了世界上最大的安全论坛。2010 年成立的东盟防长扩大会议（ ADMM+ ）是亚太地区重要多边安全合作机制，促进了东南亚国家与世界多国在人道主义援助和救灾、海上安全、军事医学、反恐与维和行动等多个领域开展务实合作，取得显著成效。这种以东盟为中心的区域网络不仅是东南亚国家之间交流与交往的平台，更是起到了“润滑”和“缓冲”各国间在政治与安全事务中的潜在分歧和安全竞争的作用，促进了东亚地区主义的发展，为整个世界的和平与稳定贡献了力量。

在地缘经济方面，自 2008 年全球金融危机之后，东南亚地区就一直是世界经济增长最快的区域，在过去十年中，东南亚地区的经济增速仅次于中国和印度，是世界经济发展最具活力和潜力的地区之一。2015 年东盟经济共同体（ The ASEAN Economic Community, AEC ）建成，进一步减少贸易障碍，促进了货物、服务、资金和技术劳工在地区内自由流动，2019 年 12 月所有东盟国家都加入了单一海关窗口（ the ASEAN Single Window ）加速了货物清关，促进了东南亚各国经济一体化。东南亚地区在全球贸易供应链和产业链中处于关键位置，仅 2019 年就有超过 2.8 万亿美元的全球贸易与该地区相关连。新冠肺炎疫情前，其经济平均年增速超过 4%；疫情期间，东南亚地区依然是世界经济增长的主要引擎之一。2022 年东盟 GDP 总量达到 3.59 万亿美元，是亚洲第三、全球第五大经济体，仅次于美国、中国、日本和德国，① 有效促进了《东盟经济共同体 2025 蓝图》的实施。东南亚地区经济发展潜力巨大，该地区是世界第三大劳动力市场，各国普遍拥有人口红利，年龄低于 35 岁的人口达到 3.8 亿，占总人口的 58%，青壮年人口增加且教育水平相对较高为经济发展提供了良好基础，印度尼西亚、越南等东盟成员国的人口数量和结构均比较适合制造业发展。东南亚地区中产阶级群体在 2030 年将达到 3.5 亿，相当于现在的两倍，加上持续的城市化，到 2030 年大约有近 70% 的东盟人口生活在城市，成为地区经济发展的重要驱动因素。

---

① *ASEANstats*, https://data.aseanstats.org/dashboards/figures/economy.

东盟十国经济特征的相似性大于互补性，面对全球化和世界经济一体化浪潮，更多亚洲大国，如中国、日本、韩国和印度等国的参与才是促进贸易进一步自由化，以及投资、劳动力进一步在地区范围内流动的关键。① 为此，东盟建立起了多元化的经济伙伴关系，与中国、日本、韩国、澳大利亚和新西兰等国家和地区之间达成并生效了自贸协定；东盟也是地区多边与双边自由贸易协定网络的核心，新加坡是东南亚自由贸易的先锋国家，也是唯一与美国和欧盟达成自贸协定国家；2022 年生效的《区域全面经济伙伴关系协定》，包括了东盟十国和中国、日本、韩国、澳大利亚与新西兰五国，成为全球覆盖人口最多、国内生产总值总量最大的自贸协定；四个东盟国家（新加坡、马来西亚、越南、文莱）与东亚、北美等大型经济体签署了《全面与进步跨太平洋伙伴关系协定》。这些自由贸易协定网络不仅使得东南亚国家被看作值得信任的贸易伙伴，而且让该地区在许多重要产业的全球和地区供应链中发挥着关键性作用。

2015 年 12 月，东盟领导人宣布，以政治安全共同体、经济共同体和社会文化共同体三大支柱为基础的东盟共同体正式成立，显示了东盟作为当今国际政治中的重要力量将以更加团结一致的集体形象出现在世界舞台上的决心和信念。在当前地缘政治强势回归、大国博弈和竞争态势不断加剧的国际形势下，东南亚地区的地缘战略价值、东盟的地缘政治重要性更胜从前。

二、未来发展趋势

近些年的国际与地区局势对于东南亚地区来说并不平静，新冠肺炎疫情对经济的影响尚未消失，缅甸政治变局、俄乌冲突、中美关系等地区内、外因素都在以不同方式影响着东南亚。对于东南亚各国来说，一方面要应对新冠肺炎疫情带来国家经济、社会和人力成本上升的挑战；另一方面要适应地区与国际政治的发展脉动，这些全球性趋势构成了东南亚地区未来发展的背景。

保持增长仍然是东南亚各国普遍关注的问题。印度尼西亚、泰国一直是地区经济发展的佼佼者；越南、马来西亚等新兴经济体近年来表现出众，成为推动地区与全球经济发展的重要力量。即使是在新冠肺炎疫情的影响下，东南亚也算得上是全球经济从谷底复苏最早、最快的地区之一。有关数据显示，东南亚地区主要经济体在 2022 年

---

① Ellen L. Frost, *Asia's New Regionalism*, Singapore: NUS Press, 2008, p.205.

实现了快速复苏和高速增长，以东盟为整体，2022 年增长超过 5.5%。[①] 其中，马来西亚和越南以国内生产总值增长 8.7% 和 8.02% 的速度分列第一、第二位，菲律宾为 7.6%、印度尼西亚为 5.31%、老挝为 4.2%、新加坡为 3.8%、泰国为 2.6%，位列其后。东南亚市场在世界经济动荡调整中更是颇受全球资本和企业的青睐，正逐渐成为全球产业链、价值链重塑的“幸运儿”和投资热土。面对创新驱动和注重环境保护的经济发展趋势，东南亚各国正在数字经济、绿色金融、医疗卫生等领域制定规划和政策，重视关键技术领域的创新和包容性发展，为未来的地区繁荣进行长远布局。[②]

但是，在后疫情时期，东南亚地区仍面临不少挑战。从地区内部政治发展来看，2021 年 2 月 1 日发生的缅甸政局变动是东盟作为一个成熟的地区组织面临的最大挑战。东盟虽然在变局伊始就采取了团结一致应对的姿态，但收效甚微，无法拿出一个快速有效的解决办法。随着事态的发展，一些东南亚国家逐渐失去耐心，加之国际社会的压力不断增大，对东盟决策的缓慢、无效频生非议。质疑东盟在解决自身内部问题上的无能和乏力，不仅不利于缅甸事务本身的解决，也将损害整个东盟的团结和声誉，减损人们对东盟共同体的期待。未来东盟何时能够取得斡旋进展，让缅甸重回东盟大家庭仍未可知。

在地区经济发展方面，世界政治突变对东南亚的影响出现“两极化”。无论是历史、现在还是未来，东盟经济的成功是建立在其与外部世界高度关联的基础上而非专注于其内部的联系。许多东南亚国家以出口导向为对外贸易的发展支柱，高度融入经济全球化，并对世界政治与经济波动高度敏感。俄乌冲突导致全球大宗商品价格上涨，一方面增加了东南亚新兴经济体的发展成本，带来经济增长的不确定性；另一方面促使印度尼西亚这样重要的大宗商品出口和投资国吸引了大量投资和贸易机会。随着冲突对全球供应链和世界经济的影响进一步显现，东南亚经济体将继续面临如何应对变局、抓住机会

---

① *ASEAN Economic Outlook 2023*, January 2023, https://www.aseanbriefing.com/news/asean-economic-outlook-2023/.

② 相关文件资料包括但不限于 *ASEAN 2030: Toward a Borderless Economic Community*, Tokyo: Asian Development Bank Institute, 2014; *Vietnam 2035: Toward Prosperity, Creativity, Equity, and Democracy*, Washington: World Bank Group, Minstry of Planning and Investment of Vietnam, 2016; *ASEAN Declaration on Promoting Green Jobs for Equity and Inclusive Growth of ASEAN Community*, Jakarta: ASEAN Secretariat, November, 2018; *Shared Property Vision 2030: Restructing the Priorities of Malaysia's Development*, Kuala Lumpur: Ministry of Econmic Affairs, October 2019; *Agreement on the Establishment of the ASEAN Centre for Active Ageing and Innovation*（*ACAI*）, Jakarta: ASEAN Secretariat, 2020; ASEAN Development Outlook: Inclusive and Sustainable Development, Jakarta: ASEAN Secretariat, July 2021。

发展自己的挑战。中美之间竞争加剧同样给东南亚国家带来了“双重”影响。2018年特朗普政府发动对华贸易摩擦后，美欧跨国企业将部分制造业转移到东南亚，东盟经济因此受益。但东盟是否能够继续享有中国经济发展的“红利”同时保持与美国的密切关系，则充满了不确定性。东盟及其成员国需要重新思考冷战后形成的大国关系格局对于地区发展与安全的作用规律，并不得不随着这种关系的波动不断进行战略与政策调试。

总之，在未来的国际舞台上，东南亚地区仍将发挥重要的作用，是大国间进行地缘政治、经济竞争的“热土”。东南亚各国不仅需要处理它们面对的国内挑战，还要在复杂的国际和地区环境中前进。

第二节　东南亚地区的合作机制与主要矛盾

东南亚地区地缘政治、经济与文化特点决定了这一地区有着相对独特的发展道路。纵观二战后东南亚地区保和平、促发展的不懈努力，可以看出，通过发展地区主义，东南亚地区成功应对了世界地缘政治结构的剧烈变动，在保持地区和平稳定的前提下，成为经济发展比较成功的发展中国家聚集区。与此同时，在摆脱西方殖民地体系之后，东南亚各国并没有摆脱对于外部世界的联系，而是向世界敞开了大门，将自身的发展与整个国际体系密切相联，在全球化浪潮的推动下，成功实现了地区的和平与繁荣。

一、东盟

东盟是亚洲第一个诞生于冷战时期却延续、发展了半个多世纪的地区组织。冷战伊始，刚刚摆脱殖民统治获得独立的东南亚国家又成为美苏冷战的前沿阵地，对于安全的担忧和国家发展与稳定的迫切愿望激发了东南亚国家合作的意愿，东南亚地区主义出现萌芽。在最初的努力——1954年组建东南亚条约组织（Southeast Asian Treaty Organisation, SEATO）和1963年马菲印尼（MALPHINDO）三国联合——以快速失败而告终之后，1967年，印度尼西亚、菲律宾、新加坡、泰国、马来西亚五个国家的外长在泰国曼谷举行会议，会后共同发表了联合宣言——《曼谷宣言》，标志着东南亚地区政府间组织东南亚国家联盟的正式诞生。

东盟初现之时并非前途似锦。彼时，大部分东南亚国家仍处于独立初期，国内矛盾层出不穷，地区内政治、经济、民族、宗教的多元化特点也成为国家间发展出共识和联合行动的一大阻碍，美苏之间激烈冷战更是让东盟是否能够完成其“使命”颇受质疑。出乎大多数人的预期，东盟不仅生存了下来，而且取得了令人惊喜的成就。它不仅成功地处理了地区十国间在政治与经济事务上的协调与合作，实现了地区和平与繁荣；而且在促进国家间共同利益过程中发展出独特的地区规范和原则，在今天高度相互关联的世界中，东盟规范的发展和实践对于地区和全球仍具有影响性和示范性。

自东盟成立以来，东南亚地区没有出现过严重的冲突。在很大程度上，这种和平与安宁的局面得益于“东盟方式”的确立。概言之，东盟方式包含以下四种规范：共识性的决策程序，非正式 / 安静外交，不干涉和尊重主权原则，坚持东盟中心性。其中，尊重主权和不干涉内政原则构成了东盟成员国之间和平共处的基础，被称为“东盟最为本质以及存在已久而又备受推崇的一个原则”①。可见，从一开始，东南亚国家发展地区主义的目的就不是组建一个凌驾于各成员国主权之上的超国家机构或是要求成员进行主权让渡，而是要联合起来，通过集体的力量扩大中小国家国际影响力，维护地区国家的共同利益。

随着冷战进入尾声，文莱于 1984 年加入东盟，越南（1995 年）、老挝（1997 年）、缅甸（1997 年）、柬埔寨（1998 年）先后加入了东盟。东盟的扩容不可避免地带来了复杂性。首先，东南亚国家普遍希望依靠东盟来实现其国家利益，但是成员国数量的增加，导致国家利益与组织诉求之间的矛盾加剧，东盟团结性受到考验。2012 年东盟外长会议上，由于越菲两国坚持要在最终文本中提及黄岩礁和专属经济区的内容，导致东盟成立 45 年来第一次没有发布联合公报。其次，成员国内部事务更加复杂，东盟效用和信用受到考验。自加入东盟以来，缅甸国内政局一直是国际社会关注的焦点，影响着东盟的国际声誉，也挑战着“东盟方式”的有效性。今天，在缅甸问题上，“东盟反应缓慢又无效，可能在新的国际秩序下变得无足轻重”②。

在冷战后数十年的经济全球化和世界多极化浪潮下，东盟在区域合作和一体化方面取得了巨大的成就。东盟发起并建立了一系列以东盟为核心的多边经济和安全合作伙伴关系和对话机制，如东亚峰会、东盟地区论坛、东盟 +3 和东盟 +1。这些地区组织和机制将东盟的日程安排置于讨论的中心，遵循东盟的原则和协商进程，显示东盟有

---

① ［加］阿米塔·阿查亚：《建构安全共同体：东盟与地区秩序》，王正毅、冯怀信译，上海世纪出版集团 2004 年版，第 225 页。

② Sharon Seah, et al., *The State of Southeast Asia: 2023 Survey Report*, Singapore: ISEAS-Yusof Ishak Institute, 2023, https://www.iseas.edu.sg/wp-content/uploads/2025/07/The-State-of-SEA-2023-Final-Digital-V4-09-Feb-2023.pdf.

能力在世界进入多极化格局之际，发挥独特的影响力和作用，促成全球各国在共同关注的议题上展开对话。同时，东盟自身也从未停下促进一体化前进的脚步。2005 年 12 月，第 11 届东盟首脑会议通过了关于制定《东盟宪章》的一致决定，是东盟组织在发展进程中迈出的具有历史意义的重要一步。2008 年 12 月《东盟宪章》正式生效，就东盟发展的目标、原则、地位以及框架等作出了明确规定。2015 年 11 月，东盟通过愿景文件《东盟 2025：携手向前》，重申东盟各项原则和宗旨，为东盟共同体及三大支柱未来十年的发展确立的目标、明确了路径。① 以建成东盟共同体为新起点，东盟在地区主义的发展进程中显示领导力和中心作用。

在半个多世纪的发展过程中，东盟从一个弱小、松散的地区组织，成长为地区多边合作框架的中心，以“东盟方式”为基础的亚洲价值观和规范认同成功塑造了成员国间的凝聚力和团结性，取得了非凡的地区主义成就，创造了政治与经济上的“东盟奇迹”。2022 年，东盟迎来了成立 55 周年的历史性时刻。东盟以“更强大、在一起”（Stronger Together）作为年度主题，凸显在地区遭受新冠肺炎疫情的冲击时，保持各国团结性和经济增长的重要性。同样，在快速变化的地缘政治图谱中，东盟在世界事务中的地位正面临着严峻考验，在这个关键的时间点，东盟只有倍加谨慎和努力地制定与时俱进的战略和政策，才能够达成其保障地区和平，实现包容和可持续发展以及广泛的社会保障等一系列目标。

二、主要次区域组织

东南亚地区的次区域组织多在两个或以上地缘相近、诉求和利益相似的东南亚国家之间发展起来，具有发挥特定功能、以应对特定问题和挑战为目标的灵活合作形式。

（一） 湄公河流域合作机制

湄公河自北向南贯穿整个中南半岛，是世界上最长的河流，始于中国，依次穿过缅甸、老挝、泰国、柬埔寨和越南，最终注入南中国海，沿岸人民的生存、发展由于河流而息息相关、密不可分。如何合理利用水资源、应对自然灾害、进行环境保护、加强非传统安全合作等湄公河流域治理问题一直备受沿岸国的关注。在地区与国际社会的共同推动下，该地区先后成立了多个次区域合作机制。1992 年，亚洲开发银行发

① *ASEAN 2025: Forging Ahead Together*, Jakarta: ASEAN Secretariat, November 2015, https://www.asean.org/wp-content/uploads/2015/12/ASEAN-2025-Forging-Ahead-Together-final.pdf.

起成立大湄公河次区域经济合作机制（GMS），成员国包括中国、柬埔寨、老挝、缅甸、泰国、越南 6 国，旨在通过加强各成员间的经济联系，消除贫困，促进次区域的经济和社会发展。1995 年 4 月，泰国、老挝、柬埔寨和越南四国签署《湄公河流域发展合作协定》，成立湄公河委员会，重点在湄公河流域综合开发利用、水资源保护、防灾减灾、航运安全等领域开展合作。

"同饮一江水，命运紧张相连。"中国作为湄公河上游国家，与湄公河五国是紧密的友好邻邦和天然的合作伙伴。2014 年 11 月，李克强总理在第 17 次中国—东盟领导人会议上倡议建立澜沧江—湄公河合作机制，得到湄公河各国积极响应。2015 年 11 月，澜湄合作首次外长会议发表了《澜湄合作概念文件》和《联合新闻公报》，宣布启动澜湄合作进程，一致同意加强政治安全、经济和可持续发展、社会人文三大重点领域合作。目前该机制已成为最具活力和发展潜力的次区域合作机制之一，并与其他次区域合作机制相互补充，协调发展，共同推进次区域合作进程。

（二）"增长三角区"合作机制

由于海陆兼备的地缘特征，东南亚地区存在多个三角洲区域。这些区域大多处在二个及以上国家的管辖范围内，除了具有多民族种族的社会历史文化特征外，还普遍面临着人口增长、农业发展集约化、快速城市化、生态与自然环境脆弱等各种挑战。因此，推进三角区内的多国合作是东南亚次区域合作的重要内容。20 世纪 90 年代初以来，此类次区域经济合作非常活跃，先后出现了新加坡、马来西亚柔佛州和印度尼西亚的廖内群岛等组成的"新柔廖增长三角"，又被称为"东盟南增长三角"；印度尼西亚、马来西亚、泰国相邻部分组成的"东盟北增长三角"；文莱、印度尼西亚、马来西亚和菲律宾相邻部分组成的"东盟东部经济增长区"，又被称为"东盟东部增长区"等。这些由东盟各国自愿组成的各种增长三角区已成为东盟进行合作的重要形式，促进了东盟各国间经济联系和相互合作，带动了贸易和投资的发展。[①] 总体来说，各国政府对三角区的发展计划表现出深厚的兴趣和强烈的政策支持态度，地方政府也乐于积极参与，其未来对于整个地区的经济增长和国家间关系的助益作用值得期待。

---

① 详见李皖南：《东盟南增长三角：东盟次区域经济合作的典范》，《中国—东盟博览》2007 年第 6 期，第 24—29 页；李皖南：《东盟东增长区的发展与引资成效》，《东南亚研究》2007 年第 3 期，第 31—37 页；葛红亮：《马来西亚与东盟的区域一体化发展》，《学术探索》2017 年第 11 期，第 42 页。

（三）马六甲海峡安全合作机制

东南亚地区涵盖大面积海域，由于地理原因，该地区重要的海上通道（SLOC）有马六甲海峡、巽他海峡和龙目海峡，共同特点是水深很浅、通道狭窄，又是大量船只通行的必经水域。为了保障海上通道畅通，海峡国家之间的合作诉求强烈，其中，马来西亚、新加坡和印度尼西亚三国对于马六甲海峡的管理机制最具代表性。

马六甲海峡因地理条件与气候关系，存在诸多不利于航行的因素。航道最窄之处仅 1.5 海里，容易出现阻塞；雨季时能见度大减，容易发生意外，确保辅助船只安全航行的灯塔、浮标等设施的正常运作，非常重要；海峡一直以来也面对海盗持械抢劫船只等非传统安全问题。1997 年亚洲金融危机爆发后，海峡安全问题持续恶化，沿岸三国开始谋划合作以保护海峡环境和航行安全。2007 年 9 月，三国成立合作机制，成为世界首个专为保持航道航行安全而设立的多国框架。根据这个机制，2008 年 4 月三国以及马六甲海峡航道使用国建立并启动了航行援助基金，由沿岸三国轮流负责管理；该合作机制还成立了项目协调委员会，负责推行和监督维护航道安全与环境保护的项目，如清理沉船、修复航道、应对有害物质泄露等突发事件等；三国共同在马六甲地区进行海军巡逻，建立"天空之眼"空中监视措施，后发展成为"马六甲海峡巡逻信息系统"（Malacca Straits Patrols Information System），显示出以合作方式应对马六甲地区安全挑战的决心，提升国家间共享的对于地区海上和空中情况感知度，促进了应对安全威胁的协调合作。①

三、其他议题

（一）发展不平衡问题

从经济发展角度来看，东南亚地区既有发达国家，也有新兴工业化国家，还有经济落后的国家；人均国内生产总值最高的新加坡与最低的缅甸之间的差距达 50 多倍；从经济总量上看，国内生产总值最高的印度尼西亚与最低的文莱相差 100 倍。② 参差不齐的经济发展水平已经阻碍了地区经济一体化带来的共同繁荣前景。对于竞争力非常

① *Fact Sheet: Malacca Strait Patrols Information System*, March 28, 2008, https://www.nas.gov.sg/archivesonline/data/pdfdoc/MINDEF_20080328001/MINDEF_20080328002_1.pdf.

② 详见 *ASEAN Matters for American America Matters for ASEAN*, 5th Edition, East-West Center, US-ASEAN Business Council, ISEAS-Yusof Ishak Institute, 2021, p.7。

弱的中南半岛国家来说，它们既希望借助区域性自由贸易协定加入全球供应链，又担心加入此类协定会使得外国工业产品进口急剧增加，对本国工业化进程造成威胁，从而无法接受对发达经济体有利的协议条款，不可避免地造成地区经济一体化的迟滞。从发展硬件条件来看，据麦肯锡预测，在道路、铁路、港口、机场、电力、供水和电信基础设施方面，东南亚地区需要超过2万亿美元的投资来保持目前的经济增长。从各国内部情况来看，20世纪70年代以来，一些东南亚国家经济增长迅速，进入了“新兴工业化国家”行列，但在经济快速增长过程中也出现了一些不容忽视的问题，如贫困与饥饿、教育不公平、城乡差距拉大、性别平等和妇女赋权、儿童成长、传染病、环境的可持续性等，东盟已将实现“千年发展目标”（MDGs）列为地区国家共同的努力方向并制定了路线图。①

（二）领土与边界争端问题

南海争端是东南亚地区最主要的领土与权益争端，主要集中于对南沙岛礁的争议。南沙群岛包括200多个岛屿、礁滩、暗礁和沙洲，这些岛礁面积都很小，且绝大多数岛屿上没有淡水，不适宜人类居住。但是，按照国际海洋法的有关规定，拥有岛礁的主权便可合法掌握其周围海域的资源，目前岛礁之争不仅混杂了对领土与资源权的双重争夺，也涉及国家间的外交斗争、法律博弈等各领域较量。

除领海争端之外，多个东南亚国家之间存在着领土争议。新加坡与马来西亚对澄平礁存在主权之争；马来西亚与印度尼西亚对诗巴丹岛（Sipadan）和利吉丹岛（Ligitan），以及苏拉威西海域的油田主权，存在争议；泰国与柬埔寨在柏威夏寺附近地区的主权归属问题上存在争议。虽然这些争端经过国家间和国际平台的协商，已经有了初步解决方案，但长期纷争造成了国家间缺乏信任，不时对国家间关系造成影响。

（三）跨境民族与宗教矛盾

东南亚是全球最具种族与宗教多样性的区域，大部分国家都是多种族与宗教国家，混杂的种族传统与宗教信仰分歧、纠纷成为影响国家内部稳定和国家间关系的重要议题。泰国南部三省约有80%的人口是穆斯林，有着长期反抗泰国中央政府统治的历史，并与马来西亚国内的同族裔保持着密切联系，在语言文化、亲缘关系上拥有很多共通

① *ASEAN Statistical Report on Millennium Development Goals 2017*, Jakarta, ASEAN Secretariat, August 2017, http://www.aseanstats.org/wp-content/uploads/2017/08/ASEAN_MDG_2017.pdf.

性，从伊斯兰教和佛教的宗教差异性上影响着马泰两国的关系。马来西亚国会在 2004 年 10 月一致谴责泰国政府对于南部的镇压行动，被泰国视为是对其内政的粗暴干涉，违背了东盟不干涉其他成员国内部事务的共识。①

缅甸国内的穆斯林族群大约有 700 万，其中一半集中在缅甸西北部的若开邦，被称为罗兴亚人（Rohingyas），占到若开邦人口的 30% 左右，其余居民则多是信仰佛教。自 20 世纪 70 年代若开邦境内穆斯林和佛教徒的冲突不断，2012 年，罗兴亚人和其他若开人之间多次爆发严重冲突，造成 100 多人死亡、数百人受伤、数千间房屋被毁的严重后果。此后双方冲突有增无减，并有暴恐化趋势。缅甸民盟政府处理罗兴亚人问题的方法引发东盟内部伊斯兰国家官方和民间的强烈反对，不仅影响到邻国孟加拉国与缅甸的关系，还考验着泰国、马来西亚、印度尼西亚处理政治安全和民族敏感事件的能力，以及东盟内部的协调能力，引发国际社会及国际组织前所未有的关注。

（四） 恐怖主义问题

“9·11”事件发生后，随着全球恐怖组织、分离组织和极端宗教组织的兴起，东南亚地区恐怖主义活动一度十分猖獗。2002 年巴厘岛爆炸案让该地区成为世界注目的恐怖主义“重灾区”。随着“伊斯兰国”（IS）的崛起，地区外恐怖组织与地区本土恐怖主义势力相呼应、相叠加，使得这一地区的恐怖活动相当活跃。东南亚地区主要存在着三类恐怖主义活动：一是宗教极端主义者制造的恐怖袭击；二是海上盗抢活动，“在印度尼西亚、马来西亚、菲律宾和泰国的宗教极端主义者对于通行于东南亚水域的世界贸易构成了潜在的威胁”②；三是地方分离主义力量制造的暴力冲突事件，泰国南部和菲律宾南部成为深受其害的主要地区。

近年来东南亚国家政府加大反恐力度，在一定程度上遏制了恐怖主义滋生和蔓延。得益于政府管理水平改善、海岸监控水平提高，以及在马六甲海峡地区实施的有效的双边和多边倡议，海上恐怖主义活动有所下降。③ 可以说，东南亚地区恐怖主义活动的暂时平息得益于各国的努力和真诚的合作。一些本土恐怖组织由于自身发展面临困境，

---

① ［澳］约翰·芬斯顿：《马来西亚与泰国南部冲突》，赵雪峰译，许丽丽校，《南洋资料译丛》2011 年第 2 期，第 39—47、66 页。

② Mark J. Valencia, “Security Issues in the Malacca Straits: Whose Security and Why It Matters?” in *Building a Comprehensive Security Environment in the Straits of Malacca: Proceeding of MIMA International Conference on the Straits of Malacca*, October 11—13, 2004, Kuala Lumpur: Maritime Institute of Malaysia.

③ ［美］皮特·乔克、安琪·罗巴萨：《东南亚三国交界地区的非传统威胁及海洋版图意识：菲律宾的海岸监视系统》，《南洋资料论丛》2005 年第 2 期，第 29 页。

处于衰落甚至消亡期，东南亚恐怖主义活动总体处于可控状态。尽管如此，由于宗教、民族、历史问题的复杂性，加之东南亚各国普遍面临经济发展不平衡和社会转型的双重压力，该地区作为潜在恐怖主义高危地区的警报并未解除。①

第三节　东南亚地区的外部联系与对外关系

无论是长期对外交往的历史，还是现实中经济发展与安全保障的考量，东南亚地区深受大国影响是不争的事实。与此同时，东盟成立的初衷也是为了摆脱域外大国的控制。可以说，不依附于任何一个大国，既获取大国的关注和支持又保持战略独立性、自主性，一直是东盟外交的优选项。国际政治中的大国竞争常态和大国利用地区谋取私利的本能，都曾让东南亚地区深受其害。因此，东南亚各国在处理与大国关系时，一贯奉行均衡战略，即在各大国之间寻求势力的平衡，防止某个大国在该区域的存在过分强大，一旦失去均衡，便有可能导致本区域的不稳定。② 通过平衡各大国在东南亚地区中的作用和影响力，东盟在地区事务上获得了话语权，取得了引领地区发展的主导地位，让大国顺应和支持了东南亚地区的发展诉求。

一、美国

美国与东南亚地理相距遥远，文化差异显著，与东南亚地区有着长期且复杂的关系发展历史。总体而言，越南战争结束后，东南亚并非美国战略的首要关注，在 1977 年成为首个与东盟建立对话伙伴关系的区域外大国之后，双方在战略关系上几无亮点。但是，随着国际政治的波动，美国逐渐重视发展与东南亚地区关系。2009 年美国加入《东南亚友好合作条约》，成为第一个向东盟派驻常任大使的域外国家。2012 年，双方开始举办一年一度的东盟—美国峰会。2015 年，双方建立战略伙伴关系，并于 2022 年宣布达成全面战略伙伴关系。

目前，东盟是美国第四大出口市场，美国是东盟的第二大贸易伙伴。2006 年，美国与东盟达成《贸易暨投资框架协定》，美国贸易代表参加年度东盟经济部长会议磋

---

① Daljit Singh, “Responses to Terrorism in Southeast Asia,” *Journal of Policing, Intelligence and Counter Terrorism*. Vol.4, No.1, 2009, p.22.

② 曹云华：《在大国间周旋——评东盟的大国平衡战略》，《暨南学报》（哲学社会科学）2003 年第 3 期，第 12 页。

商，2004 年生效的《美国—新加坡自由贸易协定》是美国在亚太地区的第一个自由贸易协定。在过去十年间，美国与东盟的双边贸易总额增长了 98%，从 1 770 亿美元达到近 3 520 亿美元。目前，美国在东盟的投资接近 3 380 亿美元，多于美国对中国、印度、日本和韩国直接投资之和，对东盟的直接投资占到美国对印太地区全部投资的三分之一多。[①] 在新经济领域，根据"美国—东盟连接"（US-ASEAN Connect）框架中《能源连接》（Energy Connect）计划，美国将投资重点放在东南亚可再生能源的供应领域，并聚焦湄公河下游四个国家（除缅甸外）。

第二次世界大战结束后，美国与泰国和菲律宾的条约同盟关系构成了其亚太地区安全结构的重要组成部分。但是，冷战结束后的几届美国政府对与东南亚地区安全关系只是"阶段性关注和卷入"，甚至在某种程度上是"忽视"的。[②] 近年来，安全合作，尤其是海洋安全成为美国与东盟安全关系中最优先项目。美国保持着与多个国家举行多边和双边军事演习传统，2019 年美国东盟在南海举行了第一次海上军事演习。美国已经将加强东南亚国家的海洋安全能力作为重点，通过《东南亚海洋法律实施倡议》（Southeast Asia Maritime Law Enforcement Initiative）和《印太海洋安全倡议》（Indo-Pacific Maritime Security Initiative）提供了大量资金来提高美国和东南亚国家之间信息共享、互操作能力和海洋安全合作。

1949 年成立的富布赖特项目承载着美国发展与东南亚国家人文与社会关系的重担，迄今为止有超过 12 000 名来自东南亚国家学者、超过 6 800 名美国学者参加了该项目。2013 年以来，美国政府通过"东南亚青年领袖倡议"（Young Southeast Asian Leaders Initiative, YSEAI）项目加强与东南亚的人文联系，通过向所有东南亚国家提供教育、技能培训、小型贷款项目、专业和学术基金，将东南亚的年轻领导人和美国大学、政府和商业组织相连。2020 年 9 月，在东盟—美国外长会议上，美国宣布在越南建立 YSEAI 学院，扩展美国与东南亚国家的人文社会联系。

二、印度

几个世纪以来，印度的宗教与文化广泛影响着东南亚地区。冷战结束后，印度拉

① *ASEAN Matters for American America Matters for ASEAN*, 5th Edition, p.2.

② 详见 Joseph Chinyong Liow, *Ambivalent Engagement: The United States and Regional Security in Southeast Asia after the Cold War*, Washington, D.C.: Brookings Institution Press, 2017。

开了“东进”序幕，更加注重发展与整个东南亚地区的关系。1995 年，印度成为东盟的全面对话伙伴国，2002 年，印度与东盟举行首次领导人会议。2003 年，印度加入《东南亚友好合作条约》，与东盟建立“面向和平、进步与共同繁荣的伙伴关系”。2012 年 12 月，印度与东盟升级为“战略伙伴关系”。据统计，印度与东盟 2022 年贸易额达到 1 100 亿美元，印度成为东盟的第六大贸易伙伴，其中新加坡、越南、马来西亚是印度在东南亚地区的主要贸易伙伴。

印度与中南半岛毗邻，历史文化联系密切，也特别注重与中南半岛国家的合作，尤其是积极推动与缅、泰等国的互联互通，如提出修建印—缅—泰高速路、卡拉丹综合运输项目、印度—湄公河区域经济走廊等多项倡议。1997 年，印度推动“环孟加拉湾多领域经济技术合作倡议”（BIMSTEC，简称“环孟合作倡议”），该项目已成为印度与中南半岛国家次区域合作的重要平台。2000 年，“湄公河—恒河合作组织”成立。2017 年，印度—东盟互联互通峰会成功举办，印度成为继中国、日本后第三个与东盟互联互通协调委员开展对话的国家。2014 年后，根据“东进”政策的需要，印度开始重点发展与某些东南亚国家的双边关系。2016 年 6 月，印度与新加坡举行首次防长对话，称两国“将持续深化并超越战略伙伴关系”，印度视新加坡为“东向行动”的重要支点。2017 年，印越建立“全面战略合作伙伴关系”，双方同意加强战略和国防政策磋商，深化培训合作，推动维和、海上安全和防务技术合作；印度海军、海岸警卫队与印度尼西亚海军频繁互访，两国不断推进防务对话、作战训练和能力建设合作。①

三、日本

对于在二战期间遭受巨大苦难的东南亚国家而言，发展与日本的关系经历了一段谨慎试探和犹豫不决的时期，直到看到日本在战后禁止外部军事力量项目的“和平”宪法的约束下，主要依靠发展援助和大规模投资谋求与东南亚国家建立联系，才逐渐放下戒心。目前双方已经建立起了友好、合作的伙伴关系。日本是东南亚地区第三大贸易伙伴和第四大外资来源国。总体来看，日本在东南亚投资额巨大、经营时间长且利益分布广，是许多东盟国家的主要经济发展合作伙伴。②

① 详见骆永昆：《印度东进东南亚：新进展、动因及影响》，《和平与发展》2019 年第 4 期，第 68—83 页。

② *Chairman's Statement of 25th Asean-Japan Summit*, Phnom Penh: November 12, 2022, https://www.mofa.go.jp/files/100425548.pdf.

基础设施投资是大国参与东南亚发展地区主义进程的重要手段，对于地区秩序的塑造具有推动作用。① 在巨额政府开发援助（ODA）的支持下，日本在20世纪70年代末确立了在东南亚基础设施投资领域的主导地位。② 冷战结束后，日本继续推进在基础设施投资和贸易投资方面与东南亚国家的联系，并以经济合作带动外交与文化关系的全面发展。进入21世纪，随着中国影响力的上升，日本在规划其与东南亚地区关系方面，与中国竞争影响力的导向更加明显。在2015、2016年两届日本—东盟峰会上，东盟国家先后表达了对“高质量基础设施伙伴关系”和“扩大高质量基础设施伙伴关系”的肯定，并希望与之开展更多合作。③ 受到近年来中美竞争的影响，日本着力发展与东南亚国家在安全防务方面的联系。日本一方面试图在地区安全构架的建构方面发挥更大作用，提升日本的政治影响力；另一方面利用南海争端，将据重要海洋节点的东南亚国家，如印度尼西亚、越南和菲律宾作为重点发展防务关系的伙伴，扩大日本在地区海洋安全事务中的作用。2023年初，日本驻东盟大使木谷正彦（Masahiko Kiya）宣布，日本计划与东盟建立全面战略伙伴关系，升级目前的“战略伙伴关系”，进一步深化和优化日本与东盟之间的合作关系。未来，日本仍然会将发展与东南亚地区关系作为提升其政治与安全大国地位的重要抓手。

四、欧盟及其他国家

2020年12月，在第23届东盟—欧盟部长会议（AEMM）上，双方一致同意将关系提升为“战略伙伴关系”，并于2022年迎来了双方建立伙伴关系45周年的重要时刻。欧盟一直是东盟重要的贸易伙伴，双边贸易在2021年达到2 689亿美元，欧盟对东盟直接投资累计达265亿美元，是东盟第二大外资来源国。在发展议题上，欧盟支持东盟促进性别平等和妇女地位的提升，以及东盟在教育公平和劳工权利方面的努力，

---

① 毛维准：《大国海外基建与地区秩序变动——以中国—东南亚基建合作为案例》，《世界经济与政治》2020年第12期，第103页。

② 黄继朝、陈兆源：《竞争与差异化：日本对东南亚基础设施投资的策略选择》，《日本学刊》2022年第2期，第80页。

③ *Chairman's Statement of The 18th ASEAN-Japan Summit*, Jakarta, ASEAN Secretariat, November 22, 2015, https://asean.org/chairmans-statement-of-the-18th-asean-japan-summit; *Chairman's Statement of The ASEAN Post Ministerial Conference（PMC）10+1 Sessions with The Dialogue Partners*, July 28, 2016, https://asean.org/wp-content/uploads/2016/07/CHAIRMANS-STATEMENT-OF-PMC-10-1-SESSIONS-WITH-DIALOGUE-PARTNERS-FINAL-as-of-28-July-2016.pdf.

在教育、科技、环境和救灾等领域为东盟提供帮助。东盟—欧盟可持续发展高级别对话是双方加强合作、有效实施《2030 年可持续发展议程》和 2015 年气候变化《巴黎协定》的平台。①

除此之外，一些欧洲国家作为东南亚地区前殖民宗主国，如荷兰之于印度尼西亚，英国之于缅甸和马来西亚，保持着对这一地区的关心和人文联系。近年来英国、德国、法国等欧洲国家明显加大了对该地区的外交和军事投入；澳大利亚位于南太平洋，毗邻东南亚地区的东南缘，与印度尼西亚隔海相望，对于东南亚及南海地区的政治与安全格局变迁高度关注。值得注意的是，美国“印太战略”的效应逐渐“外溢”到英国、澳大利亚等国的东南亚政策当中，今后这些国家将更多向东南亚进行资源和政策倾斜，并着重从安全角度规划其在该地区的作用，对东南亚地区局势的影响值得探究。

东南亚地区地处国际海上交通战略要道，拥有丰富的自然资源，长期以来一直是西方列强争夺的地区。东南亚各国一方面从地区和国家层面上与外部世界保持着密切的互动关系；另一方面，后殖民时代的身份认同也深深根植于东南亚地区，各国对于大国在地区事务中的过大影响力和倨傲态度都相当敏感，并会加以快速反应。今天，无论在政治、经济、社会还是安全议题上，东南亚地区均深受世界体系的影响。传统的大国平衡战略在国际政治现实演进中形变为“全包型”政策，②并在今天被进一步演绎为东盟的“等距离外交”和东南亚各国不同程度上所采取的“精细化对冲”战略。虽然形式不一而促，但目的却始终未变：确保东盟在大国竞争加剧的国际形势下加强中心性和团结性；保障东南亚各国远离“被牵连”“被抛弃”“被两极分化”的风险，尽量做到在大国关系中“左右逢源”“利益均沾”。③迄今为止，东盟不仅成功地将所有大国“包容”到地区和平与发展议题之中，让大国作用服务于地区政治稳定、经济发展、社会进步的集体利益和整体目标；而且成功地限制了大国在地区竞争的烈度，有效地

① 详见“Overview ASEAN-European Union Dialogue Relations,” https://asean.org/wp-content/uploads/2023/01/Overview-ASEAN-EU-DR_as-of-9-January-2023.pdf/。

② Evelyn Goh, “Great Powers and Hierarchical Order in Southeast Asia,” *International Security*, Vol.32, No.3, 2007/08, pp.131—138.

③ Cheng-Chwee Kuik, “The Essence of Hedging: Malaysia and Singapore's Response to a Rising China,” *Contemporary Southeast Asia*, Vol.30, No.2, 2008, pp.159—185; Cheng-Chwee Kuik, “How Do Weaker States Hedge? Unpacking ASEAN States’ Alignment Behavior towards China,” *Journal of Contemporary China*, Vol.25, No.100, 2016, pp.500—514; Cheng-Chwee Kuik, “Shades of Grey: Riskification and Hedging in the Indo-Pacific,” *The Pacific Review*, Vol.35, 2022, pp.1—34; Evelyn Goh, “Southeast Asian Strategies toward the Great Powers: Still Hedging after All These Years?” *Asan Forum*, Vol.4, No.1, 2016, pp.18—37.

防止了被大国竞争所拖累和牺牲，探索出了一条平衡、兼容的与大国相处之道，既为东南亚各国的发展创造出稳定的和平环境，又促进了整个东盟国际地位的提升。

东南亚地区拥有具有全球意义的地缘战略地位、资源储备数量和经济发展潜力，通过采行独特的政治和经济发展道路，这一地区已经实现了地区的和平与发展，成为国际社会的重要一员，是整个世界和平与繁荣愿景中不可或缺的积极力量。当前，如何提振受到新冠肺炎疫情冲击的地区和各国经济、加强社会稳定和包容均衡发展、应对大国竞争带来的地缘政治挑战是东盟和东南亚国家普遍关心的问题。从东盟角度来看，为了达到亚洲第一个次区域共同体——东盟共同体增强政治凝聚力和经济一体化、促进社会文化和谐稳定的目标，需要进一步加强东盟的中心地位和地区内各国的统一性、联通性，全面有效实施东盟共同体2025愿景规划，并着手制定2025年以后的东盟共同体发展愿景；同时，东盟主导下的地区多边框架需要适应大国关系的演进。从东南亚国家角度来看，中国仍然被大多数国家看作最大的经济和政治影响力来源，疫情后的地区和国家经济发展离不开中国经济提供的“红利”；但同时，美国正在加大对地区的投入、倾听地区国家的诉求，并始终以“与中国竞争”的透镜来规划东南亚国家的作用，美国对于地区的战略关注向来是不足和不稳定的。为了应对后疫情时代不确定的国际政治与经济环境带来的挑战，东盟在地区事务中、东南亚国家在各自国家事务中保持独立性和自主性；在与大国关系中防止被利用，争取从多个大国处获得好处和机会；在地区一体化建构中保持东盟中心性、团结性和主导性，应该成为东盟这一重要的地区组织和东南亚11个国家共同努力的方向。对中国而言，未来，在大国竞争加剧的全球格局下，东南亚地区作为“中间地带”的身份作用，比之前任何时候都更加重要，也更值得我们关注和研究。

第十八章　中东研究

中东是近代才有的政治地理概念，源于西方殖民主义的“欧洲中心论”。19 世纪以来，英国、法国、德国等欧洲殖民列强以欧洲为圆心，将欧洲以东的地区及国家按照其距离欧洲的远近分为“近东”（the Near East）、“中东”（the Middle East）和“远东”（the Far East），其中“近东”主要是指地中海东部沿岸地区，“中东”是指海湾（即波斯湾）沿岸地区，印度以远的地区则被称为“远东”。到二战期间，英国将其“中东司令部”设在埃及开罗，统筹近东与中东政治、军事与经济事务，此后人们便习惯性地将近东与中东统称为“中东”，“近东”一词在国际上已不常用。①

由此，今天的中东在地理上包括西亚北非地区，主要由海湾、东地中海、北非三个次区域组成。海湾国家包括沙特、伊朗、伊拉克、阿联酋、科威特、卡塔尔、阿曼、也门、巴林 9 个国家。东地中海国家包括土耳其、塞浦路斯、叙利亚、黎巴嫩、约旦、以色列和巴勒斯坦 7 个国家。北非国家包括埃及、苏丹、利比亚、突尼斯、阿尔及利亚、摩洛哥、毛里塔尼亚 7 个国家以及西撒哈拉地区。要指出的是，阿富汗过去时常被纳入中东国家范围，但当今国际社会更多地将其列为南亚国家。

从民族、语言及宗教文化属性来看，中东国家绝大部分是以阿拉伯人为主体民族、讲阿拉伯语、大多数居民信仰伊斯兰教的阿拉伯—伊斯兰国家；土耳其、伊朗在宗教文化上也属于伊斯兰国家，但分别是以土耳其民族为主体、讲土耳其语和以波斯人为主体、讲波斯语；而以色列则以犹太人为主体民族、居民多信仰犹太教，塞浦路斯则主要由信奉东正教、讲希腊语的希腊族和信奉伊斯兰教、讲土耳其语的土耳其族组成。

就政治体制类型而言，中东国家绝大部分是共和制国家，但也有世界上君主制最集中和君主掌握实权的地区，即海湾地区。中东君主制国家包括沙特阿拉伯、阿曼、巴林、卡塔尔、科威特、阿联酋这 6 个海湾国家，以及东地中海的约旦和北非的摩洛

① “Are the Middle East and the Near East the Same Thing?” https://www.britannica.com/story/are-the-middle-east-and-the-near-east-the-same-thing.

哥2个王国，其中沙特阿拉伯和阿曼国家大权基本由国王掌控，其他则是君主与议会分权的君主立宪国。伊朗是中东国家中唯一实行政教合一的国家。按照经济规模、军事实力和地区影响力等要素划分，中东的国家大致可以分为地区大国、中等国家和地区小国三个类别。埃及、沙特、伊朗、土耳其是中东的地区大国。伊拉克、阿尔及利亚、叙利亚、突尼斯、利比亚、摩洛哥、苏丹等是中东的中等国家。阿联酋、卡塔尔、科威特、巴林、约旦、黎巴嫩等属于中东小国，其中巴林、科威特、卡塔尔等国还有城市国家之称。由于不同国家在政治、经济和军事发展上存在不平衡性，这些国家的划分不是静态和固定的，而是在中长期的变化周期内会呈现此消彼长。比如伊拉克曾被认为是中东的地区大国，但是在海湾战争和伊拉克战争之后，伊拉克的地区地位迅速下降，已经退出地区大国的行列。类似的情况也出现在中等国家叙利亚、利比亚、阿尔及利亚、苏丹等国家。以色列则是中东地区独具一格、后来居上的“小而强”国家。

第一节　中东的国际地位、国际影响和未来趋势

中东是全球地位十分重要的地缘政治经济板块，位于大西洋和印度洋之间，地处亚洲、非洲、欧洲三大洲的交界处，地中海、红海、阿拉伯海、黑海与里海之间，所以中东素有“两洋三洲五海之地”之称。中东是连接亚洲、欧洲和非洲的海陆地缘要衢和亚欧国家进行贸易往来的必经之地。中东拥有世界上最重要的陆、海、空交通枢纽和战略水道。中东的黑海海峡、苏伊士运河、霍尔木兹海峡、曼德海峡等都是世界上十分重要的战略水道。正因为中东拥有至关重要的地理位置，因此中东历来就是域外大国和地区国家战略竞相争夺的战略要地。

中东素有“人类文明摇篮”之美誉。这里是人类文明最早诞生的发祥地之一。阿拉伯人、波斯人、土耳其人、犹太人和库尔德人等在中东缔造悠久灿烂的古代文明。其中，除与古代中国文明、古代印度文明齐名共称“古代东方四大文明”的古代埃及文明与古达巴比伦文明外，对西方文化影响至深的希伯来-犹太文明，以及作为东方文明重要组成的亚述文明、波斯文明和阿拉伯文明等都发源于中东。中东还是对现代世界影响巨大的三大宗教——犹太教、基督教和伊斯兰教的诞生之地。这三大宗教同根同源，同属于一神信仰的亚拉伯罕宗教。耶路撒冷、麦加、麦地那等地则是世界著名的宗教文化中心。

不仅如此，中东还地处广义的东方文明和西方文明交汇的中间地带。中东的东方有中国的华夏文明和印度文明，西方有古希腊文明、古罗马文明以及后来的西欧基督教文明等。因此自古以来，中东就是东西方民族和文明的交流荟萃之地，形成了文明交往的诸多独特性。但是文明交汇的过程非常复杂，交汇的方式既有和平的经济文化交往与融合，也有暴力残酷的武力征伐与战争。从本质来看，文明冲突是文明交往的一种特殊属性。毫无疑问，战争是文明间的冲突，也是文明交往中政治交往的继续，是政治交往的最高形式。文明冲突的根源是基于文明的差异及其交往的有限性。

长期以来中东战乱频生，其主要原因在于：第一，在经济上，中东地区及国家长期处于相对落后的状态，且发展不平衡；第二，在宗教文化上，中东有三大世界级宗教——犹太教、基督教与伊斯兰教，不仅这三种宗教之间冲突时起，即使在同一宗教内部，如中东绝大多数民众信仰的伊斯兰教内部也是教派林立，彼此矛盾尖锐；第三，近现代殖民主义、帝国主义和霸权主义势力人为地在中东制造社会政治、民族文化以及边界领土等多领域的各种矛盾争端。

中东还是世界战略资源即石油和天然气两大能源的蕴藏宝库。中东地区蕴藏着世界近五分之三的常规石油资源。从已探明石油储量来看，2020 年剩余可经济开采的常规石油资源国在全球排名前五名位的国家包括沙特阿拉伯（17.2%）、伊朗（9.1%）、伊拉克（8.4%）、科威特（5.9%）和阿联酋（5.6%），均属于中东地区，这五个国家的石油储量占世界石油储量的 46.2%。①

除了储量丰富、储采比年限甚长、油质高之外，中东地区石油还具有相当明显的开发条件优势。中东国家的石油普遍具有油田面积广、油层丰厚、油层压力大、自喷能力强、离海洋距离近、便于开采和运输等得天独厚的优势，这也让中东国家的石油在国际能源市场上拥有极强的竞争力。从产量上看，中东国家石油的年产量约占世界总产量的三分之一左右，销售量约占世界总销售量的三分之二，是世界能源的供给中心，更是全球经济赖以生存的最主要的能源供应基地。从 20 世纪 60 年代到 21 世纪初，美国进口石油的 30%、西欧进口石油的 60%、日本进口石油的 80% 均来自海湾地区。

在天然气方面，近些年中东的天然气探明储量、生产量和出口量大幅上升，在国

① “BP Statistical Review of World Energy 2021,” https://www.bp.com/content/dam/bp/business-sites/en/global/corporate/pdfs/energy-economics/statistical-review/bp-stats-review-2021-full-report.pdf.

际天然气市场的份额不断攀升。截至 2021 年，中东地区的天然气探明储量占世界已探明天然气总储量的 22.2%。中东地区探明的天然气储量从 2011 年的 66.6 万亿立方米增加到 2021 年的 89.6 万亿立方米，主要蕴藏在伊朗、卡塔尔、沙特、阿尔及利亚等国。中东还是拥有世界上最大的天然气田，卡塔尔和伊朗共享的南帕尔斯 / 北多姆油田是世界上最大的天然气田。2020 年仅西亚地区天然气产量为 6 866 亿立方米，较上年增长 1.0%，占全球天然气总产量的 17.8%。当前卡塔尔与阿尔及利亚分别是中东最大液化天然气与管道天然气输出口国，这两国加上伊朗、阿联酋、阿曼、埃及、利比亚等西亚北非国家均是世界重要的天然气出口国。①

中东成为世界大国竞相争夺的新中间地带。俄乌冲突赋予中东地区特别是阿拉伯国家以特殊的中间地带地位。美国和俄罗斯都期望拉拢中东阿拉伯国家站在自己一边。美国期望沙特、阿联酋等产油国能够增加石油产量和出口量，用以平抑美欧对俄罗斯实行能源禁运而导致的全球石油供应短缺和石油价格暴涨；而俄罗斯则期望拉拢中东产油国进行限产提价，推高国际石油价格，用以资助俄罗斯在乌克兰的特别军事行动。中东国家地位的提升彰显“中间地带”概念在新时期大国竞争背景下的回归与转型。包括阿拉伯世界在内的新型“中间地带”国家在大国竞争中“左右逢源”的趋势将进一步凸显，在本地区事务中发挥更大影响。另外，数字时代新型大国竞争所带来的观众效应，推动阿拉伯世界集体展露出在政治立场上保持基本中立、在政策举措上分议题与多方分头合作的取向。这将使得阿拉伯世界在未来的大国竞争中更加“左右逢源”，并将持续推动中东政治和世界政治的变化与发展。

中东能源是一把双刃剑。石油不仅是宝贵的能源资源，是全球价值链、产业链和供应链不可或缺的环节，也是一种重要的战略物资，因此保障中东能源的自由流动对世界经济发展具有特殊的意义。约瑟夫·奈就从经济的相互依赖视角阐述了中东石油和国际经济之间存在着密不可分的依赖关系，指出一旦中东石油断供，将对世界经济构成极大的杀伤力。第四次中东战争中的石油武器的运用就是典型的案例。

第四次中东战争爆发后，因不满美国紧急军援以色列并导致战局逆转，沙特国王

① “Countries with Largest Natural Gas Reserves in the Middle East,” *NS Energy*, November 29, 2019, https://www.nsenergybusiness.com/features/largest-natural-gas-reserves-middle-east/#. “BP Statistical Review of World Energy 2021,” https://www.bp.com/content/dam/bp/business-sites/en/global/corporate/pdfs/energy-economics/statistical-review/bp-stats-review-2021-full-report.pdf.

费萨尔在 1973 年 10 月 17 日紧急召开阿拉伯产油国会议，会议通过了有关石油减产（5%）、禁运和提价的决议。沙特更是将石油产量环比削减 37%，油价提高 7%，并对美国、荷兰等亲以国家实行石油禁运。阿拉伯产油国的减产禁运引起国际原油市场的恐慌，石油价格从 1973 年 9 月每桶 2.90 美元暴涨到 1974 年 1 月的 11.65 美元。石油作为基础型商品，其价格的暴涨给西方国家带来极其严重的通货膨胀，并直接导致西方国家在 1973—1975 年陷入严重的经济危机。

阿拉伯国家的石油斗争对当时国际关系产生了重大影响。中东产油国使用石油武器有利打击了以色列及其西方支持者，石油禁运和后续的经济危机扩大了欧洲、日本和美国的裂痕，欧日被迫放弃支持以色列的中东政策。石油武器还让阿拉伯国家和中东看到了自己的力量，并进一步推动建立国际经济新秩序的斗争。

当前石油的特殊意义还在其同美国的世界霸权紧密联系。由于特里芬难题（Triffin’s Problem）的存在，以及受到越战冲击、西欧和日本等西方经济体成长的影响，美国在 20 世纪 60 年代末已经难以维持 1946 年布雷顿森林体系规定的美元霸权，不能兑现美元同黄金挂钩、其他货币同美元挂钩的双挂钩体系。1971 年 10 月，美国尼克松政府宣布新经济政策，政策核心是废除美元同黄金挂钩的政策，并宣布美元贬值 10%。尼克松的新经济政策也意味着二战后国际金融的布雷顿森林体系的崩塌，但美国并未因此放弃美元霸权。

在此之前，美国同沙特磋商，商定沙特的石油出口以美元为计价货币。由于沙特在国际能源市场占据着不可辩驳的霸主地位，石油以美元计价也迅速成为国际能源市场的通行规则。这意味着美国通过绑定大宗商品石油的定价权，确立了美元在国际市场的计价货币和储存货币的地位。二战后美国确立的美元霸权悄悄转换为石油—美元霸权。

中东诸国文明交流的同时，也不断发生冲突甚至战争，伊拉克、叙利亚、也门、利比亚和黎巴嫩等国内因为族群、部落、宗教（教派）矛盾不断发生仇杀和冲突。另外域外大国在中东地区的争夺进一步激化既有矛盾。1916 年英国和法国为瓜分奥斯曼土耳其帝国和确定英法在中东殖民分界线而签署的《赛克斯—皮科协定》以及英国支持犹太复国主义运动的《贝尔福宣言》，加剧了中东地区的碎片化，让中东国家因为教派矛盾、民族纠纷、边界争端和地缘竞争等因素陷入连绵不绝的战争。四次阿以战争、黎巴嫩战争、两伊战争、海湾战争、伊拉克战争先后在中东发生，由 2011 年以来中东变局（即“阿拉伯之春”）触发的利比亚、叙利亚和也门战乱至今尚未完全平息。

中东成为战后世界动荡的多事之地，同时暴力、冲突和战争也外溢到周边和整个世界。其中最突出的是国际恐怖主义，尤其对当代世界构成重大冲击的是，2011 年“基地”组织（对美国发动“9・11”事件）和 2014 年“伊斯兰国”的崛起。

2001 年 9 月 11 日，19 名“基地”组织恐怖分子劫持民航客机撞击美国纽约世贸中心和华盛顿五角大楼等目标，这场恐怖袭击给美国造成近 3 000 名人员死亡和 2 000 亿美元的经济损失，对全球经济带来近 1 万亿美元的损害。在某种程度上，这也是中东外溢的恐怖主义对美国和世界造成的重大影响。本・拉登领导的“基地”组织认为，美国是伊斯兰国家的最大威胁，美国通过发动战争和对中东输出西方的民主价值观等方式腐蚀伊斯兰教的正统和纯洁，美国以发动海湾战争为由在伊斯兰圣地沙特驻军，更是对伊斯兰世界的最大玷污。这成为其对美发动“9・11”恐怖袭击的主要理由。

“9・11”事件的世界影响在于三点。第一，以本・拉登为代表的“基地”组织发动的恐怖袭击是二战后美国本土第一次遭受的重大外来袭击。美国总统小布什锁定藏匿在阿富汗的本・拉登和“基地”组织为恐怖事件的策划者和发动者，并在当年 10 月对阿富汗的塔利班政权发动战争。“9・11”事件和阿富汗战争也让美国陷入长达十年的反恐战争。第二，“基地”组织和“9・11”事件激发了宗教极端主义和恐怖主义在世界范围的复兴。本・拉登被极端主义和恐怖主义组织奉为精神领袖，宗教极端与恐怖暴力势力在全球多国兴风作浪，掀起一阵阵危害无辜民众和国际社会的恐怖主义浪潮。第三，以恐怖袭击为代表的非传统安全迅速成为世界各国安全议题的首要选项。非传统安全同传统安全一样成为各国严肃面对的重要议题。在美国的引领下，反恐行动迅速在世界范围展开。

尽管美国发动了针对本・拉登和“基地”组织的国际反恐战争，但是美国并未在中东消除恐怖主义。恰恰相反，2003 年美国发动的伊拉克战争再度让恐怖主义以更迅猛更残暴的方式席卷而来。尽管伊拉克战争推翻了萨达姆政权的统治，但是数百个恐怖组织像野火迅速在伊拉克蔓延。其中由“基地”组织伊拉克分支衍生演变的极端恐暴势力“伊斯兰国”更是凭借残暴杀害伊斯兰教什叶派信徒、天主教徒和雅兹迪教信徒，焚毁宗教场所和文物建筑而震惊全球。2014 年 6 月，“伊斯兰国”在其所占领的伊拉克第二大城市摩苏尔宣布建立“伊拉克和大叙利亚伊斯兰国”，并通过网络宣传恐怖思想和招募外籍战士等方式扩大影响。“伊斯兰国”一度占领三分之一的伊拉克领土和四分之一的叙利亚的领土。直到 2018 年 12 月反恐力量夺回伊拉克摩苏尔和叙利亚达卡的控制权，挫败了“伊斯兰国”。

但是在“伊斯兰国”组织身上，宗教极端主义集中表现为准国家化的叛乱组织、跨国恐怖主义活动和宗教极端意识形态三种威胁。宗教极端主义的扩张不仅给国际安全与国际制度带来了威胁和冲击，也对全球治理构成了严峻挑战。在安全层面，宗教极端主义的扩张造成了诸多恶劣影响，如挑战国家主权、加剧安全私有化、推动宗教因素的安全化等。在国际制度层面，宗教极端主义影响了西方大国和国际组织的议题设定和相应决策，令国际社会难以合作打击极端主义；同时引发国际社会，尤其是西方世界的“伊斯兰恐惧症”，加剧了伊斯兰世界与国际体系间的紧张关系。在全球层面，宗教极端主义不仅侵蚀着全球治理所需要的国家间信任，还制造出许多全球治理领域的特殊难题。

从未来发展趋势上看，中东国家面临严峻的发展和安全问题。这也是中国国家主席习近平访问阿盟总部时提出的“中东之问”，即中东国家长时间都在承受经济发展迟滞和地区动荡之苦，从全球治理的视角，中东国家和所有域外国家都应当为中东的安全和发展问题谋策应对。

在安全议题上，中东的各种安全形势不容乐观。第一，域外国家尤其是英法等欧洲殖民列强遗留下来的安全问题，如巴勒斯坦问题、库尔德问题仍未得到妥善解决。第二，因为民族宗教纠纷、领土领水归属及边境勘界争议等衍生的矛盾层出不穷，而且这些矛盾相互影响、相互叠加不时加剧冲突。第三，2011 年以来中东变局引发的政局变动和国内战争仍在进行，并成为恶化中东国家和地区局势的主要诱因。也门、叙利亚和利比亚内战仍在持续，并在外部国家的干涉下具有浓厚的代理人战争色彩，与之相关的和平进程难以取得突破性进展。伊拉克国家重建也远未完成，派系政治色彩浓重。第四，非传统安全议题日渐突出。从“基地”组织到“伊斯兰国”再到伊拉克的教派仇杀，恐怖主义与宗教极端暴力成为恶化中东安全的重要诱因。

发展更是困扰中东的深层次结构性难题。近些年，中东国家除了海湾石油生产国之外，经济发展水平普遍低于国际社会的平均水平。遭受中东变局、叙利亚等国的内战和“伊斯兰国”卷土重来的冲击，中东一些国家的交通、通信等基础设施受到严重破坏，经济发展受到巨大干扰。恐怖主义肆虐、战争多发和政局动荡等因素还破坏了中东的投资环境，制约中东的经济一体化和地区化进程，阻挠国外资金对中东的投资。沙特等石油生产国尽管总体状况好于非产油国。但是这些海湾产油国的未来发展也面临隐忧。特别是以全球绿色低碳潮流、页岩气革命的凸显，以及光伏发电、锂电、核电、风能发电为代表的新能源的发展，对中东产油国提出了严峻的挑战。经济转型已经势在必行，但转型需要的资金、技术和投向选择等问题，都为中东产油国的未来发展带来巨大的不确定性和发展隐忧。

第二节　中东地区的合作机制和主要矛盾

战后中东地区已经建立多种地区跨国合作机制，这些组织在地区发展和同外部世界的联系上中发挥着重要的作用。综合来看，中东地区的主要合作机制主要包括多边机构或多边组织。

（一）阿拉伯国家联盟（League of Arab States, LAS，以下简称“阿盟”）。1945 年 3 月，7 个阿拉伯国家在埃及倡议下在开罗举行成立会议，通过《阿拉伯联盟宪章》，宣布阿盟正式成立。阿盟的宗旨是：捍卫阿拉伯国家的独立和主权，协调彼此间的政治活动，密切成员国间的合作关系，推动阿盟成员国在政治、经济、文化等方面进行密切合作等。为此阿盟要求成员国相互尊重国家政治制度，彼此之间的争端不得诉诸武力解决。① 阿盟有 22 个成员国，包括：阿尔及利亚、阿联酋、阿曼、埃及、巴勒斯坦、巴林、吉布提、卡塔尔、科威特、黎巴嫩、利比亚、毛里塔尼亚、摩洛哥、沙特阿拉伯、苏丹、索马里、突尼斯、叙利亚、也门、伊拉克、约旦、科摩罗，总部设在埃及开罗。

阿盟的最高权力机构是阿盟首脑理事会，用以商讨地区性重大问题和紧急事务。阿盟首脑理事会主席由成员国轮流担任。此外阿盟的主要机构还包括：部长级（外长）理事会、专项部长理事会、联合防御理事会、经社理事会和秘书处。阿盟已经成为中东阿拉伯国家主要的议事机构和发声平台，并在历次阿以战争、两伊战争、海湾战争等涉及中东和阿拉伯世界的重大事件发表立场声明。

（二）海湾阿拉伯国家合作委员会（Gulf Cooperation Council, GCC，以下简称“海合会”）。海合会于 1981 年 5 月宣告成立，总部设在沙特阿拉伯首都利雅得，是海湾地

① “Pact of the League of Arab States,” March 22, 1945, https://avalon.law.yale.edu/20th_century/arableag.asp.

区的重要政治经济组织。成员国包括巴林、科威特、阿曼、卡塔尔、沙特阿拉伯和阿联酋 6 个国家。

海合会的最高权力机构是由海合会成员国国家元首组成的最高理事会，主席由各成员国国家元首轮流担任。海合会的重要议事机构为由各成员国外交大臣或其他内阁大臣组成的部长理事会，其主席也由成员国轮流担任。海合会的常设机构是总秘书处，除由最高理事会任命的秘书长外，另设三个专门负责政治、财经和军事事务的副秘书长。海合会的主要宗旨是协调成员国之间在各个领域的政策，推进经济一体化，加强地区防务和安全合作，加强和密切成员国人民间的联系、交往与合作，缩小各国间社会、文化及教育发展差距，推动 6 国发展工业、农业、科学技术发展，鼓励私营企业间的经贸合作等。[①] 海合会每年年末轮流在成员国首都召开首脑会议，讨论海湾成员国、海湾以及中东地区的重要事项。当前海合会的主要议题是促进海合会成员国在经济、政治、安全的一体化。但是受制于各种内部和外部的因素，海湾地区一体化的进展有限。

（三）阿拉伯石油输出国组织（Organization of Arab Petroleum Exporting Countries, OAPEC，以下简称“阿佩克”）。阿佩克是 1968 年 1 月由利比亚、沙特阿拉伯、科威特倡导成立，宗旨是在阿拉伯石油生产国之间对石油生产、出口价格上沟通协商，协调各成员国的行动以公平、合理的份额向国际消费市场供油，为石油工业吸引资金和技术创造良好环境。成员国包括阿尔及利亚、巴林、埃及、伊拉克、科威特、利比亚、卡塔尔、沙特、叙利亚、阿联酋、突尼斯。中东是世界上石油储存最丰富的地区，石油的生产和出口在世界首屈一指，其天然气探明储量及生产与出口量也在全球占有极其重要的份额。因此，阿佩克自从成立以来就在国际能源市场上占据着重要的市场地位和话语权。另外，由于阿佩克涵盖了所有的阿拉伯产油国和输出国，阿佩克在石油输出国组织（“欧佩克”）中也占据着重要的地位，便于阿拉伯石油生产国和出口国之间就石油政策进行磋商和协调。

（四）伊斯兰合作组织（Organization of Islamic Cooperation, OIC）。原名伊斯兰会议组织，在 1969 年 9 月由沙特倡议成立，在 2011 年 6 月改名为伊斯兰合作组织。该组织由遍及西亚、南亚、中亚、西非和北非等地区的 57 个伊斯兰国家组成，人口规模达

① “Charter of the Gulf Cooperation Council（GCC）,” May 1981, https://www.files.ethz.ch/isn/125347/1426_GCC.pdf.

到 16 亿。伊斯兰合作组织实际上由沙特主导，沙特在成员国轮值和会议议程上具有足够的话语权和发言权。

经过数十年的发展，伊斯兰合作组织已经发展成为伊斯兰世界重要的政府间国际组织，秘书处设在沙特的吉达市。伊斯兰合作组织的宗旨是促进各成员国之间的团结，加强其在经济、社会、文化、科学等方面的合作；努力消除种族隔离和种族歧视，反对一切形式的殖民主义；支持巴勒斯坦人民恢复其民族权利和重返家园的斗争；支持所有伊斯兰世界人民保障其尊严、独立和民族权利的斗争；呼吁各成员国通过政府间合作，遏制和根除“伊斯兰恐惧症”。伊斯兰合作组织中的最高机构是由伊斯兰国家的元首和政府首脑组成的首脑峰会。此外，该组织还设有外长会议和常设秘书处。除了 57 个成员国之外，伊斯兰合作组织还有波黑、联合国等 12 个观察员。

（五）阿拉伯马格里布联盟（Union du Maghreb Arabe-UMA，以下简称“马盟”）。其于 1989 年 2 月 17 日成立，包括阿尔及利亚、利比亚、毛里塔尼亚、摩洛哥、突尼斯北非五国，宗旨为在尊重各成员国的政治、经济和社会制度的前提下，充分协调经济、社会方面的立场、观点和政策，大力发展经济互补合作；在外交和国际领域协调立场，进行合作；优先实现经济一体化，最终实现阿拉伯统一。主要组织机构包括元首委员会、外长理事会、后续工作委员会、部长专门委员会以及咨询委员会（即马盟议会）、马盟法院、马盟投资和外贸银行。1995 年因摩洛哥与阿尔及利亚围绕西撒哈拉问题的冲突，马盟首脑会议停滞多年。2000 年 4 月，首届欧非首脑会议期间，阿尔及利亚、摩洛哥、利比亚、突尼斯四国元首实现多年来的首次集体会晤，四国均重申区域一体化是其战略选择。2015 年 5 月，马盟外长理事会拉巴特会议呼吁完善马格里布地区安全战略，应对地区恐怖主义和有组织犯罪挑战。2016 年 5 月，马盟外长理事会第 34 次会议在突尼斯首都突尼斯市举行，讨论了马盟机制化建设和改革等问题。马盟十分重视与地中海北岸欧洲国家的合作。马盟五国与法国、意大利、西班牙、葡萄牙和马耳他五国于 1990 年 11 月建立“5 + 5”对话机制，以加强彼此合作，促进共同发展，维护西地中海地区的和平与安全。2022 年 3 月，西地中海“5+5”对话机制部长级会议在西班牙瓦伦西亚举行，主要讨论水资源安全和气候变化问题。2022 年 10 月，西地中海“5 + 5”对话机制部长级会议在毛里塔尼亚努瓦克肖特举行，主要讨论成员国在高教、科研和创新领域合作。

（六）经济合作组织（Economic Cooperation Organization, ECO）。其前身是伊朗、

土耳其和巴基斯坦在1985年创建的地区发展合作组织，总部设在伊朗首都德黑兰。1992年该组织在扩员后拥有11个成员国，即伊朗、土耳其、巴基斯坦、阿富汗、阿塞拜疆、哈萨克斯坦、乌兹别克斯坦、土库曼斯坦、吉尔吉斯斯坦、塔吉克斯坦、北塞浦路斯。① 伊朗和土耳其都曾对经济合作组织寄予厚望，期望将其培养成为伊斯兰国家相互合作和地区一体化的平台，摆脱对世界大国和国际组织的经济依赖。共同的伊斯兰认同、非阿拉伯穆斯林国家和地理的邻近性成为该组织的维系纽带。该组织的目标是促进成员国之间的经济合作和科技文化交流，并为中东和中亚在地区合作上发挥重要桥梁作用。但因成员国结构等多种因素，其实际影响力相当有限。

在中东错综复杂的民族、宗教和国家间关系中，有两组矛盾最为突出，也构成现当代中东最主要的地区冲突。一组矛盾是阿以/巴以争端；另外一组矛盾是伊朗和沙特之间的对峙冲突。

阿以/巴以之间的核心矛盾是巴勒斯坦争端。第一，巴勒斯坦问题是英美两国在巴勒斯坦推行"分而治之"以及明显偏袒犹太/以色列的政策的结果。1917年英国发表的《贝尔福宣言》(Belfour Declaration)开启了大国支持犹太复国运动的先河。但在二战期间，从拉拢阿拉伯世界共同对抗德意等法西斯轴心国的战争需要出发，英国在1930年和1939年先后发表《帕斯菲尔德白皮书》(Pasfield white Paper)和《1939年白皮书》，对巴勒斯坦的犹太复国运动从支持转向限制。到二战后期及战争结束，在全球深为纳粹对犹太人进行种族灭绝的大屠杀暴行震惊而普遍形成同情、救助犹太民族的国际氛围下，为谋求主导中东格局，美国总统杜鲁门明确表示支持在巴勒斯坦建立犹太民族国家。

第二，联合国第181号决议规定的两国方案并未落实。1947年11月29日，在美英两国支持下，联合国通过关于巴勒斯坦实行分治的第181号决议，确定英国结束对巴勒斯坦的委任统治，巴勒斯坦地区建立阿拉伯国和犹太国两个不同的国家。其中阿拉伯国的领土为1.12万平方公里，约占巴勒斯坦总面积的43%；犹太国的领土为1.49平方公里，约占巴勒斯坦总面积的57%。耶路撒冷作为独立实体由联合国管理。1948年5月14日，英国宣布结束对巴勒斯坦的托管并撤出英国军队的当天，以色列国宣布建立。但阿拉伯国家和巴勒斯坦阿拉伯人强烈反对分治决议，巴勒斯坦建国并未同步

① "Economic Cooperation Organization," http://www.eco.int.

实现。以1959年10月阿拉法特成立法塔赫（巴勒斯坦民族解放组织）为标志，巴勒斯坦阿拉伯人开启了艰苦卓绝的寻求独立建国之路。

第三，战争让巴勒斯坦问题扩大为阿以矛盾，以色列成为美国中东战略的最重要的支点国家。冷战期间，通过"偏以压阿"制衡苏联成为美国对中东的主导政策。围绕或同巴勒斯坦争端相关联，埃及等阿拉伯国家和以色列之间先后爆发了1948年的巴勒斯坦战争、1956年的苏伊士战争、1967年的六日战争和1973年的十月战争。这些战争加深了阿拉伯国家同以色列的矛盾，阿拉伯国家从为巴勒斯坦而战变成为自己而战，巴勒斯坦争端由此演化为阿以问题，成为中东难以愈合的动荡伤口。

第四，巴以和平进程因为拉宾遇刺而停滞。历次阿以战争证明，武力不能解决巴勒斯坦问题，巴以问题的最佳解决途径是和平谈判。马德里和会后，以色列与巴解组织经过秘密谈判达成和解。根据《奥斯陆协议》（Oslo Accord, 1993年8月）和《塔巴协议》（Taba Agreement, 1995年9月），以色列同意巴勒斯坦权力机构在加沙和杰里科等约旦河西岸部分地区分阶段实现自治，由此实现巴以和谈的谈判。1994年10月约旦同以色列达成和平条约。然而1995年11月4日，以色列主导和平进程的总理拉宾遇刺，巴以和谈事实上陷入长期停滞状态，迄今未走出僵局。2002年3月，沙特国王阿卜杜拉在贝鲁特阿盟峰会上提出"阿拉伯倡议"，要求以色列遵守联合国有关决议，全面撤出1967年以来占领的所有阿拉伯领土，接受建立以东耶路撒冷为首都的、拥有主权的、独立的巴勒斯坦国，并根据联合国第194号决议公正解决巴勒斯坦难民问题。在此基础上，阿拉伯国家将同以色列签署和平协议，并在实现全面和平的前提下逐步与以色列建立正常关系。

第五，阿以和平进程迎来重大进展。在美国的积极斡旋下，部分阿拉伯国家走上了同以色列媾和的道路。在1978年戴维营协议基础上，1979年3月埃及与以色列达成和平条约，实现阿以问题由战争对抗转向政治谈判的成功突破。1994年10月，约旦也同以色列签署和平条约，成为同以色列媾和的第二个阿拉伯国家。2020年9月，阿联酋和巴林在美国的斡旋下，宣布同以色列签署《亚伯拉罕协定》（the Abraharm Accord），实现双边关系的正常化。之后同以色列媾和的还有摩洛哥和苏丹。上述四国同以色列签署和平协定，掀起了继埃及、约旦之后第二轮阿拉伯国家同以色列和解的浪潮。这些建交和恢复关系正常化在相当程度上化解了阿拉伯国家同以色列的敌对关系，阿以和平进程进入了一个新阶段。

除阿以 / 巴以争端外，近四十年尤其是海湾战争以来，伊朗和沙特之间的对峙冲突也是当代中东最主要的地区矛盾之一。

伊朗和沙特的对峙并非由来已久，伊沙两国的关系在 20 世纪 50—70 年代相当融洽，并共同成为尼克松时期美国在中东和海湾地区的支柱国家。但 1979 年伊朗伊斯兰革命后，伊沙两国的内政外交出现严重分歧，伊沙之间的结构性矛盾开始浮现，这主要体现在以下四点。

第一，两国的制度差异。沙特属于君主制国家。1979 年伊斯兰革命后，伊朗的宗教政治领袖霍梅尼认为君主政体是世界上所有政治形态中最腐败、最荒淫的政体。君主制同伊斯兰水火不容。①

第二，伊沙两国存在教派冲突。伊朗同沙特的教派竞争既体现在什叶派和逊尼派这两个大的教派分野上，也体现在次一级的十二伊玛目教派和瓦哈比教派的不同信仰上。在什叶派和逊尼派的分野上，伊朗什叶派主张世袭原则，认为阿里及其直系后裔才是先知穆罕默德合法继承人，而沙特等国家信奉的逊尼派则主张推选制，认为先知穆罕默德的继承者应由穆斯林社团根据资历、威望选举产生，并认为穆罕默德的门徒、由穆斯林社团推选的四大哈里发是合法继承人。逊尼派占比为 85%—90%，也被称为多数派。在十二伊玛目信仰和瓦哈比信仰上，什叶派也通称十二伊玛目教派，伊朗的什叶派只承认阿里等 12 位伊玛目的宗教正统性，并将这 12 位圣人奉为宗教领袖，否认艾布·伯克尔、欧麦尔、奥斯曼前 3 任哈里发的合法性。而瓦哈比信仰主张伊斯兰教要回归《古兰经》和圣训的正统，回归到先知穆罕默德时代。瓦哈比极度仇视什叶派的原因在于，认为后者离经叛道，利用圣人或导师崇拜来取代对真主安拉的崇拜。②

第三，伊朗法基赫治国与沙特瓦哈比治国之间的冲突。伊朗的政教结合表现为法基赫治国（Velay at-e Faqih, Guardianship of the Islamic Jurists, 宗教法理学家治国）。霍梅尼认为，伊朗的法基赫治国体制是唯一被伊斯兰教法认可的合法政体，只有宗教法理学家治国才能让伊斯兰教法得以遵循。③另外，伊朗否认沙特王室对麦加、麦地那两

① Ruhollah Khomeini, *Imam's Final Discourse: The Text of the Political and Religious Testament of the Leader of the Islamic Revolution and the Founder of the Islamic Republic of Iran, Imam Khomeini*, Tehran: Iranian Ministry of Guidance and Islamic Culture, 1992, pp.37—49.

② Scott Peterson, "Why Shiite Pilgrimage to Karbala had Special Meaning This Year," *TheChristian Science Monitor*, https://www.csmonitor.com/World/Middle-East/2017/1114/Why-Shiite-pilgrimage-to-Karbala-had-special-meaning-this-year.

③ Ruhollah Khomeini, *Islam and Revolution: Writings and Declarations*, London: Mizan Press, 1981, pp.140—146.

大圣城的管理权，认为沙特不能凭借地理之便就天然成为伊斯兰两大圣城的护持国。① 沙特的政教结合是沙特王权与瓦哈比教派结成政治同盟。瓦哈比承诺宗教从属于王权，王权承诺容许瓦哈比负责掌管王国内的宗教意识形态和社会习俗。沙特国王自封为伊斯兰教两大圣城护持者，掌管境内的伊斯兰教两大圣城麦加和麦地那。②

第四，对美外交上的冲突。战后沙特和伊朗均是中东较早同美国结盟的国家，美沙同盟可追溯到 1945 年沙特国王伊本沙特与美国总统罗斯福缔结的盟约。沙特承诺向美国提供稳定的石油供给，美国承诺向沙特提供军事援助和安全保障。③1953 年美国帮助巴列维国王推翻摩萨台政权后，伊朗同美国签订一系列经济与军事协定，成为美国在中东的重要盟友。但在 1979 年霍梅尼领导的伊朗伊斯兰革命后，美伊两国从同盟转向仇敌，伊朗奉行“不要东方、不要西方、只要伊斯兰”的外交政策，认为美国是“大撒旦”（魔鬼）和“伊斯兰的敌人”，谴责美国干涉是海湾和中东问题的症结所在，强烈反对任何同美结盟的国家。

第三节　中东地区的外部联系与对外关系

中东地处亚欧非三洲结合部，与欧洲隔地中海相望并有数千年的复杂历史纠葛。伴随近代奥斯曼帝国的衰微，英法意等欧洲列强进入中东进行殖民统治，给中东留下诸多领土、民族、教派冲突祸根。1973 年中东产油国的石油斗争迫使欧共体调整对阿以问题等中东地区冲突的政策。1995 年“巴塞罗那进程”开启欧盟与环地中海沿岸的西亚北非国家以经济为中心的全面合作，并在 2008 年后得到“地中海联盟”计划的提升。如前所述，马盟五国与法国、意大利、西班牙、葡萄牙和马耳他等地中海北面五国从 1990 年起建立“5+5”对话机制，致力于维护西地中海地区和平与稳定，推进彼此合作与发展。2011 年以来，欧盟在应对中东变局中，面对安全环境急剧恶化的重压，已经深陷内部分裂之困的欧盟被迫全面务实调整其中东战略，将维护自身安全和周边地区的稳定作为主要战略重点。但因多方面因素的掣肘，欧盟及英法德等欧洲大国在

① Rafsanjani’s speech, Radio Tehran, November 26, 1987, http://martinkramer.org/sandbox/reader/archives/khomeinis-messengers-in-mecca/.

② Galal Fakkar, “Story Behind the King’s Title,” *Arab News*, January 27, 2015, http://www.arabnews.com/saudi-arabia/news/695351.

③ Aeron D. Miller, *Search for Security: Saudi Arabian Oil and American Foreign Policy, 1939—1949*, Chapel Hill: University of North Carolina Press, 1980.

中东的影响力呈现下降态势。而在俄乌冲突升级延宕的背景下，中东尤其是海湾油气资源国对欧洲的影响力则处在上升通道。

冷战期间，中东是美苏对抗的主要战场之一。20世纪50年代以来，历次阿以战争的背后有着苏联与美国争霸的代理人战争阴影。21世纪伊始，旨在复兴俄罗斯世界大国地位的普京总统实施“重返中东”战略。为防止西方推动的“颜色革命”威胁俄周边及本国政权安全，以及防御中东极端恐怖势力向俄周边渗透，俄罗斯对中东事务采取灵活务实的选择性干预，尤其在其战略利益集中的东地中海和海湾地区如叙利亚和伊朗问题奉行积极介入政策，在叙利亚危机和伊朗核问题上掌握不容忽视的主导权与影响力。

同时，受制于多重因素的影响，中东同外部世界的联系也在日益加强。这重要体现在以下两点。一是能源在全球产业链、价值链和供应链上的重要性依然凸显。二战以来，随着石油取代煤炭成为工业化和现代化的主要燃料和原料，世界经济越来越紧密地同中东石油牢牢捆绑在一起。沙特、伊拉克、伊朗、阿联酋、卡塔尔等国家通过出口石油和参与多边组织，在国际的产业链、供应链和价值链中的地位越发突出。中东出现的任何地缘政治紧张都会引发世界能源市场的恐慌。无论是1973—1974年沙特等阿拉伯石油输出国对西方国家的石油禁运，还是1981—1988年的两伊战争，1991年的海湾战争，抑或2003年的伊拉克战争和2005年的伊朗核危机，都引起国际石油价格的暴涨和世界能源市场的恐慌。这种传导效应已经成为中东同世界联系的重要表现。

二是国家发展战略的对接。当前中东国家面临极为深刻的经济转型。埃及、沙特、土耳其等国家都在掀起新一轮的工业和现代化浪潮。这一浪潮还伴随着中东产油国的经济多样化改革。为了更好更有效地引入外部资本和技术，埃及、沙特、阿联酋纷纷推出自己版本的中长期国家发展规划，比如埃及的“2030年愿景”（Egypt Vision 2030）、沙特的“2030年愿景”（Vision 2030 of Saudi Arabia）、阿联酋的“2035年愿景”（UAE Vision 2035）等。中东国家还积极寻求同全球基础设施投资计划，如美国发起的《重建更美好世界》（Build Back Better World, B3W）、欧盟发起的《欧盟的全球门户计划》（Global Gateway）、中国发起的“一带一路”倡议等对接，为的是能够更好利用外部资源和资金，服务本国的中长期发展。这种国家中长期规划的国际对接加深了中东国家同世界的联系。

由此在相当大的程度上，美国与中国成为当今中东对外关系发展的重点。安全始终是中东国家的最重要关切。从冷战时期到冷战后，中东国家的安全威胁主要来自以下三方面。一是北方强大的近邻俄苏的扩张。近现代历史是俄罗斯帝国向中东不断扩张的历史，原属于奥斯曼土耳其帝国的巴尔干地区和黑海北部的亚速和克里米亚、外高加索的亚美尼亚和格鲁吉亚，以及属于波斯的北阿塞拜疆都先后被沙俄所侵占。二战结束后，苏联对土耳其和伊朗提出主权声索，并引发黑海海峡危机和伊朗危机，这两个危机也成为美国和苏联在中东冷战的开始。出于对苏联的忌惮，土耳其和伊朗选择同美国结盟，以抵御苏联对自己的侵略。

二是抵御埃及、叙利亚、伊朗等“革命国家”对自己的安全威胁。二战后，中东民族解放运动风起云涌，埃及（1952 年）、伊朗（1953 年）、叙利亚（1963 年）、伊拉克（1958 年）、伊朗（1979 年）先后爆发革命，革命的主旨是反帝反封建，既要推翻落后腐朽的王朝，也反对英法美等国的殖民和干涉。领导这些国家的军官阶层或政党通常具有强烈的民族主义色彩和反对帝国主义诉求，以沙特为代表的保守君主制国家认为其背后通常有苏联的支持与援助，因此将这些“革命国家”视为同苏联威胁等同的安全威胁，并通过加强同美国的结盟来巩固自己的政权安全。

三是由阿以冲突引发的安全威胁。以色列自建国伊始就遭到中东阿拉伯国家强烈反对与抵制，为此埃及、叙利亚等国家选择联合起来对抗以色列，并先后同以色列爆发四次阿以战争。但是出于各自的利益，中东国家的结盟行为更多选择引入域外大国制衡迫近的威胁。美国在二战后取代英国成为中东国家依仗的外部国家。而美苏冷战的爆发，也让美国寻求同沙特、以色列、土耳其、伊朗等中东主要国家结盟以遏制苏联。冷战时期中东国家同美国构建的同盟体系构成中东对外关系的基调，并对当今中东格局产生重要影响。

1945 年沙特与美国以“石油换安全”为纽带，形成美沙同盟正式建立的起点。1948 年以色列宣布成立，由于美国是犹太复国运动的最坚定支持者，因此以色列成为美国在中东最重要的盟国，美以特殊同盟关系经受历次阿以战争的考验。1949 年 4 月，土耳其加入美国主导的北大西洋公约组织，成为美国中东同盟体系的重要一环。以 1953 年推翻摩萨台政权的政变为标志，1953 年伊朗国王巴列维同美国形成结盟关系，并于 1955 年 11 月加入英国组织的《巴格达条约》。[①]1979 年，美国成功斡旋埃及同以

① Rouhollah K. Ramazani, *Iran's Foreign Policy, 1941—73: A Study of Foreign Policy in Modernizing Nations*, Charlottesville: University Press of Virginia, 1975, p.283.

色列签署和平条约，成功让埃及脱离阿拉伯反以同盟，并使埃及成为美国同盟体系的重要成员。通过上述的结盟操作，美国将最重要的地区大国都拉入麾下。

海湾战争后，海湾国家切实感受到迫近的安全威胁，加快加入美国的结盟体系的步伐。1991 年 9 月，科威特同美国签署《防务合作协定》，主要内容是科威特容许美国在科驻军，并容许美国进行前沿军事部署。① 巴林、卡塔尔、阿联酋四国在 1991—1994 年先后同美国签署了双边防务协定。协定为美国在海湾驻军和基地建设提供了法律依据，美国由此在海湾着手建设军事基地。此外美国还以提高军力与国防建设为由，要求科威特等国家购买美制武器。“军购换安全”成为美国同海湾国家安全合作的主要模式。②1991 年美国率领多国部队对伊拉克发起海湾战争，解放被伊拉克萨达姆政权侵占的科威特。总之通过与美结盟，中东国家获得重要安全保障。美国则把中东主要的地区大国和富裕国家捆绑在美国的战车之上。

中东是世界政治和经济的多事之地。区位优势、资源禀赋和中东政治的碎片化让中东成为域外大国的竞争之地，石油在眷顾中东的同时也给中东带来资源诅咒。近现代以来，中东事务一直被域外英美俄等国家所主导，中东从来没有成为中东国家的中东。域外大国的蛮横干涉造成中东绝大多数国家的积贫积弱。这种情况即使在当下仍未发生根本性改变。

当今的中东恰逢多事之秋。百年之前，英国委任当局对巴勒斯坦“分而治之”的殖民政策，导致巴勒斯坦争端成为迄今尚未解决的“世纪之症”。阿以 / 巴以冲突的根源性问题成为中东挥之不去、难以医治的伤痕。2011 年的中东变局导致中东国家持续十年的动荡乱局。近年来，中东地区出现谋求和平与稳定的“缓和潮”，但其能否持续还有不确定性。同时，巴以、叙利亚、也门和利比亚等热点问题尚未解决，中东安全形势依然严峻复杂。

与此同时，中国迎来实现民族复兴伟业重要而关键的历史机遇期，2011 年中国一跃成为世界上第二大经济体，其经济实力、科技实力和国际影响力大幅度上升。中国

① John Duke Anthony, “The US-GCC Relationship,” *Saudi-US Relations Information Service*, December 15, 2006, https://ncusar.org/publications/Publications/2006-12-15-US-GCC-Relationship.pdf.

② Dr. Kenneth Katzman, “Evolution of U.S.-GCC Defense Cooperation,” *Gulf International Forum*, November 14, 2018, https://gulfif.org/evolution-of-u-s-gcc-defense-cooperation/.

坚持走和平发展道路，奉行独立自主的和平外交政策，实行互利共赢的对外开放战略，秉持与弘扬“和平合作、开放包容、互学互鉴、互利共赢”的“丝路精神”，积极探索中国特色大国外交在中东的实践之路，承担国际责任义务，参与中东安全与发展治理，与中东各国构建互利合作格局，力做中东和平的建设者、中东发展的推动者、中东工业化的助推者、中东稳定的支持者、中东民心交融的合作伙伴，努力为解决“中东之问”提供“中国方案”，为地区和平、稳定与发展切实作出“中国贡献”。

第十九章　中亚研究

1991年的苏联解体，极大地改变了国际地缘格局，深刻地影响了国际政治版图。一夜之间，在位于亚洲大陆中心地带400多万平方公里的土地上，出现了五个独立的民族国家——哈萨克斯坦、吉尔吉斯斯坦、塔吉克斯坦、土库曼斯坦和乌兹别克斯坦。

自20世纪末独立以来，历经三十多年的变迁，因其咽喉枢纽型的地理位置和难以磨灭的政治、历史印记，中亚五国成为国际多极化政治格局中一股不可被忽视的有生力量。独立之后的中亚五国，虽然面临各种问题，这些问题既有共性也有个性，但都没有放弃努力，不断探索立足本国国情的发展道路。中亚五国资源禀赋各异，在国际社会上均已树立起各具特色的形象。

在中亚五国中，哈萨克斯坦和乌兹别克斯坦是公认的地区大国，吉尔吉斯斯坦和塔吉克斯坦在综合国力层面实力较弱，土库曼斯坦是联合国承认的永久中立国。中亚各国虽国土面积大小不一，人口数量多寡不一，但都是由一个主体民族为主、其他多民族共生的统一国家。其中，哈萨克斯坦是中亚地区国土面积最大的国家，乌兹别克斯坦则是中亚地区人口最多的国家。伊斯兰教是中亚地区最主要的宗教信仰。

当前，已过“而立”的中亚五国，陆续在完成国内的权力交接，国家发展纷纷开启新的阶段。在国际格局加速演进的后疫情时代，面对充满挑战、纷繁复杂的国际形势，中亚国家坚持多元平衡的对外交往理念，立足本国和本地区，以期实现本国和本地区发展上质的提升。

第一节　中亚地区的国际地位、国际影响和发展趋势

一、中亚地区的国际地位与国际影响

（一）中亚位于欧亚大陆的枢纽位置

中亚位于亚欧大陆的结合部和腹心地带，不仅是连接欧亚大陆和中东的要冲，还是大国势力东进西出、南下北上的必经之地。中亚自古就是各民族迁徙、征战和融合之

地，多种思想文化、宗教、民族共存。英国地理学家麦金德（Halford John Mackinder）在其著名的“地理中枢”理论中指出了中亚的战略重要性，① 美国学者萨缪尔·亨廷顿（Samuel Huntington）在《文明的冲突》中也强调了中亚的独特区位。② 近代以来，中亚先后被纳入俄罗斯帝国及苏联版图内，受到俄罗斯历史文化的深刻影响。苏联解体后，曾作为苏联加盟共和国的中亚国家先后独立建国，重新屹立在欧亚大陆的心脏地区，改变了欧亚大陆的政治版图，使中亚在地缘政治和战略意义上的重要性再度凸显。

历史上的中亚是一个非常重要的商业贸易中转站，是古代“丝绸之路”的必经之地。基于这一特殊的地缘位置，中亚地区在“一带一路”倡议中居于不可替代的重要地位。中亚在东西方向上是“一带一路”北线和中线的结合点，在南北方向上是中蒙俄经济走廊和中巴经济走廊的交汇点，这使得中亚得以实现“丝绸之路经济带”与“21 世纪海上丝绸之路”的贯通，从而实现“一带一路”倡议海陆联动发展。因此，中亚国家参与“一带一路”倡议的成果将对其他地区参与该倡议产生示范效应。近年来，中亚区域外交日益活跃，努力推动本地区及跨区域的纵横外交，把与西亚、南亚的通道外交作为重要举措，提出贯通欧亚大陆数条大通道的规划或倡议，以期突破乌克兰危机带来的政治经济困局，提升本地区的地缘战略地位，试图将中亚地区打造成为欧亚大陆的物流和贸易枢纽。

（二）中亚是能源资源争夺的热点地区

中亚拥有丰富的能源资源，油气资源潜力巨大，在国际能源市场有一定影响力。据统计，中亚地区石油和天然气储量约占世界油气资源的 7.2% 和 7%，③ 主要集中在哈萨克斯坦、土库曼斯坦和乌兹别克斯坦三国。哈萨克斯坦是中亚最大的石油和天然气生产国和出口国，土库曼斯坦以天然气开采为主，乌兹别克斯坦近年来面临油气资源枯竭的危机，吉尔吉斯斯坦和塔吉克斯坦的能源矿产主要依赖进口，但也加大了油气勘察开发的力度。目前，中亚地区的油气储量和产量在世界油气储量和产量中所占比重不高，勘探面积仍较为有限，但在国际能源市场中的地位不断提升，开发前景较为乐观。一方面，中亚已成为除中东以外又一个重要的常规油气能源生长型区域，为世

① ［英］哈·麦金德：《历史的地理枢纽》，林尔蔚、陈江译，商务印书馆 2010 年版。

② ［美］萨缪尔·亨廷顿：《文明的冲突》，周琪译，新华出版社 2013 年版。

③ Характеристика Центральной Азии в геополитических теориях и роль конфликтов, https://www.geopolitika.ru/article/harakteristika-centralnoy-azii-v-geopoliticheskih-teoriyah-i-rol-konfliktov.

界能源供给多元化提供了一个新的增长点。另一方面，中亚在地理位置上靠近欧、亚两个消费市场，具有重要的地缘战略价值。除石油、天然气、煤炭和铀矿等资源外，中亚地区还盛产谷物、棉花等经济作物，这使得中亚在地缘政治上的地位和作用更加突出。随着全球气候变化，国际地缘政治动荡和能源安全受到挑战的背景下，中亚地区凭借其丰富的太阳能、风能和水能资源，在可再生能源领域也取得了丰硕成果。

近年来，中亚地区油气勘探取得的成果使其在国际能源市场的地位不断提升，继而成为世界大国争夺的又一焦点。欧洲重视与中亚国家能源合作，其主要目的就是为了摆脱对俄罗斯能源的严重依赖。2022 年俄乌冲突持续升级，破坏了俄欧能源合作的互信基础，而中亚地区资源绝大部分需要通过俄罗斯的管道输往欧洲，俄欧关系紧张使中亚地区能源合作面临复杂的外部环境。加强与中亚的能源合作可能成为欧洲能源解套的关键钥匙。中亚是中国能源进口多元化布局的重要来源地，中亚地区丰富的能源储量、多条运输线路及经济走廊建设为中国提高能源安全供给提供了保障。在大国争夺中亚能源越发激烈、中亚安全面临严重挑战的情况下，能源资源成为中亚各国维护国家主权、处理国内外问题的主要经济来源和政治筹码。

（三）中亚成为大国竞逐的关键地带

中亚具有独特的地缘政治地位，毗邻中俄两大国，与战火频仍的阿富汗相接，是国际军事外交的战略制高点，历来是周边大国竞相角逐的关键地带。中亚五国独立后国家实力较弱，需要依托俄罗斯帮助其经济建设和维护主权。大多数时期，中亚国家处于国际政治博弈的边缘，地区各国及外部环境保持了基本稳定，以“边缘地带”为主要地缘特征，并未成为大国争夺的真正焦点，也不是美国全球战略中的关键地区。

近年来，俄罗斯忙于应对国内困境，不愿过多干涉“近邻”事务，在中亚的影响力逐步减弱。中亚各国在自身存在不同程度自主性缺失的情况下，不断希望增强国力，调整对外政策，主动寻求有利于本国、本地区的地缘政治环境，推动中亚地区地缘政治嬗变。随着美俄大国博弈越渐激烈，美俄在中亚地区的力量从平衡趋向失衡，权力交接、内部分离、边境冲突等中亚域内问题成为域外力量介入地区内部事务的契机，外部势力参与中亚地区和国家内部事务越发频繁。自 2021 年以来，阿富汗变局、哈萨克斯坦“一月事件”、乌克兰危机等对中亚地区的稳定造成严重冲击，中亚地缘政治格局发生了巨大变化，呈现出“权力真空”“中间地带”的地缘政治特征，吸引了各方势力在此展开激烈的竞争，地区内部矛盾以及与周边、域外国家之间的关系日趋复杂。

二、中亚地区的未来发展趋势

独立三十余年来，中亚国家的发展进入关键阶段。随着权力交接陆续完成，各国相继提出新的国家中长期发展战略，但同时面临本国政治经济结构转型的艰巨任务。大国博弈升级使中亚地区面临空前压力，进一步恶化了中亚地区本已复杂的安全形势。中亚地区面临新的发展机遇和严峻的挑战。

（一）改革力度加大，但国家转型仍面临考验

近年来中亚各国新领导集体意识到，过去中央集权的发展模式已不能有效应对内外多重挑战，必须作出政治经济结构层面的调整和变革。政治上，各国都在积极探索符合本国国情的发展道路，以稳定为前提和目标，推进政治改革，并陆续出现了最高权力的新老交替：乌兹别克斯坦、吉尔吉斯斯坦先后实现政权交接，托卡耶夫从纳扎尔巴耶夫手中接管了全部权力，土库曼斯坦实现了从“父”到“子”的权力流动。部分国家加大对民主的投入，提高民众对本国公民身份的认同，在民主建设、人权保护领域表现活跃。经济上，各国积极应对经济下行压力，努力改善民生，同时着眼于长远发展，推出中长期发展战略，稳步推进结构性改革。后新冠肺炎疫情时代，各国经济进入恢复增长期。安全上，各国严厉打击极端势力，严防国内反对派，并希望吸引大国势力维护本国和地区稳定。

但在2022年俄乌冲突的影响下，西方对俄制裁导致中亚国家供应链中断、失业率上升、通胀加剧、资本外流，塔吉克斯坦、吉尔吉斯斯坦等国的能源、粮食安全问题进一步凸显，引发民众不满。各国内部出现不同程度的动荡局势：哈萨克斯坦爆发“一月事件”，塔吉克斯坦发生五月袭击，乌兹别克斯坦“修宪”引发骚乱，吉塔两国爆发武装冲突。这一系列变数超出了各国自身范畴而具有地区性质，对整个中亚地区局势产生较大影响，各国政府均面临巩固政权的现实压力，政权稳定性面临新的考验。尽管当前中亚各国政府足以稳住局势，使之不发生大的动荡，但各领域的改革效果还需要时间检验。为平衡权力交接带来的动荡风险，核心领导人需要在一些问题上对内妥协。而在俄乌冲突以及未来潜在的地缘政治对抗的情况下，原本属于中亚国家内部的问题会被外部势力利用，导致矛盾更加激化，进而影响中亚国家政治和社会稳定。

（二）国际地位上升，但安全问题仍然突出

中亚内部和外部环境并不稳定，新冠肺炎疫情与俄乌冲突的叠加影响导致中亚地

区面临更为严峻的安全形势。2021 年美国从阿富汗撤军，塔吉克斯坦等国拒绝承认塔利班政权，双方关系紧张，中亚国家希望通过与俄罗斯在集安组织框架内的合作来抵御安全威胁。① 而俄罗斯深陷乌克兰泥潭，难以在中亚承担安全责任，中亚地区的反恐形势更为严峻。中亚国家对待塔利班政权的态度不一，担心再次出现极端主义、恐怖主义在地区"泛滥"的一幕。中亚国家面临一系列安全上的新课题。首先，中亚国家内部的安全威胁使其无法更多地关注地区以外的问题，大量存在的贫困人口、跨国犯罪、极端势力、生态危机、边界和资源引发的矛盾，将长期困扰着各国政府。其次，中亚国家政策的不稳定和摇摆导致彼此之间的分歧加深，个别国家过分看重自身的和眼前的利益，可能难以开展有效的区域合作。再次，塔利班重新执政后的阿富汗形势并未完全改观，地区安全环境没有根本性改善。阿富汗安全风险外溢对邻近的塔吉克斯坦、乌兹别克斯坦等国的稳定有不利影响，大国在阿富汗的"代理人"战争可能为中亚国家带来双重挑战，使其难以开展有效的国际合作。

（三）"中亚 +"受青睐，但大国冲突升级

近年来，域外势力较此前对中亚地区投入了更多关注，基于不同水平的地缘目标，利用各自的条件和渠道，加强与中亚地区的联系与合作。世界大国在中亚地区积极探索"C5+1"模式，全球领先国家和组织均表现出了对"中亚 +"模式对话平台的高度重视。中亚各国也迫切需要加强区域合作，如今中亚五国已分别同中、美、俄、日、欧等多方建立了"中亚 +"机制，通过与域外大国、国际组织合作促进地区发展，维护地区安全，提升地区国家间合作的有效性。②

随着中美博弈不断升级，中亚地区的大国关系正在经历重大变化。一方面，美国对其中亚战略作出重大调整，由过去主要遏制俄罗斯转向对中俄实施双重遏制，甚至以制华为主。另一方面，大国在中亚的博弈由过去以政治、安全领域的争夺向政经并重、全面争夺过渡，导致中亚地区出现新一轮激烈的大国竞争和地缘争夺。2022 年俄乌冲突爆发后，域外大国在中亚地区的布局进行了调整，冲突形势进一步升级。俄罗斯在中亚地区依然保持主导地位，双方之间的相互依存仍将长期存在，但对中亚的影

① "Understanding Central Asia's Cautious Approach to Russia's Invasion of Ukraine," http://www.fpri.org/article/2022/03/understanding-central-asias-cautious-approach-to-russias-invasion-of-ukraine/.

② Фарход Толипов, Геополитическая арифметика «5 + 1» в Центральной Азии, https://cabar.asia/ru/geopoliticheskaya-arifmetika-5-1-v-tsentralnoj-azii.

响力已有所减弱。美西方在以消耗乌克兰为代价的同时，大量消耗俄罗斯的国力和国际影响力，并趁机填补力量空缺，这将成为美西方加强在中亚影响力的可乘之机。中亚国家的独立自主意识更加浓厚，抱团取暖的愿望不断加强，试图利用大国实现地区利益存在的博弈，甚至是大国间战略利益分歧，来获取存在与发展空间。这一趋势为中亚国家奉行的平衡外交提供了更加多元化的选项，使中亚国家在与这些域外力量的合作中克服自身发展困境，建立更畅通的对外联系通道，以获取更大的安全和经济利益。这也是中亚各国期望达到的对外关系格局。

第二节　中亚地区的合作机制和主要矛盾

中亚五个国家虽然在地理上山水相连，又长期同处于俄苏国家文化的辐射影响范围内，但无论是基于历史和现实的透镜，还是基于各自国家天然所拥有的资源禀赋，差异性和共同性并存的中亚五国，在过去三十多年来的独立发展道路上，既有在某些方面和领域可以携手同行的时刻，也有因各自立场、利益差异而反复产生纷争、冲突的时刻。在中亚区域内的国家间关系领域，区域一体化、区域领导权、打击“三股势力”、阿富汗问题、禁毒、水资源、民族跨界等议题一直是焦点性议题，是影响中亚国家间或合作或对抗的关键性因素，也是域外力量介入中亚区域内事务和关系的重要媒介。

一、波折迭起的区域一体化进程

哈萨克斯坦和乌兹别克斯坦被普遍认为是中亚的地区大国，两国在综合国力各相关因素上的对比，各有千秋，各有优势。在脱离了苏联中央政府对中亚地区政治、经济等关键领域的协调和统一调度后，一方面，中亚国家对自身的发展有了更多的自主能动性话语权；另一方面，更大的自主发挥空间在实践中需要切实的国家实力来支撑。在中亚五国中，兼具意愿和能力推动中亚国家的一体化进程，或反之，争夺中亚地区领导权的国家，只有哈萨克斯坦和乌兹别克斯坦。

哈萨克斯坦过去三十多年间的独立发展之路，是中亚五国中走得相对顺利的，并且在融入全球化方面做得相对成功。在经历了独立之初价格突然放开形成的动荡之后，在“中亚强人”努尔苏丹·纳扎尔巴耶夫（Nursultan Nazarbayev）的长期执政之下，哈萨克斯坦在独立的三十多年间基本为本国经济社会发展保持了一个相对稳定的国内大环境。同时，客观而言，哈国首任总统纳扎尔巴耶夫在其执政期间为哈国设计的对外政策路线和提出的各种理念，使哈国成为中亚五国中最具开放性和话语引导性的国家。在中亚能源大国的资源禀赋加持下，独立之后的哈萨克斯坦在中亚地区的地位同苏联时期相比发生质的变化。

不同于哈萨克斯坦，乌兹别克斯坦“中亚地区大国”地位的取得，更多根源于该国不同历史时期的积淀。就苏联这一时期而言，乌兹别克斯坦首都塔什干被苏联中央政权视为其在中亚的后方支点城市。第二次世界大战期间，前线战区的大批工业和人员被集中疏散至塔什干，这是乌兹别克斯坦国家发展的重要软资产基础。到苏联解体前，乌兹别克斯坦的首都塔什干是苏联第四大城市，人口数量仅次于莫斯科、列宁格勒和基辅。塔什干也是当时苏联中亚地区的科教中心、文化中心。同时，乌兹别克斯坦的自然资源禀赋在中亚国家中相对突出，既有油气和黄金资源，也有大量适合耕种的土地。因此，独立之后的乌兹别克斯坦，无论是从国家实力出发还是从国家心态出发，都对掌握地区话语权存有希冀。

独立之后应如何立于国际舞台是中亚五国都亟需面对和解决的问题。虽然从苏联独立出来的过程对中亚五国来说更多的是一种被动接受，但完全回到过去的关系模式显然也不是中亚五国的首选。1991 年底，当苏联面临解体之时，时任土库曼斯坦领导人尼亚佐夫（Saparmurat Niyazov）提出组建中亚五国联盟，即突厥联盟，但这一建议遭到当时哈、乌两国领导人的反对。经过一番协商，最终，中亚五国以创始国的身份加入独联体。这段历史插曲表明，中亚五国对于地区一体化并非完全排斥，且意识到五国之间的团结合作利大于弊，但探索出各方都能接受的一体化方式、确定好一体化的各种细节，对五国间关系的良性发展至关重要。这一历史插曲也可被视作中亚一体化进程的前奏。

在全球范围内，区域一体化的模式有很多种，最典型的例子就是欧洲一体化。此外，从国家政治文化角度看，还有对中亚国家来说并不陌生的俄白一体化，以及中亚部分国家本就参与其中的欧亚经济联盟。就中亚国家的一体化进程而言，回顾过去三十多年的实践，可以说是充满曲折反复。中亚国家要真正实现一体化，需要共同协商、相互妥协的地方还有很多。

中亚五国在国家实力上存在明显的差异，经济发展水平不一，推进一体化的进程中，必然存在主导与跟随的局面。主权独立也带来后续中亚国家间的领土争端、水资源争端、民族争端等各种冲突。此外，由于塔吉克斯坦在独立后即发生长达近 7 年的内战，其他四国也处于解体后的阵痛恢复期，中亚的区域一体化在 20 世纪末期并未真正成为该地区的主要议程。

1993 年 1 月 4 日，中亚五国的领导人在塔什干会晤，讨论了进一步加强平等互利的经济和人文关系。1994 年 1 月 10 日，哈萨克斯坦和乌兹别克斯坦在塔什干签署条约，决定成立“统一经济空间”。这一条约的签署在当时的后苏联空间可谓前所未有。根据条约第一条，统一经济空间为商品、服务、资本和人力提供自由的流动，保障统一的贷款结算、预算、税收、价格、关税和货币政策。①1994 年 4 月 30 日，乌兹别克斯坦、吉尔吉斯斯坦和哈萨克斯坦三国在吉尔吉斯斯坦伊塞克湖边的乔尔蓬阿塔签署三边协议，决定建立统一经济区。之后，在此基础上成立了中亚经济共同体。1998 年 1 月 5—6 日在土库曼斯坦首都阿什哈巴德开展的中亚五国领导人会晤期间，结束了国内战争、属于波斯语系的塔吉克斯坦被接纳进入突厥语系国家构成的中亚经济共同体。

进入 21 世纪后，2001 年 12 月，在乌兹别克斯坦时任总统伊斯兰·卡里莫夫（Islam Karimov）的提议下，中亚经济共同体更名为中亚合作组织，哈、吉、塔、乌四国于 2002 年 2 月 28 日在阿拉木图签署了条约。但这个由中亚国家发起的以经济合作为一体化主攻方向的组织没能在新世纪延续很久。从 20 世纪最后十年的混沌中复苏的俄罗斯先是于 2004 年加入了中亚合作组织，之后又于 2005 年 10 月提议将中亚合作组织与欧亚经济共同体合并。2006 年，中亚合作组织停止存在。

哈萨克斯坦、吉尔吉斯斯坦和塔吉克斯坦继续留在俄罗斯主导的欧亚经济合作一体化进程中，而另一个中亚大国乌兹别克斯坦在其当时所奉行的外交路线指导下，没有继续参与这个一体化进程。

这种变化也鲜明地体现出中亚各国立场的微妙区别。哈萨克斯坦的“中亚”身份属性和认同在苏联时期开始被强化、定型，哈国可以在中亚和欧亚之间找到自身的认同和归属平衡。乌兹别克斯坦则有更加强烈的中亚自主意识。吉尔吉斯斯坦和塔吉克斯坦孱弱的经济实力决定了两国在一体化进程主导力量选择上的被动性地位。同时，中亚各国间因领土、资源、民族等问题引发的冲突和不合，也给中亚自主的一体化进程造成障碍。

自 2008 年，纳扎尔巴耶夫提出“中亚联盟”倡议之后，实现区域一体化似乎成为

① 参见 Сухроб Рустами, *Центральная Азия — несложившаяся интеграция*? https://ia-centr.ru/publications/tsentralnaya-aziya-neslozhivshayasya-integratsiya/?ysclid=lft2tuyxyv294098027，访问时间：2023 年 3 月 31 日。

整个哈萨克斯坦单方面的目标计划，整个“一体化”概念并没有得到其他中亚国家的实质支持。很长一个时期以来，乌兹别克斯坦和土库曼斯坦是中亚地区反对结盟或任何形式联盟的主要国家。

随着 2017 年沙夫卡特·米尔济约耶夫（Shavkat Mirziyoyev）总统主政乌兹别克斯坦，在地区一体化和区域内领土争端和解问题上，乌兹别克斯坦的态度发生重大转变。加上 2006 年至 2017 年这十多年间国际和地区形势的变化，展现中亚国家团结、自主一面的一体化进程再次被激活。在乌兹别克斯坦的倡议下，2018 年，在哈萨克斯坦首都开启五国领导人会晤机制。2019 年 11 月 29 日，重启后的第二次中亚五国领导人会晤在塔什干举行，土库曼斯坦总统亲自参加，而并非如 2018 年那样派代表参加。

然而这种积极的势头没能延续下来，中亚的内外部环境自 2020 年以来又出现重大波动。新冠肺炎疫情大流行对整个世界经济和地区经济造成巨大冲击，吉塔两国围绕边界问题再次发生大规模的武装冲突，美军突然撤出阿富汗再次引发中亚国家对地区安全的集体忧虑，俄乌冲突对整个欧亚大陆和国际社会产生重大影响，等等。2020 年原定在吉尔吉斯斯坦举行的第三次中亚元首会晤因吉国内动乱而不得不推迟，最终于 2021 年 8 月 6 日改在土库曼斯坦举行。2022 年 7 月 20—21 日，第四次中亚元首会晤在吉尔吉斯斯坦举行，其间，哈、吉、乌三国领导人签署了《关于 21 世纪中亚发展的友好、睦邻与合作条约》，土、塔两国领导人表示将在其国内程序走完后签署该条约。

尽管内外部环境都困难重重，相互间的纷争时常破坏中亚国家间的互信基础，但总体而言，在独立三十多年来，特别是在充满更多不确定性的当下，中亚国家对相互间自主地建立起团结合作的互利关系形成极大的共识，但在中亚各国的国内经济增长依然更多地依赖与区域外行为体的经济循环的大背景下，中亚内部自主的区域一体化仍任重道远。

二、“一体化”还是“各自为政”

虽然中亚各国在独立之后对区域内的一体化进程，特别是经济一体化都表现出积极立场的一面，乌兹别克斯坦和哈萨克斯坦两个中亚地区大国在不同时期也都作出过积极推动和促进的努力，但是，“一体化”到底是解决各国间利益争端、促进地区繁荣的前提条件，还是途径和结果，尚存疑问。

不管是 20 世纪 90 年代中亚国家元首间的会晤和合作机制，还是近些年来重启后的中亚元首会晤机制，有关发展地区间经济、促进睦邻友好、应对域外安全威胁等议题一再被提及。然而，在实践中，经常不断的领土边界纠纷、冲突，围绕水资源利用及相关生态问题发生的矛盾，跨界毒品交易等问题，又成为阻止中亚国家深化合作的障碍。

（一）边界、民族冲突

苏联解体给中亚国家带来的一个重要遗留问题就是边界问题，及与之相关的跨界民族问题。中亚各国都是多民族国家，苏联时期各种民族迁移更是使得中亚地区的民族十分具有多样性，尤其是在苏联解体初期。中亚各民族混居杂居的情况十分常见，但是在各国主权独立、民族国家意识觉醒的背景下，边界问题变得十分敏感，且与国家利益、资源争夺息息相关。中亚五国之间存在数对双边、三边或多边的边界、民族矛盾。过去三十多年间，这些矛盾此起彼伏，其中不乏流血冲突，非常典型的如牵涉乌、吉、塔三国的费尔干纳地区。这些边界、民族问题在一定程度上甚至对一些中亚国家的整体外交政策偏好产生影响。

中亚各国政治精英对于自主解决这些矛盾冲突显然是有愿望的，并体现在区域性的各种规则性文件和部分外交实践中。例如，基于国际法的一些标准划界过程，哈萨克斯坦和土库曼斯坦之间完成了划界。2017 年 4 月 18 日，两国总统宣布边界问题已得到妥善解决，成为没有任何边界纠纷的邻国。2017 年 10 月 10 日，土库曼斯坦与哈萨克斯坦、乌兹别克斯坦签订了《三国国界交界处条约》，最终确定标界工作。①

但囿于国力和历史惯性，单纯依靠中亚内部的多边机制或双边机制，完全彻底地解决这些边界、民族矛盾冲突，依然存在不小的困难。

（二）水资源争端与生态问题

在中亚这样的内陆地区，水资源的重要性自不必多言。中亚地区的水资源分布极不平衡，主要水源位于塔吉克斯坦和吉尔吉斯斯坦境内。哈萨克斯坦水资源较少，而土库曼斯坦和乌兹别克斯坦则是贫水国家。② 水资源用于灌溉还是发电，不同国家有不同需求。乌、塔、吉、土、哈五国之间在此问题上有着极为复杂的矛盾关系。除了分布上的不平衡，水资源质量上也存在污染、萎缩等生态问题。例如，乌哈交界处的咸

① 但杨、潘志平：《“迟到”的现代国家：中亚内部划界问题追溯与分析》，《俄罗斯东欧中亚研究》2020 年第 4 期。

② 杨恕主编：《聚焦中亚：中亚国家的转型及其国际环境》，中国社会科学出版社 2013 年版，第 105 页。

海，如果对比过去二三十年间的卫星图片，咸海已近乎干涸；且乌哈两国治理理念和手段几乎完全相反，南北咸海命运截然不同。

中亚地区水资源的利用和治理是一个复杂和庞大的系统性问题，其中利益牵扯错综复杂。在苏联时期，由于强有力的中央政府统筹，资源禀赋不同的上下游国家之间进行了水与能源的交换，区域利益尚能大体平衡。苏联解体后，上下游国家各自为政，缺乏合作，经常因水量分配的矛盾、上游发电与下游灌溉的矛盾、水质污染的矛盾而发生规模虽不大但日趋严重的水资源争议。①

围绕水资源问题的解决，一方面，中亚国家间对协商解决争端存在普遍共识；另一方面，在国家政府间层面达成的各种规范性文件，常常在执行层面遭遇无法真正落地的尴尬局面，因为这既需要庞大的资金支持，也牵扯各国主权独立下的跨境治理协调，而这些条件在中亚国家间均很难得到完全满足。这使得水资源争端在中亚久拖不决，并陷入消极循环。

第三节　中亚地区的外部联系与对外关系

独立三十余年来，中亚五国既面临内部风险挑战，又经历周边形势急剧变化，经济发展严重依赖外部环境，腐败、犯罪等社会问题频发。为实现经济振兴、稳定地区局势、提升国际地位，中亚国家急需与域外力量合作。中亚五国宣称开展全方位的外交政策，与各大国和地区保持相对平衡的外交关系，希望借助大国的力量获得国际社会的承认和接纳，巩固其国家主权，积极拓展外交空间。但在外交实践中，中亚国家又不得不面对大国作出“站队”的选择。即便在某一阶段确定某个优先方向后，中亚国家在处理双边关系时也面临各种两难。在 2021 年美国从阿富汗撤军、2022 年俄乌冲突的背景下，域外大国及各方势力纷纷介入这个亚欧大陆最大的博弈场，中亚国家的对外政策出现了更加多元化的选项。

一、中亚五国外交政策及调整动向

（一）中亚五国的外交政策方针

中亚五国的外交政策有明显的相似性，即奉行积极务实的多元平衡外交政策，并

① 杨恕主编：《聚焦中亚：中亚国家的转型及其国际环境》，中国社会科学出版社 2013 年版，第 107—108 页。

将此作为外交政策的基本原则。中亚五国的首要任务均是维护国家主权独立，试图安抚或抵御俄罗斯，强调本民族独特文化和不同于俄罗斯的历史观，巩固现政权合法性，加强社会凝聚力。除土库曼斯坦外，其他中亚四国均积极寻求发展与其他域外大国的联系，在国际和地区层面推行多边外交，以多边协议、地区性和国际组织的形式与大国进行对话互动，以获得强有力的谈判地位，就重点问题形成共同立场。由于对国家主权的珍视以及国家实力相对较弱，中亚国家对各种地区合作机制或倡议的参与具有更多的工具性考虑，长于加入但短于协调，长于“搭便车”但短于提供区域性公共产品。由于各国在国情、领导人性格和经历、民族国家构建路径等方面的不同，中亚五国在不同时期实施的整体外交政策和针对不同国家的外交方针也存在一定差异。

哈萨克斯坦作为中亚国力最强的国家，外交自主性较强，首要任务是巩固主权独立，谋求国际社会的承认，为本国经济发展争取良好的国际环境。哈萨克斯坦将俄罗斯置于外交优先位置，在中亚地区事务中扮演“领头羊”角色，通过以伙伴关系为基础的“远邻外交”，在各大国和地区之间左右逢源，谋求实现国家利益的最大化。在塔吉克斯坦内战、纳卡冲突、阿富汗问题、叙利亚危机、俄乌冲突等热点问题中，其扮演了沟通和调停角色，推动中亚地区内部一体化进程，同时广泛参与全球与地区性国际组织，利用多边机制在核不扩散和文明对话等领域积极发声。

乌兹别克斯坦被视为除土库曼斯坦外最“自守”“自主”的中亚国家。① 卡里莫夫时期一直奉行“防御性自力更生”② 的外交政策，坚持双边外交优先于多边外交的原则，反对参与国际军事政治联盟和组织，对地区一体化机制和国际组织持谨慎态度，不与任何大国过从亲密。相较哈、吉、塔、土四国相对稳定且具有亲俄倾向的外交政策，乌兹别克斯坦的外交政策具有明显的摇摆性和游离性特征，主要表现在与俄、美的交往中。2016 年起米尔济约耶夫政府确立了乌兹别克斯坦外交政策新方向，核心是积极发展与中亚邻国的关系，而不参与任何政治军事联盟、适当保持与域外大国的距离仍是其外交基础。

吉尔吉斯斯坦最初视俄罗斯为重要的战略伙伴和安全依托，积极参与由俄倡导的地

① 焦一强：《“继承”还是“决裂”——“后卡里莫夫时代”乌兹别克斯坦外交政策调整》，《俄罗斯研究》2017 年第 3 期，第 108 页。

② Bernardo Teles Fazendeiro, “Uzbekistan’s Defensive Self-reliance: Karimov’s Foreign Policy Legacy,” *International Affairs*, 2017, No.2, pp.410—427.

区性组织，同时并不过分疏远美国。“9・11”事件后，为应对区域内日益严峻的形势，吉尔吉斯斯坦在反恐等问题上重视与美合作，运用平衡外交策略，最大限度谋求经济和安全利益。在有关马纳斯基地去留问题的博弈中，吉尔吉斯斯坦既得到了经济支持，又获得了大国的安全保障，但也使吉俄关系出现裂痕。2011 年阿尔马兹别克・阿坦巴耶夫（Almazbek Atambaev）上台后，努力修复与俄的关系，吉俄关系发展迅速。总体上，吉在俄美之间的“游离”具有阶段性，不同时期与二者关系的侧重点也有所不同。

塔吉克斯坦同样奉行多元平衡外交，对俄提出的倡议保持适当警惕，在经济领域与俄拉开一定距离。吸引投资建设水电站、在水资源问题上获得国际支持是塔吉克斯坦外交的主要任务。塔吉克斯坦是中亚国家中唯一与伊朗关系密切的国家。塔吉克斯坦与阿富汗相邻，毒品、宗教极端主义、跨境犯罪等问题对其影响很大。

土库曼斯坦是中亚国家中唯一的中立国家，但在外交政策上并不保守。土库曼斯坦并未像其他四国一样在独立后靠向美国，而是与伊朗在能源运输上有很多大型合作。土库曼斯坦将天然气出口作为外交重要目标，希望通过增加出口通道摆脱对单一出口通道和某个国家的依赖，在能源贸易和外交上获得更多主动权以及更丰厚的利润。为了避免因与大国产生重大矛盾而威胁到政权生存，土库曼斯坦对于域外大国提出或主导的地区合作机制或倡议始终保持警惕。

（二）新形势下中亚五国外交政策新动向

2021 年美国从阿富汗撤军、2022 年俄乌冲突爆发后，地缘政治剧变和大国冲突带来的政治和安全风险明显抬升，2022 年中亚国家一系列冲突事件表明该地区面临不少潜在风险和现实挑战。新形势下，中亚国家竭力摆脱独立三十年来形成的“欧亚”对外政策定式，其奉行多年的多元平衡外交政策需要建立新的平衡。为维护自身利益和地区稳定，中亚国家均对其外交政策作出调整：坚持强调独立自主，继续奉行差异化的多元平衡外交政策，旨在形成大国在该地区相互战略制衡的同时，避免中亚各国陷入“选边站”的境地。

第一，中亚国家大幅提升外交主体性，积极推动地区一体化进程，进一步以中亚区域为整体对外发展关系。中亚五国增强国内各民族凝聚力，采取措施强化民众对国家领土、文化的认同，利用国内民众的民族主义情绪，巩固国家主权。各国利用相似的语言、文化、宗教背景，通过“地区性信念”加强政策协调，联合应对外部形势。推动地区一体化深入发展，推进双边、多边层面的反极端主义和反恐联合行动，中亚元首峰会机制化为地区一体化提供强大动力。各国以维护本国和地区利益为出发点，在不断凸显自身在地区事务中主导地位的同时，积极引导大国基于中亚“地方性规则”① 展开竞合，以期在塑造地区秩序方面发挥更大作用。

第二，中亚各国加快战略自主步伐，在一定程度上疏远俄罗斯，希望减少对俄政治、经济、安全依赖，期待与俄关系向“平等伙伴关系”转变。中亚国家试图彻底摆脱中亚地区所拥有的“后苏联空间”的地缘政治属性，在乌克兰问题上审慎地与俄罗斯保持微妙距离，普遍持“中立”而非“站队”的态度。在能源领域逐步与俄罗斯保持距离，谋划建设更加多元的能源出口通道。但同时继续保持与俄罗斯的关系，借助大国应对各类挑战，拓展回旋空间。尽管俄罗斯影响力有所下降，但由于历史和现实联系，俄罗斯在中亚仍然是安全保障者的角色，中亚国家在处理对俄关系时也相对审慎，与俄罗斯充分交换意见，尽量顾及俄方感受。

第三，中亚国家进一步发展与其他域外国家的关系。俄乌冲突令苏联解体后的欧亚空间进入了新阶段，美欧认为现在加强在中亚影响的机会已经到来。② 面对美国试图将中亚打造成其特殊利益区的企图，中亚国家选择与美欧保持适度接触，向西方靠拢的态势更加明显。双方互访频繁，哈萨克斯坦开启西方化改革，美哈推动强化高水平战略伙伴关系，③ 美乌（乌兹别克斯坦）也开启战略关系对话。④ 同时，中亚积极发展与南亚、伊斯兰国家的关系，参与土耳其主导的“突厥国家组织”并频繁互动，希望加强与南亚地区的互联互通关系，以平衡大国竞争和对抗态势，寻求更大发展空间。

二、中亚与主要国家和地区的外交关系

（一）主要国家对中亚政策及外交联系

中亚国家与俄罗斯在政治、经贸、军事、外交等各方面有着紧密联系。俄罗斯一

---

① Alexander Cooley, Great Games, *Local Rules: The New Great Power Contest in Central Asia*, New York, Oxford: Oxford university Press, 2012.

② Возможности США в обострении кризисных явлений в Центральной Азии, https://ia-centr.ru/experts/aleksandr-knyazev/vozmozhnosti-ssha-v-obostrenii-krizisnykh-yavleniy-v-tsentralnoy-azii/#.

③《美国副国务卿：我们愿意加深与哈萨克斯坦之间的合作》，哈萨克国际通讯社，2022 年 4 月 11 日，https://lenta.inform.kz/cn/article_a3921453。

④ “В Ташкентеначалисьузбекско-американскиепереговоры в рамкахновогоформата-Диалогостратегическомпартнерстве,” nuz.uz, 13.12.2021, https://nuz.uz/politika/1217293-v-tashkente-nachalis-uzbeksko-amerikanskie-peregovory-v-ramkah-novogo-formata-dialog-o-strategicheskom-partnerstve.html.

直将中亚视为“近邻”，中亚是关系其重大利益的核心地区，也是俄罗斯维护其南部安全的战略屏障。俄罗斯在该地区享有地区霸权国地位，因此对美西方在中亚推进民主化及煽动“颜色革命”十分警惕。中亚五国独立以来，俄罗斯一直是其外交最优先方向和最重要的战略伙伴。俄罗斯在军事力量、经济体量、政治影响力等各方面都对中亚有极大影响，中亚国家对俄罗斯在经济、能源、安全上有较大依赖性。俄罗斯是中亚五国最重要的经贸伙伴之一，是乌兹别克斯坦、吉尔吉斯斯坦、塔吉克斯坦劳务移民输出的主要目的国。独联体、欧亚经济联盟、集体安全条约组织等成为俄罗斯在中亚推进一体化关系的抓手。俄罗斯十分重视维系与中亚国家的语言、文化和历史纽带关系，关注中亚地区俄罗斯人的生存状况和俄语地位。俄罗斯是目前唯一在中亚保持军事存在的域外国家，在塔吉克斯坦、吉尔吉斯斯坦驻军，其主导的集安组织于2022年1月协助哈萨克斯坦稳定了国内骚乱。近年来，由于自身经济实力下降及中亚国家推行“去俄罗斯化”政策，俄罗斯的影响力有所下降，2022年俄乌冲突爆发后，中亚国家与俄罗斯的关系发生了显著变化，中亚国家在乌克兰问题上保持“中立”而非“站队”的态度，俄罗斯对中亚的政治影响力有所下降。但受历史和地缘政治因素影响，中亚与俄罗斯的关系没有发生根本性改变，俄罗斯仍是中亚地区的安全保障者，中亚国家在制定外交政策时仍将俄罗斯放在特殊和优先地位。

美国始终致力于在中亚地区维护其战略利益，试图将包括中亚国家在内的欧亚国家整合进西方的政治、经济和价值体系，塑造中亚国家的发展方向和地缘政治环境。“9·11”事件后，美国加强了在中亚地区的军事存在，在乌、吉设立军事基地。小布什政府先后推出“大中亚计划”“新丝绸之路计划”，致力于推进中亚地区一体化。2004年，美国与中亚五国签署贸易和投资框架协议，加强双方投资、贸易和区域合作。2005年中亚多国爆发“颜色革命”，美国与中亚关系发生明显倒退，被迫撤出其军事存在。2014年克里米亚危机造成美俄战略对峙，美国对中亚政策发生明显变化，中亚再度成为美关注的重点。2015年美国与中亚五国建立“C5+1”机制，寻求在经济发展、区域合作和安全问题三个领域扩大与中亚国家的合作。2020年前，美国中亚政策总体偏向合作，排他性不强。但随着美俄冲突加剧、中美关系变化，美国开始将俄、中明确视为竞争对手，美对中亚的重视程度有所提升。2020年特朗普政府高调颁布新版美国中亚战略，确立了“C5+1”机制在美地区外交中的特殊地位。2021年安东尼·布林肯（Antony Blinken）就任美国务卿，美国中亚政策完全回到了地缘博弈轨道，有意将中亚打造为遏制俄、中两国的重要前沿。从合作的具体领域来看，美国主要从直接援助、商业投资、文化交流、教育合作、媒体合作等方面不断加强其在中亚的影响力和渗透力。中亚五国与美国的双边互动各有侧重：哈萨克斯坦与美国重点发展经济合作伙伴关系，赋予美国长期优先发展伙伴的地位，希望借助美国平衡中、俄在哈力量；乌兹别克斯坦是美国实施地区安全合作的优先方向；土库曼斯坦和塔吉克斯坦主要就阿富汗问题、反恐等方面与美加强合作。苏联解体后，美国所代表的西方政治经济制度一直对中亚国家有强大吸引力，美国一度被各国视为平衡俄罗斯的主要依托。但中亚与美国的关系并非亲密无间。美国支持中亚国家主权的主要目的是减少中亚国家对俄、中的过度依赖，寻求美国在中亚地区的支配性权力，这使得中亚国家始终对美国以“民主”之名干涉其内政的企图保持充分警惕。

冷战结束后很长一段时间，欧盟没有明确的中亚战略，对中亚地区的兴趣不大。2001 年“9・11”事件爆发后，欧盟开始介入中亚事务，第一次将中亚五国视为对外关系中一个单独的地缘板块，但总体上仍缺乏明确、连贯、有层次的中亚政策。2007 年欧盟制定首份系统的中亚战略文件，开启欧盟与中亚国家关系的新时期，重点向中亚国家提供直接援助，希望将其纳入西方国家体系，借助中亚能源摆脱俄罗斯能源依赖。从核心特征来看，欧盟中亚政策的主要手段是援助外交，目的是价值输出和利益共享，但援助工具在不同时期、对不同国家有所差别。相较美国，欧盟参与中亚事务的姿态更为温和低调，但欧盟的中亚政策仍包含希望削弱中、俄在中亚影响力的考量。欧盟的中亚政策取得了一定效果，多个领域的合作机制得以确立，但总体影响有限。推进民主是欧盟在中亚的主打牌，但俄罗斯的政治模式更受中亚政治精英青睐。欧盟未将推动中亚国家经济发展作为优先选项，在俄欧关系紧张、欧盟对俄实施制裁时，中亚国家经济遭受较大冲击。欧盟与中亚的能源合作也举步维艰，进展缓慢，例如过境国问题等合作条件不受欧盟和中亚国家的控制，双方能源合作存在较大不确定性。历史传统、宗族部落文化等仍然影响着欧盟教育理念和教育改革在中亚的推进。欧盟内部在对外开展集体安全行动上缺乏政策协调，欧盟与中亚在安全认知上分歧显著，欧盟中亚战略未能有效改善中亚安全局势。

中亚不是日本的亚洲战略优先地区，日本的中亚政策更侧重于与中亚国家进行务实的经济合作。1993 年日本提出“丝绸之路外交”，将中亚作为国家发展援助对象，以抢占中亚能源宝库。“9・11”事件后，为应对恐怖主义挑战、防范中国在中亚的崛起，日本加强与中亚国家的合作。2004 年日本重提“丝绸之路外交”，建立日本与中亚“5+1”外长对话机制。日本的中亚战略渐趋稳定，通过加强政治影响和经济渗透来争取该地区的能源开发与贸易主导权。总体上，日本在中亚地区的影响力依旧有限。中亚在日本外交战略中的重要性远低于美、欧甚至东南亚地区，双边关系也缺乏首脑外交的引领。日本与中亚的经贸往来主要通过援助进行，日本私企对中亚项目的参与度不高，导致日本在中亚的经济存在较弱。近年来，日本政府试图将中亚政策作为其南亚政策的补充和配合，以平衡中国在亚洲的崛起，并最终与美国的“印太战略”在目标上高度契合。

土耳其将中亚视为其“战略纵深地区”①。冷战后初期，土耳其对中亚实施强势的全面外交政策，通过直接援助方式帮助中亚国家发展经济，通过共同的历史、文化和宗教传统进行价值观渗透。21 世纪后，安全问题成为中亚的首要关切，土耳其从全面扩张的中亚政策转向“东西兼重”、温和务实的积极主义政策。雷杰普·埃尔多安（Recep Erdogan）执政以来，土耳其奉行“向东看”外交战略。2021 年以来，土耳其针对俄罗斯采取议题对冲，大幅推进与中亚各国在能源、政治、安全等方面的合作，土耳其主打“突厥外交”旗号，试图以其主导的“突厥国家组织”为纽带逐步领导中亚。总体上，土耳其影响中亚的主要手段是文化软实力，而非完全依赖于物质实力。土耳其对中亚的影响仍无法超越俄罗斯在中亚的传统强势地位。

纳伦德拉·莫迪（Narendra Modi）自 2014 年就任印度总理以来，就将印度“连接中亚政策”扩展为涵盖政治、经济、安全与文化领域的全面战略。②中亚积极发展与印度的关系，将印度视为增长最快的经济体以及中亚的投资者，希望加强与南亚地区互联互通。2021 年阿塔再次执政后，印度以阿富汗问题为切口深化与中亚的安全合作，以恰巴哈尔港为核心助力地区互联互通，以“印度—中亚”的人文联系厚植地区软实力，避免在核心议题上被边缘化。但印度经略中亚受到诸多限制，双方经贸合作仍在低位徘徊，印度中亚政策易受“印巴对抗”制约，印度在美俄之间“左右逢源”可能

---

① Alexander Murinson, “The Strategic Depth Doctrine of Turkish Foreign Policy,” *Middle Eastern Studies*, Vol.42, Issue 6. 2006, pp.945—964.

② Gulshan Sachdeva, “India’s Objectives in Central Asia,” in David B. H. Denoon eds., *China, the United States, and the Future of Central Asia*, New York and London: New York University Press. 2015, pp. 270—275.

掣肘其中亚政策的效果。①

（二）主要大国和地区在中亚的竞争与合作

从大国竞争来看，美俄博弈构成了外部势力角逐中亚地区的主线，中亚地区格局呈现明显的多极化态势。21世纪初，美国通过发动阿富汗战争积极介入中亚地区事务，陆续推出“大中亚计划”“新丝绸之路计划”以及建立“C5+1”机制，试图削弱俄罗斯在中亚的影响，夺取地区事务主导权。近来，美国及其盟友借部分中亚国家推进国家改革并借助外力缓解经济困境的契机，扩大其在中亚的利益和影响。俄乌冲突后，美俄关系进入战略对抗期，双方很可能打破在中亚竞争的可控模式，遵循“工具理性”的逻辑，而忽略对国际规范的遵循。

同时，美国开始将中亚作为遏制中国的战略要地。特朗普上台后，美国改变了在中亚以遏制俄罗斯为主的政策，对中国在中亚实施全面围堵。一是同日、澳、印、欧协调各自在欧亚和印太地区的基础设施投资，全力干扰、阻止中国在中亚推进实施“一带一路”倡议。二是打着维护人权的旗号，对中国实施分化战略，离间中国与中亚关系。三是拼凑排华包围圈，强化排除中国的地区多边合作，阻止中国推进地区命运共同体建设。欧盟、日本等在中亚地区一直与美国紧密配合，是美国在中亚地区的战略盟友。美欧在中亚有联手制华之势，欧盟推出欧亚互联互通战略和“全球门户计划”，其中不乏与美联合制华的意图。②

除大国在中亚地区的“大博弈”外，中亚地区还吸引了一批中等国家参与到“小博弈”中。土耳其参与中亚地区竞争的意愿和比较优势不断增强，试图在中亚构建“软霸权”。一旦俄乌战事结束以及俄美关系缓和，俄土在中亚地区的博弈将越发激烈。印度也在加大介入中亚的力度，被美国视为在中亚地区对华遏制可以利用的力量。

除竞争角逐外，域外大国和中等国家在中亚地区也有明显的协调合作。中俄通过双边和多边机制（主要是上海合作组织）进行有效协调，从而在中亚地区形成了相互尊重—合作的互动模式，较好地保障了中亚地区的稳定。美欧在中亚也存在一定的协调互动，欧盟追随和支持美国在中亚提出的各项议程，美国兼顾欧盟在中亚的部分关

① Щедров И.Ю. Первый саммит Индия—Центральная Азия: начало новой политики в регионе? https://www.imemo.ru/news/events/text/perviy-sammit-indiya-tsentralynaya-aziya-nachalo-novoy-politiki-v-regione.

② 刘作奎：《欧盟互联互通政策的“泛安全化”及中欧合作》，《理论学刊》2022年第1期，第72—81页。

切，如支持欧亚国家铺设中亚—欧洲石油和天然气管道、协同推进在中亚的规范议程设置等。

而对中亚国家而言，由于处于大国博弈前沿阵地，导致其在与大国互动的过程中，主要利用大国之间的竞争使自己利益最大化，而不是通过地区合作获得共同利益。① 利用域外大国加大对中亚关注和投入的机遇，积极与之互动，进而与多数大国的关系均有所深化，说明中亚国家主动塑造地区秩序的能动性正在增强。受俄乌冲突、美西方国家对俄制裁，以及新冠肺炎疫情叠加影响，如何摆脱经济困境成为中亚国家的迫切需要。中亚国家在加强内部合作的同时，还需要借助外部因素谋求更大的发展空间。但中亚国家出于能源、经济和安全考量，在政策取向上又竭力避免卷入大国之间的竞争。中亚五国间不断改善的双边关系与更为频繁的地区领导人会晤，为实现广泛的地区内部合作带来希望。尽管这种趋势还无法完全取代现存机制，但这一进程有助于中亚地区逐步摆脱外部大国在该地区的恶性竞争。

欧亚地区在三十多年前以苏联解体为起点开始的地区格局重构，到目前为止仍未形成一个相对稳定的地缘政治板块，年轻的中亚五国在民族国家构建进程中还处于不稳定和社会发展模式的探索中。世界格局大变革产生的冲击使中亚各国应接不暇，其内部的大量社会矛盾不仅没有得到基本解决，反而经过三十多年的积累和发酵进入了集中爆发的节点。2022 年俄乌冲突的爆发促使中亚国家从内外两方面谋求多元出路。面对外部形势变化，中亚五国积极向内寻求团结，但中亚局势在整体相对平静中仍有波动。随着美国撤出阿富汗，中亚国家亟须与外部力量合作以稳定地区局势，边境管理、反恐以及包括阿富汗在内事关更广泛地区的和平与稳定事务将成为未来中亚与域外各国及地区合作的优先事项。在世界形势发生剧变的背景下，中亚地区正在发生带有全局性、长期性的重大变化。中亚的安全、稳定与发展对周边国家十分重要，维护地区稳定和秩序不仅需要地区国家的智慧，也需要大国的支持与克制。中亚地区的繁荣发展需要与世界互联互通，需要与更多发达经济体的经贸合作，但那里不需要零和游戏和冷战思维。

---

① Alexander Cooler, *Great Games, Local Rules: The New Great Power Contest in Central Asia*, NYC: New York University Press, 2012, p.9.

第二十章　非洲研究

非洲面积约 3 020 万平方公里，仅次于亚洲。非洲气候多样，是丰富生态资源与矿产资源的宝地，也是古人类和古文明的发祥地。最古老的人类化石就是在东非发现的，非洲东北角的埃及则是世界文明发源地之一。

非洲全球人口增长率最高，2022 年总人口约 14.27 亿。联合国《世界人口展望 2022》预计，到 2050 年，这一地区将贡献全球人口增长数量的几乎一半。人口增长尤其集中在刚果民主共和国、坦桑尼亚、埃及、埃塞俄比亚、尼日利亚五国。从国别来看，2022 年非洲有三国人口过亿：尼日利亚（约 2.167 亿）、埃塞俄比亚（约 1.208 亿）、埃及（约 1.062 亿）。不过，非洲人口结构年轻化。预计 2030 年全球 65 岁以上的人口比例为 11.7%，而撒哈拉以南非洲地区仅为 3.3%。①

非洲也是国家数量最多的大洲。第二次世界大战之后，非洲国家纷纷从殖民地半殖民地状态挣脱出来。1945 年，这一地区只有四个具有独立地位的国家：埃及、埃塞俄比亚、利比里亚和南非，如今这里国家数量多达 54 个。这些国家中 48 个位于非洲大陆，6 个是大西洋或印度洋上的岛屿国家（佛得角、科摩罗、马达加斯加、毛里求斯、圣多美和普林西比、塞舌尔）。

世界上最大的沙漠撒哈拉沙漠西起大西洋沿岸，向东经过埃及到达红海之滨，长约 5 600 千米，南北宽约 2 000 千米，总面积约 910 万平方公里。这片广袤无垠的沙漠从地理空间上将北部非洲和撒哈拉以南非洲分开，前者被看作阿拉伯世界的一部分，②通常与西亚地区并提；后者又被称为亚撒哈拉地区、下撒哈拉、漠南非洲等。两地在宗教、文化、经济、政治体制、人种分布等方面各不相同。

---

① United Nations Department of Economic and Social Affairs, Population Division, “World Population Prospects 2022: Summary of Results,” https://www.un.org/development/desa/pd/sites/www.un.org.development.desa.pd/files/wpp2022_summary_of_results.pdf.

② 索马里、吉布提、科摩罗和毛里塔尼亚地理上属于撒哈拉以南非洲，但也是阿拉伯世界的一部分。

第一节　非洲地区的国际地位、国际影响和未来趋势

21世纪以来，非洲从“失望大陆”变成“希望大陆”。非洲一些国家内战相继平息，多数非洲国家政局总体稳定。非洲经济进入中高速增长阶段，2000—2012年年均增长率为5%，撒哈拉以南非洲达到5.6%。[①] 自2014年开始，受世界经济疲软及大宗商品价格下跌的影响，非洲经济增速放缓到3%左右。2014—2019年经济增长率分别为3.8%、3.5%、2.2%、3.6%、3.4%和3.3%。不过，相比其他地区，非洲的经济增速依然较快。2019年，国际货币基金组织列出的十大增长最快经济体中，非洲国家占据四席：卢旺达、埃塞俄比亚、乌干达和坦桑尼亚，GDP增长率分别为9.5%、9%、7.8%和7%。2020年，前十大增长最快经济体中有六个是非洲国家：GDP增长率分别为埃塞俄比亚6%、几内亚4.9%、坦桑尼亚4.8%、贝宁3.8%、尼日尔3.6%和埃及3.6%。2023年预计有五六个非洲国家的GDP增长率名列全球前茅，包括利比亚（17.9%）、塞内加尔（8.1%）、尼日尔（7.3%）、刚果民主共和国（6.7%）、卢旺达（6.7%）和科特迪瓦（6.5%）。

许多非洲国家开始了工业化的再次尝试。非盟先后出台《加速非洲工业化发展行动计划》《非洲基础设施发展规划宣言》《2063年议程》等重要发展战略，希望通过工业化、经济融合和一体化推动经济发展。2016年，非洲发展银行制定了为期10年的《非洲工业化战略2016—2025》，决定投入350亿美元以支持六大产业计划。联合国大会也宣布2016—2025年为非洲的第三个工业发展十年（IDDA Ⅲ）。麦肯锡公司甚至预测，非洲将成为“世界的下一个制造业中心”。

当然，非洲地区的快速发展主要源于较低的发展基础。无论从哪个角度看，非洲地区都是全球发展的洼地。根据世界银行的数据，撒哈拉以南非洲地区人均国民生产总值只有1 562美元，不到全球平均水平的13%（全球人均12 026美元）。[②]2021年非洲新增加极端贫困人口2 870万，极端贫困率达到34.3%。其中西非地区最高，2021—2023年平均极端贫困率达到39%，这一地区的人口大国尼日利亚的贫困人口增加最多（约540万）。[③]2022年，撒哈拉以南非洲地区成人识字率为67%，女性只有60%。制

① African Development Bank Group（ADBG）, The African Development Report 2012, January 2013, p.6.

② World Bank, World Development Indicators: Size of the economy, https://wdi.worldbank.org/table/WV.1.

③ African Development Bank Group, African Economic Outlook 2022, p.32.

造业附加值只有 11%。撒哈拉以南非洲地区超过五分之一的人面临饥饿，超过 25 亿人营养不良。2022 年的平均通胀率达到 13.5%，其中南非 7.4%，埃及 13.2%，尼日利亚 18.6%，受西方制裁的津巴布韦通胀率高达 256.9%。

2030 年可持续发展议程确立的 169 项具体目标中，以目前的进展非洲可能只有 9 项达标，主要集中在环境和能源方面，例如能源、水和卫生、保护和可持续利用生物多样性和生态系统等。大部分的目标存在困难。① 另一项远景规划《2063 年议程》的推进也存在困难，多数目标与 2021 年的中期执行预期差距较大。非盟公布的数据显示，其失业率从 2013 年的 11% 增加到 2021 的 15%；基尼系数则从 0.400 略微降至 0.382，未达到预期目标值 0.336；营养不良率高达 24%，预期目标值 9%；获得安全饮用水的人口从 55% 增加到 64%，但仍远低于 97% 的预期目标，基本卫生获得率只有 32%；此外，服务业从 2013 年的 34% 小幅增长至 2021 年的 44%，远低于 84% 的预期目标。②

发展的低下加剧了国家的脆弱性。世界银行 2019 财年列入脆弱情势名单的有 36 个国家和地区，其中撒哈拉以南非洲国家 19 个。③2016 年，经济合作与发展组织发布的年度报告中认定 56 个脆弱国家或地区，其中 35 个在撒哈拉以南非洲，7 个来自东亚和太平洋，6 个在中东和北非，其余 8 个在世界其他地方。④2008—2018 年间，有 27 个国家一直位列经济合作与发展组织的脆弱国家榜单，其中 18 个位于撒哈拉以南非洲。⑤ 索马里、南苏丹和中非三国是 2016 年和 2018 年排名最末的三个国家。⑥ 在美国《外交政策》与和平基金会共同编制的 2018 年度“脆弱国家指数”中，178 个国家当中排名最后十位的国家分别是：南苏丹、索马里、也门、叙利亚、中非、刚果民主共和

① African Development Bank Group, *African Statistical Yearbook 2021*, Addis Ababa, Ethiopia, pp.34—38.

② African Union Commission and African Union Development Agency—NEPAD, *Second Continental Report on the Implementation of Agenda 2063*, Midrand, South Africa, 2022.

③ 列入名单的国家分别是：布隆迪、中非、乍得、科摩罗、刚果民主共和国、刚果共和国、科特迪瓦、吉布提、冈比亚、几内亚比绍、厄立特里亚、利比里亚、马里、莫桑比克、索马里、南苏丹、苏丹、多哥、津巴布韦。参见“Harmonized List of Fragile Situations FY 19,” http://pubdocs.worldbank.org/en/892921532529834051/FCSList-FY19-Final.pdf。

④ OECD, *States of Fragility 2016*, pp.76—77.

⑤ 一直位居脆弱国家行列的 27 个国家分别是：阿富汗、布隆迪、中非、喀麦隆、乍得、科摩罗、朝鲜、刚果民主共和国、厄立特里亚、埃塞俄比亚、几内亚比绍、海地、伊拉克、肯尼亚、利比里亚、缅甸、尼日尔、尼日利亚、巴基斯坦、塞拉利昂、所罗门、索马里、苏丹、东帝汶、乌干达、也门和津巴布韦。OECD, *States of Fragility 2018*, p.26.

⑥ OECD, *States of Fragility 2018*, p.85.

国、苏丹、乍得、阿富汗和津巴布韦。撒哈拉以南非洲国家占了七席，且排名靠后。①

非洲是面临全球安全挑战最大的地区。冷战结束以来，非洲地区经历了持续的冲突和动乱，虽有些年份的冲突数量低于亚洲，但冲突总量远高于其他地区。瑞典乌普萨拉大学的乌普萨拉冲突数据计划（Uppsala Conflict Data Program, UCDP）的统计数据显示，1989—2009 年全球 131 场有国家参与的冲突中，41 场出现在非洲。②2006—2015 年的 10 年期间，非洲发生了 35 场冲突，又是所有区域中最多的。③ 根据经济与和平研究所的 2022 年全球和平指数，全球十大最不和平的国家中有五个位于非洲地区，分别是：中非、刚果民主共和国、索马里、南苏丹和苏丹。④ 与此同时，非洲地区恐怖组织、地方民兵、部族和宗教武装、各类军阀、叛乱组织、盗匪等大量滋长，这些非国家行为体之间的冲突常年高居不下。武装冲突地点与事件数据库项目（ACLED）的数据统计显示，2016 年这类冲突占非洲暴力冲突的 63% 以上（33 起暴力冲突）。其中，索马里占比最大，超过 24%，刚果民主共和国超过 12%、尼日利亚超过 11%。⑤ 此类冲突也导致较高的平民伤亡，2002—2016 年，非国家武装组织造成非洲超过 86% 的平民死亡，特别是在刚果民主共和国东部地区、尼日利亚"博科圣地"活跃区域、苏丹（特别是达尔富尔地区）和南苏丹。⑥ 无论是数量，还是伤亡人数，这种冲突都构成撒哈拉以南非洲地区主要的冲突模式。同时，日益激烈的地缘政治紧张局势又加剧了这些风险因素。

不仅传统安全问题重重、高强度冲突居高不下，非传统安全问题亦层出不穷，包括跨国恐怖主义扩张、气候变化、不断涌现的大量难民、跨国走私犯罪等。恐怖主义网络由大量流动的外国武装分子维持，主要在萨赫勒狭长的走廊上活动，从大西洋沿

---

① The Fund for Peace, *2018 Fragile States Index*, Washington, D.C, 2018, p.7, http://fundforpeace.org/fsi/wp-content/uploads/2018/04/951181805-Fragile-States-Index-Annual-Report-2018.pdf.

② Lotta Harbom and Peter Wallenstein, "Armed Conflicts, 1946—2009," *Journal of Peace Research*, Vol.47, No.4, 2010, p.502.

③ Lotta Themnér and Erik Melander, "Patterns of armed conflict 2006—15," in *SIPRI Yearbook 2016*, Oxford University Press, 2016, p.209.

④ Institute for Economics and Peace（IEP）, "Global Peace Index 2022: Measuring Peace in a Complex World," June 2022.

⑤ ACLED 2016, ACLED-Africa, v.7, http://www.acleddata.com. Clionadh Raleigh, Andrew Linke, Håvard Hegre and Joakim Karlsen, "Introducing ACLED—Armed Conflct Location and Event Data," *Journal of Peace Research*, Vol.47, No.5, 2010, pp.651—660.

⑥ Ibid.

岸的塞内加尔一直延伸到红海沿岸的厄立特里亚，再往南延伸至莫桑比克。它们与当地的反叛组织相互勾连，利用非洲国家薄弱的国家管控能力、多孔相互渗透的边界、地方错综复杂的矛盾冲突以及富集资源和犯罪走私网络，跨境流动频繁发动袭击。这些不安全因素相互强化、循环往复，从而长期存在。根据《全球恐怖主义指数 2022》报告，2021 年，全球恐怖主义活动所导致的死亡人数中，撒哈拉以南非洲国家占 48%，布基纳法索、马里、尼日尔、尼日利亚和索马里位列全球受恐怖主义影响最严重的十个国家之列。① 和平与安全成为非洲亟待实现的首要目标。

总体来说，毫无疑问，非洲未来发展具有不少积极因素。第一，正在启动的工业化，巨大的人口红利，丰富的能源资源，数字经济为其带来弯道超车机会。第二，随着外部的持续投入，非洲地区的基础设施将有很大改善，这将为非洲迎来新的增长机会。第三，地区一体化和次区域经济整合加速，2021 年 1 月 1 日，因新冠肺炎疫情推迟的《非洲大陆自由贸易区协定》（AfCFTA）正式启动了。根据协定，非洲国家之间 90% 的关税应该在 5—10 年的时间里逐步取消，非关税壁垒也会大幅减少，区内贸易将大幅增加。世界银行报告预测，2035 年区内贸易将增长 85%，可以为非洲经济带来 4 500 亿美元的额外增长，相当于非洲经济的 7%，同时可以让 3 000 万人摆脱绝对贫困。一体化进程的持续推动可以有效发掘内部优势和内部增长动力。第四，国际社会的持续关注、外部大国由于战略竞争竞相对该地区的资源投入，使这一地区左右逢源。

不过，非洲地区的未来发展也面临巨大挑战。

第一，尽管非洲经济远期看具有较好的增长前景，国际机构对这一地区的经济增长的预期也普遍高于世界平均水平。但短期看，非洲地区面临艰巨的挑战，新冠肺炎疫情的重创、世界经济的放缓、大国竞争的加剧特别是俄乌冲突，这三大不利因素加剧了 2014 年以来非洲经济的下行趋势，导致非洲陷入 50 多年来最严重的经济衰退，突出体现在国内需求和供给同步受挫、外部资金流入锐减、政府债务水平攀升、贫困和失业状况恶化，非洲经济或将陷入持续的“低增长、高债务”的风险。撒哈拉以南非洲地区的年经济增长从 2021 的 4.1% 降至 2022 年的 3.3%。通货膨胀不断上升，抑制了商业投资和家庭消费，截至 2022 年 7 月，世界银行有统计数据的 33 个撒哈拉以

① Institute for Economics and Peace, Global Terrorism Index 2022: Measuring the Impact of Terrorism, March 2022.

南非洲国家中，有 29 个超过 5%，17 个通胀率为两位数。[①] 由于高债务水平、借贷成本上升和公共储蓄枯竭，可以采取有效应对措施的财政空间非常有限。新冠肺炎疫情期间，该地区的初级赤字占 GDP 的比例从 2019 年的 4.1% 扩大到 2020 年的 6.3%。债务进一步跃升。2022 年 2 月，38 个可进行债务可持续性分析的非洲国家中，有 23 个陷入债务困境或面临债务困境的风险，其中 7 个已经处于债务困境。[②] 第二，气候变化和极端天气事件给非洲地区带来了严重的经济、社会和环境后果。非洲大陆的各个地区，特别是萨赫勒和非洲之角，容易受到气候冲击的影响，包括反复发生干旱和洪水。[③] 考虑到人口的快速增加，地区环境和资源的承载能力面临严峻挑战。在尼日利亚、马里、中非、苏丹、肯尼亚等西非、东非国家，水、地、牲畜等资源争夺可能引发广泛的农牧民冲突、族群冲突或社区冲突。气候异常、洪灾和干旱导致粮食不安全风险急剧上升，并加剧了社会紧张局势。第三，南非、尼日利亚、埃及、埃塞俄比亚等区域强国的发展都面临较大挑战，内部问题重重，对地区的引领作用有限。第四，非洲地区的安全形势很难大幅改观，特别是东非之角、大湖地区和西非萨赫勒地带，恐怖主义、族群冲突、资源争夺等问题频发，国家治理能力有限，相互牵连。安全短板将长期伴随这一地区。对非洲而言，长期不安全的代价是资本积累率极低、增长乏力和过度波动，这削弱了收入增长，并使国家背负长期债务积压风险和居高不下的贫困率。最糟糕的是，发展的安全化使得非洲维持了过度依赖初级商品和自然资源的经济模式，导致非洲在全球经济环境中被边缘化。第五，从外部看，大国竞争加剧尽管可以让非洲地区左右逢源，但也导致全球经济的稳定性和宏观环境恶化，限制了非洲地区的外向型政策的发展。

第二节　非洲地区的合作机制和主要矛盾

在地区事务上，一些区域大国发挥着举足轻重的作用。包括南非、埃及、尼日利亚、埃塞俄比亚等国。其中南非由于政治经济水平发展较高，一直处于领头羊的位置，尤其是面向撒哈拉以南非洲地区。1994 年结束种族隔离、举行首次大选以来，南

---

① World Bank, Africa’s Pulse: An Analysis of Issues Shaping Africa’s Economic Future, October 2022.

② African Development Bank Group（ADBG）, African Economic Outlook 2022, p.32.

③ CISSA, “Briefing by CISSA on the Peace and Security Outlook on the Continent for the Year 2023,” 8 February 2023, https://amaniafrica-et.org/briefing-by-cissa-on-the-peace-and-security-outlook-on-the-continent-for-the-year-2023/.

非的角色一直被看重。在全球事务上，南非以非洲代言人的身份通过联合国、英联邦、二十国集团、金砖国家等国际组织或多边机制，大力推动南南合作和南北对话，打造地区大国和全球中等强国的外交目标定位。在非洲地区，南非积极发挥领导作用，参与大湖地区和平进程以及津巴布韦、南北苏丹等非洲热点问题的解决，极力推动非洲统一和非洲复兴的宏伟计划，特别是加强或建立非洲联盟、南部非洲发展共同体、非洲发展新伙伴关系等大陆机构以及非洲待命部队。①

不过，南非的地位遭遇越来越多的挑战。2022 年南非的国内生产总值为 4 114 亿美元，位居非洲第三。西非的尼日利亚和北非的埃及已经迎头赶上，经济格局的变化对非洲地区的国家间关系产生重大影响。长期以来，埃及系中东地区、非洲地区以及尼罗河地区的大国。在“支持非洲民族解放运动”的历史进程中与非洲大陆塑造了深厚的政治联系，发挥了难以忽视的领导作用。不过，埃及长期以来将自己视为中东的一部分，对非洲其他国家的力量投入相对较少，约束了埃及在非洲地区事务中的影响力。塞西执政以来，随着中东地区的政局趋向动荡，国家经济遭受严重打击，伊朗、沙特等地区强权的力量崛起，以及对尼罗河水源的完全依赖，埃及开始面向非洲大陆，从政治、军事、经济等各方面加强与非洲国家的关系。2022 年埃及的国内生产总值为 4 690 亿美元，位居非洲第二；人口超过 1 亿，仅次于尼日利亚和埃塞俄比亚，位居非洲第三；军事上更是首屈一指。随着对非身份的重视，埃及未来在非洲的地区事务上可能发挥更重要作用。

作为崛起中的非洲大国，位于非洲西部几内亚湾北岸的尼日利亚，2022 年的 GDP 超过 5 000 亿美元，成为非洲目前最大的经济体已经 10 年之久；该国人口约 2.167 亿，也是非洲第一；国土面积也不小，约 92.4 万平方千米。综合来看，尼日利亚的整体国力在非洲较为突出。不过，尼日利亚经济基础较低，绝对贫困人口（每天收入低于 1 000 奈拉，约 2 美元）有 9 510 万，占尼日利亚总人口的 42%。经济增长较大程度依赖资源和能源出口，特别是石油，目前国内生产总值的 30%、出口收入的 80% 以及财政收入的 50% 都由原油出口所贡献。境内有超过 250 个民族，其中 50% 信仰伊斯兰教，40% 信仰基督教，10% 信仰本土的原始宗教，宗教信仰分裂。国内政局不稳，地方叛乱、恐怖组织“博科圣地”和“伊斯兰国”长期在境内肆虐。在对外关系上，也

① 南非加思·勒佩雷：《南非外交政策关键主题概述》，《国际社会科学杂志：中文版》2016 年第 4 期，第 102 页。

缺乏超出非洲之外的国际影响力。这些都制约了尼日利亚在非洲地区的大国角色。

21 世纪以来，随着尼日利亚与南非实力差距的缩小，两国围绕非洲领导权暗自角力。2008 年以来，南非国内多次掀起针对包括尼日利亚的外国移民的仇外排外事件，两国关系变得紧张。而在另外一边，埃及和埃塞俄比亚围绕尼罗河流域的水资源争夺也陷入僵局。

中小国家之间的关系错综复杂。2021 年以来发动军事政变的马里、布基纳法索被西非经济共同体暂停成员资格。在中非地区，刚果民主共和国东部活跃着 100 多支反叛武装，或受到周边国家的支持，或成为侵扰周边地区的跳板，导致周边国家关系不正常，这里曾经引发了 1996 年和 1998—2003 年的两次刚果民主共和国战争，后者被称为非洲地区的“世界大战”。在东部，索马里的恐怖组织“索马里青年党”常年在肯尼亚、埃塞俄比亚等邻国发动恐怖袭击，埃塞俄比亚与邻国厄立特里亚、苏丹之间都出现武装冲突。1998—2000 年的埃厄冲突，导致 10 万人丧生。2023 年，埃塞俄比亚的国内冲突刚刚消停，苏丹政府军与准军事武装之间又爆发大规模冲突。一国内部治理缺陷产生的难民、恐怖袭击、盗匪、反叛组织、非法武器及贵金属走私等各种问题往往外溢到周边和整个区域，导致地区局势紧张，这些都制约了非洲地区国家关系的正常化发展。

非洲地区国家众多，政治体制、经济发展水平、文化、宗教信仰、社会治理水平千差万别。非洲地区一直在积极推动本地区的整合进程以提升自主治理能力。在外部，非洲试图以“一个声音”说话，比如在联合国，一方面寻求安理会常任理事国的非洲席位，另一方面积极协调现任三个非常任理事国以统一的非洲立场发声。在内部，则积极推进非洲地区整合，在非洲整体和各区域、次区域及跨境区域、各国之间搭建复杂多层的治理框架。与其他地区相比，非洲的地区合作机制发展表现得更为蓬勃和深入。在某些领域如安全领域，地区合作机制的渗透和执行能力非常强。因而，研究非洲地区的国家间关系，很难忽视非洲的地区组织的发展态势。

20 世纪 60 年代非洲国家纷纷走向独立之后，非洲的地区组织一直稳步增加。数据统计显示，20 世纪 70 年代末，各类地区、区域、次区域的跨国组织大约有 50 个。1990 年之后，一方面源于非洲国家的联合自强，另一方面也是现实的安全和经济发展的迫切需求，各类组织爆炸性增长，截至 2020 年底，共有 156 个地区组织，包括 19 个一般性的地区组织、80 个带有自主任务的特定地区组织以及 57 个专业技术机构。① 主要的区域经济组织大都是这一时期设立或重启的，比如1994年的东部和南部非洲共同市场、1999年的东非共同体、1993年的西非国家经济共同体（以下简称“西共体”）、1994年的南部非洲发展共同体（以下简称“南共体”）以及1998年的萨赫勒—撒哈拉国家共同体。2002年，推动“泛非”合作的非洲统一组织在运作了四十年之后，正式改组升级为非洲联盟（以下简称“非盟”）。经过改组，非盟具有更大的权力和权威，在制度设计和制度能力建设方面均优于非洲统一组织，被赋予了维护和促进非洲大陆的和平与稳定、实现非洲的发展与复兴的广泛权力。

非洲各区域设立有区域经济共同体（REC），这些区域经济共同体是非洲国家的区域集团，是非盟的区域支柱，其目的是促进各个地区成员之间的区域经济一体化。为协调相互间关系，1980年《非洲发展拉各斯行动计划》、1991年的《阿布贾条约》、2001年的《非盟组织法》、2007年的《非盟与区域经济共同体关系议定书》以及2008年的《非盟、区域经济共同体和区域待命旅协调机制之间关于和平与安全领域合作的谅解备忘录》几份文件，就区域经济共同体与非盟的角色和功能分工作了详细规定。《阿布贾条约》规定次区域经济共同体是逐步建立非洲经济共同体的“基石”，《非盟组织法》提及次区域经济共同体在执行非盟政策方面的协调和统一作用，2007年的议定书主要关注经济和贸易问题，而2008年的谅解备忘录主要涉及“非洲和平与安全框架”的实施。非盟和次区域经济共同体“坚持辅助性、互补性和比较优势的原则”。区域经济共同体被视为更广泛的非洲一体化的基础。

在最重要的和平安全领域，将非盟和非洲次区域安排有机联系起来的最重要机制是“非洲和平与安全框架”（APSA）。这是非盟于2004年创立的集体安全机制，致力于“以非洲方式解决非洲问题”。“非盟和平与安全框架”可被视为由两个相互连接的层级组成。在第一层级，该框架包括非盟负责和平与安全事务的相关机构，如非盟和安会、智者小组、非洲大陆预警系统、非洲待命部队与非洲和平基金等。② 在第二层级，该框架包括8个负责冲突预防、管理和解决的非洲次区域经济共同体，以及2个分别负责

① Fredrik Söderbaum and Sören Stapel, “Agenda 2063 and the Role of Africa’s Overlapping Regional Organisations,” ECDPM Discussion Paper No.317, February 2022.

② Messay Asgedom, “The African Union（AU）and Intergovernmental Authority on Development（IGAD）Partnership in Peace and Security: Achievements and Challenges,” *Journal of Citizenship and Morality*, Vol.2, No.1, January, 2019, p.83.

管理北非和东非待命部队的非洲次区域机制。①

相对于其他地区组织，非洲地区的整合进程首先体现在安全领域，该地区一体化的进程更偏重安全。针对非洲地区急迫的安全挑战，非盟、区域组织和非洲国家有强烈的政治意愿针对地区危机和跨境威胁采取强有力的军事行动。非洲地区一直在建设和发展自己的维和能力。非洲自身开展的和平行动主要分为三类：非盟领导的维和行动、次区域组织领导的和平行动，以及针对特定威胁组建的多国联合部队。当前非盟领导的维和行动有 4 项：索马里特派团（AMISOM, 2007—）、马里萨赫勒特派团（MISAHEL, 2013—）、中非和中部非洲特派团（MISAC, 2014—）和布隆迪观察团（AU Observer Mission in Burundi, 2015—）。索马里特派团在全球所有多边和平行动中是规模最大的，维和人员超过 2 万人；其他三项规模比较小，人数不过数十人。次区域组织领导的维和行动目前有 3 项。西共体开展 2 项维和行动：2012 设立的几内亚比绍特派团（ECOMIB）和 2017 年设立的冈比亚特派团（ECOMIG），各有近 500 人的规模。南部非洲发展共同体（SADC）2017 年设立了莱索托预防性特派团（SAPMIL），有 250 人左右。②

近些年，作为这些维和行动的补充，非洲出现多支针对特定威胁的多国部队。如乌干达、刚果民主共和国、南苏丹和中非四国组建“地区特遣部队”，以打击“圣灵抵抗军”；乍得湖流域的喀麦隆、尼日利亚、乍得、尼日尔和贝宁五国组建“多国联合部队”，共同围剿“博科圣地”。③布基纳法索、马里、毛里塔尼亚、尼日尔和乍得组建萨赫勒 G5 联合部队，打击该区域反叛和非法武装、稳定地区形势。④在刚果民主共和国东部，肯尼亚、布隆迪、乌干达、南苏丹等国共同组成东非地区部队，推进地区和平进程，促使 M23 等反政府武装逐渐退出。这些多国部队反应灵活，具有临时性和应急性，在应对日益上升的非对称威胁方面，可以发挥有效作用。

2020 年 12 月，第 14 届非盟首脑特别会议正式宣布非洲常备军的运行，同时决定解散非洲危机快速反应部队，这标志着非洲常备军建设进入了新阶段。同年，非盟

---

① Billy Batware, “The African Standby Forces-A Solution to African Conflicts?” December 19, 2011, https://acuns.org/wp-content/uploads/2012/06/AfricanStandbyForce.pdf.

② SIPRI, SIPRI Yearbook 2018: Armaments, Disarmament and International Security, pp.107, 144—145.

③ 秘书长报告：《共建和平：打造维持和平伙伴关系》，联合国文件 S/2015/229，2015 年 4 月 1 日，第 40 段。

④ International Crisis Group, “Finding the Right Role for the G5 Sahel Joint Force,” Africa Report N°258, December 12, 2017.

和平与安全理事会会议决定，在非洲常备军框架下建立特种反恐部队（Special Unit on Counter-Terrorism），以应对日益严峻的恐怖主义和暴力极端主义形势。2021年非盟和平与安全理事会会议要求制定“关于提升非洲常备军的全面路线图（2021—2026年）”和“关于部署和使用非洲常备军的谅解备忘录”，以期加强非洲常备军的执行能力，促进非盟与地区经济共同体/地区机制在非洲常备军军事运作层面的决策协调。

值得关注的是，为应对安全议题，非盟和区域、次区域组织都体现出积极干预的特征。这突出体现在三方面。一是对政权的“非宪制更迭”的积极干预，在非洲国家的政治生态中，通过暴力或非宪制方式进行政权更迭是比较普遍的现象。据统计显示，1952—1998年，非洲国家一共发生了85次暴力或非宪制政府更迭。[①]针对“非宪制更迭”，2000年非洲统一组织时期就通过了《应对“非宪制更迭”的框架宣言》，提出针对军事政变、雇佣军干预取代民选政府、武装分子和革命力量取代民选政府后的拒不交权行为，采取公开谴责、限制成员资格和针对性制裁措施等一系列手段。2007年非盟峰会通过的《非洲民主、选举和治理宪章》，进一步加大了针对“非宪制更迭”的制裁力度。2009年3月13日，非盟和平与安全理事会成立了制裁委员会，最终于2022年5月正式启用。2003年到2022年，非盟对马里、苏丹、几内亚比绍等15个成员国实施了22次制裁。[②]这种针对性的惩罚措施不仅适用于非盟层面，区域和次区域组织同样采用，2021—2022年马里和科特迪瓦军事政变之后，西共体和非盟先后暂停两国的成员国资格。二是“非漠视”原则的推行。非盟宪章明确规定，根据非盟大会的决定，在发生战争罪、种族灭绝和反人类罪等严重罪行的情势下，非盟有权对相关成员国进行干预。非盟将“保护的责任”原则融入规范设计中，强调在特定情况下可以对成员国进行干预，从而使自身成为世界上最具干预主义色彩的地区制度。三是非盟和区域组织在解决国内冲突与和平支持行动中非常活跃，如西共体1990年在利比里亚、1997年在塞拉利昂、1998年在几内亚比绍，南共体1998年在刚果民主共和国、莱索托等国内冲突中都采取了干涉行动。

在经济领域，在非盟推动下，非洲地区的经济整合的速度也开始加快。1980年的

① Chidi Anselm Odinkalu, “Concerning Kenya: The Current AU Position on Unconstitutional Changes in Government,” Africa Governance Monitoring and Advocacy Project, p.2.

② PSC REPORT, “Strengthening the AU’s sanctions regime,” Sep.9, 2022, https://issafrica.org/iss-today/the-au-prepares-to-wield-the-stick-with-more-rigorous-sanctions.

《非洲发展拉各斯行动计划》制定了经济自主发展战略，1991 年的《阿布贾条约》又为非洲经济一体化设定了具体的路线图，规定成员国在 34 年内分六个阶段逐步设立非洲单一市场。不过，早期的这些计划推动过程中遇到各种障碍。非盟成立后，2015 年通过了未来 50 年发展远景规划的《2063 年议程》，议程为加速非洲经济增长和发展，推出了十多项旗舰项目，包括连接所有非洲首都和商业中心的综合高速列车网络、融入全球价值链的非洲商品战略、非洲大陆自贸区、非洲护照和人员自由流动、单一的非洲航空运输市场、泛非电子网络、非洲大陆金融机构等。非洲自贸区谈判于 2015 年启动，经过短短三年的快速推进和谈判，非洲国家最终于 2018 年通过了《自贸区协定》，2021 年 1 月 1 日该协定正式启动。

目前，非洲大陆自贸区协定三阶段谈判中的前两阶段已经基本完成，第二阶段涉及知识产权、投资和竞争政策的谈判。目前正加紧进行第三阶段的《数字贸易议定书》以及《妇女和青年贸易议定书》审议。《数字贸易议定书》将建立一个框架，通过取消跨境数字贸易关税、采用共同的电子认证和电子信任机制与技术、保护源代码等促进非洲内部数字贸易。为尽快推动落实自贸区协定，非洲大陆自贸区秘书处 2022 年 11 月推出“电子关税手册”，确保贸易和海关部门轻松获取关税减让表。在促进金融包容性方面，2022 年初发布了泛非支付结算系统，目前各方正加速推进落实这一支付结算系统，力争 2023 年底前实现非洲五大区域全覆盖。

第三节　非洲地区的外部联系和对外关系

非洲地区的自主发展被西方列强打破之后，开始以殖民地的不平等地位嵌入欧美世界体系，与外部世界逐步形成一种结构性的依赖关系，这种不平等、结构性依赖在殖民体系消除近半个世纪之后依然存在。

由于地理位置毗邻，非洲在欧洲殖民者的扩张面前很快失去独立。1884 年 11 月 15 日，德意志帝国、大英帝国、法兰西第三共和国、俄罗斯帝国、奥匈帝国、美国、意大利王国、西班牙、葡萄牙王国、奥斯曼帝国、荷兰、比利时、丹麦、瑞典和挪威 15 个国家在柏林召开会议，在这次历时 104 天的国际会议上，西方列强划分了在非洲中部的势力范围，确定了在非洲拓展殖民地的共同准则，掀起瓜分非洲的高潮。1876 年，欧洲列强仅占有非洲土地的 10.8%，1885 年增加到 25%，柏林会议后的 1900 年更猛增到 90.4%。到 1912 年，非洲大陆已全部被瓜分完毕，只剩下埃塞俄比亚和利比里亚两国保持着表面上的独立。

在被殖民时期，非洲与欧洲列强之间构成了一种不平等的殖民体系。这一时期的非洲对外关系是一种欧洲列强为主角、英国和法国为主导的殖民关系。长期的殖民存在造成欧洲国家在非的长期影响和根深蒂固的利益存在。20世纪70年代后期，美苏之间两极对峙的冷战格局延伸到这一地区。冷战终结后，随着苏联解体及美国在非洲的战略收缩，大国在非洲关系又短暂回归到以法国、英国等“老欧洲国家”主导的格局。不过，这种格局很快被打破。进入21世纪后，非洲成为充满活力的“机遇之地”，越来越多的大国与非洲国家交往，投射经济或政治影响力，构成新的多极竞争格局。这种竞争主要发生在发达国家与新兴国家之间，较之发达国家，以中国、印度、俄罗斯、巴西等为代表的新兴国家在非洲的活动更加积极进取，大国在非洲固有的利益存在和力量对比悄然发生变化。①

首先是“老欧洲国家”和欧盟试图稳固欧非特殊关系。作为老牌殖民国家，有16个非洲国家与法国签订了《军事技术合作协议》；法国在非洲的科特迪瓦、乍得、吉布提、加蓬、塞内加尔等国都有驻军。为稳住与非洲国家特别是西非、中非法语圈国家之间的紧密关系，2021年5月和10月，法国接连发起召开非洲经济体融资峰会和法非峰会，前者由马克龙总统呼吁富裕国家向非洲国家转让特别提款权，使非洲的提款权总额达到1 000亿美元，后者则创新形式——邀请3 000名年轻人和“民间社会”参会。马克龙任内18次出访非洲，2022年两次出访，半年不到，2023年3月又前往加蓬、安哥拉、刚果共和国和刚果民主共和国四国。法国还在国际场合积极呼吁增强对非洲的支持，推动国际金融机构加大财政和融资力度，协调国际社会对非债务救助等。不过，法国的影响力日渐消退，近年来，法国以“反恐”为名先后在非洲发动了“薮猫行动”和“新月形沙丘行动”两场大规模军事行动。仅在非洲萨赫勒地区就部署了5 100多名军事人员，在全非洲部署了超过7 000人。不过，两场军事行动不但没有平息萨赫勒地带恐怖主义扩散态势，反而使冲突愈演愈烈。2022年8月以来，马里和布基纳法索相继要求法军撤出，法国被迫终结军事行动，这凸显出其在非洲大陆面临巨大挑战。在2023年3月的访非行程中，马克龙特意强调，法国计划“明显减少”在非洲的军事存在，并表示法国要和非洲建立一种“新型伙伴关系”。

① 张宏明：《大国在非洲格局的历史演进与跨世纪重组》，《当代世界》2020年第11期。

英国在脱欧后提出“全球不列颠”口号，试图重现大不列颠的荣光。在 53 个英联邦成员国中，19 个是非洲国家，非洲之于英国的全球战略的重要意义可见一斑。英国在举行脱欧公投之后，一改以往对非洲国家较为疏远的立场，开始了频繁的高层访问。2018 年英国政府提出新的对非战略，主张通过一体化、“全政府”方式加强对非关系。近年来，英非关系得到进一步发展，具体表现在以下四方面。第一，在国际场合积极推进对非议程。英国利用担任七国集团主席国的机会，支持美国提出 B3W 倡议。英国还积极推动二十国集团等国际组织对非发展融资和债务治理等议程。在应对气候变化方面，英国提出“清洁绿色倡议”，以提升其在全球绿色转型发展上的话语权。第二，利用英联邦会议机制，加强与非洲国家的联系。脱欧以来，英国主要与英联邦国家签署双边贸易协定，其中包括肯尼亚、喀麦隆、南非、毛里求斯、津巴布韦等 13 个非洲国家。通过此举，英国加强与非洲国家的经贸合作，维护其在非洲的利益。第三，开展灵活的峰会外交。2021 年，英国召开了英非投资峰会、金融科技峰会和教育峰会。第四，重点转向对非经贸投资合作。英国希望发挥私有部门的优势和潜力，拓展非洲市场，促进商业利益。2021 年英非投资峰会期间，双方签署了 27 个贸易投资协定，包括 65 亿英镑的投资合同以及 89 亿英镑的投资承诺。英国还与南部非洲关税同盟签署了贸易协议，与非洲大陆自贸区签署谅解备忘录。

欧盟方面，非洲在欧盟地缘政治、经济、安全和全球战略中具有重要价值，构建对非战略、推进欧盟—非盟战略伙伴关系是欧盟对非政策的基本目标。首先，从 2007 年的欧非里斯本峰会开始，欧方就致力于打造与非方之间的平等伙伴关系，使双方摆脱“援助者—受捐者”的形象。2021 年 4 月，欧盟与非加太国家完成《后科托努协定》谈判，启动新的伙伴关系协定。从合作内容来看，2020 年 3 月，欧盟委员会发布新的非洲战略框架——构建全面的非洲战略，提出致力于打造五个主题伙伴关系，即能源绿色转型、数字化转型、可持续增长和就业、和平与治理、移民和人员流动。2021 年《后科托努协定》的优先合作议题包括人权、民主、良治、和平安全、人的发展等。2022 年 2 月第六届欧非峰会主要议题涉及提供几项一揽子对非支持，以加强非洲的健康、教育和地区稳定，聚焦气候变化与能源转型、非洲数字发展、互联互通和基础设施建设，以及移民和疫苗问题。欧盟继续通过“促贸援助”、基础设施信贷基金、发展数字化中心等政策工具开展对非合作。为提升欧盟在全球的影响力和竞争力，欧盟委员会提出“全球门户”计划，其目标是在 2021—2027 年间，通过“欧洲团队”的方式融资超过 3 000 亿欧元，支持全球基础设施发展、推动绿色和数字转型。尤其令人瞩目的是，第六届欧非峰会发布的《2030 共同愿景》中，欧盟承诺为非洲提供 1 500 亿欧元资金以支持实现欧盟在非洲“门户计划”。欧盟对非政策的另一大支柱是和安行动。欧盟支持方式包括为非盟和区域组织、多国部队提供运作资金和津贴；提供军事与安全培训，支助非洲国家的解除武装、复员和重返社会活动、安全部门改革活动；自 2003 年以来，欧盟通过在中非共和国、乍得和刚果民主共和国等多个国家开展的一系列军事行动，直接参与撒哈拉以南非洲地区的和平与安全活动。2020 年，为协调欧洲国家在马里的军事行动，欧盟设立了“塔库巴特遣部队”（Takuba Task Force）。

拜登总统上台后，修复和重建美非关系是其非洲政策的主要任务，重建美国在非洲政治中的民主信用，维持和巩固其在非洲和平安全领域的存在，提高其在非洲商业和发展领域的竞争力，从全球战略角度开展对非合作，构成拜登政府对非政策的基本目标。2021 年美国总统破天荒地向非盟首脑峰会致贺并会见刚果民主共和国和肯尼亚总统，还向 17 位非洲国家领导人发出参加所谓“民主峰会”的邀请。2022 年 12 月，时隔八年之后，美非第二次峰会在华盛顿召开，美国承诺未来三年向非洲投资至少 550 亿美元。峰会前后，美国政府高官频繁出访非洲国家，磋商内容涉及债务、粮食安全、反恐、贸易、投资、援助、人权、民主等各项议题。在经贸方面，2000 年出台的《非洲增长与机遇法案》（AGOA）初期贸易额有所惠增，但后续进展迟滞。由于能源市场变动、非洲增长放缓等多方面原因，过去十年美国对非贸易和投资额大幅下滑，目前占美国全球贸易额不足 1.5%，占美国对外直接投资额不足 1%。① 美国主要通过“建造法案”“繁荣非洲倡议”“非洲共同繁荣建设运动”等法案，以及联手欧盟出台“全球基础设施与投资合作”和“数字转型新倡议”，重点对标中国“重资本、长周期”类型的非洲基建项目。与此同时，美国还加大对美国企业投资非洲农业开发、医疗卫生、能源和矿产、商品供应链等支持力度。在安全事务方面，美国是重要的参与方。2018 年，在非洲地区大约有 7 200 名美国军人、国防部文职人员和承包商代表。②2002 年，美国

① Michelle D. Gavin, “Major Power Rivalry in Africa,” Council on Foreign Relations, May 24, 2021, https://cdn.cfr.org/sites/default/files/report_pdf/dpgavinmay21.pdf?_gl=1*7f2mna*_ga*MTA4OTgxODk0Ni4xNjc3NzY1Mzcx*_ga_24W5E70YKH*MTY4MjA0NjEzMS4xMi4xLjE2ODIwNDY4MTcuMC4wLjA.

② United States Africa Command（Stuttgart）, “Africa: 2018 Posture Statement,” A presentation by General Thomas D. Waldhauser, Commander, U.S. Africa Command, to the Armed Services Committee of the United States House of Representatives in Washington, DC, https://allafrica.com/stories/201803070001.html.

在吉布提建立了一个半永久性的“远征军”军事基地莱蒙尼尔营（Camp Lemonnier），目前大约可以容纳 4 000 人。2008 年，美国成立了非洲司令部（US Africa Command, AFRICOM）。此外，美国在非洲还有数十个军事设施。美国在布基纳法索、喀麦隆、中非共和国、乍得、吉布提、埃塞俄比亚、加蓬、加纳、肯尼亚、马里、尼日尔、塞内加尔、塞舌尔、索马里、南苏丹和乌干达等国建立了众多合作安全地点、前沿行动地点和其他前哨站，并在非洲多地如乍得、埃塞俄比亚、马里、尼日尔等建立了无人机基地。2018 年 1 月，美国还启动了建立西非后勤网络（West Africa Logistics Network）的流程和程序。该网络将在非洲大陆部署合适的飞机，以便于从一个主要后勤中心向整个西非和中非地区提供支持。

与欧美相比，新兴经济体在非洲的存在越来越明显。非洲是俄罗斯地缘战略利益的“舞台”。继 2019 年首届俄非峰会后，俄罗斯按照全面发展与非洲伙伴关系的既定议程深化俄非合作。俄乌冲突爆发后，将近 40% 的非洲国家没有支持美国的立场，反而在联合国大会表决中投弃权票或反对票。武器出口和军事合作是俄罗斯对非关系的重点。目前，俄罗斯与非洲 29 个国家签订了军事协议。非洲持续动荡为俄罗斯提供了重要市场，尤其在武器方面，军火交易占俄罗斯国防工业收入的 39%。由于西方国家领导的非洲反恐和安全行动效果不佳，俄罗斯的瓦格纳雇佣军积极向马里、中非、科特迪瓦、苏丹、南苏丹等国扩展业务。俄罗斯还积极加强与非洲的经贸联系，在俄罗斯—非洲伙伴关系论坛秘书处下成立了“与非洲国家经济合作协会”。2021 年，该协会项目融资工作组召开特别会议，探讨建立有效的项目融资体系，支持扩大对非洲投资。

印度更是将非洲作为自身外交的优先方向，快速响应非洲国家的抗疫需求，积极对非提供抗疫援助，强化印非经贸和防务合作。虽然拟于 2020 年 9 月召开的印度—非洲峰会因新冠肺炎疫情而延迟，但印度于当年 11 月举办了印非经济论坛视频会，力促双边经贸稳定发展。非洲的发展已进入一个新的历程，印度也注意到了非洲复兴发展的势头，并制定了一些计划，比如“聚焦非洲计划”（Focus Africa Programme）、“非印技术经济行动计划”（Techno-Economic Approach for Africa-India Movement，由布基纳法索、乍得、科特迪瓦、赤道几内亚、加纳、几内亚比绍、马里、塞内加尔八个西非国家与印度达成的合作机制，又称“TEAM-9”）、“泛非 E 网倡议”（Pan-African E-Network initiative）等。2008 年，“印非论坛峰会”框架诞生，分别在 2008 年、2011 年、2015 年举行了三次峰会，前两次峰会非洲国家的参与度相对较低，但第三次却得到了非洲国家的广泛参与，这标志着印非合作上了一个大台阶。印度还在印太战略框架下，积极发展与印度洋沿岸非洲国家在医疗卫生、海洋经济、海洋安全等领域的合作，加强与相关国家的协调合作。

横跨欧亚大陆的土耳其也在非洲大展雄心。土耳其总统埃尔多安任期内已经46次访问非洲国家，是访问非洲次数最多的现任国家元首。2021年12月，土耳其举办第三届土耳其—非洲伙伴关系峰会，未来将广泛开展包括改善非洲基础设施、维护非洲和平与安全等领域的合作，进一步加强双方伙伴关系。

此外，韩国、海湾国家也越发重视非洲，加大对非洲资源、市场和生产基地的投入，使得域外国家在非竞争越发复杂。

半个多世纪之前，非洲地区的主要任务是独立。今天，非洲地区的主要任务则是发展。非洲地区具有较大的增长潜力，资源丰富、市场广阔，成为备受关注的“希望大陆”。但与此同时，这一地区又面临艰巨的发展任务。新冠肺炎疫情的持续蔓延严重损害了非洲经济的复苏势头和快速增长态势。在疫情冲击下，非洲的发展问题更加尖锐，包括数十年的减贫成绩落空、粮食短缺和粮价飞涨、财政预算紧张、债务危机加重、社会不平等加剧、气候变化趋势难以逆转，等等。这些问题在逐步发酵，有可能危及非洲竭力维持的和平发展局面。以俄乌冲突为代表，大国恶性竞争加剧、全球治理生态的整体恶化进一步加剧了非洲地区面临的严峻挑战。

从外部关系来看，非洲地区一直被动地卷入全球化，并成为这种全球化进程的受害者和边缘地区。随着越来越多的全球或地区大国将政治、经济、军事触角伸展到这一区域，特别是诸多新兴经济体的参与以及更平等互利伙伴关系的建立，非洲地区有可能扭转自身的不利地位，成为左右逢源的受惠之地。但这有赖于非洲地区的自主发展，尤其是非洲国家在纷繁复杂的外部竞争中坚守符合自身的可持续发展道路。

第二十一章　拉美研究

拉美和加勒比地区（以下简称“拉美地区”）位于西半球，西靠太平洋，东临大西洋，北与美国为邻，南与南极洲相望，包括墨西哥、中美洲、南美洲和加勒比群岛。该地区地形狭长，南北全长 11 000 多公里，东西最宽处达到 5 100 多公里，最窄处位于巴拿马地峡。

印第安人是拉美地区的最早定居者，孕育出玛雅、印加、阿兹特克等举世闻名的古文明。1492 年哥伦布抵达美洲后，西班牙、葡萄牙等国对拉美地区进行了长达三百多年的殖民。19 世纪初，拉美地区开始摆脱殖民统治，大批国家获得独立。目前该地区共有 33 个国家。① 大部分国家官方语言为西班牙语，也有部分国家使用葡萄牙语、英语或法语。该地区主要居民为印欧混血种人和非欧混血种人，其次为黑人、印第安人和白人。拉美地区经历了数千年的文化融合，形成了自身独特的传统文化。哈茨（Louis Hartz）、理查德·莫尔斯（Richard M. Morse）等西方学者认为，尽管拉美地区在观念和取向上基本是西方的，但其代表的是西方传统的一个分支或片段，与西方主流很不一样。②

目前，巴西、墨西哥和阿根廷是拉美地区经济总量排名前三位的国家。巴西是西半球最大的发展中国家，也是拉美地区第一大经济体。其位于南美洲东部，面积达 851.03 万平方公里，人口达 2.15 亿（2021 年数据），官方语言为葡萄牙语，矿产、土地、森林和水力资源丰富。巴西在拉美地区拥有较强影响力，被誉为地区“领头羊”。墨西哥是拉美第二大经济体，北部与美国接壤，国土面积约 196.44 万平方公里，人口约 1.28 亿（2020 年数据）。官方语言为西班牙语。墨西哥是印第安文明古国，著名的

---

① 分别是墨西哥、危地马拉、洪都拉斯、萨尔瓦多、尼加拉瓜、哥斯达黎加、巴拿马、古巴、海地、多米尼加、牙买加、特立尼达和多巴哥、巴巴多斯、格林纳达、多米尼克、圣卢西亚、圣文森特和格林纳丁斯、巴哈马、圭亚那、苏里南、委内瑞拉、哥伦比亚、巴西、厄瓜多尔、秘鲁、圣基茨和尼维斯、玻利维亚、智利、阿根廷、巴拉圭、乌拉圭、伯利兹、安提瓜和巴布达。

② Louis Hartz, ed., *The Founding of New Societies*, New York: Harcourt, Brace Jovanovich, 1964.

玛雅、阿兹特克文明都诞生于此。阿根廷是拉美第三大经济体，位于南美洲东南部，东濒大西洋，与南极洲隔海相望。国土面积约 278.04 万平方公里（不含马尔维纳斯群岛和阿根廷主张的南极领土）。人口约 4 604 万（2022 年统计数据）。官方语言为西班牙语。

第一节 拉美地区的国际地位、国际影响和未来趋势

一、国际经济地位和经济影响力

拉美地区在国际上的经济影响力处于中等水平。从经济实力①上看，拉美地区资源丰富，是国际上重要的大宗商品出口地区，少数国家作为新兴经济体积极参与国际经济治理，但整体经济发展水平不高，经济影响力仍然有待提高。

拉美地区地大物博，可耕地面积占全球 12%，淡水储量占全球三分之一，自然森林面积占全世界的五分之一。位于南美地区的亚马孙雨林被誉为“地球之肺”。此外，大部分拉美和加勒比国家为沿海国家。由于自然条件优越，许多拉美国家的农业和渔业生产较为发达。巴西出口大豆及其制成品、咖啡、蔗糖、橙汁和牛肉等农产品。2020 年，巴西超过美国成为全球大豆出口最多的国家。②阿根廷常年对外出口牛肉、大豆、红虾等农牧渔业产品。秘鲁是世界上最大的鱼粉生产国和出口国，还大量出口牛油果、蓝莓、芒果等农产品。③智利是全球重要的水果出口国，也是最重要的三文鱼养殖地之一，三文鱼产量居世界第二位（仅次于挪威）。④厄瓜多尔则以虾类和罗非鱼出口而闻名。

同时，拉美地区的能源和矿产资源十分丰富。委内瑞拉、巴西和墨西哥是全球重

---

① 经济实力有狭义和广义之分。狭义的经济实力仅指经济规模，即国内生产总值的大小；广义的经济实力不仅包括经济规模，还包括国际竞争力、抵御外部冲击的能力，以及对国际市场供求状况的影响力。本文中的经济实力采用广义的概念。

② Óscar Granados, “Brasil accede al trono mundial de la soja,” *El País*, 5 de abril de 2020, https://elpais.com/economia/negocio/2020-04-05/brasil-accede-al-trono-mundial-de-la-soja.html.

③ Carlos Guzmán, “Los 10 principales productos agrícolas de exportación que tiene el Perú,” 9 de junio de 2021, https://pqs.pe/actualidad/economia/los-10-principales-productos-agricolas-de-exportacion-que-tiene-el-peru/.

④ Mundo Marítimo, “Chile se ubica como el segundo productor de salmones del mundo con un 25% del total mundial,” 12 de noviembre de 2020, https://www.mundomaritimo.cl/noticias/chile-se-ubica-como-el-segundo-productor-de-salmones-del-mundo-con-un-25-del-total-mundial.

要的原油生产国。据统计，委内瑞拉原油储量约为 3 090 亿桶，巴西原油储量则为 120 亿桶。① 委内瑞拉还是石油输出国组织（以下简称“欧佩克”）成员国。拉美地区的金属矿产十分丰富。巴西的铁矿石储量位居全球第二，仅次于澳大利亚。② 此外，据联合国拉美经委会公布的数据，该地区锂矿储量占全球 65%（主要位于玻利维亚、智利、秘鲁、阿根廷和墨西哥），银矿储量至少占全球 49%（集中于秘鲁、智利、玻利维亚和墨西哥），铜矿储量约占全球 44%（主要分布于智利、秘鲁和墨西哥），锡矿储量占全球 33%（主要位于秘鲁、巴西和玻利维亚）。③

拉美国家积极参与全球经济治理和多边贸易活动。巴西、墨西哥和阿根廷是二十国集团成员国，代表新兴经济体参与推动国际金融体制改革。同时，智利、秘鲁和墨西哥加入了亚洲太平洋经济合作组织（APEC），还是《全面与进步跨太平洋伙伴关系协定》成员国，积极参与亚太地区经济合作。此外，墨西哥还加入了《美墨加三国协议》，与 50 多个国家签署了自贸协议。拉美地区的次区域经济组织南方共同市场（成员国包括巴西、阿根廷、乌拉圭和巴拉圭）正积极推动与欧盟的自贸协议正式生效。

但总体看，拉美地区的国际经济地位仍有待提高。追根溯源，殖民时期欧洲人的资源掠夺和独立后美国人的经济控制是该地区经济发展滞后的重要原因。乌拉圭作家爱德华多·加莱亚诺（Eduardo Galeand）在《拉丁美洲被切开的血管》一书中写道：“拉丁美洲是一个血管被切开的地区。自从发现美洲大陆至今，这个地区的一切先是被转化为欧洲资本，而后又转化为美国资本，并在遥远的权力中心积累……其不发达的历史构成了世界资本主义发展的历史。”④

目前，该地区仍然是世界上发展中国家最多的地区之一。据世界银行统计，2021 年拉美国家生产总值为 5.45 万亿美元，占全球经济总量的 5.74%，是美国当年国内经济生产总值（23.32 万亿美元）的四分之一左右。同年，该地区人均生产总值为 8 327.6

① BBC, “Cuáles son los países con mayores reservas de petróleo y por qué esto no siempre es señal de riqueza,” 1 de abril de 2019, https://www.bbc.com/mundo/noticias-47748488.

② “Ranking de los países con mayores reservas de mineral de hierro en 2021,” https://es.statista.com/estadisticas/600166/reservas-mundiales-de-mineral-de-hierro-por-paises/.

③ CEPAL, “Recursos naturales: situación y tendencias para una agenda de desarrollo regional en América Latina y el Caribe,” diciembre de 2013, https://repositorio.cepal.org/bitstream/handle/11362/35891/1/S2013807_es.pdf, p23.

④ ［乌拉圭］爱德华多·加莱亚诺：《拉丁美洲被切开的血管》，王玫等译，南京大学出版社 2018 年版，第 36—37 页。

美元。① 该地区 33 个国家发展水平各不相同。目前仅有智利和墨西哥两个国家是经济合作与发展组织（OECD）成员国。按照世界银行 2021 年标准，即人均国民收入达 12 695 美元的国家属于高收入国家行列，② 拉美地区仅有乌拉圭（17 020 美元）、智利（16 265 美元）、巴拿马（14 617 美元）、巴巴多斯（17 225 美元）等少数国家进入高收入国家群体。③

尤其部分拉美国家以资源出口为主，工业发展水平不高。一些国家至今无法摆脱“资源诅咒”，对外经济依赖性较强，易受国际经济环境影响。20 世纪 80 年代和 90 年代，拉美国家先后爆发债务危机和金融危机，委内瑞拉、阿根廷等部分国家仍面临较为严重的外债问题。这些均导致拉美国家的国际经济话语权不足。

二、国际政治影响力

大多数拉美和加勒比国家坚持独立自主和多元化的外交政策，积极参加国际事务，开展以联合国为中心的多边外交活动，作为第三世界国家倡导建立公正合理、平等互利的国际政治经济新秩序。

早在 1947 年，智利和秘鲁就为保护本国渔业资源，在国际上率先提出 200 海里领海权主张。20 世纪 50 年代，拉美国家纷纷展开捍卫 200 海里领海权和反对大国海洋霸权主义的斗争。1972 年第三次拉美地区海洋法会议发表了《圣多明各宣言》，提出各国有权确立各自 12 海里领海权和 200 海里专属经济区。在拉美国家推动下，1982 年《联合国海洋法公约》正式出台，承认主权国家拥有 12 海里领海权和 200 海里专属经济区，为建立现代国际海洋秩序提供了重要法律保障。

自 20 世纪 70 年代以来，随着世界多极化趋势加强，拉美国家视自身为第三世界国家，积极参加不结盟运动，积极开展反帝、反殖、反霸、维护国家主权的斗争，在国际舞台上发挥越来越大的积极作用。④ 冷战结束后，拉美国家继续积极参与不结盟运

---

① “América Latina y el Caribe,” Banco Mundial, https://datos.bancomundial.org/region/america-latina-y-el-caribe.

② Nada Hamadeh, Catherine Van Rompaey and Eric Metreau, “New World Bank country classifications by income level: 2021—2022,” July 1, 2021, https://blogs.worldbank.org/opendata/new-world-bank-country-classifications-income-level-2021-2022.

③ “GDP per capita, current dollars-Country rankings,” https://www.theglobaleconomy.com/rankings/gdp_per_capita_current_dollars/South-America/.

④ 洪育沂主编：《拉美国际关系史纲》，外语教学与研究出版社 1996 年版，第 316 页。

动，推动南南合作和可持续发展议程。进入 21 世纪，古巴和委内瑞拉先后于 2006 年和 2016 年主办不结盟运动峰会。目前，拉美地区共有 26 个国家是不结盟运动成员国和观察员国。

同时，不少拉美人士也纷纷在国际组织和团体中担任重要职务。秘鲁外交官哈维尔·佩雷斯·德奎利亚尔（Javier Perez de Cuellar）曾于 1982 年至 1991 年担任联合国秘书长，为维护世界和平作出重大贡献。巴西人罗伯托·阿泽维多（Roberto Azevêdo）曾于 2013 年 9 月至 2020 年 8 月担任世界贸易组织总干事。智利前总统巴切莱特（Bachelet Jeria）卸任国家领导人职务后，曾担任联合国妇女署执行主任，现任联合国人权事务高级专员。国际原子能机构现任总干事拉斐尔·格罗西（Rafael Grossi）为阿根廷人，任职至 2023 年 12 月。金砖国家新开发银行现任行长为巴西前总统迪尔玛·罗塞夫（Dilma Rousseff）。目前的天主教教宗为阿根廷人豪尔赫·马里奥·贝尔高利奥（Jorge Mario Bergoglio），名号方济各（Pope Francis），是天主教第 266 任教宗，也是首位出于拉美地区的天主教教宗。

但值得注意的是，尽管以巴西为代表的拉美国家积极参与联合国框架下的各类活动，但目前该地区尚无国家能够成为联合国安理会常任理事国。总体看，拉美地区的国际地位和影响力仍有待提高。

三、巴西的国际地位和影响力

巴西是拉美国家中最有国际影响力的国家。其在国际体系中有多重身份：拉美最大国家（不论领土面积、人口规模还是经济总量均为该地区首位）、崛起中的新兴大国代表、金砖国家和二十国集团成员等。

进入 21 世纪以来，巴西崛起势头迅猛。2003 年，美国高盛公司发表一份经济报告，预测到 2050 年，世界新的六大经济体将变为中国、美国、印度、日本、巴西和俄罗斯。① 巴西成为高盛提出的最有潜力的新兴国家群体金砖国家的成员。2009 年，巴西跃升世界第八大经济体，2011 年超过英国成为世界第六大经济体。此后巴西又相继主办 2014 年世界杯足球赛和 2016 年夏季奥运会，成为世界焦点。

巴西注重参与国际组织活动、借重全球市场和重塑国际体系，力图为本国和发展

① Dominic Wilson, Roopa Purushothaman, “Dreaming With BRICs: The Path to 2050,” *Global Economics Paper,* No.99, Goldman Sachs, p.1.

中国家谋求更好的发展环境，并在应对全球性问题挑战中发挥积极作用。巴西在维护世界和平与安全、核不扩散、气候变化、可持续发展，以及拉美、中东、非洲事务中发挥作用，在WTO多边谈判、美洲自由贸易区谈判以及联合国安理会改革等事务中也积极发声。尤其是巴西与其他国家积极组建联盟来保卫自身利益，包括推动成立二十国集团，加入推动联合国安理会改革的四国集团、促进发展中国家间经济合作的金砖国家集团，以及在安理会改革、世贸组织谈判等方面共同发声的印度巴西南非三国对话论坛（IBSA）等联盟组织。巴西积极参与联合国维和行动，自2004年开始负责联合国在海地的维和行动。其在环保、减贫和人权保护等低政治领域的外交也十分活跃，并谋求有所作为。尤其是巴西在温室气体减排、发展清洁能源、保护雨林等方面拥有丰富经验，拥有较强的话语权，得到多国肯定。巴西在重塑国际体系的进程中表现活跃，为其提升国际地位助力不少。

四、未来拉美地区国际地位和影响力前景

当前大国博弈和俄乌冲突持续，拉美国家作为世界上重要的发展中地区和“全球南方”的重要组成部分，成为诸多大国竞相争取的合作对象。同时，拉美大多数国家坚持多元化外交，不在大国之间选边站队，为维护世界和平与发展发挥积极作用。未来，拉美地区的国际地位和影响力将持续稳定上升，但要发挥重要国际影响力仍有待时日。

一方面，拉美作为能源资源富集地，在国际合作中的重要性不断凸显。当前，在俄乌冲突导致能源市场剧烈动荡的背景下，资源能源安全成为世界各国关注的重要议题。而拉美地区有着丰富的能源资源，政局相对稳定，有着广阔的发展前景和合作空间。2022年美国拜登政府为争取委内瑞拉原油供应，部分放松了对马杜罗政府的制裁措施。同时，美国正加大对拉美的锂矿等战略性矿产的重视，有意加强锁定“后院”战略性资源。欧盟亦正加大对拉重视，希望加强与该地区的传统能源和清洁能源合作。2022年博雷利两次访问拉美，表示阿根廷等国战略矿产的供应国可以为全球经济发展发挥应有作用，并与智利达成了绿色氢能开发合作协议。

同时，大部分拉美国家坚持独立自主的外交原则，在大国博弈中拒绝选边站队。大多数拉美国家拒绝“唯美国马首是瞻”，继续与中国、俄罗斯、欧盟等域外力量开展务实合作。尤其是俄乌冲突爆发后，大多数拉美国家拒绝跟随美欧制裁俄罗斯。2022

年 2 月 25 日，巴西和阿根廷代表均拒绝在美洲国家组织会议谴责俄罗斯的联合声明上签字。① 未来，大多数拉美国家将继续坚持独立自主的外交原则，为推进构建公平合理的国际政治经济新秩序而努力。这对于拉美地区持续提升自身的国际地位和国际影响力具有积极意义。

另一方面，拉美国家要大幅提升国际影响力仍然面临重重挑战。该地区大多数国家仍为资源出口型国家，工业基础较为薄弱，在全球产业链中处于中下层地位。阿根廷、厄瓜多尔等部分国家仍然存在外债高企的情况，在国际经济事务中的话语权较小，甚至有时候不得不为获取贷款而接受某些国际经济机构的附加条件。因此，要提升国际地位和影响力，拉美国家仍然需要集中发展国民经济，实现稳定经济增长以提升自身国力，而这并非一朝一夕能够解决的。

第二节　拉美地区内的合作机制和主要矛盾

一、区域内的关系与合作机制

从全球层面看，拉美和加勒比地区是政治经济局势较为稳定的地区之一，地区国家间关系相对较为和谐。目前该地区有诸多区域性合作机制。

该地区最大的一体化组织是拉美和加勒比国家共同体（以下简称“拉共体”）。该组织成立于 2011 年，是唯一涵盖该地区 33 国的一体化机构，2011—2017 年连续主办 5 届峰会。2018 年地区左右翼国家围绕委内瑞拉问题矛盾激化，拉共体暂停活动。2020 年巴西时任总统博索纳罗暂停拉共体框架活动，令该组织发展雪上加霜。然而，随着新冠肺炎疫情蔓延至拉美，地区各国挑战增多，加强团结合作的呼声增强。墨西哥作为拉共体轮值主席国，扛起复苏拉共体“大旗”，于 2021 年 9 月 17—18 日重新召开首脑峰会。地区 31 国代表出席会议并发表《墨西哥城宣言》，在地区卫生合作、航天合作、建立自然灾害应对基金等方面达成共识。② 自 2022 年起，阿根廷担任拉共体轮值主席国。2022 年 10 月 27—28 日，拉共体在阿根廷先后举行了拉美国家外长会议

① Carlos Malamud, Rogelio Núñez Castellano, “América Latina y la invasión de Ucrania: su incidencia en la economía, la geopolítica y la política interna,” 30 de marzo de 2022, https://www.realinstitutoelcano.org/analisis/america-latina-y-la-invasion-de-ucrania-su-incidencia-en-la-economia-la-geopolitica-y-la-politica-interna/.

② Presidencia de México, “Declaración de la Ciudad de México. Celac 2021,” 18 de septiembre de 2021, https://www.gob.mx/presidencia/documentos/declaracion-de-la-ciudad-de-mexico-celac-2021.

和拉共体—欧盟外长会议，就加强拉美整体合作以及欧拉合作达成诸多共识。[①]2023年，拉共体在阿根廷举行第七届首脑峰会，巴西总统卢拉出席峰会，宣告本国重新回归该组织，为拉共体振兴注入强心剂。

该地区还有多个次区域一体化组织。美洲玻利瓦尔联盟是2004年在委内瑞拉前总统查维斯、古巴革命领袖菲德尔·卡斯特罗等人的倡导下成立的一个经济政治同盟组织。该组织成员国包括委内瑞拉、玻利维亚、古巴、尼加拉瓜等拉美左翼国家和圣卢西亚、安提瓜和巴布达等加勒比小国。美洲玻利瓦尔联盟的核心原则包括反对美洲自由贸易区和新自由主义，推进拉美经济一体化进程，反对工业化国家的贸易保护主义，致力于消除贫困和加强社会包容度。[②] 截至2022年9月，美洲玻利瓦尔联盟已经召开了21届峰会。该组织成立初期，成员国协力互助，推进经贸合作和社会援助项目，为消除贫困、促进社会平等作出了积极贡献。委内瑞拉前总统查维斯去世后，随着委国内局势出现动荡，美洲玻利瓦尔联盟一度陷入停滞状态。当前，拉美左翼东山再起，委内瑞拉政治危机有所缓解，该组织再度呈现活跃态势。

南美洲国家联盟是在委内瑞拉前总统查韦斯和巴西总统卢拉倡导下成立的次区域一体化组织，旨在加强南美国家之间的政治互信和经济合作，推动地区一体化进程。其前身为2004年12月成立的南美洲国家共同体，2007年改名为南美洲国家联盟，总部设立在厄瓜多尔首都基多。鼎盛时期，该组织拥有巴西、阿根廷、乌拉圭、巴拉圭、委内瑞拉、哥伦比亚、厄瓜多尔、玻利维亚、智利、秘鲁、圭亚那和苏里南共12个成员国。2015年后，随着拉美部分国家右翼政党上台执政，地区左右翼矛盾加剧，该组织亦经历了一定挫折。尤其自2017年以来，该组织秘书长人选一直处于空缺状态，机构运行陷入停滞状态。巴西前总统博索纳罗对拉美地区一体化兴趣索然，于2019年4月宣布退出该组织。[③] 截至2022年，该组织仅剩委内瑞拉、玻利维亚、乌拉圭、苏里南和圭亚那五个成员国。随着拉美左翼持续崛起，该组织迎来新的发展机遇。巴西左

---

① Ministerio de Relaciones Exteriores, Comercio Internacional y Culto de Argentina, "III Reunión de Ministros de Relaciones Exteriores CELAC-UE: Comunicado de Prensa," 27 de octubre de 2022, https://www.cancilleria.gob.ar/es/actualidad/noticias/iii-reunion-de-ministros-de-relaciones-exteriores-celac-ue-comunicado-de-prensa.

② 贺钦：《拉美替代一体化运动初探——以美洲玻利瓦尔联盟—人民贸易协定为例》，《拉丁美洲研究》2012年第3期，第23—24页。

③ "Itamaraty diz ter formalizado saída do Brasil da Unasul," 15 de abril de 2019, https://g1.globo.com/politica/noticia/2019/04/15/itamaraty-diz-ter-formalizado-saida-do-brasil-da-unasul.ghtml.

翼政治家卢拉第三次就任总统后不久，便宣布本国重返南美洲国家联盟。阿根廷总统费尔南德斯亦公开表示，本国将回到南美洲国家联盟，“坚决加强地区团结，以适应社会经济发展的新挑战”①。智利总统博里奇也进行了类似表态。2023 年 5 月，巴西、阿根廷和智利正式回归南美洲国家联盟，同时南美洲国家联盟首脑会议在巴西利亚举行。

太平洋联盟是 2011 年 4 月成立的拉美次区域经济一体化组织，成员国为墨西哥、哥伦比亚、智利和秘鲁。截至 2019 年，该一体化组织囊括的人口约达 2.3 亿。该组织成员国均为太平洋沿岸国家，有着较为开放的经济体制，主张通过内部一体化促进区域贸易发展，并强调积极融入亚太经贸合作。自成立以来，太平洋联盟发展较为顺畅，在促进内外贸易、人员流动等方面取得积极成果。截至 2023 年，太平洋联盟实现成员国之间 98% 的货物和服务贸易零关税，并计划于 2030 年前消除剩余关税。②2020 年该组织完成了与新加坡的自贸谈判，并正推进与韩国、厄瓜多尔、澳大利亚、加拿大和新西兰的自贸协议谈判。太平洋联盟的组织建设也十分迅速。目前，厄瓜多尔正加快推进成为其正式成员国的进程。同时，太平洋联盟的观察员国已经达到 61 个，包括美国、中国等世界主要大国在内。2022 年，新加坡成为太平洋联盟首个联系国。预计未来，太平洋联盟将继续推进一体化建设，为促进拉美地区经济发展发挥积极作用。

南方共同市场（以下简称“南共市”）于 1991 年由巴西、阿根廷、乌拉圭和巴拉圭四个南美国家成立，目前是南美洲最大的经济一体化组织。该组织成立的宗旨是加强地区经贸合作，促进地区包容性和可持续发展，实现成员国经济一体化。目前拥有智利、秘鲁、哥伦比亚、厄瓜多尔等联系国。南方共同市场理事会是其最高决策机构，由各成员国外交部长与经济部长组成，秘书处和议会均设立在乌拉圭首都蒙得维的亚，同时下设了共同市场小组、仲裁法院和贸易委员会等机构。多年来，南共市积极推进区域内外经贸合作，在减免成员国间关税、便利人员往来、促进能源一体化等方面取得积极成果。该组织积极推进扩容。2012 年，委内瑞拉一度成为南共市成员国，玻利维亚亦签署南共市议定书，为成为正式成员国迈出重要步伐。但拉美右翼势力崛起后，南共市部分创始成员国与委关系有所变化。2016 年 12 月，阿根廷、巴西、巴拉圭和

① Casa Rosada, “El presidente anunció el reingreso de la Argentina a la UNASUR,” 21 de marzo de 2023, https://www.casarosada.gob.ar/slider-principal/49748-el-presidente-anuncio-el-reingreso-de-la-argentina-a-la-unasur.

② Ministerio de Relaciones Exteriores de Colombia, “Alianza del Pacífico,” https://www.cancilleria.gov.co/international/consensus/pacific-alliance.

乌拉圭以“委内瑞拉未按期履行南共市有关贸易、司法和人权方面的协定”为由，中止委内瑞拉成员国资格。[①]2019 年，玻利维亚前总统莫拉莱斯遭遇政变下台，临时政府暂停了该国加入南共市的进程。尽管内部遇到一些问题，但南方共同市场与美洲玻利瓦尔联盟、太平洋联盟等其他一体化组织互动积极，以共同推动区域发展。在全球层面，南方共同市场亦重视与其他地区和国家加强合作。2019 年 5 月，南共市在北京成立了中国代表处，以推进中拉经贸合作。同年 6 月，南共市与欧盟在经历了 20 年的谈判后达成自由贸易协定。根据协定，欧盟与南共市成员国之间产品贸易的大部分关税将得以消除，有利于提升欧盟国家汽车及其零部件、机械、化学品、药品、纺织品、葡萄酒等诸多出口产品的竞争力。但目前，由于法国、爱尔兰、波兰等国担心协议生效后南美国家的牛肉和蔗糖等产品将给本国农业带来冲击，目前协议仍然没有最终生效。[②]

中美洲一体化体系是 1991 年 12 月在洪都拉斯成立的中美洲国家一体化组织，目前是中美洲地区最重要的一体化组织，总部设立于萨尔瓦多首都圣萨尔瓦多。其前身是 1951 年成立的中美洲国家组织。该组织目前拥有危地马拉、洪都拉斯、萨尔瓦多、伯利兹、哥斯达黎加、多米尼加、尼加拉瓜和巴拿马共 8 个成员国，此外还有 12 个区域内观察员国和 22 个区域外观察员国。其最高决策机构为中美洲国家首脑会议，根据规定每半年召开一次会议，必要时召开特别首脑会议，同时设立了部长理事会、执行委员会、中美洲议会、中美洲法院、中美洲经济一体化银行等配套机构。自成立以来，该组织运行较为顺畅。截至 2023 年初，中美洲一体化体系一共召开了 56 次中美洲国家首脑会议。多年来，该组织在维护地区和平稳定、推动地区一体化、促进区域内外经贸合作、应对非法移民问题等方面发挥了重要作用。2009 年洪都拉斯发生政变后，该组织谴责政变，并暂停洪都拉斯成员国资格。同时，该组织积极推进中美洲与其他国家合作。2007 年，中美洲一体化体系与日本、韩国以及加勒比共同体建立了合作论坛。

---

① Alonso Soto, “Países del Mercosur suspenden a Venezuela del bloque por incumplimiento de requisitos,” 3 de diciembre de 2016, Reuters, https://www.reuters.com/article/venezuela-mercosur-suspension-idLTAKBN13R24X.

② Natasha Niebieskikwiat, “El Gobierno quiere ‘revisar’ el acuerdo entre el Mercosur y la Unión Europea: qué significa,” 7 de febrero de 2023, https://www.clarin.com/economia/gobierno-quiere-revisar-acuerdo-mercosur-union-europea-significa_0_t5lGH4YtDB.html.

加勒比共同体（以下简称“加共体”）是加勒比地区最大的一体化组织，成立于1973年，宗旨是促进加勒比地区经济合作，推动地区一体化，总部位于圭亚那首都乔治敦。目前，加共体拥有15个成员国，既包括牙买加、巴哈马等加勒比岛国，也有伯利兹等加勒比海沿岸国家。古巴虽然不是加共体成员国，但与该组织互动密切。自2002年起，古巴—加共体政府首脑会议每三年召开一次。加共体还重视与墨西哥的合作，高层交往较为密切。自2010年起，每2—3年双方召开墨西哥—加共体首脑峰会。

二、地区内部矛盾与分歧

总体看，拉美和加勒比地区拥有众多的一体化组织，各国之间的关系较为和谐，但地区内部也存在一些竞争、分歧和矛盾。

首先，拉美国家之间时而因意识形态分歧产生矛盾。左右轮替是拉美地区政治生态的特点之一。21世纪初，巴西、阿根廷、委内瑞拉等拉美国家纷纷出现左翼政党上台执政局面，“粉红色浪潮”席卷拉美地区，各国抱团取暖、团结合作的趋势得以加强。然而自2015年起，地区部分国家“右转”，巴西、阿根廷、智利等国右翼政党上台。在此背景下，委内瑞拉国内危机引发地区各国关注，拉美右翼政府组建了“利马集团”向马杜罗政府施压，地区左右翼围绕委内瑞拉问题展开激烈博弈。近年来，国际政治格局不断调整，拉美左右博弈加剧，政治钟摆周期变短。2020年起，新冠肺炎疫情席卷全球，世界进入动荡变革期，拉美地区亦受到疫情冲击，经济严重衰退，政治乱象频发。在此背景下，拉美左翼东山再起，在巴西、智利、墨西哥等多国上台执政。拉美地区左右博弈持续激烈，同时新兴政治力量不断涌现，部分国家政治极化有所加剧。未来，这些政治不稳定因素或将加剧地区动荡和国家间博弈斗争。

其次，部分国家在地区领导权、经贸合作等方面的竞争较为激烈。巴西和墨西哥是拉美地区最大的两个经济体，在地区领导权上存在一定竞争。巴西是拉美最大的经济体，有着崛起为世界大国的禀赋和雄心。而墨西哥则认为自身作为西班牙语国家，在语言和文化上与大部分拉美国家有着更为紧密的关系，可以承担拉美地区的领导者角色。同时，巴西和阿根廷同为南美大国，均拥有较高的民族自信，也存在一定的历史恩怨以及地缘政治竞争关系。19世纪20年代，两国曾为乌拉圭东岸的归属问题发生过战争。两国在足球领域也是激烈的竞争关系。进入20世纪以来，巴西实力迅速增长，令阿根廷倍感压力。阿根廷曾在20世纪60年代末70年代初联合南美其他国家抵制巴西的“次帝国主义”。巴西认为作为南美最大经济体，自己理所当然是南美的领袖，因此历届政府采取“富有进取心”的外交政策，并谋求在联合国安理会担任常任理事国。阿根廷表示反对，主张联合国安理会席位应由拉美各国轮流“坐庄”。

第三，地区部分国家在边界争端等问题上矛盾犹存。16—19 世纪，拉美地区长期处于欧洲殖民者瓜分和争夺之下，独立战争后各国领土划界存在部分争议，至今一些国家之间的争端仍未得到解决。其中，玻利维亚与智利、委内瑞拉与圭亚那之间的领土争议较为突出。19 世纪下半叶，玻利维亚在南美太平洋战争中被智利打败，丢失了出海口成为内陆国家。此后，玻利维亚一直要求与智利进行对话，以重新获得出海口。但智利政府拒绝就领土主权进行谈判，两国至今仍未恢复大使级外交关系。2023 年 3 月，玻利维亚总统阿尔塞就修复与智利的关系再次提出建议，敦促智方与其就出海口争端重新对话。① 委内瑞拉与圭亚那在后者境内的埃塞博奎地区存在领土争议。委内瑞拉政府一直拒绝承认国际仲裁结果。2015 年 3 月，上述争议领土附近海域发现了丰富的石油资源，埃克森美孚石油公司宣布同圭亚那政府一起开采，引发委内瑞拉政府抗议，两国的领土冲突也延伸到了领海冲突。② 委内瑞拉坚持通过双边谈判解决争端，而圭亚那则主张通过国际法庭裁决，双方僵持不下。

第四，非法移民、贩毒等非传统安全问题日益成为拉美国家之间部分矛盾的源头。由于经济发展受困、社会形势不稳，一些拉美国家非法移民和贩毒问题严重，与邻国在相关问题上产生摩擦。近年来，危地马拉、洪都拉斯等中美洲国家经济和治安形势堪忧，许多民众北上赴美寻求出路，同时贩毒集团伺机浑水摸鱼，给墨西哥造成了较大的治安压力。委内瑞拉深陷政治经济危机以来，其大批国民逃往哥伦比亚、智利等邻国寻求庇护，给这些国家造成经济和治安上的困扰，也加剧了委内瑞拉与这些国家的矛盾。

总体看，拉美大多数国家坚持和平自主的外交政策。相比其他地区，拉美地区的领土争端解决得相对较好，国家间因边界问题产生矛盾的情况相对较少。加强团结合作、促进共同发展仍是该地区国家间交往的主流思想。

---

① “Arce propone ‘sanar heridas’ a Chile y hablar sobre el mar y litio,” 24 de marzo de 2023, https://www.opinion.com.bo/articulo/pais/arce-propone-sanar-heridas-chile-hablar-mar-litio/20230323234933901310.html.

② BBC, “El yacimiento de petróleo que calienta la controversia entre Venezuela y Guyana,” 27 de mayo de 2015, https://www.bbc.com/mundo/noticias/2015/05/150526_economia_venezuela_guyana_lf.

第三节　拉美地区的外部联系和对外关系

一、美拉关系

美国和拉美国家同处西半球，一直保持着紧密而错综复杂的关系。历史上，美国从未放弃过对拉美地区的控制意图。18 世纪末 19 世纪初，美国和拉美国家纷纷开展独立运动、实现民族独立。随后，美国为了加快自身崛起，不断在拉美地区排挤欧洲势力，并持续插手拉美地区事务。

冷战期间，拉美地区沦为美国与苏联争霸的竞技场，一度出现古巴导弹危机等世界重大事件。冷战结束后，国际格局从美苏两极争霸转变为“一超多强”，美国重新恢复在拉美的影响力。奥巴马在任期间，美拉关系得到一定程度的改善。然而特朗普执政期间，以“美国利益优先”为准则对拉美采取强硬干涉政策，与部分拉美国家关系有所恶化。

拜登政府上台后，加大对拉美地区的重视，持续提升美国在拉美的影响力。其对拉美政策主要包括以下方面。

首先，加大与拉美国家经贸和非传统安全合作。经贸方面，美国在 2021 年 6 月召开的七国集团峰会中，提出“重建更好世界”计划，欲加大与各国经贸往来和合作规则制定。[①] 同年 9 月，美国率先向拉美地区兜售该计划，派遣副国家安全顾问兼国家经济委员会副主任达利普・辛格（Daleep Singh）率团访问哥伦比亚、厄瓜多尔和巴拿马三国。对哥伦比亚，美国承诺为其可持续发展和解决委内瑞拉难民问题各提供 800 万美元的贷款，并计划加大对其农业部门投资。对厄瓜多尔，美方宣布为当地女性创办企业提供 1.5 亿美元贷款。此外，美国国际开发金融公司还承诺继续资助其可持续发展项目和抗疫行动。对巴拿马，美国承诺为其水利建设、数字融合、运河碳中和等项目提供资金。2022 年 6 月美国主办第九届美洲峰会期间，拜登推出“美洲经济繁荣伙伴关系”计划，宣布将加强与拉美国家的贸易往来、扩大在该地区的投资和巩固美洲产业链供应链安全等。在非传统安全方面，拜登重视与拉美国家在打击非法移民和反毒等议题上的合作。与特朗普强硬驱逐和阻止非法移民不同，拜登更注重通过恢复对拉美援助、改善拉美经济落后和社会不平等状况、打击和预防暴力犯罪等手段减缓拉美

① “US President Biden Persuades G7 to be More Competitive towards China,” 12 de junio de 2021, https://www.dw.com/en/us-president-biden-persuades-g7-to-be-more-competitive-towards-china/a-57868619.

对美非法移民潮。①

其次，对左翼国家“分而治之”。拜登政府仍对拉美左翼国家采取干涉和打压政策，只是借着“价值观外交”名义开展行动，手段更具有欺骗性。②一是对古巴加大“颜色革命”攻势。特朗普任内对古巴“极限施压”，恶化两国关系。拜登竞选期间，曾称要恢复美古关系正常化进程。然而其上台后对古政策调整十分有限，仅在侨汇、签证服务等方面有所放松。③美方还表示不会将古巴政府和军方相关企业从制裁名单中移除。2021 年 7 月 11 日古巴国内发生的民众示威游行后，拜登声称“美国坚定地与古巴人民站在一起”，借机对古施压。④二是对尼加拉瓜继续采取高压政策。现任总统丹尼尔·奥尔特加是左翼政党桑地诺民族解放阵线的领袖，自 2006 年起长期执政。特朗普时期，美国公开资助尼加拉瓜反对派，对奥尔特加政府施加经济制裁，禁止其部分银行系统的美元交易。⑤2021 年奥尔特加第四次当选总统，拜登政府指责尼加拉瓜大选“不民主”，并表示将延续对其外交和经济制裁。⑥三是对委内瑞拉政策有所缓和。特朗普时期，美国政府扶持委反对派人士瓜伊多作为代理人的做法未能奏效，武力干涉委的企图也遭到拉美国家普遍反对。拜登上台后，着手调整对委策略。尤其 2022 年 2 月俄乌冲突爆发后，为缓解国内及欧洲能源紧缺局势，拜登政府主动与马杜罗展开接触，宣布放松对委石油制裁，允许在委运营的欧洲企业将委石油转运到欧洲，并允许美石油巨头雪佛龙与委内瑞拉国有石油公司（PDVSA）谈判，为委石油出口美国打开了窗口。委方则恢复与反对派谈判，以缓解国内政治危机。

再次，继续阻挠中拉合作。拜登政府仍然将中国视为竞争对手，加大与中国在拉

① Aníbal García Fernández, Tamara Lajtman y Silvina Romano, “Un año de Biden, cambios y permanencias,” 20 enero, 2022, https://www.celag.org/un-ano-de-biden-cambios-y-permanencias/.

② 曹廷：《拜登上台以来美拉关系的调整及前景》，《美国问题研究》2022 年第 2 期，第 190—213 页。

③ “La Embajada de Estados Unidos en La Habana volverá a emitir visados en mayo,” 7 de abril de 2022, https://www.dw.com/es/la-embajada-de-estados-unidos-en-la-habana-volver%C3%A1-a-emitir-visados-en-mayo/a-61385298.

④ “Statement by President Joseph R. Biden, Jr. on Protests in Cuba,” July 12, 2021, https://www.whitehouse.gov/briefing-room/statements-releases/2021/07/12/statement-by-president-joseph-r-biden-jr-on-protests-in-cuba/.

⑤ “EE.UU. aplicasancioneseconómicas a Cuba, Nicaragua y Venezuela,” El Universo, 17 de abril de 2019, https://www.eluniverso.com/noticias/2019/04/17/nota/7290707/eeuu-aplica-sanciones-economicas-cuba-nicaragua-venezuela.

⑥ “Statement by President Joseph R. Biden, Jr. on Nicaragua’s Sham Elections,” November 7, 2021, https://www.whitehouse.gov/briefing-room/statements-releases/2021/11/07/statement-by-president-joseph-r-biden-jr-on-nicaraguas-sham-elections/.

美地区的博弈和竞争。近年来，美国高层访问拉美时多次对中国进行抹黑。部分国家萌生与华建交意愿，但受到美方阻挠。

总体看，拜登上台后加大对拉美地区的重视，美国与拉美国家的关系有所改善。但从本质上看，拜登政府依然没有摒弃“美国利益优先”的外交思维，继续对拉美国家的事务进行干涉，因此美拉关系改善的幅度十分有限。

二、欧拉关系

一直以来，欧洲在拉美地区有着较强的影响力。历史上，西班牙、葡萄牙等欧洲国家对拉美地区进行殖民统治长达三百多年，对该地区各领域的发展产生深远影响。双方有着相似的文化形态和价值观，外交和经贸领域的联系十分密切。自俄乌冲突爆发以来，欧盟不断加大对拉美地区的重视，其对拉政策呈现出以下特点。

第一，以民主价值观为抓手，加强政治互动。在乌克兰危机背景下，欧盟试图以民主价值观为抓手，在拉美地区拉拢更多盟友，以协调对俄罗斯的立场。乌克兰危机爆发伊始，除了古巴、委内瑞拉和尼加拉瓜等俄罗斯传统盟友坚定挺俄之外，大多数拉美国家都对俄罗斯攻打乌克兰表示谴责，但各国在具体议题上的态度亦有分化。欧盟认为需要加强与拉美国家的对话，强化对俄施压。2022 年，欧盟外交与安全政策高级代表何塞普·博雷利两次访问拉美，均谈及乌克兰问题。2022 年 10 月下旬，博雷利访问乌拉圭和阿根廷，并出席在阿根廷召开的欧盟与拉美暨加勒比国家共同体外长会，提出 2023 年召开欧盟—拉共体领导人峰会，加强地区间整体合作。其间，博雷利发表题为《欧盟与拉美为何彼此需要》的演讲，表示在乌克兰危机冲击下，欧盟和拉美要加强最高级别的政治对话。

第二，以贸易和能源合作为渠道，加强经贸往来。欧盟是拉美和加勒比地区外国直接投资的最大来源地。截至 2020 年，欧盟对该地区的外国直接投资存量接近 8 000 亿欧元，超过其在中国、印度、日本和俄罗斯的投资总额。欧盟还是拉美地区第三大贸易伙伴（仅次于美国和中国），与 25 个拉美和加勒比国家签署有贸易安排或自贸协议。目前，欧盟自拉美的进口主要来源于巴西和阿根廷，出口则集中向巴西、智利、玻利维亚和墨西哥等国。面对乌克兰危机对能源和粮食安全领域的冲击，欧盟正加大对拉重视，希望加强与拉经贸合作。2019 年欧盟与南方共同市场签署《战略伙伴协定》后，双方在亚马逊雨林和农产品贸易等议题上存在争议，多个欧洲国家立法机构尚未通过双边自贸协定。博雷利表示期待2023年下半年西班牙担任欧盟轮值主席国时，双边自贸协定能够最终生效。同时，欧盟不断加大与拉美在绿色经济、清洁能源、数字经济等新兴领域合作，挖掘合作潜力。欧盟与智利同意加强在应对气候变化、绿色氢能开发等领域的合作。欧盟—拉共体外长会议期间，"欧盟—拉美数字联盟"正式启动。

第三，以可持续发展为目标，加强发展援助。近年来，除了提供人道主义援助之外，欧盟还加大对拉美的官方发展援助。其在与拉美的跨区域合作机制框架下专门设立了气候项目（EUROCLIMA+），持续为拉美国家气候治理提供资金和智力支持。欧盟还向巴西、墨西哥等国在提供碳市场工具、加强应对森林退化等方面提供技术援助，得到拉美国家的积极响应。2021年6月，欧洲议会通过了规模达795亿欧元的"2021—2027年全球门户计划"，以帮助其他国家和地区促进疫后复苏、应对气候变化和增强社会包容。其中针对拉美地区的资金预算为34亿欧元。2022年4月，欧洲投资银行和美洲开发银行签署协议，就共同为拉美应对气候变化提供融资达成一致。2022年12月，欧盟委员会通过气候项目为拉美地区提供融资并成立了气候金融风险中心，以促进该地区银行提高应对与气候有关的金融风险的能力。同时，欧盟还通过针对拉美的社会项目（EUROSOCIAL+）帮助该地区国家提高社会包容度。

总体看，当前欧盟日益认识到加强对拉合作的重要性。同时，近年来拉美国家经济低迷，高通胀高赤字等问题突出，亦希望获取更多的对外经贸合作机遇。展望未来，欧拉关系或得到进一步提升。

拉美和加勒比地区是西半球重要的组成部分，拥有毗邻美国的特殊地理位置，也是世界上发展中国家最多的地区之一。因此，其在国际格局中的独特性和重要性不言而喻。

拉美地区拥有较高的自然资源禀赋，是全球大宗商品出口的重要来源地，同时不断融入经济全球化进程，在国际经济中具有一定影响力。在当前大国博弈持续和全球经济衰退风险加大的背景下，拉美地区因拥有丰富的资源和广阔的市场而成为许多国家竞相拉拢的合作对象。不过，大部分拉美国家坚持和平自主的外交政策。著名的诺贝尔文学奖得主、哥伦比亚作家加西亚·马尔克斯曾在题为《拉丁美洲的孤独》演讲中称："拉丁美洲不情愿、也没有理由成为任人摆布的棋子，此外也不会去幻想西方国家能打心眼儿里支持我们独立、独特的发展计划。"[①]为了振兴国家和民族而采取多元化外交战略已经成为大多数拉美国家的选择。其中，巴西、墨西哥、阿根廷作为崛起中的新兴大国，越发受到世界瞩目。上述国家积极参与国际事务，在联合国、国际货币基金组织、二十国集团等全球和多边机构中代表发展中国家发声，为构建公平合理的国际政治经济新秩序贡献自己的力量。

拉美地区是开启一体化进程较早的地区。进入21世纪，诸多一体化组织如雨后春笋般横空出世。目前，拉美和加勒比国家共同体、太平洋联盟、南方共同市场等区域一体化组织发展势头较好，为促进地区政治共识和经济合作发挥积极作用。同时，大多数拉美国家积极参与全球事务和推进多元化外交，与美国、欧盟、中国等世界主要大国和地区保持良好关系，在国际合作方面取得了不少成绩。尤其中拉关系已进入合作提质升级的新阶段，双方努力实现互利共赢，推动各自可持续发展。未来，拉美地区国家将继续坚持独立自主的外交政策，为维护世界和平与发展主旋律而扮演重要角色。

① Gabriel García Márquez, "La soledad de América Latina, Discurso de aceptación del Premio Nobel 1982," https://cvc.cervantes.es/actcult/garcia_marquez/audios/gm_nobel.htm.

第二十二章　大洋洲研究

大洋洲横跨南北半球，位于太平洋中部和中南部的赤道南北广大海域，处于亚洲和南极洲之间，西邻印度洋，东与南北美洲遥遥相对。其陆地由澳大利亚大陆和上千岛屿组成，总面积约 8 486 460 平方公里，占地球陆地面积的 20%。人口总数超过 4 300 万人。

该地区的人种主要由原住民（分为黄种人和黑人）、欧洲白人殖民者的后裔以及二战后不同时期来自世界各大洲的移民组成。整个 20 世纪，在去殖民化的进程中，澳大利亚、新西兰以及一大批太平洋中的岛屿相继独立建国或实现自治。如今，该地区共有 16 个主权国家，以及美国、英国、法国、新西兰、智利等国的属地。作为历史上遭受过西方列强特别是大英帝国殖民统治的结果，澳大利亚和新西兰仍然是白人为多数民族的国家，英语是大洋洲大多数国家和地区的官方语言，基督教是该洲的第一大宗教。不过原住民仍然保留着自己丰富多样的语言和宗教文化习俗，围绕美拉尼西亚、波利尼西亚、密克罗尼西亚三大岛群形成了三大各具特色的原住民文化群。

大洋洲各国被发展水平大致划分为两个世界。澳大利亚和新西兰属于发达国家。其中，陆地面积居世界第六、海洋面积居世界第三的澳大利亚，居住着大洋洲一半的人口。12 个太平洋岛国全都是发展中国家。其中，斐济和巴布亚新几内亚独立国（以下简称“巴新”）的综合国力强于其他岛国，而基里巴斯、所罗门群岛、图瓦卢三国则名列联合国划定的最不发达国家之列。

第一节　大洋洲的国际地位、国际影响和未来趋势

大洋洲介于四大洲、两大洋之间，在国际交通和战略上具有重要地位。澳大利亚大陆接通了太平洋和印度洋；巴新充当了大洋洲与东南亚之间的通道；太平洋中星罗棋布的岛屿，是海空军事活动的支撑，许多岛屿和环礁是建设机场、深水锚地、设立军事基地的理想场所。正因为此，20 世纪的两次世界大战都波及该地区，太平洋中的

夺岛战构成太平洋战争的一个重要内容。

二战后建立的美国世界霸权体系把大洋洲纳入了其中。长期以来，美国主要是通过在该地区的属地，加上其主导的“五眼联盟”、《美澳新安全条约》，以及与密克罗尼西亚联邦（以下简称“密联邦”）、马绍尔群岛、帕劳三国签订的《自由联系条约》，维系对该地区的控制。与之相应的是，美国的地区霸权得到了位于大洋洲三个军事基地群的支撑，即关岛基地群、夏威夷基地群、澳新基地群。夏威夷如今是美国印太战区的指挥中心；位于“第二岛链”中心位置的关岛，是美国在西太平洋中最大的海空军基地；美、澳在澳大利亚中部松树谷共同运营的卫星地面观测站，是一个针对从中东到东北亚广大区域的情报搜集和分析中心。近年来，在世界经济重心东移和中华民族复兴的时代背景下，为了维护世界霸权，美国推出了针对中国的“印太战略”，并打造了美日印澳“四边机制”（Quad）、美英澳三边安全伙伴关系（AUKUS）、印太经济框架（IPEF）等安全和经济同盟体系，并向大洋洲覆盖。例如，印太经济框架中就包含了澳大利亚、新西兰和斐济，显示美国在21世纪的战略调整中有意把大洋洲打造成维护其印太主导地位的战略纵深。

在大洋洲诸国中，澳大利亚和新西兰作为当今世界的发达国家，人均财富在世界上排名靠前，科技和教育发达，服务业是国民经济主导产业。不过两国都不处在最发达的七国集团之列。

以“中等强国”自居的澳大利亚是世界第十三大经济体。①2018年，其人均财富中位数居世界第一位。② 澳大利亚也是世界资源产出和出口大国。2019年为世界铁矿石、铝矾土、蛋白石的最大产出国；金产量、铅产量位居世界第二；锌、钴、铀产量位居世界第三。③ 总部位于墨尔本的跨国矿业企业必和必拓公司（BHP Group Ltd），是世界最大的采矿企业。2019年澳大利亚对外出口的前十类产品和服务，资源类产品占了7项，份额占了全部出口的半壁江山。④ 虽然澳大利亚是世界上最干旱的国家之一，然而得益于很早就重视灌溉系统建设和发展旱地农业技术，居然还是世界农产品出口大国。2018年，澳大利亚是世界上最大的黄豆生产国、第二大鹰嘴豆生产国、第四大燕麦与

---

① 根据国际货币基金组织对世界各国国内生产总值的排名。

② Anthony Shorrocks, Jim Davis and Rodrigo Lluberas, *Global Wealth Report 2018*（Credit Susse Research Institute, October 2018）, p.7.

③ 参阅美国地质调查局（U.S. Geological Survey）相关数据。

④ Australian Department of Foreign Affairs and Trade, “Trade and Investment at a Glance 2020,” pp.18—19.

大麦生产国、第五大油菜籽生产国。① 澳大利亚在世界金融体系中亦有其分量。位于悉尼的澳大利亚证券交易所（ASX）是世界第 10 大证券交易所，也是亚洲最大的利率衍生品市场。② 澳元目前是世界第五大流通货币。

澳大利亚也是科技和教育强国。澳大利亚国立大学、墨尔本大学等八所大学，长期在“时代高等教育世界大学排名”“国际高等教育研究机构世界大学排名”等国际权威排名中，处于 150 所世界顶级大学之列。③ 外国留学生占澳大利亚人均人口的比重，高于世界其他发达国家。④ 自建国至今，澳大利亚共有 13 人获得诺贝尔奖，涵盖物理学、医学、生理学、化学、文学等领域。在科技领域，澳大利亚在免疫学、器官移植、微生物学、核聚变与等离子研究、太阳能利用等方面，处于世界领先地位。不过，澳大利亚科技产业化却因资本青睐于资源部门而受到抑制。而且澳大利亚的文化、教育资源的分配不够均等，塔斯马尼亚州以及其他非欧裔人口居多的地区，仍然存在较高的文盲率。⑤

就国际影响来说，澳大利亚是一系列国际和地区组织的成员。在国际层面是联合国、二十国集团、国际货币基金组织、世界贸易组织、英联邦等组织的成员；在地区层面，是太平洋岛国论坛、亚太经合组织、东盟“10+6”、跨太平洋自由贸易协定等组织和多边机制的成员；在西方层面是《美澳新安全条约》、“五眼联盟”、五国联防组织、美日印澳“四边机制”、美英澳三边安全伙伴关系等组织的成员国。通过上述国际和地区组织，澳大利亚可以对世界和地区事务施加特定影响，也需要履行作为成员国的责任。不过在这些组织中，澳大利亚的地位和责任各不相同，只对太平洋岛国论坛有主导权。澳还向一些发展中国家提供发展援助，重点是援助与自己相邻的岛国和部分利益攸关的东南亚国家。此外，澳大利亚吸收来自世界各国的移民，也导致其在特定议题上能对太平洋地区之外的国家产生某种影响。2021 年，全球知名商业杂志 *CEOWORLD* 基于包括政治家、商业领袖在内的 28 万多名专业人士，就军力、同盟、领导力、国际贸易、经济实力、外交影响力、媒体影响力等方面对各国的综合打分，

① 参阅联合国粮农组织（Food and Agriculture Organization of the United Nations）相关数据。

② 澳大利亚证券交易所，https://www2.asx.com.au/about/asx-shareholders。

③ 参阅 Times Higher Education World University Rankings、QS World University Rankings 相关资料。

④ “Australian Universities Double Down on International Students,” Macrobusiness, November 1, 2019, https://www.macrobusiness.com.au/2019/11/australian-universities-double-down-on-international-students/.

⑤ “A Literacy Deficit,” Australian Broadcasting Cooperation, September 22, 2013.

公布了全球最有影响力20国排名，澳大利亚名列第17位。①

澳大利亚在世界军力排名中位居第19，在亚太军力排名中位居第9。② 作为美国的盟国，澳参加了战后由美国发动或推动的几乎历次地区战争，此外还参加联合国维和行动，因此在世界多国都能看到澳军的身影，不过数量一般都比较少，主要承担警戒、后勤、培训等职能。澳联盟党政府执政时期积极配合美国"印太战略"，将国防预算提高到国内生产总值的近2%，谋求引进核动力潜艇以及在本土部署远程攻击性武器，积极拓展与日、韩、英、欧盟以及东盟国家的关系，希望在美国战略调整中赢得更显要的位置。

新西兰作为发达国家，是世界第52大经济体，综合国力虽然远不及澳大利亚，然而一些单项指标在国际上却十分突出。例如新西兰畜牧业发达，粗羊毛出口量居世界第一，占世界总产量的25%；新西兰拥有世界第四大专属经济区，渔产极为可观。根据2015年经济合作与发展组织的排名，新西兰研发总开支占国内生产总值的比重高居世界第三；该国还位居2019年清廉指数世界排名第一；在同年的人类发展指数排名榜上位居世界第14；在2020年经济自由度指数排名榜上位居世界第三。位于新西兰北岛、有"风帆之都"之称的奥克兰市，是世界公认的第三大高品质生活城市。

提到新西兰就不能不提1987年6月该国通过立法设立"新西兰无核区"，禁止核装备和核动力军舰进入新西兰港口，即使对美国军舰也不例外。此举虽然导致美国宣称要终止为新西兰的安全承担责任、将其从盟国长期降格为"友邦"，但是在维护世界核不扩散方面却给新西兰带来了较高的国际声誉。

像澳大利亚一样，新西兰自视对周边的太平洋岛国负有特殊责任，其对外援助的大部分流向这些岛国，新西兰的货币新西兰元也是毗邻的库克群岛、纽埃、托克劳以及皮特凯恩岛的流通货币。

14个太平洋岛国——斐济、巴新、密联邦、基里巴斯、瑙鲁、帕劳、萨摩亚、所罗门群岛、库克群岛、马绍尔群岛、汤加、图瓦卢、瓦努阿图、纽埃，虽然在地理上与澳、新毗邻，但是都属于发展中国家，国土小，人口少，不过岛国的海洋专属经济区一般都很大，以巴新为例，其国土面积仅为46.28万平方公里，海洋专属区面积却为

① "Ranked: Most influential Countries, 2021," CEOWORLD, February 10, 2021, https://ceoworld.biz/2021/02/10/ranked-worlds-most-influential-countries-2021/.

② Global Firepower Index 2021, https://www.globalfirepower.com.

310万平方公里，是其国土面积的6倍还多。因此岛国的海洋资源都比较丰富，个别岛国的矿产资源也较为丰富。虽然单个岛国的国际影响力微不足道，但是十几个岛国在联合国意味着十几票，这在一定程度上赋予了岛国作为一个集体影响国际事务的潜力。

为此，太平洋岛国与区域大国澳大利亚、新西兰共同组成“太平洋论坛集团”（PFG），就地区共同关心的议题统一意见并发表声明。此外，岛国还组建了不包含澳、新的“太平洋小岛屿发展中国家集团”（PSIDS），通过这一机制推动联合国的“亚洲集团”更名为“亚太集团”，从而在该集团中获得更多被选举权。2012年，太平洋岛国在巴新设立“非洲、加勒比和太平洋国家集团”（ACP）办事处，直接发展同世界其他地区处境相似的国家的关系，追求在关乎各自利益的议题上同进退。在太平洋岛国的集体推动下，联合国制定可持续发展目标时将关乎其生存的气候变化与海洋治理作为单独的目标设立。《联合国气候变化框架公约》的谈判也在一定程度上受到岛国的影响。随着太平洋岛国国际影响力的提升，从2011年起，出现了联合国大会副主席一职连续由来自太平洋岛国的代表担任的情况。如今，太平洋岛国已全面参与联合国的各项机制。

总之，随着亚太地区在世界经济和政治中地位不断上升，以及大国竞争向大洋洲投射，太平洋岛国在地缘政治上的潜在价值、在世界和地区事务上的集体议价能力的提升，都成为大国不可忽视的力量。不过，由于岛国总体实力有限，很难从根本上摆脱对大国的依赖，在印太地区出现大国竞争的背景下，如何处理与域内外大国的关系，依然是这些岛国面临的重要挑战。

第二节　大洋洲地区内的合作机制和主要矛盾

大洋洲的区域合作最早可以追溯到1947年美、英、法、澳、新、荷兰推动组建的南太平洋委员会（SPC），其初衷是为促进这些国家在南太平洋的殖民地或托管地的经济发展和社会进步提供咨询和起顾问作用。此后，荷兰退出该组织，新独立的太平洋岛国相继加入了该组织，英国退出多年后又重新加入进来。该组织一度更名为“南海委员会”，自1998年起称为“太平洋共同体”（PC）。如今，共同体的成员有26个，除美、英、法、澳、新五个创始国之外，还包括14个太平洋岛国以及美、英、法、新在大洋洲的属地。其经费90%由澳、美、英、法、新缴纳，其余10%由岛国和地区负担。

目前，在大洋洲的区域合作中影响最大的机制是太平洋岛国论坛（PIF）。1971 年 8 月，斐济、萨摩亚、汤加、瑙鲁、库克群岛、澳大利亚和新西兰在新西兰首都惠灵顿召开了南太平洋七方会议，成立了南太平洋论坛（SPF），以促进成员之间在经贸、发展、能源、旅游、教育等领域的合作与协调。此后，论坛更名为南太平洋岛国论坛（SPISF），2000 年 10 月又更为现名，将成员从南太平洋扩大到北太平洋。如今，该论坛的 18 个成员包括：澳大利亚、新西兰、斐济、萨摩亚、汤加、巴新、瓦努阿图、基里巴斯、密联邦、所罗门群岛、瑙鲁、图瓦卢、马绍尔群岛、帕劳、库克群岛、纽埃、法属波利尼西亚、法属新喀里多尼亚；该组织的 2 个联系成员是托克劳群岛、瓦利斯和富图纳群岛，11 个特别观察员是英联邦、联合国、亚洲开发银行、中西太平洋渔业委员会、世界银行、非加太集团、美属萨摩亚、关岛、北马里亚纳自由联邦、东帝汶、国际移民组织。论坛总部现设于斐济首都苏瓦。

论坛一般每年召开一次政府首脑会议，至今已举行了 52 届论坛领导人会议。在首脑会议前还要召开经济、贸易、外交部长会议，协调相关政策。论坛目前在世界上有 21 个对话伙伴国，还是联合国和亚太经济合作组织的观察员。长期以来，论坛围绕保护环境、保障可持续发展、推动男女平等、维护残障人士权益、提升科教文卫水平等议题，搭建了一系列合作框架，出台了一些中长期的发展方案，如 2023 年通过的《2050 蓝色太平洋大陆战略》，不仅发挥了凝聚大洋洲各国和地区的作用，也在国际上增加了“太平洋声音”的分量。

太平洋共同体和太平洋岛国论坛作为大洋洲的区域合作机制，一个共同的特点是域内外大国主导。因此，虽然这两个合作平台的宗旨都是要帮助太平洋岛国和属地摆脱贫穷落后的状态，但由于域内外大国是合作机制的主要资助者，又是该地区公共产品的主要提供者，掌握了设置议题、制定规则、确定优先事项等方面区域合作的话语权，岛国和属地虽然能通过参与这些机制获得一些利益，但无助于改变她们对大国的依附状态。有学者指出，这是一种“保护人—委托人地区主义”的区域合作模式。①

20 世纪下半叶，随着欧洲殖民体系的瓦解以及美国借助在各大洲的同盟体系来维护其世界霸权，身为“五眼联盟”和美澳新同盟成员的澳新两国，把南太地区视为了

① Stewart Firth, “The New Regionalism and its Contradictions,” in Greg Fry and Tarcisius Tara Kabutaulaka, eds., *Intervention and State-Building in the Pacific: The Legitimacy of “ Cooperative Intervention”*, Manchester: Manchester University Press, 2008, pp.119—134.

自身的“后院”，把太平洋岛国论坛当作了服务于自身外交政策的工具。正是在澳新两国特别是澳大利亚的主导之下，2005 年太平洋岛国论坛莫尔兹比港峰会批准了《太平洋计划》。该计划高举区域一体化大旗，在向岛国输出新自由主义理念和制度、推动岛国向太平洋岛国论坛让渡主权的同时，却很少呼应岛国人民对气候变化、海洋保护、消除贫困等问题的关切。因此，《太平洋计划》通过不久就引起了岛国的强烈不满。2014 年 5 月，太平洋岛国论坛召开特别会议，《太平洋计划》被《太平洋地区主义框架》所取代。

后者取代前者有三个值得注意的方面：一是弱化了太平洋岛国论坛的超国家性质，将决策主导权从论坛大会及相关组织转移到领导人峰会，提升了岛国在攸关本国利益的议题设置的话语权；二是引入了集思广益模式，允许区域内的任何政府、社会团体和个人向论坛大会提出各方认为的区域优先议题，经论坛及专门委员会审核后拿到领导人峰会上去讨论，从而在一定程度上限制了地区大国对议题的操控，提高了论坛的开放性和透明度；三是取消了原来论坛为推行新自由主义方案设定的各种时间表，使得岛国能够根据各自的实际情况履行承诺。如此一来，太平洋岛国论坛由原来高高在上的超国家组织，朝着地区各国政策协商和协调的交流平台这一方向迈进了一步。①

此外，岛国还在太平洋论坛之外另起炉灶，组建了若干由自己主导的区域合作组织，使区域合作更符合岛国自身发展的需要。从 2006 年 5 月至 2022 年 12 月，斐济处于由军事政变上台的姆拜尼马拉马长期主政的时期。澳、新等西方国家一度想要通过孤立和制裁迫使斐济军人还政，以致太平洋岛国论坛一度于 2009—2014 年终止了斐济的成员身份。为了打破孤立，姆拜尼马拉马政府于 2010 年发起成立了“接触太平洋领导人会议”（EWTP），并在 2013 年将其发展为太平洋岛国发展论坛。该论坛的特点是：第一，其基础成员由太平洋岛国和岛屿组成，不包含澳新两国，岛国的主体性得到了凸显；第二，发展论坛聚焦可持续发展、气候变化、绿色增长、蓝色经济等岛国重点关切的问题；第三，除澳新两国之外，发展论坛对本地区内外的主权国家、未独立的属地、领地、致力于帮助岛国发展的私营机构和民间团体都敞开胸怀。2016 年，发展

① Pacific Islands Forum Secretariat, Forum Communique 2014, Palau, Koror, 2014, https://www.forumsec.org/wp-ontent/uploads/2017/11/2014-Forum-Communique_-Koror_-Palau_-29-31-July.pdf; Dame Meg Taylor, “Developing Regional Policy to Drive Change for the People of the Blue Pacific”, Pacific Islands Forum Secretariat, https://www.forumsec.org/2017/11/10/developingregional-policy-drive-change-people-blue-pacific-opinion- editorial-dame-meg-taylor-secretary-general-pacificislands-forum/.

论坛成为联合国观察员，其倡导的绿色发展、蓝色经济等理念也被太平洋岛国论坛所接受。2017 年，太平洋岛国论坛和太平洋岛国发展论坛共同倡导“蓝色太平洋”概念，形成了地区倡议。2019 年 3 月，发展论坛与联合国南南合作办公室（UNOSSC）共同举办了“南南合作太平洋咨商会”，影响进一步扩大。

密联邦、基里巴斯、马绍尔群岛、瑙鲁、帕劳、巴新、所罗门群岛、图瓦卢这 8 个国家的水域金枪鱼资源极为丰富，但是长期以来它们却没有从中获得丰厚的利益。为了将渔业资源更多转化为收益，早在 1982 年，8 个国家就签订了名为《瑙鲁协定》的渔业协定，实施“作业天数计划”，即 8 国联合对进入其专属经济区的外籍渔船规定作业天数与捕鱼配额，以公开拍卖和交易的形式开放给船东竞价、购买，对船东按每船、每日征收“入场作业费”。由于“作业天数计划”大幅度提高了外籍船只的准入门槛，故而遭到了澳、新、美、欧盟等国家和组织的反对。但是 8 个缔约国顶住压力，坚持这一维护自身权益的合作机制。经过数年艰苦谈判，缔约国于 2016 年与美国签订了新的《南太平洋金枪鱼协议》。这被认为是世界上最赚钱的渔业入场协定。然而，比收入高低更重要的是，这份新协定意味着超级大国事实上承认了“作业天数计划”本身的合法性。2018 年，第二届《瑙鲁协定》组织领导人峰会制定的《瑙鲁协定协助战略计划：2019—2025》，成为地区国家以及外籍渔船须共同遵循的渔业规则。①

大洋洲次区域层面的合作也逐渐形成。大洋洲的三个文化圈中，美拉尼西亚岛国（巴新、斐济、所罗门群岛、瓦努阿图）和自治领地（新喀里多尼亚）占了太平洋岛屿陆地总面积的 98%、自然资源和生物多样性的 90%，以及总人口的 87%，有“太平洋地区政治经济主导力量”之称。② 早在 1988 年，巴新、所罗门群岛、瓦努阿图三国率先建立了美拉尼西亚先锋集团（MSG），其当时还不具备独立地区组织的功能。2007—2008 年，先锋集团发展为正式的国际组织，在成员国瓦努阿图首都维拉港设立了常设秘书处。在集团的组织化程度得到了大幅提升后，先锋集团成员之间密切了在制药业、燃料和海运等方面的合作，缔结了南太平洋地区第一个自由贸易协定，进而探索组建

---

① “About Us,” Parties to the Nauru Agreement Office, https://pnatuna.com/About-Us; Parties to the Nauru Agreement Office, “PNA Strategic Plan 2019—2025,” Marshall Islands, Majuro, 2019. https://pnatuna.com/sites/default/files/PNA%20Strategic%2 0Plan%20web%20version.pdf.

② Ronald May, “The Melanesian Spearhead Group: Testing Pacific Island Solidarity,” Australian Strategic Institute, February 2, 2011, https://www.files.ethz.ch/isn/161797/Policy_Analysis74_Melanesian_spearhead_group.pdf.

关税同盟，实行单一货币。在美拉尼西亚先锋集团的影响下，波利尼西亚地区的8个独立岛国和自治领，于2011年宣布成立“波利尼西亚领导人集团”（PLG），旨在推动波利尼西亚国家间的机制化合作，保护和增进她们的共同利益。从2014年起，密克罗尼西亚国家也通过“行政首脑峰会”（MCES）这一政策讨论和协调机制，探索建立密克罗尼西亚贸易与经济共同体。

需要指出的是，虽然出现了这些新的区域和次区域合作机制，但是在应对关乎岛国利益的诸多问题上，它们仍然欠缺足够的资源，影响力远不能颉颃太平洋岛国论坛，更谈不上取而代之，这也导致岛国之间在支持新区域合作机制方面往往很难做到意见统一。此外，次区域认同的兴起给大洋洲区域合作带来的影响也比较复杂，在某些情况下甚至成了区域合作的离心力。例如2021年2月，5个密克罗尼西亚国家——帕劳、密联邦、基里巴斯、马绍尔群岛、瑙鲁，宣布退出太平洋岛国论坛，主要原因是她们不满论坛新一届秘书长没有在密克罗尼西亚集团中产生，认为是偏袒了南太平洋国家。结果，4个国家被论坛挽留，基里巴斯在2022年7月退出论坛后，于2023年2月宣布重返论坛。

21世纪大洋洲区域和次区域合作呈现出的脱离澳、新影响的发展趋势，以及大国角力背景之下越来越多的域外国家对地区事务的介入，都对澳新两国在该地区的传统影响力构成了挑战，在两国引发了越来越大的危机感。两国政府都针对国际和区域形势的新变化推出了巩固自身区域地位的政策。新西兰在2018年3月推出的“太平洋重置”计划（Reset）、澳大利亚同年11月推出的“太平洋升级”计划（Pacific Step-up），都把密切与太平洋岛国的关系作为中心内容。鉴于澳大利亚是大洋洲地区举足轻重的国家，其“太平洋升级”措施自然值得格外关注。

在“太平洋升级”计划中，安全议题是核心内容，该计划斥资20亿澳元推进“太平洋海上安全计划”，包括向12个岛国提供巡逻艇；与岛国加强海空巡逻力量的整合；① 设立太平洋安全学院、卓越警务训练中心等机构，为岛国军队和执法部门的骨干提供培训；通过太平洋网络安全操作网络向岛国传播澳大利亚的网络安全观；通过太平洋安全联席会议机制与岛国协调应对非法移民和跨国犯罪等问题；谋求以太平洋融合中心为基础推动创建大洋洲超主权地区一体化机构。这种区域性的安排又辅之以澳

① “Pacific Maritime Security Program,” https://www.defence.gov.au/annualreports/17-18/Features/Maritime.asp.

大利亚与岛国加强双边防务与执法协作。

在经贸领域，澳政府试图通过“太平洋升级”战略推动由澳、新主导的地区经济一体化。2017 年，澳、新两国与汤加、纽埃、瑙鲁、萨摩亚、所罗门群岛、基里巴斯、图瓦卢、库克群岛、瓦努阿图 9 个太平洋岛国，签署了澳、新长期想要推动的《太平洋更紧密经济关系协定》。然而，除了澳、新两国议会很快批准了该协定外，其在 9 个岛国获批遇到了重重阻力，原因在于该协定推动的自由贸易给岛国的实惠实在太少。① 经过澳、新的大力游说以及作出相应让步，包括采取“援助换贸易”的一揽子方式，加上新冠肺炎疫情导致岛国在抗疫和其他民生问题上对澳、新的依赖增大，终于有 6 个岛国在 2020 年 12 月批准了该协定，使其满足了生效的条件。

“太平洋升级”计划还把基础设施建设作为重要抓手。为此，澳政府于 2018 年设立了总额为 20 亿澳元的澳大利亚太平洋基础设施融资基金，用以支持岛国的基础设施建设。2020 年 5 月，澳大利亚发起“太平洋高质量基础设施倡议”，试图为该地区的投融资活动制定规则标准。连接澳大利亚悉尼、所罗门群岛首都霍尼亚拉和巴新首都莫尔兹比港的“珊瑚海线”海缆工程，是澳大利亚主推的一个区域基础设施建设项目。澳大利亚还推出了“太平洋劳动力流动计划”，为太平洋岛国和东帝汶的劳工赴澳大利亚农村和小城镇工作创造机会。新冠肺炎疫情暴发后，澳大利亚又宣布向太平洋岛国和东南亚国家提供总计 8 亿澳元的抗疫援助。通过上述措施，澳大利亚谋求让邻近国家加深对自己的依赖。②

第三节　大洋洲地区的外部联系和对外关系

21 世纪，随着中国力量的上升和美国维持霸权的需求，大洋洲的地缘政治和经济环境也发生了巨大变化，域外力量的影响越来越大。

美国与大洋洲各国关系的亲疏，主要取决于美国国家安全战略的调整变化。冷战结束后，大洋洲在美国全球战略视野中一度被边缘化。然而进入 21 世纪第二个十年后，随着美国决策者越来越把中国的崛起看作“威胁”，抑制太平洋岛国“向北看”的

---

① Wesley Morgan, “Much Lost, Little Gained? Contemporary Trade Agreements in the Pacific Islands,” *The Journal of Pacific History*, Vol.53, No.3, 2018, pp.268—286.

② “Partnerships for Recovery: Australia’s COVID-19 Development Response,” https://www.dfat.gov.au/sites/default/files/partnerships-for-recovery-australias-covid-19-development-response.pdf.

势头成了奥巴马政府“亚太再平衡”战略的一大关切，并采取措施加强对太平洋岛国的操控。在特朗普和拜登政府把中国定义为美国的头号竞争对手之后，美国进一步加大了对太平洋岛国的拉拢和挟制。2022 年，拜登政府公布了首个《太平洋岛国伙伴关系战略》以及《21 世纪美国—太平洋岛国伙伴关系路线图》《美国—太平洋岛国伙伴关系宣言》等文件，谋求更广泛更深入地发展与太平洋岛国的关系。

在元首外交方面，2019 年 5 月，时任总统特朗普打破美国总统很少会见小岛屿国家领导人的旧例，在白宫会见了三个自由联系邦的领导人。2021 年 8 月，拜登总统出席太平洋岛国论坛成立 50 周年纪念活动。这是美国总统第一次出席该论坛的领导人会议。2022 年 9 月 28—29 日，拜登政府又主持召开了首次美国与太平洋岛国领导人峰会。2023 年 5 月中下旬，拜登原计划在赴日本参加七国集团峰会后赴澳大利亚参加四国集团峰会，并顺道访问巴新，与十几个岛国领导人会晤，这将是美国总统首次访问巴新。后因要处理国内债务上限问题取消了这次访问计划。

在扩大外交存在方面，2019 年 8 月，特朗普政府国务卿蓬佩奥成为首次造访密联邦的美国国务卿；2022 年，拜登政府国务卿布林肯成为自 1985 年以来首次访问斐济的美国国务卿，副国务卿谢尔曼（Wendy R. Sherman）又出席了在夏威夷举行的 2022 年太平洋岛国领导人会议。拜登上台之前，美国在三个自由联系邦设有独立大使馆，在斐济设立的大使馆兼管汤加、基里巴斯、瑙鲁和图瓦卢事务，在巴新的使馆兼管所罗门群岛、瓦努阿图事务，在新西兰的大使馆兼管萨摩亚事务。拜登上台后，任命弗兰基·里德（Frankie Reed）为美国史上首位驻太平洋岛国论坛特使，并重开了驻所罗门群岛和汤加的使馆，计划增设驻基里巴斯、瓦努阿图的使馆。根据《21 世纪美国—太平洋岛国伙伴关系路线图》，美国还将在适当协商后承认库克群岛和纽埃为主权国家。[①]2023 年 3 月，美国家安全委员会印太协调员库尔特·坎贝尔（Kurt Campbell）率领一个多部门高级代表团访问了新西兰、巴新、所罗门群岛、瓦努阿图、斐济等国。

在提供发展援助方面，过去十年，美国向太平洋岛国提供了超过 15 亿美元的援助。[②]2022 年 7 月，通过视频参加第 51 届太平洋岛国论坛专题会议的美国副总统哈里

① 纽埃和库克群岛都是新西兰的自由联系邦，都不是联合国成员国。纽埃只在新西兰设有驻外代表机构，两国均与美国无外交关系。

② 《简报：21 世纪美国-太平洋岛屿伙伴关系路线图》，美国驻华大使馆，2022 年 9 月 29 日，https://mp.weixin.qq.com/s/0jlKzgzm3IwTW6u28cp0zg。

斯，承诺美国在未来10年内每年将把对太平洋岛国的投资与援助等资金提至原来资金的三倍，达到6 000万美元；她还提出了“蓝色太平洋伙伴”（PBP）倡议，由美、日、英、澳、新等国为该地区提供总计21亿美元的发展援助。[①] 同年8月，美国国际开发署（USAID）公布的《太平洋岛国战略框架（2022—2027）》，宣称该署将与主要区域组织、岛国政府、民间社会团体和私营部门结成伙伴关系，提升岛国在各种挑战面前的复原能力。[②] 此外，为促成与马绍尔群岛、密联邦、帕劳续签《自由联系协定》，拜登政府许诺未来20年向三国提供超过71亿美元的经济援助。[③]

在积极拉拢太平洋岛国的同时，美国也在一步步把大洋洲诸国拖进大国竞争和对抗的漩涡。2021年，拜登政府又牵头组建了美英澳三边安全伙伴关系，计划为澳大利亚配备核动力潜艇，在澳部署远程攻击性武器。同年9月，美日印澳“四边机制”（QUAD）峰会在美国华盛顿举行。2022年，拜登政府启动印太经济框架（IPEF），旨在裹挟亚太国家组建排斥中国的区域经济合作安排，澳、新、斐济等大洋洲国家被拉入其中。美国政府还通过向马绍尔群岛、帕劳、巴新等国派遣“大洋洲特遣队”、与多个岛国举行联合军演、开展联合执法行动、推动岛国与之签署国防合作协定等途径，图谋把大洋洲诸国捆绑在自己的战车上。

美国的这种拉拢和胁迫政策，的确影响了一些大洋洲国家的外交政策，最突出的就是导致澳大利亚加入“反华”阵营，也导致中国“一带一路”倡议下与某些太平洋岛国的合作受阻。2022年底赢得斐济大选的新联合政府也开始表现出疏远中国的动向，在上任一个月后就中止了中斐两国执行多年的警务合作。但与此同时，绝大多数大洋洲地区民众对该地区被拖入大国对抗感到担忧。杰辛达·阿德恩（Jacinda Ardern）在新西兰总理任上的时候，就质疑美英澳联盟可能导致核武器向大洋洲扩散，并且不顾压力升级了《中新自由贸易协定》。澳大利亚前总理保罗·基廷（Paul John Keating）向当政者和民众多次警告澳大利亚缺乏战略自主的风险所在。2022年12月5日，超过100个军控、环境和其他活动组织致信拜登，敦促美国政府就20世纪四五十年代在马绍尔群岛实施大规模核试验造成的影响正式道歉，并提供赔偿，该地区对卷入大国竞

① Remarks by Vice President Harris at the Pacific Islands Forum, July 12, 2022, https://www.whitehouse.gov/briefing-room/speeches-remarks/2022/07/12/remarks-by-vice-president-harris-at-the-pacific-islands-forum/.

② USAID, “Strategic Framework: Pacific Islands, March 11, 2022—March 11, 2027,” p.4. https://www.usaid.gov/sites/default/files/2023-01/Strategic-Framework-Pacific-Islands-March-2022-2027.pdf.

③ “US Aims for Over $7 Billion in Aid for 20 Year Pacific Island Compacts,” *Reuters*, March 23, 2023.

争的焦虑由此可见一斑。

日本、英国以及大多数欧盟成员国都是美国的盟国，在21世纪进入第三个十年之际，这些国家和组织都不同程度地加强了与大洋洲的关系，其中既有本国想抓住亚太发展机遇的因素，也有主动或被动配合美国“印太战略”的考虑。

日本与大洋洲毗邻，二战中曾奉行“南向战略”，与美、英等国争夺对太平洋的控制权。日本战败后，插手大洋洲事务的能力和意愿一度受到削弱。自20世纪80年代起，随着日本成为世界主要经济体，日本政府致力于构建“泛太平洋”区域合作框架，与澳大利亚共同提出了“亚太”概念，成为亚太经济合作组织的重要推手。基于太平洋岛国在渔业和矿产能源安全等方面战略价值，日本重视与之发展关系，1997年，日本主导召开了首届“日本与太平洋岛国首脑峰会”。进入21世纪后，特别是日本世界第二大经济体的地位在2010年被中国超越后，日本对中国崛起的担忧与日俱增，限制中国在大洋洲影响力的不断扩大成为日本加强大洋洲外交、积极配合美国对华遏制政策的一个新动力。如今，日本是美国组建的“四边机制”的支柱之一，是印太经济框架的创始国之一，并有考虑加入美英澳三国联盟。近年来，日本也强化了同澳大利亚在经济、安全等领域的交流合作，建立了日澳两国外长和防长的“2+2”对话机制、日澳部长级经济对话等渠道。通过日本与太平洋岛国首脑峰会这一机制，日本围绕贸易和投资、气候变化、防灾减灾、海洋保护、医疗卫生等议题，密切了与岛国的交流合作。

历史上在大洋洲的众多岛屿（包括澳大利亚、新西兰）都曾是英国殖民地，至今英国还保有皮特凯恩群岛这个海外领地，而大洋洲16个国家中有11国还是英联邦成员。从20世纪70年代至2020年，英国向欧洲收缩，在国家定位上自视为欧共体和欧盟的一员，与大洋洲的联系极大削减。然而，随着世界经济重心东移、美国谋求遏制中国崛起、英国谋求脱离欧盟重新定位成“全球性不列颠”等多重因素作用之下，英国政府重新开始关注和介入大洋洲地区事务，包括参加美国主导的美英澳三国联盟，通过重新激发英联邦的活力恢复在大洋洲的影响力，加强与澳大利亚在安全、科技、地区事务等领域的合作，在同太平洋共同体断绝17年联系之后重新加入该组织，同斐济、巴新、萨摩亚和所罗门群岛等建立经济伙伴关系，等等。

在欧盟成员国中，只有法国在大洋洲保有领地。随着亚太地缘战略竞争的加剧，欧盟正努力通过经济联系和新的安全承诺来加强其在太平洋地区的存在。2021年9月，欧盟出台了《欧盟印太合作战略》，以确保“自由与开放的海上供给线”①。大洋洲国家之中，欧盟重视与澳大利亚在获取生产绿色和数字产品关键原材料、太空计划以及国际运输等领域的合作。2022 年 2 月，俄乌冲突爆发后，欧盟又增加了向乌克兰提供援助的新的合作领域。2022 年 10 月，欧盟与澳大利亚达成的《澳大利亚—欧盟合作框架协议》正式生效。② 在岛国当中，欧盟重视与斐济和巴新发展关系，制定了多年期指示方案（MIP），围绕森林和水资源保护、推动“良治”等议题向其提供援助。

上述国家和组织给大洋洲地区形势带来的影响是复杂的。一方面，过去受到忽视的太平洋岛国借此机会获得了来源多样的发展援助，长期被忽视的气候问题、环境问题、贫困问题受到一定程度的重视。另一方面，由于这些援助和关注又总是以美西方国家的战略关注为导向的，对于大洋洲国家、特别是太平洋岛国来说，有限的援助摆脱不了地缘政治因素的影响，在客观上造成了地区形势的起伏。例如，这些美西方国家和组织在向太平洋岛国提供援助的同时，总是试图限制它们与中国进行交流或接受中国援助，迫使其不时要面对“选边站”的困局。

大洋洲位于东西两个半球之间，是亚洲和美洲、北极和南极之间的通道，地理位置十分重要，也是世界上矿产资源、畜牧业资源、农林渔业资源、旅游资源、人才资源的一座宝库。由于历史的原因，该地区是世界上发展水平极不平衡的地区之一，澳大利亚、新西兰这样的发达经济体与联合国划定的最不发达国家同处这一地区。

20 世纪去殖民化进程在大洋洲催生了一批独立主权国家，它们如今都有了鲜明的区域意识，在开展区域合作方面积累了相当丰富的经验，组建并发展了太平洋岛国论坛、太平洋岛国发展论坛、美拉尼西亚先锋集团等区域或次区域合作架构，并且通过与其他地区组织、国际组织合作，甚至是以集体身份影响联合国的议程等途径，来维护和增进本地区的利益，向世界传递本地区的声音，譬如唤起世人对气候问题的关注。

不过，去殖民地化的不彻底性在大洋洲也是显而易见的。少数域外国家在该地区继续拥有飞地，即使在一些独立主权国家，对原来宗主国的忠诚仍然在一定程度和层

---

① Council of the European Union, “EU Strategy for Cooperation in the Indo-Pacific,” April 16, 2021, p.3, https://data.consilium.europa.eu/doc/document/ST-7914-2021-INIT/en/pdf.

② Australian Government, “Australia-European Union Framework Agreement Enters into Force,” October 21, 2022. https://www.foreignminister.gov.au/minister/penny-wong/media-release/australia-european-union-framework-agreement-enters-force.

面上存在，即使跻身发达国家之列的国家，还是不习惯独立自主地制定外交战略，容易心甘情愿充当超级大国的附庸，这成为美国维护其战后在该地区确立的霸权秩序的有利条件。

21 世纪初，众多大洋洲国家从世界经济重心东移的进程中受益匪浅，中国的“一带一路”倡议对于该地区国家而言无异于多开了一扇机会之窗。在美国决策者试图把大洋洲国家拖入其为遏制中国而设计的“印太战略”的背景下，该地区的大多数国家和人民更盼望的是从中国的发展中找到一条帮助本国实现繁荣、取得进步的理想之路，并推动大洋洲的区域关系向更加民主、更加开放、更加合理的方向发展。

后　记

为贯彻落实习近平总书记关于加快构建中国特色哲学社会科学重要讲话精神和上海市委关于推动上海哲学社会科学大发展大繁荣的战略部署，我院党委提出以学科体系建设为抓手，发挥高端智库优势，加快推进中国特色哲学社会科学“三大体系”建设。

我们的基本设想是，坚持以习近平新时代中国特色社会主义思想为指导，按照习近平总书记在哲学社会科学工作座谈会上的重要讲话精神和上海市推动上海哲学社会科学大发展大繁荣建设目标要求，以我国经济与社会发展的实践经验和现实需求为起点，结合我院各研究所专业学科特色和重点研究方向，组织开展学科体系建设，注重从我国改革发展的实践工作中挖掘新材料、发现新问题、提出新观点、构建新理论，注重深化对党的创新理论研究阐释，注重总结实践中的新规律，提炼新理论，提出具有主体性、原创性的新观点，彰显我国哲学社会科学的特色和优势，为构建中国特色哲学社会科学学科体系、学术体系、话语体系作出上海社会科学院的贡献。

2023 年，我院结合主题教育，围绕科研工作、人才队伍建设、智库建设等开展大调研活动，在我院建院 65 周年院庆之际，组织全院 17 个研究所，开展集体研究和联合攻关，推出我院“中国特色哲学社会科学‘三大体系’研究丛书”学术成果，本书为丛书系列成果之一。

本书是国际问题研究所集体科研成果。在 2 年多时间的多次研讨、写作、论证及修改过程中，大家付出心血智慧和艰辛工作，最终形成本书。其中，王健同志作为负责人，全面指导、重点把握，从本书开始申请到分组讨论、论证、确认，从本书撰写结构的编排到书稿内容的谋篇布局都严格把关，并负责本书最终统稿和定稿工作。李开盛、叶成城同志为本书倾注了大量研究精力，负责本书研究全过程组织、协调和沟通工作，深入参与本书的研究申请、作者选定、讨论论证、修改完善等工作，在一段时间内全力以赴，为本书的成稿作出了重要贡献。其他参与本书写作的科研人员根据撰写工作任务安排，加班加点及时完成工作任务，为本书的最终成稿付出了智慧和心血。具体分工如下：

导言　王健　负责

第一章　朱锋　杨正一　负责

第二章　任晓　负责

第三章　叶成城　负责

第四章　李开盛　负责

第五章　王健　负责

第六章　罗爱玲　负责

第七章　汪卫华　负责

第八章　张群　负责

第九章　吴其胜　柯静　唐慧云　负责

第十章　顾炜　负责

第十一章　王子夔　负责

第十二章　严骁骁　负责

第十三章　戴轶尘　负责

第十四章　彭枭　负责

第十五章　束必铨　负责

第十六章　刘锦前　负责

第十七章　刘阿明　负责

第十八章　余建华　赵建明　负责

第十九章　廉晓敏　张严峻　负责

第二十章　李因才　负责

第二十一章　曹廷　负责

第二十二章　王成至　负责

在本书研究和写作过程中，院主要领导全程予以关心和指导，先后组织了多轮专题会和座谈会，听取国际问题研究所汇报并提出宝贵建议，在此谨表敬意和感谢！

最后，对上海人民出版社高效细致的出版工作一并致以谢意！

上海社会科学院国际问题研究所

2023 年 8 月

图书在版编目(CIP)数据

区域国别学研究导论/王健等著. —上海:上海人民出版社,2023
(中国特色哲学社会科学“三大体系”研究丛书)
ISBN 978-7-208-18467-1

Ⅰ.①区… Ⅱ.①王… Ⅲ.①国际关系-研究 Ⅳ.①D81

中国国家版本馆CIP数据核字(2023)第151976号

责任编辑 项仁波
封面设计 零创意文化

中国特色哲学社会科学“三大体系”研究丛书
区域国别学研究导论
王 健 等著

出　　版 上海人民出版社
(201101 上海市闵行区号景路159弄C座)
发　　行 上海人民出版社发行中心
印　　刷 上海新华印刷有限公司
开　　本 787×1092 1/16
印　　张 26
插　　页 2
字　　数 402,000
版　　次 2023年9月第1版
印　　次 2023年9月第1次印刷
ISBN 978-7-208-18467-1/D·4176
定　　价 118.00元